IDEIA

IMPRENSA DA UNIVERSIDADE DE COIMBRA
COIMBRA UNIVERSITY PRESS

EDIÇÃO
Imprensa da Universidade de Coimbra
Email: imprensa@uc.pt
URL: http//www.uc.pt/imprensa_uc
Vendas online: http://livrariadaimprensa.uc.pt

DIRECÇÃO
Maria Luísa Portocarrero
Diogo Ferrer

CONSELHO CIENTÍFICO
Alexandre Franco de Sá | Universidade de Coimbra
Angelica Nuzzo | City University of New York
Birgit Sandkaulen | Ruhr-Universität Bochum
Christoph Asmuth | Technische Universität Berlin
Giuseppe Duso | Università di Padova
Jean-Christophe Goddard | Université de Toulouse-Le Mirail
Jephrey Barash | Université de Picardie
Jerôme Porée | Université de Rennes
José Manuel Martins | Universidade de Évora
Karin de Boer | Katholieke Universiteit Leuven
Luís Nascimento | Universidade Federal de São Carlos
Luís Umbelino | Universidade de Coimbra
Marcelino Villaverde | Universidade de Santiago de Compostela
Stephen Houlgate | University of Warwick

COORDENAÇÃO EDITORIAL
Imprensa da Universidade de Coimbra

CONCEÇÃO GRÁFICA
António Barros

PRÉ-IMPRESSÃO
Mickael Silva

PRINT BY
CreateSpace

ISBN
978-989-26-1048-1

ISBN DIGITAL
978-989-26-1049-8

DOI
http://dx.doi.org/10.14195/978-989-26-1049-8

DEPÓSITO LEGAL
402072/15

© NOVEMBRO 2015, IMPRENSA DA UNIVERSIDADE DE COIMBRA

A FILOSOFIA TRANSCENDENTAL E A SUA CRÍTICA

Idealismo · Fenomenologia · Hermenêutica

DIOGO FERRER
LUCIANO UTTEICH
(COORDENADORES)

IMPRENSA DA UNIVERSIDADE DE COIMBRA
COIMBRA UNIVERSITY PRESS

SUMÁRIO

Apresentação 7

Sobre as Noções de Lógica e de Analítica em Kant:
Algumas Dificuldades para o Âmbito Transcendental
César Augusto Battisti 9

Zweckmässigkeit (*Conformidade a Fins*) e Mecanicismo
nos Processos Vitais: O Antagonismo entre Kant e Roux
Wilson Antonio Frezzatti Jr. 43

Harmonia e Autonomia da *Aparência* em Schiller:
O Transcendental Revisitado
Luciano Carlos Utteich 83

Entre Filosofia Transcendental e Dialéctica:
O Percurso do Idealismo Alemão
Diogo Ferrer 131

A Relação entre o Estado e
o Indivíduo a partir da *Filosofia do Direito* de Hegel
Tarcílio Ciotta 165

Identidade e Diferença, Expressões Superficiais:
Sobre o "Uso da Intuição" como Fundamento da Compreensão em Simmel
Reynner Franco 193

Husserl/Fink: Sobre os Limites da Transcendentalidade
Alberto Marcos Onate 213

Hermenêutica da Facticidade:
Contraprojeto à Fenomenologia Transcendental?
Roberto S. Kahlmeyer-Mertens 235

A Leitura Heideggeriana do Tratado Aristotélico do Tempo:
um "Caso" de Fenomenologia
Libanio Cardoso 259

A Abordagem Fenomenológica de Heidegger
ao Conceito de Vida e o Começo da Biopolítica
Alexandre Franco de Sá 305

"A Mordedura do Real": Gabriel Marcel e o Gesto Transcendental
Claudinei Aparecido de Freitas da Silva 323

Sobre o "Verdadeiro Transcendental", segundo M. Merleau-Ponty
Luís António Umbelino 357

Merleau-Ponty e Paul Ricoeur: Aspetos de uma
Concordância Discordante sobre a Fenomenologia da Linguagem
Maria Luísa Portocarrero *373*

APRESENTAÇÃO

Se a contemporaneidade filosófica nasceu com a crítica de Kant à Metafísica, o presente volume sobre *A Filosofia Transcendental e a sua Crítica: Idealismo – Fenomenologia – Hermenêutica* apresenta um percurso privilegiado pela formação da filosofia contemporânea.

Uma dúzia de especialistas do Brasil, Portugal e Espanha expõem perspectivas originais sobre temas centrais desse percurso, oferecendo um olhar diferenciado sobre várias estações constitutivas do pensamento contemporâneo. Os autores têm colaborado no desenvolvimento de temas comuns e perspectivas actuais, com base em convénios de parceria entre o Departamento de Filosofia da UNIOESTE, o Departamento de Filosofia, Comunicação e Informação, da Faculdade de Letras de Universidade de Coimbra, representado pelo grupo de investigação „Racionalidade Hermenêutica" do Centro de Estudos Clássicos e Humanísticos – CECH, e a Faculdade de Filosofia da Universidade de Salamanca.

A ideia seminal do transcendentalismo kantiano dá unidade a uma panorâmica que atravessa diversos temas e autores, abordados de pontos de vista inovadores. São objecto de estudo nos diferentes capítulos desta obra a definição da Lógica Transcendental de Kant, o seu desenvolvimento e dialectização na filosofia clássica alemã, com Schiller, Hegel, Fichte e Schelling, a recuperação crítica do transcendentalismo em Simmel, bem como a sua influência e superação progressiva no desenvolvimento do pensamento fenomenológico e hermenêutico, abordado em estudos sobre Fink, Heidegger, Merleau-

-Ponty e Ricouer, entre outros. Com referência privilegiada à filosofia transcendental, os estudos ora coligidos estudam temas como (1) a lógica transcendental, a constituição do sentido, a transcendência e a interpretação, segundo as tradições idealista, dialéctica, fenomenológica e hermenêutica, mas também existencial, com Marcel; (2) o Estado e a vida, através das concepções do organismo vivo e do corpo a partir das coordenadas teóricas de Kant, Hegel, Roux, Simmel, Merleau-Ponty ou da biopolítica; bem como (3) a recuperação contemporânea dos temas do tempo e da poética em Aristóteles, em leituras de Heidegger e Ricoeur.

A Filosofia Transcendental e a sua Crítica: Idealismo – Fenomenologia – Hermenêutica realiza assim um percurso diferenciado em torno da ideia do transcendentalismo, que se mantém vivo muito através da multiplicidade de reacções e críticas diferentes que suscitou ao longo dos séculos XIX e XX.

Os Organizadores agradecem à Imprensa da Universidade de Coimbra / Coimbra University Press o acolhimento desta obra como abertura da colecção Ideia.

SOBRE AS NOÇÕES DE LÓGICA E DE ANALÍTICA EM KANT: ALGUMAS DIFICULDADES PARA O ÂMBITO TRANSCENDENTAL
ABOUT THE NOTIONS OF LOGIC AND ANALYTIC IN KANT: SOME DIFFICULTIES FOR THE TRANSCENDENTAL RANGE

César Augusto Battisti*
(UNIOESTE – Universidade Estadual do Oeste do Paraná)

Abstract: This Chapter examines the notions of logic and analytic in *The Critique of Pure Reason* by Immanuel Kant, especially in the *Analytic of Concepts*. It starts from a comparison between *The Logic* and *The Critique* and shows a double influence of the first upon the second: in the range of the structure of both works and in the range of logic and analytic conception. The first emerging difficulty is that this influence occurs both on *The Critique* in its totality and on the *Transcendental Logic*. The second difficulty is that the transcendental analytic, inspired by the logic analytic,

---

* cesar.battisti@hotmail.com
César Augusto Battisti, natural de Lajeado – RS, Brasil, é doutor em Filosofia pela Universidade de São Paulo (2000), tendo realizado nesse período estágio doutoral na Université Paris 7 junto à Equipe REHSEIS (Recherches Épistémologiques et Historiques sur les Sciences Exactes et les Institutions Scientifiques). Professor da Universidade Estadual do Oeste do Paraná (UNIOESTE) atua nos seus Cursos de Graduação e de Pós-Graduação em Filosofia, e se dedica a estudos nas áreas de filosofia moderna, epistemologia e história da ciência, tendo publicado o livro *O Método de Análise em Descartes: Da Resolução de Problemas à Constituição do Sistema do Conhecimento* (Edunioeste, 2002), a tradução do tratado *O Mundo*, de René Descartes (Editora da Unicamp, 2009), além de capítulos de livros e artigos em periódicos especializados.

DOI: http://dx.doi.org/10.14195/978-989-26-1049-8_1

characterizing itself as dissection and as dissection of concepts on its formal aspect, cannot accomplish its transcendental function, reason why it needs to be assisted by a synthesis. Both procedures, however, are not absolutely sympathetic, since the analytic, remaining formal, as vestige of the logic analytic influence, implies neither the synthesis nor the transcendental range properly speaking. The core of the *Analytic of Concepts* seems to be far more a "synthetic of concepts" than an analytic of concepts.

Keywords: Kant; Transcendental Logic; Analysis – Synthesis; Dissection of Concepts

Resumo: Este capítulo examina as noções de lógica e de analítica na *Crítica da Razão Pura* de Immanuel Kant, especialmente na *Analítica dos Conceitos*. Ele parte de uma comparação entre a *Lógica* e a *Crítica* e mostra uma dupla influência da primeira sobre a segunda: no âmbito da estrutura das duas obras e no âmbito da concepção de lógica e de analítica. A primeira dificuldade daí emergente é que essa influência se dá tanto sobre a *Crítica* em sua totalidade quanto sobre a *Lógica Transcendental*. A segunda dificuldade é que a analítica transcendental, inspirada na analítica lógica, se caracterizando como decomposição e como decomposição de conceitos sob seu aspecto formal, não consegue cumprir sua função transcendental, razão pela qual precisa ser socorrida por uma síntese. Os dois procedimentos, contudo, não são absolutamente solidários, visto que a analítica, se mantendo formal, como resquício da influência da analítica lógica, não implica a síntese nem o âmbito transcendental propriamente dito. O núcleo da *Analítica dos Conceitos* parece ser muito mais uma "sintética dos conceitos" do que uma analítica dos conceitos.

Palavras-Chave: Kant; Lógica Transcendental; Análise – Síntese; Decomposição de Conceitos

I

A *Crítica da Razão Pura* possui uma estrutura e uma dinâmica interna de inspiração lógica. Essa é a tese a que chegamos tão logo a comparamos com o *Manual dos Cursos de Lógica*[1], texto organizado, a pedido e sob a supervisão de Kant, por Jäsche, a partir dos cursos de lógica que o filósofo ministrara ao longo de seus anos de docência. As duas obras contêm partes similares e correspondentes, tanto em seus aspectos ou traços gerais quanto em suas subdivisões e considerações mais particulares. A mesma conclusão parece poder ser extraída das inúmeras vezes em que Kant, na *Crítica*, estabelece comparações entre a lógica geral e a lógica transcendental, a tal ponto que a segunda parece ser compreendida a partir de parâmetros estabelecidos pela primeira e a partir de semelhanças e diferenças entre elas[2].

Comecemos por esse último ponto. Na *Crítica*, Kant consagra toda a *Introdução* à *Lógica Transcendental* a uma comparação e distinção entre lógica geral e lógica transcendental, bem como entre as respectivas divisões entre analítica e dialética[3]. O objetivo é compreender essa nova lógica, inaugurada por ele. E, apesar desse termo inovador – transcendental –, trata-se aí, *ainda assim*, de uma lógica, e sua compreensão passa por uma aproximação à lógica geral. Nesse sentido, a *Introdução* recupera reflexões já contidas na *Lógica*, quanto às divisões, definições

---

[1] Os títulos dessas duas obras serão abreviados, respectivamente, como *Crítica* e como *Lógica*. As citações terão como referências a paginação das edições A e B, para a *Crítica*, e da edição da Academia (AK, vol. IX), para a *Lógica*, embora sejam utilizadas as traduções existentes em língua portuguesa. Tais referências, ao contrário das outras, em razão da frequência com que se sucedem, serão feitas no interior do texto, em seguida ao próprio trecho citado.

[2] Howard Caygill, no *Dicionário Kant* (2000), 218-219 (verbete "lógica geral/transcendental"), vai mais longe e afirma que toda a obra de Kant, em seu conjunto, pode "ser considerada uma vasta meditação sobre lógica", a começar pelas três críticas.

[3] A distinção entre as duas lógicas, geral e transcendental, embora feita rapidamente, já se encontra na *Lógica* (AK15).

e caracterizações da lógica geral, e as examina no âmbito da lógica transcendental[4]. Na sequência, em especial ao longo da *Analítica*[5], é constante a comparação entre as duas lógicas, tanto para a discussão de temas específicos, como quando Kant está montando a tábua dos juízos e a das categorias, quanto para considerações mais gerais, como quando quer deixar clara a diferença entre as duas perspectivas ou a (im)possibilidade de a transcendental imitar a geral[6].

Tampouco há dúvida sobre a origem lógica da distinção entre analítica e dialética, ainda que haja incongruências entre as duas lógicas quanto às questões que envolvem essa divisão. A *Lógica* a afirma claramente[7], ao mesmo tempo em que a remete à história da disciplina até Aristóteles[8]. E, da mesma forma que, no âmbito lógico, essa divisão se pauta pela divisão das "faculdades superiores do conhecimento" em entendimento, capacidade de julgar e razão, às

---

[4] A *Introdução*, cujo título é "Ideia de uma lógica transcendental", contém quatro seções, as quais são elucidativas do tema em discussão. São elas: "I. Da lógica em geral"; "II. Da lógica transcendental"; "III. Da divisão da lógica geral em analítica e dialética"; "IV. Da divisão da lógica transcendental em analítica e dialética transcendentais" (A50-64/B74-88).

[5] É abundante o uso da expressão "lógica geral", em comparação à transcendental, nesta parte da *Crítica*.

[6] Em vários momentos, Kant reconhece, ou a impossibilidade de a lógica transcendental imitar a geral, ou seu distanciamento em relação à lógica geral. Ver, por exemplo, a *Terceira Secção* (§ 10) do *Capítulo I* da *Analítica dos Conceitos* (B102-105), em especial a forma oposta de avaliação das duas lógicas: "A lógica geral abstrai, como repetidas vezes dissemos, de todo o conteúdo do conhecimento e espera que, por outra via [...]. Em contrapartida, a lógica transcendental defronta-se com [...]." (A76/B102); "Diversas representações são reduzidas, analiticamente, a um conceito (questão de que trata a lógica geral). Mas a lógica transcendental ensina-nos a reduzir a conceitos, não as representações, mas a *síntese pura* das representações" (A78/B104); "O mesmo entendimento, pois, [...] introduz também [...] um conteúdo transcendental nas suas representações do diverso; por esse motivo se dá a estas representações o nome de conceitos puros do entendimento, que se referem *a priori* aos objetos, o que não é do alcance da lógica geral" (A79/B105). Veja também os primeiros parágrafos da *Analítica dos Princípios* (A131/B170), dos quais alguns trechos são citados mais adiante.

[7] Diz a *Lógica*: "A Lógica divide-se em: 1) Analítica e Dialética" (AK16).

[8] Afirma o texto: "A Lógica atual descende da Analítica de Aristóteles. Esse filósofo pode ser considerado o pai da Lógica. Ele a expôs como órganon e a dividiu em Analítica e Dialética" (AK20).

quais correspondem as funções do conceito, do juízo e da inferência[9], a lógica transcendental, de sua parte, se baseia nessa divisão e se guia por ela, embora tenha uma configuração própria em razão de seus propósitos e de suas características e, por isso, em seu percurso dela se distancie[10]. Nesse sentido, a cada analítica corresponderá também uma lógica da verdade e, a cada dialética[11], uma lógica da aparência e sua dissolução ou crítica[12]. E, assim, a todo momento, as duas lógicas se medem uma pela outra: a esse respeito, são esclarecedoras as introduções das diferentes partes e dos diferentes capítulos da *Lógica Transcendental*. A conclusão que extraímos dessas considerações é a de que a lógica transcendental é o espelhamento, tanto quanto possível, da lógica geral.

O curioso, entretanto, é que esse espelhamento, antes de ser entre as lógicas, se dá entre as próprias obras como um todo, a *Lógica* e a *Crítica*, e, portanto, entre lógica geral e crítica da razão (pura), algo de alcance bem mais amplo que o anterior. Com efeito, se a *Crítica* se

---

[9] Sobre a divisão entre intelecto, faculdade judicativa e razão, bem como entre conceitos, juízos e ilações, cf. o Sumário da *Lógica*.

[10] Diz a *Crítica* no início da *Analítica dos Princípios*: "A lógica geral está edificada sobre um plano que se ajusta exatamente à divisão das faculdades superiores do conhecimento. São estas *o entendimento, a faculdade de julgar e a razão*. Essa doutrina trata, pois, na sua analítica, de *conceitos, juízos* e *raciocínios*, em conformidade com as funções / e a ordem dessas faculdades do espírito, compreendidas sob a denominação lata de entendimento em geral" (A130-131/B169). Neste caso específico, a lógica transcendental não pode segui-la: "A lógica transcendental, que se restringe a um conteúdo determinado, ao dos simples conhecimentos puros *a priori*, não pode imitá-la nessa divisão. Com efeito, dado que o uso *transcendental da razão* não é válido objetivamente, não pertence, portanto, *à lógica da verdade*, ou seja, à analítica; antes requer, como *lógica da aparência*, uma parte especial da doutrina escolástica, denominada *dialética transcendental*" (A131/B170).

[11] Sobre a divisão da lógica em analítica e dialética e sobre a caracterização delas, respectivamente, como lógicas da verdade e da aparência, cf. a *Lógica* (AK16-17). Na *Crítica*, essa caracterização aparece principalmente nos locais de comparação entre as duas lógicas (p. ex., em A60-63/B84-88 e em A131/B170).

[12] A ilusão lógica pode desaparecer e, portanto, cessar de ser uma ilusão, ao passo que a ilusão transcendental "nunca alcançará que essa aparência desapareça (como a aparência lógica) e deixe de ser aparência", por se tratar de uma *"ilusão natural* e inevitável" (A297-98/B354).

divide em uma doutrina dos elementos e uma doutrina do método, ela o faz a partir dessa divisão presente na *Lógica*. Afirma Kant: "a Lógica teria, portanto, uma parte dogmática e uma parte técnica. A primeira poderia chamar-se Doutrina dos Elementos, e a segunda, Doutrina do Método" (AK18). Como se pode ver claramente no seu *Sumário*, a *Lógica* se compõe exatamente dessas duas partes[13], de uma *Doutrina Geral dos Elementos* e de uma *Doutrina Geral do Método*, divisão imitada pela *Crítica*, mesmo que, desta vez, a origem não se remonte apenas à tradição aristotélica, mas à confluência de duas tradições, a aristotélica e a "moderna"[14].

Com efeito, por um lado, "a Lógica descende da Analítica de Aristóteles", o "pai da Lógica", que a "dividiu em Analítica e Dialética" (AK20). Depois dele, a disciplina permanecera, segundo Kant, quase inalterada[15]. A *Crítica*, ao seguir a *Lógica*, na sua *Doutrina Transcendental dos Elementos* (mais exatamente, na sua *Lógica Transcendental*), segue de perto a tradição aristotélica, na medida em que esta *analisa* seu objeto a partir de seus três componentes básicos, o conceito/termo, o juízo/proposição e o raciocínio/inferência[16]. Por outro lado, ainda que de origem lógica, a *Doutrina do Método* não se apresenta claramente configurada na obra aristotélica, mas está explicitamente posta pela

---

[13] Embora contenha, é verdade, uma longa *Introdução* que poderia corresponder a uma terceira parte.

[14] Sobre essa confluência, cf. Caygill (2000), 219, dentre outros.

[15] Diz Kant: "De resto, quanto ao seu conteúdo, não foi muito o que a Lógica ganhou desde a época de Aristóteles e não o poderia, em razão de sua natureza" (AK20). Ver também, na *Crítica*, o *Prefácio* à edição B (Bviii).

[16] Afirma Charles Jourdain, em nota à publicação de *La Logique ou l'Art de Penser*, relativa às três primeiras das quatro principais operações do espírito, conceber, julgar, raciocinar e ordenar (ver também nota a seguir): "O primeiro gênero dessa divisão parece se encontrar em Aristóteles, que trata, com efeito, das *ideias* no livro das *Categorias*, que são a primeira parte do *Órganon*, dos *juízos* e das *proposições*, no tratado *Da Interpretação*, do raciocínio nos *Primeiros* e nos *Segundos Analíticos*" (Arnault e Nicole (1992), n. 13, 337; tradução nossa). Podemos ver, entretanto, esses elementos diretamente nas primeiras páginas dos *Primeiros Analíticos*, quando Aristóteles define o que entende por termo (ideia), premissa e proposição e por silogismo.

tradição inaugurada pela *Lógica de Port-Royal*, com a obra *A Lógica ou a Arte de Pensar*, de A. Arnault e P. Nicole. A modificação estrutural mais substancial dessa última é, exatamente, a introdução da doutrina do método como quarta parte da lógica, depois das outras três, de inspiração aristotélica, correspondentes aos três atos intelectuais relativos aos elementos indicados acima: com a introdução dessa parte concernente exatamente ao método, às quatro partes corresponderão as quatro principais operações do espírito: conceber, julgar, raciocinar e ordenar[17]. Assim, ainda que sob a perspectiva aristotélica certamente não coubesse incluir na lógica um tratado sobre o método (e sua função de ordenar), segundo a concepção discutida aqui[18], é plenamente justificável a sua inclusão a partir da perspectiva moderna. É isso que a *Lógica* faz e, por extensão e imitação, também a *Crítica*.

A segunda modificação importante introduzida pela perspectiva moderna diz respeito ao escopo da lógica: contrariamente à perspectiva aristotélica, a lógica moderna (de inspiração cartesiana) está menos interessada na análise das formas de inferências válidas do que na produção de juízos sadios e verdadeiros. A lógica moderna é menos formal[19] do que a aristotélica, embora Kant preserve o caráter for-

---

[17] Confira: "A lógica é a arte de bem conduzir a própria razão no conhecimento das coisas, tanto para se instruir a si mesmo quanto para instruir os outros. Esta arte consiste nas reflexões que os homens fizeram sobre as quatro operações de seu espírito: *conceber, julgar, raciocinar* e *ordenar*" (Arnault e Nicole (1992), 30; tradução nossa).

[18] Talvez se pudesse buscar no *Órganon* um quadro teórico correspondente a uma doutrina do método desse tipo.

[19] Confira a nota acima, onde a lógica é definida como a arte de bem conduzir a razão no conhecimento das coisas. Em seguida a esse texto, Arnault e Nicole afirmam que as operações estudadas pela lógica se fazem naturalmente e "por vezes melhor por aqueles que não aprenderam nenhuma regra de lógica", visto que "a só natureza nô-las fornece ao nos dar a razão". Assim, a lógica tem três funções: bem utilizar a razão; descobrir e explicar o erro e os defeitos que podem ocorrer nas operações do espírito; conhecer melhor a natureza de nosso espírito (Arnault e Nicole (1992), 30-31; tradução nossa). Bem se vê o espírito de Descartes aí presente, ele que pouca importância atribuía à lógica (ou a via como prejudicial, mais do que imprescindível): cf. o subtítulo do *Discurso do Método*: "Para bem conduzir a própria razão e procurar a verdade nas ciências" (Descartes (1983), 25).

mal na lógica geral, neste aspecto seguindo a concepção aristotélica. A *Lógica Transcendental*, mesmo que não possa nisso imitá-la[20], por não ser nem geral nem formal[21], parece se aproximar da perspectiva da lógica moderna. A *Crítica*, assim, radicaliza a influência dos modernos, quando comparada à *Lógica*; e, sob esse aspecto, pode reivindicar a pretensão de conter, *verdadeiramente*, em sua analítica, uma lógica da verdade, ao passo que a lógica geral continha uma lógica da verdade apenas em sentido negativo (A60-63/B84-88 e em A131/B170)[22]. Ora, a passagem de uma analítica como lógica da verdade em sentido negativo para uma lógica da verdade em sentido positivo parece ter sido sugerida pela nova lógica, na medida em que ela incorpora, em seu exame, a materialidade do conhecimento; com isso, ela não consegue conservar nem o caráter formal nem o caráter geral[23] da

---

[20] Veja-se, por exemplo, o início da *Analítica dos Princípios* e as citações correspondentes dadas mais acima.

[21] Esse tema será retomado mais adiante. De todo modo, Kant é bastante claro em várias ocasiões sobre o caráter particular e material da lógica transcendental, como no início tanto da *Analítica dos Princípios* quanto da *Doutrina Transcendental do Método*: "A lógica transcendental, que *se restringe a um conteúdo determinado*, ao dos simples conhecimentos puros *a priori*, não pode imitá-la nessa divisão." (A131/B170); "Se considerar o conjunto de todo o conhecimento da razão pura e especulativa como um edifício, de que temos em nós pelo menos a ideia, poderei dizer que, *na doutrina transcendental dos elementos, avaliamos os materiais* e determinamos para que tipo de edifício, altura e solidez seriam suficientes." (A707/B735); "Entendo assim por doutrina transcendental do método *a determinação das condições formais* de um sistema completo da razão pura." (A708/B736; itálicos todos nossos). Embora nessas últimas citações a contraposição se dê entre as duas doutrinas (dos elementos e do método) e embora, na *Doutrina dos Elementos*, a materialidade da *Estética* seja mais evidente, as outras citações confirmam suficientemente a da *Lógica Transcendental*. Afinal, esta última faz parte de uma doutrina dos *elementos*, dos materiais que compõem o conhecimento. De sua parte, a *Dialética* tem seus maiores problemas oriundos exatamente da falta de materialidade e do "desejo ardoroso" de tê-la.

[22] A lógica geral é apenas uma lógica da verdade em sentido negativo, exatamente porque é formal, isto é, porque preenche apenas as condições formais da verdade, mas não sua materialidade: "Como, porém, a simples forma do conhecimento, por mais que concorde com as leis lógicas, é de longe insuficiente para constituir a verdade material (objetiva) do conhecimento, ninguém pode atrever-se a ajuizar dos objetos apenas mediante a lógica" (A60/B85).

[23] A lógica transcendental não é nem geral nem formal, e distinguir-se da lógica geral é um dos intentos da *Introdução* à *Lógica Transcendental*. Enquanto, na lógica transcendental, "o próprio objeto é representado como um objeto só do intelecto", a

lógica, embora – e aí se localiza a tensão – conserve a noção de analítica lógica, de inspiração aristotélica.

E, portanto, a natureza lógica da *Crítica* pode ser vista tanto a partir de sua totalidade quanto a partir de uma de suas partes, a *Lógica Transcendental*. Isso, entretanto, gera determinadas incongruências entre as obras e certas tensões entre as duas concepções de lógica (e de analítica). Com efeito, enquanto a divisão entre doutrina dos elementos e doutrina do método, na *Lógica*, é uma divisão também da própria lógica[24], na *Crítica* isso não ocorre, visto que, nesta, a lógica (transcendental) é que é parte da doutrina dos elementos, contrariamente ao que acontece naquela obra, onde é a doutrina dos elementos que é parte da lógica (geral). Se, por um lado, a estrutura da *Crítica* segue a estrutura da *Lógica*, a lógica transcendental, por outro, já não pode seguir, nesse quesito, a lógica geral. E, portanto, enquanto na *Lógica* o conjunto das duas doutrinas (dos elementos e do método) e a lógica são coextensivas, na *Crítica*, as duas doutrinas excedem duplamente o âmbito da lógica, seja porque a doutrina dos elementos é mais ampla que a lógica transcendental (esta sendo parte daquela), seja porque a doutrina do método se encontra totalmente excluída desta última. Não sendo coextensivas a lógica transcendental e a *Crítica*, contrariamente à correspondente coextensão entre lógica geral e *Lógica*, parece

---

lógica geral, como o nome já diz, "trata de todos os objetos em geral" (AK15) e, para tal, deve ser absolutamente formal: "A lógica geral abstrai, como indicamos, de todo o conteúdo do conhecimento, ou seja, de toda a relação deste ao objeto e considera apenas a forma lógica na relação dos conhecimentos entre si, isto é, a forma do pensamento em geral"; "a lógica geral trata, por conseguinte, apenas da forma do entendimento que pode ser dada às representações, qualquer que seja a sua origem" (A55-56/B79-80). A lógica transcendental, por sua vez, "trata das leis do entendimento e da razão, mas só na medida em que / se refere a objetos *a priori* e não, como a lógica vulgar, indistintamente aos conhecimentos de razão, quer empíricos quer puros" (A57/B81-82). Ela, exatamente, é "mal usada" dentro de um "uso geral e ilimitado" e "constitui atrevimento julgar, afirmar e decidir sinteticamente sobre objetos em geral, utilizando somente o entendimento puro" (A63/B88).

[24] Diz a *Lógica* (AK18): "Segundo essa divisão, a Lógica teria, pois, uma parte dogmática e uma parte técnica. A primeira poderia chamar-se Doutrina dos Elementos, e a segunda, Doutrina do Método".

inevitável a dissociação de elementos originalmente ligados e a ocorrência de certos desajustes em uma estrutura pretensamente unitária[25].

Essas considerações só reforçam a inspiração de natureza lógica da estrutura da *Crítica*, ao mesmo tempo em que evidenciam as dificuldades da adequação dessa estrutura a uma nova dimensão, a do transcendental: a *Crítica* parece se rebelar, aqui e acolá, contra as amarras de uma disciplina que é de ordem e alcance geral e formal, visto que a lógica transcendental diz respeito a algo cuja natureza é de ordem "material"[26]. Schopenhauer talvez tenha sido o filósofo que mais se queixou desse gosto kantiano exacerbado pelo enquadramento das "coisas" à estrutura, pelas distinções simétricas e pela excessiva repetição das divisões sincronizadas e subordinadas, pela mania kantiana de submeter tudo a um ordenamento de natureza formal e de querer construir a todo custo um "sistema completo da

---

[25] Tanto a *Crítica* quanto a *Lógica* (e, por equivalência, a lógica geral) possuem uma *Doutrina dos Elementos* e uma *Doutrina do Método*, contrariamente à lógica transcendental que é apenas parte da *Doutrina Transcendental dos Elementos*. Na *Lógica*, a doutrina dos elementos é parte da lógica; na *Crítica*, a lógica é parte da doutrina dos elementos. As diferenças mais gerais da *Crítica* em relação à *Lógica* são, portanto, duas: encontram-se excluídas da lógica (transcendental), mas não da *Crítica*, a doutrina do método e parte da doutrina dos elementos, enquanto estas duas partes fazem parte da *Lógica* e, portanto, da lógica geral; não é mais a doutrina dos elementos que é a primeira parte da lógica (como ocorre na *Lógica*), mas é a lógica (transcendental) que é parte da doutrina dos elementos, o que equivale a dizer que há *elementos* que se encontram *excluídos* da abrangência da lógica transcendental.

[26] Afirma a Lógica: "Em todo conceito, devem-se distinguir matéria e forma. A matéria dos conceitos é o objeto; sua forma, a universalidade" (AK91). É verdade que a *Lógica Transcendental* se caracteriza como formal e se contrapõe à materialidade da *Estética*, na medida em que esta fornece a matéria do conhecimento. A divisão entre matéria e forma, contudo, é sempre relativa ao local em que está sendo feita, de sorte que o que era matéria no estágio anterior pode, em seguida, ser desmembrado em matéria e forma. Assim, na *Estética* procede-se a uma equivalente divisão entre matéria (sensação) e forma (formas puras da sensibilidade), bem como em relação a noções como a de fenômeno (matéria e forma do fenômeno) (A20/B34). Matéria e forma são termos correlativos mesmo na lógica geral, e valem, por exemplo, tanto para conceitos quanto para juízos. Ademais, o próprio Kant diz, com Aristóteles, que a pura matéria é plena indeterminação ("intuições sem conceitos são cegas") e a pura forma é vazio absoluto ("pensamentos sem conteúdo são vazios") (A51/B75). Assim, sempre que há determinação de algo, há matéria e forma, visto que determinar algo é atribuir uma forma a alguma matéria ou coisa.

razão pura" (A708/B736): trata-se, diria Schopenhauer, de um excesso de "amor pela simetria arquitetônica"[27]. Esse exagero no estabelecimento de simetrias no interior da obra (exemplificadas, por exemplo, pelas diferentes tábuas e seus desdobramentos ao longo da *Analítica* e da *Dialética*) se origina, parece-nos, dessa dupla (as)simetria, mais fundamental e contagiante, apontada mais acima: 1) entre a *Lógica/* lógica geral e a *Crítica*; e 2) entre lógica geral e lógica transcendental. Essa tensão presente no pensamento kantiano será examinada abaixo, particularmente a partir da noção de analítica, e se restringirá à *Analítica dos Conceitos*.

II

As noções de análise e de analítica podem ser classificadas em Kant dentro de cinco ou seis perspectivas, todas elas, de alguma forma, relacionadas e, portanto, passíveis de aglutinação ou de desmembramento. Tais noções aparecem: 1) na distinção entre juízos analíticos e juízos sintéticos; 2) na distinção entre analítica e dialética como partes da lógica; 3) na distinção entre método da análise e método da síntese de origem geométrica; 4) na distinção entre os sentidos lógicos de análise e de síntese, entendidas respectivamente como decomposição/resolução e composição/ligação; 5) na distinção entre análise e síntese como funções ou resultado de ações do entendimento; 6) na distinção entre unidade analítica e unidade sintética da consciência.

Embora alguns desses significados sejam originalmente kantianos[28], de um modo geral podemos afirmar que as noções de análise e de analítica têm uma longa e complexa história desde os gregos. Tais termos, além de seus usos na linguagem comum, já apareciam

---

[27] Schopenhauer (1988), 112.

[28] Seria possível relativizar a originalidade deste ou daquele conceito kantiano por meio de suas antecipações parciais ou funções equivalentes.

na mitologia[29] e receberam vários sentidos nas filosofias dos antigos. O uso que deles faz Aristóteles, para além da divisão entre analítica e dialética[30], pode ser aglutinado ao redor de dois sentidos básicos – 1) como decomposição de uma totalidade em seus elementos e 2) como regressão ou recondução a algo mais básico ou a um princípio –, configurando, dessa forma, as duas grandes tradições influentes ao longo de mais de dois séculos, a da própria analítica aristotélica e a dos geômetras gregos, praticantes da análise geométrica[31]. Aristóteles, em sua silogística, faz uso predominantemente da primeira acepção, quando o silogismo é desmembrado e examinado quanto a seus elementos componentes, suas diferentes configurações e recondução à figura mais perfeita, embora apresente considerações sobre o método geométrico[32] e embora muitos de seus usos possam ser interpretados como atinentes seja a um seja a outro dos dois sentidos.

De todo modo, são duas as acepções paradigmáticas em Aristóteles e na tradição, cuja história se encarrega de fazer tanto aproximações

---

[29] Assim, na *Odisseia*, Penélope, enquanto esperava o retorno de Ulisses, tecia o manto durante o dia e o desfazia à noite, ela "o compunha de dia e o *analisava* à noite" (*apud* Timmermans (1995), 1-2).

[30] Veja-se, por exemplo, nos *Segundos Analíticos* de Aristóteles (1992-1995), I, 22. 84 a8-10: "Do ponto de vista dialético, as provas que acabamos de apresentar são suficientes para produzir no sujeito a convicção disso que afirmamos. Mas uma prova analítica mostrará mais brevemente ainda que nem a série ascendente nem a série descendente dos predicados seria infinita em número, nas ciências demonstrativas que são o objeto de nossa pesquisa". Cf. tb. Aristóteles (1992-1995), I, 21. 82 a35.

[31] Aqui os intérpretes se dividem em exacerbar a diferença ou aproximar as duas tradições, tanto na época de Aristóteles quanto nos períodos posteriores. Há autores que estabelecem exatamente o pensamento kantiano como o fechamento desse ciclo de influências e de entrecruzamento das duas tradições no pensamento filosófico ocidental. Ver, a respeito, Timmermans (1995), Hintikka e Remes (1973; 1974), Loparic (1982), dentre outros.

[32] Cf. o que Aristóteles afirma na *Ética a Nicômaco* (1987), 46: "Com efeito, a pessoa que delibera parece investigar e analisar da maneira que descrevemos, como se analisasse uma construção geométrica (nem toda investigação é deliberação: vejam-se, por exemplo, as investigações matemáticas; mas toda deliberação é investigação); e o que vem em último lugar na ordem da análise parece ser primeiro na ordem da geração. E se chegamos a uma impossibilidade, renunciamos à busca: por exemplo, se precisamos de dinheiro e não há maneira de consegui-lo; mas se uma coisa parece possível, tratamos de fazê-la".

e fusões quanto distanciamentos e desvinculações[33]. Ainda que o termo *analysis* signifique fundamentalmente resolução (traduzido para o latim por *resolutio*) e contenha como matriz a ideia de que os elementos básicos apontados por ela sejam constituintes da totalidade examinada e do seu processo de inteligibilidade, na acepção geométrica, contrariamente à acepção lógica, a análise é menos a indicação por separação ou dissecação dos elementos componentes do que a busca de objetos ou relações fundamentais que possibilitam a determinação e compreensão do complexo originalmente dado. Como tal, na análise geométrica, a compreensão dos elementos componentes pressupõe a preservação, neles, da função que exercem na compreensão da totalidade[34]. Por isso, nessa acepção é a noção de *regressão*[35] que é mais central, regressão a algo determinante da configuração considerada, cuja "natureza" ou identidade pressupõe a preservação dessa sua função[36]. A análise geométrica tem um sentido mais forte de subida, de movimento para cima ou, mesmo, de recondução a algo que contém a chave, o segredo do que está em jogo, e o que está em jogo deve ser compreendido exatamente a partir da configuração dada[37].

É verdade que ambas as análises são um procedimento na direção dos princípios, para algo anterior, primário e mais alto (se assumirmos

---

[33] E. Berti (2000), 118-119, parece não concordar com essa redução a dois significados básicos.

[34] Além disso, na análise geométrica, não é necessário que os componentes sejam, rigorosamente, *elementos* nem que sejam, necessariamente, *mais* simples. A simplicidade se dá muito mais em razão da *função* que o elemento componente *exerce* na totalidade e do caráter de determinação entre ele e a configuração geral.

[35] Essa é também a concepção kantiana da análise e da síntese de origem geométrica: "O método analítico opõe-se ao sintético. O primeiro começa do condicionado e do fundamentado e dali progride até os princípios. O segundo, ao oposto, vai dos princípios aos conseqüentes ou do simples ao composto. O primeiro pode ser denominado também de método regressivo, e o segundo, de método progressivo" (AK149).

[36] Aí, um elemento atomizado não é apenas um átomo, mas ele em sua articulação molecular.

[37] Note-se que Kant não se esforça, na *Analítica Transcendental*, pelo menos de forma explícita, para estabelecer relações de aproximação conceitual entre a analítica, definida como decomposição, e a análise entendida como regressão.

que os princípios se situam acima daquilo que deles depende), algo indicado claramente pelo prefixo da palavra "análise".[38] No sentido aristotélico, entretanto, a regressão aos elementos simples tem o sentido de decomposição e de que o composto é originado a partir desses elementos por reunião ou justaposição. Por isso, nesse sentido lógico do termo, a análise não precisa de uma síntese, cuja razão, neste caso, é que seus elementos constituintes se configuram individualmente como entidades completas e com suficiente autonomia, embora integrantes de uma totalidade. No sentido geométrico, os "componentes" descobertos precisam de uma determinação posterior, fornecida pela síntese[39], em razão do fato de que não se pode garantir, pela análise, que eles estejam dados e sejam efetivamente reais. Além disso, a análise geométrica, no caso específico dos gregos pelo menos, é feita sobre uma configuração particular, sendo, portanto, menos formal e menos geral que a analítica aristotélica: a análise geométrica não se pauta por esquemas lógicos, mas por uma análise das relações concretamente dadas, e seus resultados (sua solução) são válidos, em princípio, apenas para a configuração particular dada. Ela resolve o problema da inteligibilidade *de uma* configuração particular; e, por isso, é um método de descoberta e de resolução de problemas. Seus elementos constituintes não são, portanto, "elementos-entidade", mas "elementos-relações" da resolubilidade da complexidade proposta. A inexistência da síntese na analítica aristotélica, ao contrário, denuncia a autonomia e a possibilidade de atomização dos elementos encontrados na decomposição lógica[40].

Agora, voltando aos diferentes sentidos da análise e de analítica encontrados em Kant, três deles (o primeiro e os últimos dois) efe-

---

[38] Como chama a atenção Berti (2010), 119, o prefixo *"aná"* indica justamente a direção para cima.

[39] Ou por outra operação acoplada à análise, como a intuição (cartesiana).

[40] Historicamente, há casos em que a etapa sintética complementar à análise geométrica não era necessária ou era dispensável. E isso por razões distintas, tais como quando os passos analíticos e sintéticos eram reversíveis (constituírem-se em equivalências) ou quando os passos analíticos se baseiam em algo como "apreensões intuitivas".

tivamente se cristalizam no interior da filosofia kantiana – aquele concernente à distinção entre juízos analíticos e juízos sintéticos, aquele que diz respeito à análise e à síntese como ações do entendimento, e aquele relativo às unidades analítica e sintética da consciência – ao passo que os outros três pertencem à tradição filosófica desde os gregos. Dentre todos, apenas o segundo (que trata da divisão entre analítica e dialética) não trabalha com a oposição entre análise e síntese. E é essa última oposição que mais nos interessa mais adiante, tendo em conta as considerações feitas acima sobre a natureza lógica da *Crítica*.

III

A *Lógica* já opera com a oposição entre análise e síntese, e a distinção entre elas se dá a partir de diferentes perspectivas, dentre as quais se destacam vários tipos de "operações" analíticas e sintéticas, além da distinção entre proposições analíticas e proposições sintéticas.

Um primeiro conjunto de considerações dentro desse quadro de oposição entre análise e síntese, operado na *Lógica*, ocorre quando Kant caracteriza o conhecimento discursivo ou conceitual como constituído por "notas" e as distingue entre notas analíticas e notas sintéticas (AK58-59). Segundo Kant, "o conhecimento ocorre por notas" e "só conhecemos as coisas por notas", sendo uma nota "o que constitui, numa coisa, uma parte de seu conhecimento", "uma representação parcial, considerada fundamento do conhecimento de uma representação total" (AK58). As notas podem ter um uso interno (derivativo) e um uso externo (comparativo); elas podem ser coordenadas por justaposição (cuja agregação dá a totalidade de um conceito) ou se ligarem por subordinação (dando origem a uma série conceitual). A agregação de notas coordenativas permite, pela síntese, o crescimento da distinção extensiva ou ampliativa do conceito, ao passo que as notas subordinativas permitem, pela análise, o crescimento da distinção intensiva ou profunda (AK59). Em razão disso, as notas analíticas são conceitos parciais da totalidade de um conceito efetivamente real ou dado, enquanto as sintéticas o são de um conceito meramente possível, sendo ampliativa apenas a síntese. Uma vez total e completamente feitas tais distinções lógicas, se dará a precisão ou exaustividade sintética de um conceito ou a sua total profundidade analítica (AK62). A esse conjunto de considerações, depois de lembrar que os lógicos da escola wolffiana só utilizavam a decomposição pura e simples, Kant acrescenta a distinção entre a operação sintética de "formar um conceito distinto" e a operação analítica de "tornar distinto um conceito" (AK63), pela qual "o conteúdo de meu conhecimento não cresce de modo algum", mas "somente a forma se modifica" (AK64). E, assim, o procedimento analítico opera apenas com a "distinção dos conceitos" – e por isso é o "único de que a Lógica pode se ocupar" –, ao passo que a síntese "faz a distinção dos objetos" (AK64). São, portanto, procedimentos independentes e de horizontes distintos.

O segundo conjunto de considerações que a *Lógica* traz relativo à oposição em questão diz respeito à distinção entre proposições analíticas e proposições sintéticas (AK111). Embora amplamente conhecida, não é em vão frisar, contudo, o fato de que essa distinção entre os tipos de proposições é irreversível e estanque, de modo que os dois conjuntos de proposições, analíticas e sintéticas, constituem dois mundos separados e incomunicáveis, não havendo passagem, complementaridade ou interferência entre um e outro. Todo juízo analítico será sempre analítico, e todo juízo sintético será sempre sintético. Além disso, o procedimento de compreensão do primeiro se faz apenas e se esgota completamente por análise: os juízos analíticos, que poderiam "denominar-se *juízos de elucidação*", nada acrescentam, por meio do predicado, ao conceito do sujeito, mas apenas "o dividem por desmembramento (*Zergliederung*) em seus conceitos parciais que já eram (embora confusamente) pensados nele". Os juízos sintéticos, por sua vez, que são "*juízos de ampliação*", "acrescentam ao conceito do sujeito um predicado que de modo algum era pensado nele nem poderia *ter sido extraído dele por desmembramento* (*Zergliederung*) algum" (A7/B11). Mesmo com a introdução dos juízos sintéticos *a priori*, se mantém a distinção entre juízos cuja elucidação ou caráter explicativo se dá por desmembramento ou decomposição e juízos que não podem, em razão de seu caráter ampliativo ou extensivo, ser compreendidos por meio dessa operação, exatamente porque são constituídos por uma operação de natureza sintética (B16). Esse é o caso da matemática e da ciência da natureza, mas não da metafísica (do tipo pensado, nesse momento, por Kant), na medida em que esta última se reduz à análise, isto é, à "mera decomposição de conceitos que residem *a priori* na razão" (B23). E, portanto, juízos analíticos e juízos sintéticos pertencem a horizontes distintos, não sendo nem complementares nem transitivos entre si: embora formem o conjunto todo dos juízos, eles pertencem a classes distintas, não podem se auxiliar mutuamente nem podem ser vistos como a contraparte um do outro.

O terceiro conjunto de considerações diz respeito às definições analíticas e definições sintéticas e à oposição entre um conceito dado e um conceito feito, algo já presente na distinção entre notas analíticas e notas sintéticas: "As primeiras são definições de um conceito dado, ao passo que as segundas o são de um conceito feito" (AK141). A síntese de tais conceitos feitos é uma "síntese da exposição" (no caso de conteúdos empíricos) ou uma "síntese da construção" ou "por arbítrio" (no caso da matemática). Feitos sinteticamente, portanto, significa não poderem ser oriundos por decomposição (AK141), não poderem ser a reversão da análise, de sorte que a análise não pode desembocar em uma síntese. Por outro lado, "todos os conceitos dados, quer se deem *a priori*, quer se deem *a posteriori*, só podem ser definidos por análise", isto é, "por decomposição de conceitos" (AK142). E aqui Kant procede à seguinte consideração:

> "*Observação.* Como nenhuma prova pode dar-nos a certeza de que todas as notas de um conceito dado se esgotaram por

uma análise completa, devem ser consideradas inseguras todas as definições analíticas" (AK142).

E, embora a insuficiência da análise se refira, aqui, apenas às definições, é permitido generalizar a tese da insuficiência para todos os procedimentos analíticos, na medida em que lidam com a decomposição de notas, com o "fundamento do conhecimento" de um conceito (AK58). É verdade que a série de notas subordinadas, pela qual "uma nota só representa a coisa mediante outra nota", pode ser considerada finita numa direção, pois "detém-se *a parte rei*, ou do lado dos fundamentos", mas pode sê-lo apenas na pressuposição de ter conquistado um conceito simples, "irresolúvel" (AK59), indecomponível, algo que a análise, entendida como decomposição, parece não poder assegurar, a menos que seja socorrida por uma operação de natureza diferente[41].

Um último conjunto de considerações diz respeito ao conceito de divisão lógica, termo próximo ao de decomposição. Segundo Kant, "todo conceito contém sob si um multíplice, na medida em que esse multíplice é concordante, mas também na medida em que é diverso". A "divisão lógica" trata da "determinação de um conceito, no que se refere a todos os possíveis contidos sob ele". E, assim, podemos nos elevar "dos conceitos inferiores aos conceitos superiores e podemos descer de novo destes aos inferiores, por divisão" ou por "divisão de membros de uma divisão" (AK147). A divisão se desmembra, portanto, em subdivisões. E, quanto a isso: 1) a subdivisão "pode continuar indefinidamente", embora comparativamente possa ser considerada finita; 2) uma divisão se faz em dois membros (dicotomia) ou em mais de dois (politomia), a primeira sendo relativa a procedimentos lógicos e a segunda, a procedimentos sobre conceitos empíricos, não

---

[41] Aqui se situa o problema de como a decomposição pode chegar a um elemento simples. Por ela mesma, parece não poder estar segura disso. Entendida como regressão (em sentido forte), ela poderia supô-lo, visto que o composto ou fundamentado pressupõe o simples ou o fundamento (regressão na direção dele).

podendo "ser ensinada em Lógica" (AK147); 3) a divisão politômica não "dispensa o conhecimento do conteúdo do conceito que se quer dividir" e, portanto, "necessita da intuição"; 4) a dicotomia, de natureza lógica, é realizada sem um princípio sintético e "dispensa o conhecimento do conteúdo do conceito" (AK147)[42].

Há diferentes conclusões a serem extraídas desses comentários. A primeira diz respeito ao caráter não complementar nem reversível entre procedimentos analíticos e procedimentos sintéticos. Kant não os vê como procedimentos que devam ser feitos um depois do outro ou em dependência entre si. Eles são regidos por princípios distintos, se referem a âmbitos distintos, têm objetivos, direção e extensão distintas: o analítico é vertical e atua por subordinação, enquanto o sintético é horizontal e atua por coordenação; eles são abertos ou fechados por diferentes razões[43]. Eles operam sobre conceitos de natureza distinta: o analítico opera sobre conceitos dados, e o sintético forma os conceitos[44]; o procedimento analítico se limita à análise de conceitos e jamais atinge os objetos, enquanto o procedimento sintético os alcança, os distingue e também os constitui. Os procedimentos

---

[42] As divisões lógicas (dicotômicas) são em geral abertas ou fechadas por convenção ou por comparação. Além disso, a divisão leva a, no mínimo, dois elementos e não apenas um; e, portanto, pulveriza a unidade de um conceito, ao invés de reunir (sintetizar) a sua compreensão em apenas um. Não há como não lembrar, aqui, de uma passagem da *Segunda Meditação* (§ 6), onde Descartes critica a análise de conceitos entendida como divisão ou decomposição: "O que, pois, acreditava eu ser até aqui? Sem dificuldade, pensei que era um homem. Mas o que é um homem? Direi que é um animal racional? Certamente não: pois seria necessário em seguida pesquisar o que é animal e o que é racional e assim, de uma só questão, cairíamos insensivelmente numa infinidade de outras mais difíceis e embaraçosas" (Descartes (1983), 92).

[43] Cada um deles enfrenta problemas de completude, o sintético permanecendo aberto em razão de seu campo ampliativo e dos acréscimos *possíveis*, enquanto o analítico é fechado em direção ao fundamento (pressupondo que possa determiná-lo), mas infinito na direção contrária.

[44] Essa é a grande diferença entre análise e síntese na *Analítica Transcendental*: ao pressupormos a síntese, pressupomos como efetivamente real o conceito, sendo dada a *"síntese pura"* das representações que nos reportam aos conceitos (A78/B104). Em outras palavras, da síntese chegamos aos conceitos, mas a decomposição de conceitos não nos conduz à síntese.

analíticos são eminentemente lógicos, atuando sobre conceitos sem acréscimo de conteúdo, contrariamente ao sintético, que pode incorporar novas notas. Por isso, a análise atua apenas sobre a forma e na distinção dos conceitos, e é o único que cabe à lógica. As notas analíticas são, portanto, todas elas conceitos racionais, enquanto as sintéticas podem ser conceitos de experiência (AK59) ou conceitos construídos (AK141)[45]. A distinção kantiana entre juízos analíticos e sintéticos confirma a independência e a incomunicabilidade entre análise e síntese.

Não há como não aproximar o tipo de reflexão acima apresentado àquele dado pela *Analítica dos Conceitos*, tanto no que diz respeito ao conceito-chave de decomposição quanto às diferentes operações lógicas implementadas. Se aqui é dito que a síntese, por atuar sobre o conteúdo, forma conceitos (contrariamente à análise, que os examina, os decompõe e os divide, mas só os conceitos já dados), na *Crítica*, isso irá significar que é a síntese (pura) que "formará" os conceitos (puros) do entendimento (A78/B104), embora não se possa entender aqui por "formar" um conceito como um processo anterior ao ato de pensá-lo[46]: transcendental é exatamente esse horizonte cujos objetos (embora necessários) não são nem independentes do sujeito (não podendo ser nem inatos nem exteriores) nem dependentes dele (não podendo ser constituídos por um sujeito previamente dado), sendo o sujeito nada mais que a unidade que se constitui pela ação de constituição (sintética, antes que analítica) dos conceitos puros. Essa ação não pode ser derivada por um procedimento analítico, entendido como decomposição. Além disso, a decomposição é, no mínimo, dicotômica, diz Kant; e, por isso, jamais poderá nos levar à unidade:

---

[45] Parece emergirem aqui alguns elementos do que virá a constituir a distinção kantiana entre análise de conceitos e construção de conceitos, próprias à filosofia e à matemática, respectivamente. Como afirma a *Lógica*, a "análise dos conceitos" é "assunto da filosofia e é levada ao máximo, especialmente, nas investigações metafísicas" (AK59).

[46] Por essa razão, Kant se opõe a toda espécie de inatismo.

ela multiplica as entidades, ao invés de nos conduzir à unidade. E, se acaso certa entidade fosse assumida como unidade, ela seria assumida convencionalmente ou, então, dada por uma síntese pressuposta. Finalmente, se a analítica é decomposição de conceitos dados, ela pressupõe a sua composição correspondente; porém, a formação dos conceitos pela síntese não é uma composição de conceitos, sendo, antes, a cristalização de conceitos indecomponíveis[47]: os conceitos puros são "formados" por síntese, mas não podem ser decompostos[48].

IV

A analítica, do ponto de vista de sua natureza, procede da mesma forma tanto na *Lógica* quanto na *Crítica*. A *Analítica* terá funções

---

[47] Aqui mais uma comparação com a filosofia cartesiana. Quando Descartes trata, na *Meditação Sexta*, da união alma e corpo (do homem propriamente dito), essa união não pode ser encontrada por (de)composição (entre alma e corpo), visto que a união não é uma união componível, embora pressuponha as duas substâncias. A união é uma unidade de ordem distinta, que deve ser pressuposta em razão da existência de fenômenos (as sensações e as paixões) inexplicáveis seja por uma ou outra seja pela junção das duas substâncias: a união é uma espécie de síntese kantiana, cuja decomposição em corpo e alma é sua própria destruição: é uma "unidade complexa" ou um "complexo indecomponível", algo aparentemente contraditório (dentro do paradigma da composição / decomposição).

[48] Um exemplo para terminar: a noção de número. Segundo Kant, "a nossa numeração é uma síntese *segundo conceitos* (o que é sobretudo evidente nos números elevados), porque se processa segundo um fundamento comum da unidade (o da dezena, por exemplo)", pressuposta na "síntese do diverso" (A78/B104). Entretanto, essa unidade sintética jamais poderia ser encontrada por divisão ou decomposição, no caso de considerarmos uma quantidade em geral (isto é, algo dito ser maior, menor ou igual), mas apenas se considerada aritmeticamente (como um número): uma grandeza geométrica, uma reta, por exemplo, pode ser dividida infinitamente. Assim, na numeração, a divisão estaria pressupondo de antemão a constituição sintética da unidade do múltiplo, ao passo que, feita sobre uma grandeza geométrica, a divisão nos conduz a uma regressão ao infinito; e, portanto, a divisão de uma grandeza ou é dependente da unidade sintética ou é infinita, ou pressupõe a síntese ou é indeterminada. Para os gregos, por exemplo, a noção de grandeza geométrica não incorria no problema da incomensurabilidade da diagonal de um triângulo-retângulo de catetos igual a um, contrariamente a uma compreensão aritmética do caso, a tal ponto que elaboraram uma segunda teoria da proporção, geométrica (no livro V dos *Elementos*, atribuída a Eudoxo), para além da de natureza aritmética (no livro VII, atribuída a Teeteto), para evitar o problema da incomensurabilidade.

distintas, evidentemente, no âmbito da lógica transcendental (comparada ao da lógica geral), em razão da natureza e objetivos distintos das duas lógicas; entretanto, os procedimentos e as operações efetivadas em ambas são da mesma natureza. Como claramente dito na *Lógica*, sendo "uma *análise da forma* do intelecto e da razão", a "Analítica descobre por decomposição (*Zergliederung*) todas as ações da razão que exercemos em geral ao pensar" (AK16; itálico nosso), e é imitada pela analítica transcendental, que é "a decomposição (*Zergliederung*) de todo o nosso conhecimento *a priori* nos elementos do conhecimento puro do entendimento" (A64/B89), cabendo, por sua vez, à analítica dos conceitos "a *decomposição* (*Zergliederung*), ainda pouco tentada, *da própria faculdade do entendimento*, para examinar a possibilidade de conceitos *a priori*" (A64/B90), confirmando a natureza formal e "conceitual" da analítica, na medida em que ela não é uma decomposição "segundo o conteúdo", mas uma "decomposição da própria faculdade" do entendimento. Segue o último texto na íntegra:

> "Por analítica dos conceitos entendo não a análise dos mesmos ou o processo corrente em investigações filosóficas, de decompor, segundo o seu conteúdo, os conceitos que se oferecem e clarificá-los, mas a *decomposição*, ainda pouco tentada, *da própria faculdade do entendimento*, para examinar a possibilidade dos conceitos *a priori*, procurando-os somente no entendimento, como seu lugar de origem, e analisando em geral o uso puro do entendimento [...]. Seguiremos pois os conceitos puros até aos seus primeiros germes e disposições no entendimento humano, onde se encontram preparados, até que, finalmente, por ocasião da experiência, se desenvolvam e, libertos pelo mesmo entendimento das condições empíricas que lhe são inerentes, sejam apresentados em toda a sua pureza" (A65-66/B90-91).

A noção de decomposição (*Zergliederung*) aparece em outros lugares da *Crítica*, e é por vezes traduzida por análise, desmembramento ou mesmo por dissecação, dentre os quais podemos citar, além da própria *Analítica*, a *Introdução* à *Crítica* (a partir do final da seção III até seu final)[49]. Outras noções ou pressuposições parecem se relacionar à de analítica e à de decomposição, tais como as noções (apontadas no início da *Analítica Transcendental*) de divisão, a distinção entre conceitos elementares e derivados, a noção de interconexão das partes em um sistema ou totalidade (A64-65/B89), bem como a preocupação com a completude e a abrangência total do quadro estabelecido[50], tendo como pressuposição o entendimento como "unidade subsistente por si mesma e em si mesma suficiente, que nenhum acréscimo do exterior pode aumentar" (A64-65/B89-90).

Essas exigências e pressuposições não deixam, entretanto, de se constituírem como dificuldades à empreitada kantiana. A *Analítica dos Conceitos*, depois de caracterizar a decomposição como busca dos "conceitos puros até aos seus primeiros germes e disposições no entendimento humano", para que "sejam apresentados em toda a sua pureza", reconhece as "condições empíricas que lhe são inerentes" e o fato de eles serem "desenvolvidos por ocasião da experiência" (A66/B91). Depois disso, Kant expõe outras duas preocupações fundamentais: a de que "não se poderá nunca determinar com segurança, por esse processo, de certo modo mecânico, quando estará terminada tal

---

[49] O termo aparece também na *Doutrina Transcendental do Método*, na *Primeira Seção* do *Capítulo I*, intitulada *A Disciplina da Razão no Uso Dogmático* (A728-730/B756-758). Outro uso da noção de decomposição aparece na *Oitava Seção do Capítulo II do Livro II* da *Dialética Transcendental*, intitulada *Princípio regulativo da razão pura com respeito às ideias cosmológicas*. Entretanto, nesse caso o termo utilizado por Kant não é "*Zergliederung*", mas "*Dekomposition*" (A513-514/B541-542). Kant utiliza também termos como "*Auflösung*" (resolução) para qualificar a análise (B130).

[50] São quatro os pontos importantes a serem considerados pela decomposição, dentre os quais os últimos dois são os que interessam aqui: "3. Que [os conceitos puros] sejam conceitos elementares e sejam bem distintos dos derivados ou dos compostos de conceitos elementares. 4. Que a sua tábua seja completa e abranja totalmente o campo do entendimento puro" (A64/B89).

investigação", e a de que não se poderá confiar em conceitos que, quando "se descobrem ocasionalmente, não apresentam nenhuma ordem nem unidade sistemática" (B 91-92). E, assim, a analítica pode nos conduzir a um processo *ad infinitum* (como já antevisto pela *Lógica*) e pode se dar de forma incompleta, desordenada e assistemática, além de ter uma relação nada simples com a estética transcendental (com o contraponto material do conceito) e com "os germes e disposições" dos conceitos puros. São examinadas abaixo algumas dessas tensões.

As primeiras duas seções da *Analítica dos Conceitos* confirmam a natureza lógica e formal da analítica, como mostram os seus respectivos títulos ("Do uso *lógico* do entendimento em geral" (A67/B92); "Da função *lógica* do entendimento nos juízos" (A70/B95; itálico nosso)), de sorte que a lógica transcendental marca efetivamente sua diferença em relação à lógica geral a partir da *Seção Terceira* (§ 10), como se pode ver pela frequência com que as duas lógicas são comparadas e distinguidas. Pode-se, contudo, perceber uma dificuldade já nessas seções, dificuldade relativa às duas definições de entendimento ou às duas concepções de função, as quais não parecem plenamente equivalentes. Segundo Kant, o entendimento é a faculdade do pensar discursivo, e pensar é a ação de ordenar ou de subsumir conceitos sob um conceito comum. E, assim, os conceitos repousam sobre funções que expressam a unidade presente nessa ação voltada ao ordenamento e à subsunção: "Entendo por função a unidade da ação que consiste em ordenar diversas representações sob uma representação comum" (A69/B93). Por outro lado, o entendimento pode ser representado como faculdade de julgar, na medida em que podemos "reduzir a juízos todas as ações do entendimento", sendo os juízos a expressão dessa unidade: os juízos "são funções da unidade sob nossas representações" (A69/B94). Há, pois, duas noções de unidade e de função, como reconhece o próprio Kant: "Encontram-se, portanto, todas *as funções do entendimento*, se pudermos expor totalmente *as funções da unidade nos juízos*" (A69/B94; itálico nosso). Embora não se deseje duvidar dessa tarefa, segundo Kant, "perfeitamente exequível" (A69/B94), é preciso assinalar a duplicidade das noções de unidade e de função. Ocorre que as funções da unidade nos juízos parecem pressupor mais coisas do que pressupõem as funções do entendimento de ordenar representações umas sob as outras (A69/B93), de sorte que o juízo pressupõe uma unidade ausente na relação de subsunção entre conceitos, não havendo transitividade (composição / decomposição) entre subsunção de conceitos e elaboração de juízos: um juízo revela uma unidade que não pode ser encontrada numa analítica dos conceitos[51]. Em um juízo, o entendimento *"forma"* transcendentalmente novos conceitos, os conceitos puros, inexistentes em suas partes constituintes (reveladas analiticamente)[52]. Em outras palavras, a unidade presente na ação do entendimento de ordenar representações umas sob as outras é uma unidade de natureza lógica, podendo ser dissecada analiticamente, ao passo que a unidade pressuposta pelo juízo (ou, se levada mais adiante, a unidade originária da consciência, dado que o juízo também pode ser dividido quanto à sua forma e à sua matéria) já não pode sê-lo, seja porque, aí, não se pode mais separar (embora talvez abstrair) matéria e forma, seja porque se chegou ao elemento último indecomponível, sempre pressuposto desde sempre por toda ação do entendimento. E, assim, uma posterior separação de elementos nesse nível é a destruição do próprio ato de pensar.

A análise, como diz a *Lógica*, é uma operação que leva à distinção, divisão e subsunção entre conceitos e nos permite uma definição mais

---

[51] Sendo o conceito "uma representação universal ou uma representação do que é comum a vários objetos e, assim, uma representação na medida em que pode estar contida em várias" (AK91), ele mantém uma relação de subsunção tanto "material" (isto é, uma representação de algo comum a vários objetos) quanto "formal" (isto é, uma representação geral ou uma marca comum a várias representações), mas não revela a unidade constituinte de um juízo.

[52] A *Analítica dos Conceitos* parece ser mais uma *"Analítica dos Juízos"*. Embora, em um primeiro momento, as ações do entendimento sobre conceitos possam ser reduzidas a juízos, em um segundo momento, são os juízos que são reconduzidos a conceitos, visto que o que é analisado é o juízo, tendo como pressuposta (e como consequente, embora não por decomposição) a tábua das categorias, os conceitos.

precisa, exaustiva e profunda, bem como a indicação das notas, por meio das quais conhecemos as coisas; o resultado é, sempre, a separação entre os elementos constituintes: a análise separa, divide, mostra os elementos componentes, desfaz a complexidade. A noção de unidade, em um juízo, é uma "unidade complexa", constituída por síntese: como unidade, não pode ser decomposta, embora não seja simples; e Kant reconhece isso quando diz que é preciso *"reduzir a juízos todas* as ações do entendimento" (A69/B94; itálico nosso), não podendo regredir a decomposição para além da unidade que eles representam. Portanto, analiticamente, a unidade do juízo é simples, mas sinteticamente, não. É uma unidade simples, vista a partir dele e das relações entre juízos; ela é complexa, vista a partir do conceito puro, dado que um juízo o pressupõe: o juízo é uma unidade originária, cuja análise como decomposição é sua própria destruição. Em outras palavras, o juízo é uma relação construída sinteticamente ou uma ligação constituída por um ato de espontaneidade do sujeito (B130), mas que não pode ser decomposta para além de si mesma. Embora haja correspondência entre as funções, a analítica não consegue percorrer, *por decomposição,* o caminho que vai da tábua dos juízos à tábua das categorias. Isso pode ser traduzido na afirmação de que a analítica, entendida como decomposição, é um procedimento lógico, enquanto a síntese é uma "ação transcendental". E não há passagem do lógico ao transcendental.

A unidade originária, revelada pelo juízo, é complexa também sob esse aspecto: ela tem, necessariamente, matéria e forma, ao contrário da decomposição, que é um procedimento apenas lógico e feito sobre conceitos dados. Com efeito, "nenhum conceito pode ser de origem analítica *quanto ao conteúdo*" (A77/B 103). Mesmo que, sob a perspectiva transcendental,

> "não podemos representar coisa alguma como sendo ligada no objeto se não a tivermos nós ligado previamente

e também que, entre todas as representações, a *ligação* é a única que não pode ser dada pelos objetos, mas realizada unicamente pelo próprio sujeito, porque é um ato da sua espontaneidade" (B130),

isso não significa que essa ação de ligar possa ser feita *sem* objeto: ela não é dada pelo objeto, mas o pressupõe[53] como polo constituinte, ao mesmo tempo em que é constituída por um sujeito.

A *Lógica*, em sua definição e caracterização do juízo em geral, ao mesmo tempo em que afirmava a sua unidade fundamental, o caracterizava como constituído de matéria e forma e determinava o escopo da lógica como concernente apenas à forma. Todo juízo, diz ela, "é uma representação da unidade da consciência de diversas representações ou a representação da relação entre elas, na medida em que constituem um conceito" (AK 101) e, enquanto tal, é constituído de matéria e de forma, cada qual determinando um tipo de ligação ou relação com a unidade da consciência. E, da mesma forma que não se ocupou do conteúdo dos conceitos, a lógica não trata da matéria dos juízos, mas apenas da sua "diferença" "no que concerne à sua mera forma" (AK101). A analítica como decomposição, portanto, por mais que examine o juízo, tem como resultado a separação dos elementos formais e materiais, divisão está que pode ser conduzida até a unidade da consciência. Isso nos indica que a unidade originária pode ser empurrada para além dos juízos, até seu limite (a unidade sintética originária da apercepção), sem jamais ser atingida por um procedimento por decomposição. É possível adiar sua pressuposição, mas, mais cedo ou mais tarde, ela deve ser pressuposta sem ter sido vislumbrada ou antevista pela analítica.

---

[53] Como entender essa pressuposição do objeto é uma dificuldade inerente à interpretação do pensamento kantiano. De todo modo, isso não significa pressupor certo conteúdo ou objeto empírico dado, mas as condições da intuição de um objeto em geral.

Mais acima nos referimos à diferença entre conceitos dados e conceitos feitos. A análise se restringe aos primeiros, e a síntese se refere aos últimos. Embora, na *Lógica*, Kant, quando trata dos conceitos feitos pela síntese, se refira basicamente aos conceitos empíricos, aqui, ele está envolvido com outra espécie de conceitos. E é essa a grande novidade: evidenciar um conjunto de conceitos, os conceitos puros do entendimento, que não são *dados* nem no âmbito do sujeito (contrariamente ao inatismo ou ao subjetivismo) nem no âmbito do objeto (contrariamente ao empirismo ingênuo), mas são *constitutivos* da experiência. E essa novidade é eclipsada por ações do entendimento reveladas pelo que Kant denomina síntese ou ligação.

É verdade que Kant afirma que

> "o mesmo entendimento, pois, e isto através dos mesmos atos pelos quais realizou nos conceitos, mediante a unidade analítica, a forma lógica de um juízo, introduz também, mediante a unidade sintética do diverso na intuição em geral, um conteúdo transcendental nas suas representações do diverso" (A79/B105).

Entretanto, ele reconhece textualmente que "a unidade *analítica* da apercepção só é possível sob o pressuposto de qualquer unidade *sintética*" (A97/B 133), e indica a "unidade sintética da apercepção" como "princípio supremo de todo o uso do entendimento" (B 136). Além disso, Kant reconhece nessa citação que a unidade analítica diz respeito à forma lógica do juízo, enquanto a unidade sintética trata de um conteúdo transcendental, o que pressupõe a "materialidade" da intuição em geral. Assim, "através das mesmas ações" não pode significar que as ações analíticas e sintéticas sejam idênticas, mas que as mesmas ações do entendimento podem ser examinadas tanto analiticamente (apenas logicamente) quanto sinteticamente (transcendentalmente), sendo a primeira resultado da abstração de um aspecto da segunda.

Retomemos mais longamente alguns trechos da *Seção Terceira* (§ 10). Afirma Kant nessa seção[54]:

> "A lógica geral abstrai, como repetidas vezes dissemos, de todo o conteúdo do conhecimento e espera que, por outra via, seja ela qual for, sejam dadas representações para as transformar em conceitos, o que se processa analiticamente. Em contrapartida, a lógica transcendental defronta-se com um diverso da sensibilidade *a priori*, que a estética / transcendental lhe fornece, para dar uma matéria aos conceitos puros do entendimento, sem a qual esta lógica seria destituída de conteúdo, portanto completamente vazia. [...] Porém, a espontaneidade do nosso pensamento exige que este diverso seja percorrido, recebido e ligado de determinado modo para que se converta em conhecimento. A este ato dou o nome de síntese" (A76-77/B102).

"Antes de toda a análise das nossas representações, têm estas de ser dadas primeiramente e nenhum conceito pode ser de origem analítica *quanto ao conteúdo*" (A77/B103).

"A síntese em geral é, como veremos mais adiante, um simples efeito da imaginação, função cega, embora imprescindível, da alma, sem a qual nunca teríamos conhecimento algum, mas da qual muito raramente temos consciência" (A78/B103).

"Diversas representações são reduzidas, analiticamente, a um conceito (questão de que trata a lógica geral). Mas a lógica transcendental ensina-nos a reduzir a conceitos, não as representações, mas a *síntese pura* das representações" (A78/B104).

"A mesma função, que confere unidade às diversas representações *num juízo*, dá também unidade à mera síntese de

---

[54] Aqui são fornecidos, em sequência, vários extratos dessa seção, para poderem ser examinados concomitantemente.

representações diversas *numa intuição*; tal unidade, expressa de modo geral, designa-se por conceito puro do entendimento. O mesmo entendimento, pois, e isto através dos mesmos atos pelos quais realizou nos conceitos, mediante a unidade analítica, a forma lógica de um juízo, introduz também, mediante a unidade sintética do diverso na intuição em geral, um conteúdo transcendental nas suas representações do diverso; por esse motivo se dá a estas representações o nome de conceitos puros do entendimento, que se referem *a priori* aos objetos, o que não é do alcance da lógica geral" (A79/B104-105).

O primeiro extrato de texto parece nos indicar que, se a lógica geral recebe de outra via as representações transformadas analiticamente em conceitos, a lógica transcendental, por sua vez, de modo análogo, recebe da estética transcendental o múltiplo da sensibilidade, sem o qual os conceitos puros seriam vazios (e apenas formais). Por outro lado, se a lógica geral pode abstrair do conteúdo, a transcendental já não pode fazê-lo: a analítica lógica, por ser geral, pode se "dar ao capricho" de desprezar o conteúdo[55], ao passo que a transcendental precisa mostrar sua real necessidade e efetividade; caso contrário, ela poderia ser apenas uma fantasia ou mesmo nem se dar a conhecer. E isso denuncia, em terceiro lugar, a presença necessária da síntese, algo confirmado pelo segundo extrato: a síntese é necessária, visto que a análise, não atuando senão sobre conceitos (ela é uma analítica *de conceitos*), não põe conteúdo ou objeto algum. Além disso, a síntese nos remete a uma instância exterior – cega, e da qual somos em geral inconscientes –, o que mostra que ela não pode ser atingida diretamente pela análise (entendida como decomposição), mas apenas

---

[55] Em outras palavras, a lógica geral não pode extraviar-se por ocasião do exame de algo que possa cair fora dela mesma, pois tudo o que ela pensar já estará automaticamente lhe pertencendo.

pressuposta por ela: a análise chega às portas da síntese, diante da qual se detém, pressupondo-a como já feita[56]. E, se não é afirmada, aqui, claramente uma primazia da síntese, mais adiante Kant o fará, tanto da síntese em geral[57] (B130) quanto da "unidade sintética originária" (§16, em especial).

Se isso é assim, então é possível questionar a autonomia do entendimento e se perguntar até que ponto ele é uma "unidade autossuficiente" (A65/B 89-90). O que o entendimento realiza autonomamente e, como tal, possa ser dito ser uma faculdade em si mesmo? A *analítica dos conceitos* dá conta apenas *dos conceitos*, uma das dimensões das representações cognitivas, mas não do objeto presente nesse conceito. Se seus objetivos fossem os de uma analítica lógica, isso seria aceitável, mas não parece sê-lo de uma analítica transcendental e de uma verdadeira lógica da verdade. O problema parece ser similar ao problema do paralelismo entre matéria e forma: elas são dimensões distintas e independentes, embora confluentes para originar uma entidade; uma, portanto, não denuncia a outra, a menos que se suponha dada a "realidade" da entidade. Ou, então, aqui aparece o que se poderia denominar o "problema kantiano das paralelas": análise (lógica) e síntese (transcendental) são como que duas retas paralelas, coplanares, mas que, como tais, jamais se encontram. Elas são solidárias, mas seu paralelismo jamais permite que uma denuncie a outra. Isso é válido pelo menos para a análise: ela não denuncia a síntese.

A decomposição operada pela analítica atomiza os componentes descomprometendo-os de sua participação na totalidade. Isso se dá pela natureza lógica e formal assumida pela analítica transcendental,

---

[56] Com efeito, dirá Kant mais adiante, "não podemos nos representar nada ligado no objeto sem o termos nós mesmos ligado antes", pois, com efeito, "onde o entendimento nada ligou não pode também decompor nada" (B130).

[57] "Aqui facilmente nos apercebemos que este ato [a síntese] deve ser originariamente único e deverá ser igualmente válido para toda a ligação e que a decomposição em elementos (*a análise*), que parece ser o seu contrário, sempre afinal a pressupõe" (B130).

embora não pudesse sê-lo, dada a pretensão da tarefa transcendental. O que ocorre é que a análise e a síntese no âmbito transcendental mantêm as características da análise e da síntese lógicas. Com efeito, na *Analítica Transcendental*, a síntese se refere aos objetos e a análise aos conceitos, como afirma a *Lógica*: "A síntese faz a distinção dos objetos; a análise faz a distinção dos conceitos". Por isso, continua Kant, "a análise não pode ir tão longe a ponto de fazer que, no final, o próprio objeto desapareça" (AK64). A análise faz *desaparecer conceitos*: visto que nela "o todo precede as partes", esse todo é decomposto e desaparece, fazendo emergir as partes. Mas ela faz isso com conceitos e não com objetos, pois não opera sobre objetos: por isso ela "não pode ir tão longe" e não pode "fazer que, no final, o próprio objeto desapareça". Por sua vez, a síntese (onde "as partes precedem o todo" (AK64)) opera sobre objetos e faz a distinção entre objetos. A oposição entre análise e síntese não é apenas em termos de movimentos contrários (decomposição, composição; ir do todo às partes e das partes ao todo), mas de operar sobre horizontes distintos, *conceitos* e *objetos dos conceitos*, o que faz que elas jamais se cruzem: daí, seu paralelismo, sem capacidade de denúncia recíproca (pelo menos no caso da análise).

Aqui cabe uma observação relativa à distinção entre analítica e dialética. Na *Lógica*, a dialética é entendida como "resultado de um mero abuso" (AK16) da analítica, em razão da presença inadequada de conteúdo; na *Crítica*, a dialética é uma lógica da aparência por ausência de conteúdo. E, embora a operação dialética da razão seja entendida como ultrapassagem de seus próprios limites, esse desrespeito se dá por razões opostas, em um caso pela presença de conteúdo e em outro pela sua ausência. A diferença entre dialética transcendental e analítica transcendental é a presença necessária da materialidade nesta última e a sua ausência na primeira. E, assim, a *Analítica Transcendental* não pode ser meramente formal, exatamente porque se distingue da *Dialética Transcendental* pela presença da materialidade, enquanto esta última a pressupõe ilusoriamente. A lógica transcendental, portanto, é dialética, não quando é puramente formal, mas quando simula um conteúdo inexistente ou inacessível. O que faz dela ser analítica (e não dialética) é a presença, efetiva e necessariamente, de um conteúdo, um conteúdo, entretanto, que vem de fora dela, da *Estética Transcendental*. Essa é também a diferença fundamental entre as duas *Doutrinas dos Elementos*, a da *Lógica* e a da *Crítica*, como já dissemos: a *Analítica Transcendental* (portanto, a *Lógica Transcendental*) pressupõe, para ser o que ela é, *elementos* provenientes de fora dela. Essa dificuldade pode também ser examinada na perspectiva da autonomia e da autossuficiência do entendimento e de suas operações, na medida em que o entendimento parece ser o que é apenas na medida em que tiver como contraponto o conteúdo dado pela faculdade da sensibilidade. A primazia da unidade sintética sobre a unidade analítica denuncia que a lógica transcendental parece não poder se fazer sem seu contraponto material (os elementos fornecidos pela estética transcendental): a lógica transcendental é diferente da lógica geral, mas indica, ainda, se pautar por ela e por seu caráter formal.

V

A dedução transcendental parece responder ao problema do paralelismo entre análise e síntese, e sua necessidade, uma confissão do problema[58]. Mais difícil do que isso é a *Lógica Transcendental* dar conta da tese da autonomia do entendimento frente ao fato de que há *elementos* que lhe escapam: a *Doutrina Transcendental dos Elementos* – toda ela envolvida na tarefa transcendental – é mais ampla que a *Lógica*

---

[58] Descartes resolveu um problema semelhante por meio da admissão da intuição: por meio da apreensão de algo simples, autoevidente e, ao mesmo tempo, constituído de matéria e forma. A indissociabilidade, na intuição cartesiana, entre matéria e forma dispensa a síntese; a autoevidência do ato intuitivo dispensa a necessidade de uma prova; a analítica entendida como regressão, mais do que decomposição, vai ao encontro da síntese, mas que é supérflua, pelas razões já citadas.

Transcendental: enquanto lógica (a exemplo da formal), ela poderia dispensar o conteúdo; como transcendental, ele teria que abarcá-lo necessariamente. São os resquícios da inspiração lógica da *Crítica*.

Bibliografia

ARISTÓTELES (1987): *Ética a Nicômaco*. São Paulo, Nova Cultural. (Os Pensadores).

ARISTÓTELES (1992-1995): *Organon*. Paris, Vrin. Tradução e notas de J. Tricot.

ARNAULD, Antoine – Nicole, Pierre (1992): *La logique ou l'art de penser*. Paris, Gallimard. Notas e posfácio de Charles Jourdain.

BERTI, Enrico (2010): *Novos Estudos Aristotélicos I: Epistemologia, Lógica e Dialética*. São Paulo, Loyola.

CAYGILL, Howard (2000): *Dicionário Kant*. Rio de Janeiro, Zahar.

DESCARTES, René (1983): *Discurso do Método; Meditações*. 3. ed. São Paulo, Abril Cultural. (Os Pensadores).

EUCLIDES (1956): *The Thirteen Books of Euclid's Elements*. 3 vol. New York, Dover. Tradução de Thomas L. Heath.

FREULER, Léo (1992): *Kant et la métaphysique spéculative*. Paris, Vrin.

HINTIKKA, Jaakko – Remes, Unto (1974): *The method of analysis*. Dordretch, Publishing Company.

HINTIKKA, Jaakko (1973): *Logic, language-games and information: kantian themes in the philosophy of logic*. Oxford, Clarendon Press.

KANT, Immanuel (1980): *Crítica da Razão Pura*. São Paulo, Abril Cultural. (Os Pensadores). Tradução de Valério Rohden e Udo Bladur Moosburger.

KANT, Immanuel (1992): *Lógica*. Rio de Janeiro, Tempo Brasileiro. Tradução de Guido Antônio de Almeida.

KANT, Immanuel (2001): *Crítica da Razão Pura*. 5. ed. Lisboa, Calouste Gulbenkian. Tradução de Manuel Pinto dos Santos e Alexandre Fradique Morujão.

KANT, Immanuel (2003): *Manual dos Cursos de Lógica Geral*. 2. ed. Campinas, SP, Editora da Unicamp; Uberlândia, MG, Edufu. Tradução de Fausto Castilho.

LOPARIC, Zeljko (1982): *The Methods of Analysis in Kant's Speculative Philosophy*. Campinas, SP, Unicamp. (Tese de livre-docência).

LOPARIC, Zeljko (2000): *A Semântica Transcendental de Kant*. Campinas, SP, Centro de Lógica, Epistemologia e Filosofia da Ciência.

SCHOPENHAUER, Arthur (1988): *Crítica da Filosofia Kantiana*. São Paulo, Nova Cultural. (Os Pensadores).

TIMMERMANS, Benoît (1995): *La résolution des problèmes de Descartes à Kant*. Paris, PUF.

ZWECKMÄSSIGKEIT (CONFORMIDADE A FINS) E MECANICISMO NOS PROCESSOS VITAIS: O ANTAGONISMO ENTRE KANT E ROUX

ZWECKMÄSSIGKEIT AND MECHANICISM IN VITAL PROCESSES: THE ANTAGONISM BETWEEN KANT AND ROUX

Wilson Antonio Frezzatti Jr*
(UNIOESTE – Universidade Estadual do Oeste do Paraná)

Abstract: This Chapter proposes that the developmental mechanics (*Entwicklungsmechanik*) of the German biologist and embryologist Wilhelm Roux is antagonist to the Kantian concept of purposiveness (*Zweckmässigkeit*). Our research of *Der Kampf der Theile im Organismus* (1881), *Kritik der Urteilsktaft* (1790), and their concepts of organism shows that Roux does not solve certain problems answered by Kant, which favours that vitalist theories still flourish in the biological thought of the late nineteenth century.

Keywords: Kant; Life; Mechanicism; Organism; Purposiveness; Roux

---

* wfrezzatti@uol.com.br
Doutor em Filosofia pela Universidade de São Paulo (USP). Professor dos cursos de Graduação e Mestrado em Filosofia da Universidade Estadual do Oeste do Paraná (UNIOESTE). Professor colaborador do Mestrado em Filosofia da Universidade Estadual de Maringá (UEM). Coordenador do GT-Nietzsche (ANPOF). Membro do Grupo de Estudos Nietzsche (GEN-USP), do Groupe Internationale de Recherche sur Nietzsche (GIRN), e do Grupo de Pesquisa "Filosofia, Ciência e Natureza na Alemanha do século XIX" (UNIOESTE).

DOI: http://dx.doi.org/10.14195/978-989-26-1049-8_2

Resumo: Este capítulo propõe que a mecânica do desenvolvimento (*Entwicklungsmechanik*) do biólogo e embriologista alemão Wilhelm Roux é antagonista ao conceito kantiano de finalidade ou de conformidade a fins (*Zweckmässigkeit*). Nossa investigação de *A Luta das Partes no Organismo* (1881), da *Crítica da Faculdade do Juízo* (1790) e de suas respectivas noções de organismo mostra que Roux não resolve algumas questões respondidas por Kant, o que propicia que teorias vitalistas ainda floresçam no pensamento biológico da segunda metade do século XIX.

Palavras-Chave: Conformidade a fins; Kant; Mecanicismo na Biologia; Organismo; Roux; Vida

O objetivo deste trabalho é apresentar o livro *A Luta das Partes no Organismo* (1881), do biólogo e embriologista alemão Wilhelm Roux, como antagonista à concepção kantiana de organismo e, consequentemente, ao conceito kantiano de finalidade ou de conformidade a fins (*Zweckmässigkeit*). Essa contraposição é feita por Roux através de uma teoria mecanicista do desenvolvimento embrionário e da diferenciação celular, a qual, acreditamos, não resolve algumas questões respondidas pelo filósofo de Königsberg, situação que mantém as portas abertas às alternativas vitalistas no pensamento biológico da segunda metade do século XIX.

Kant esteve desde o início envolvido de alguma forma com o pensamento sobre a vida, investigação que, na época do filósofo, não era objeto específico de nenhuma ciência, mas que, posteriormente, foi assumida pela disciplina chamada biologia[59]. O pensamento bio-

---

[59] Na época em que Kant escreveu seus textos, a biologia ainda não havia se constituído enquanto uma disciplina científica, e o estudo dos seres vivos estava disperso entre o estudo da Terra, a medicina, a botânica, a história natural, etc. No início do século XIX, período em que os estudos sobre a evolução, a fisiologia, a bioquímica,

lógico e o pensamento kantiano influenciaram-se reciprocamente: as ideias kantianas sobre o conhecimento abriram a possibilidade de uma nova filosofia da natureza, mas, ao mesmo tempo, as discussões biológicas contribuíram para formar o pensamento kantiano[60]. O trabalho crítico de Kant foi praticamente contemporâneo da constituição da biologia enquanto disciplina científica e foi importante para estabelecer algumas noções axiais, principalmente as de organismo e de conformidade a fins da natureza (*Zweckmässigkeit der Natur*). O período de final do século XVIII a início do século XIX marca uma acirrada disputa entre as explicações finalistas e as mecanicistas (causas eficientes) para se firmarem enquanto racionalidade dos fenômenos naturais. Por outro lado, o sistema filosófico kantiano parece ter seu desenvolvimento semelhante ao de um organismo vivo: desenvolve-se desde o interior (*per intus susceptionem*) e não por incrementos provenientes do exterior (*per appositionem*)[61]. Esse sistema, tal como um organismo vivo, organiza-se por meio de uma ideia que só no fim se revela, sendo ela a responsável por toda a sua arquitetônica[62].

---

a embriologia, a citologia e a histologia começaram a se desenvolver, surge o termo "biologia". A palavra, em seu sentido atual, parece ter sido criada em 1800 pelo médico alemão Karl Friedrich Burdach (cf. Mendelsohn (1964), 40). Gottfried Reinhold Treviranus, em *Biologia ou Filosofia da Natureza Viva* (*Biologie, oder Philosophie der lebenden Natur*, 1802), considera a biologia a ciência que unifica os seres vivos: "semelhança de aspecto no funcionamento desigual do mundo externo é o caráter distintivo da vida". Lamarck também foi responsável pela consolidação do termo, sendo que, também em 1802, o utilizou para indicar a continuidade entre os mundos animal e vegetal e a necessidade de unificar os seus estudos. Podemos dizer que a biologia nasceu buscando definir a propriedade ou a qualidade que caracterizava os vários tipos de seres vivos.

[60] Cf. Santos (2012), 18-20.

[61] Na *Crítica da Razão Pura* (1787), em Doutrina transcendental do método, Capítulo III – Arquitetônica da razão pura, Kant declara: "O todo é portanto articulado (*articulatio*) e não amontoado (*coacervatio*), podendo, é verdade, crescer internamente (*per intus susceptionem*), mas não externamente (*per appositionem*), tal como acontece com um corpo animal cujo crescimento não leva à adição de um membro, mas antes, sem alterar a proporção torna cada um deles mais forte e mais eficiente para a sua finalidade" (Kant (1999), 492-493).

[62] Cf. Santos (2012), 24.

1. Kant e a investigação acerca dos seres vivos

Santos aponta algumas preocupações filosóficas de Kant acerca das questões biológicas[63]: a) A redutibilidade dos princípios e das leis particulares da natureza à maior simplicidade e unidade possíveis: aspecto que aparece, por exemplo, nos ensaios sobre as raças humanas, no Apêndice à Dialética transcendental e na Introdução à *Crítica da Faculdade do Juízo* (CFJ), (*Kritik der Urteilsktaft*, 1790); b) A possibilidade de explicar a estrutura e a geração dos seres vivos pelas leis gerais do mecanicismo universal: caso o mecanicismo não dê conta dessa explicação, deve-se procurar e justificar um princípio transcendental que dê racionalidade aos seres orgânicos. Na segunda parte da terceira crítica, temos o princípio teleológico, pressuposto transcendental da *Zweckmässigkeit der Natur* e produto da faculdade de julgar reflexionante (*reflektierende Urteilskraft*). Além disso, como articular, num sistema superior de princípios, uma legalidade mecânica para a natureza em geral e uma finalística no caso especial dos seres vivos?; c) O estatuto epistêmico-transcendental da explicação finalista no estudo da natureza; d) A explicação da unidade do gênero humano e da diversidade de raças, a finalidade da espécie humana: essas preocupações constam principalmente nos ensaios de antropologia física; e) A necessidade ou não da intervenção de um poder supremo nos fenômenos naturais; e f) Como se inscreve a ordem teleológica da natureza na ordem teleológica dos seres morais: investigação de se há, na natureza, um supremo sentido final de ordem moral.

A obra de Kant, em sua relação com o pensamento biológico, é dividida, também por Santos, em três momentos[64]: as primeiras abordagens biológicas (1755-1766); a abordagem antropológica sobre as raças humanas (1775-1788); e o interesse sobre temas biológicos no

---

[63] Cf. Santos (2012), 26-29.

[64] Cf. Santos (2012), 38-56.

contexto da filosofia crítica. Em *História Universal da Natureza e Teoria do Céu* (*Allgemeine Naturgeschichte und Theorie des Himmels*, 1755), na qual há uma explicação mecânica para a formação do cosmos, o filósofo alemão já percebia a dificuldade de explicar a vida apenas mecanicamente. Perguntava-se, em *O único Fundamento Possível para uma Demonstração da Existência de Deus* (*Der einzige möglische Beweisgrund zu einer Demonstration des Daseins Gottes*, 1763), se é possível reduzir todos os fenômenos naturais a uma única ordem necessária da natureza ou se haveria uma ordem contingente natural que exigiria um outro princípio para sua explicação. Nesse contexto, interessa-se pela discussão do desenvolvimento da vida entre pré--formacionismo e epigênese. Kant sempre defenderá a ideia de que o orgânico é irredutível ao mecânico[65]. Em seus ensaios de 1775, 1777, 1778 e 1788 sobre as raças humanas, o filósofo alemão propõe a noção de *Naturgeschichte* (história da natureza) em oposição a uma *Naturbeschreibung* (descrição da natureza), o que vai se desenvolver, em seus trabalhos posteriores, em uma teleologia de caráter transcendental para investigação dos organismos (o princípio de conformidade a fins). Assim, o transcendental vai resolver a incapacidade das teorias mecânicas da natureza para explicar a vida.

Nos textos da filosofia crítica, as concepções biológicas foram importantes para o estabelecimento da concepção transcendental kantiana. Na segunda edição da *Crítica da Razão Pura* (1787), Analítica transcendental § 27 ("Dedução transcendental dos conceitos puros do entendimento"), Kant faz uma analogia entre as teorias explicativas do conhecimento e dos fenômenos biológicos: o empirismo representa a geração material e mecânica dos conceitos, assim como o racionalismo inatista representa o sistema de pré-formação da razão pura, sendo

---

[65] Em *Sonhos de um Visionário Esclarecidos pelos Sonhos de um Metafísico* (*Träume eines Geisterseher*, 1766), Kant afirma que a vida é dependente de um princípio imaterial, interno e autodeterminante, que é irredutível à matéria.

que a filosofia crítica é o sistema da epigênese da razão pura[66]. Acima já apresentamos a comparação entre o organismo e a arquitetônica do sistema kantiano de conhecimento: deve haver um princípio de racionalidade que, análogo à epigênese, explique a própria razão, seus usos e seus limites[67]. Na filosofia teórica, temos a analogia entre o ser orgânico e razão; na filosofia da história, o desenvolvimento do plano da natureza em relação à espécie humana; e na filosofia moral, a investigação de se o aspecto prático da razão é abarcado pelo plano da natureza, possibilitando a realização da plena destinação do homem[68].

Kant estabeleceu um importante debate com o naturalista alemão Johann Georg Forster[69]:

"Talvez não tivéssemos a terceira *Crítica* como a temos hoje, com a sua Segunda Parte dedicada à *Crítica do Juízo*

---

[66] Adiante trataremos da disputa entre epigênese e pré-formacionismo e de sua importância para Kant.

[67] Há ainda metáforas biológicas em *Prolegômenos a toda metafísica futura*, *Ideia para uma História universal numa intenção cosmopolita* e *Fundamentação da metafísica dos costumes*.

[68] Não devemos ficar com a ideia de que há uma relação especial entre a biologia e a filosofia kantiana. Santos ((2012), 56) adverte que há, na obra kantiana, analogias também com a química, a astronomia, a geografia, o direito, etc. Sobre a química, podemos apresentar o trabalho de Lequan, que assevera: "A química, longe de ser marginal ou periférica, desempenha um papel decisivo na obra de Kant. Se Kant aborda frequentemente essa disciplina de maneira oblíqua e por ocasião de outras reflexões, ele a trata também por ela mesma enquanto ciência. A química, em sua filosofia, tem um duplo estatuto: ela é simultaneamente uma metáfora, uma analogia, até mesmo um paradigma que descreve o método do filósofo crítico, e um objeto de reflexão para a filosofia da natureza, sendo a química um ramo da física" (Lequan (2000), 5) (tradução de nossa responsabilidade). A química forneceria a Kant não só o modelo de reações de síntese, que consiste em unir intimamente duas matérias heterogêneas numa terceira distinta das duas primeiras, processo análogo à síntese que ocorre entre duas faculdades do conhecimento humano (sensibilidade e entendimento), mas também forneceria o modelo do método de análise, ou seja, de separação e purificação, análogo ao procedimento de distinguir o puro do empírico, os númenos dos fenômenos. Kant teria trazido da química os conceitos de "afinidade" e "intersuscepção", e também o problema da origem da diversidade da matéria. A abordagem química de Kant teria influenciado filósofos da natureza, tais como Schelling e Hegel, fornecendo uma justificação metafísica para o dinamismo (cf. Laquan (2012), 5-8).

[69] Forster participou da segunda viagem do inglês James Cook ao Pacífico (1772--1775), quando realizou importantes pesquisas etnológicas sobre os polinésios.

Teleológico, se não fossem as observações críticas de Forster aos ensaios de Kant sobre as raças humanas."[70]

As críticas de Forster estimularam o filósofo alemão a desenvolver melhor suas ideias e pressupostos. Kant, segundo o naturalista, construiu frágeis teses acerca das raças humanas, apoiado em fontes pouco confiáveis e em débeis informações empíricas, o que teria resultado na subversão dos conceitos e dos métodos consolidados da história natural[71]. O debate tem seu foco na questão das bases epistêmicas e metodológicas dessa disciplina, na contraposição entre o empírico e o teórico, ou seja, do ponto de vista kantiano, na contraposição entre a *Naturbeschreibung* e a *Naturgeschichte*. Da perspectiva kantiana, a primeira nada mais é que uma mera classificação por semelhança de características externas enquanto a segunda busca estabelecer um Sistema da Natureza para uso do entendimento, isto é, uma rede de transformações que a Terra e os seres vivos sofreram e que produz relações entre eles. A garantia desse uso pelo entendimento apoia-se num princípio transcendental, no princípio de inteligibilidade da natureza ou teleológico. Assim, as críticas de Forster parecem ter impulsionado Kant a desenvolver mais claramente um princípio que orientasse a pesquisa e a observação do naturalista da *Naturgeschichte*: os seres vivos e sua atividade são pensados como fins da natureza, noção que parece ter sido tomada de empréstimo da racionalidade do mundo moral.

Muito importante para Kant também foi sua ligação com o zoólogo alemão Johann Friedrich Blumenbach[72]. O filósofo alemão, que o influenciou com sua filosofia, tinha em boa consideração as ideias do

---

[70] Santos (2012), 59.

[71] Cf. Santos (2012), 59-66.

[72] Cf. Santos (2012), 50-58. Por meio de estudos de anatomia comparada, Blumenbach propôs a existência de cinco raças humanas: caucasiana, mongólica, malaia, etíope e americana.

zoólogo: além do problema das raças, tinham em comum a questão do desenvolvimento orgânico.

2. Pré-formacionismo x Epigênese

Uma importante discussão biológica na época de Kant era sobre o desenvolvimento dos seres vivos: a disputa entre epigenistas e pré-formacionistas, ou, sob outra perspectiva, entre finalistas e mecanicistas. Debate no qual o biólogo Wilhelm Roux também participou. De modo geral, o mecanicismo estava ao lado de um pré-formacionismo, e o vitalismo finalista, aliado a um epigenismo. Dizemos de modo geral, pois neste tema as definições exatas e distintas tendem a recair em equívocos e simplificar extremamente o processo histórico[73]. O pré-formacionismo propunha que os seres vivos existiam pré-formados e embutidos no interior de seus antepassados, como um jogo de bonecas russas (*Matrioshka*), postos por Deus no início da Criação, sendo que cada um teria seu momento adequado de se manifestar. No século XVII, esse modo de pensar não se opunha francamente ao mecanicismo e estava de acordo com as ideias cartesianas da potencialmente infinita divisibilidade da *res extensa* e da criação do mundo por um deus relojoeiro[74]. Como pré-formacionistas, podemos citar: Nicolas Malebranche, Jan Swammerdam, Paracelso, Charles Bonnet e Lazzaro

---

[73] Acompanhamos Lenoir ((1982), IX) quando afirma que considera dogma pensar que um pesquisador ou era vitalista ou era mecanicista e que os defensores da teleologia eram necessariamente vitalistas. Segundo o autor, a questão central nesse debate era a causalidade nos seres vivos. Outra visão tradicional rechaçada por Lenoir, e também por nós, é aquela que acredita que a *Naturphilosophie* teria sido a única influência filosófica dos biólogos alemães do século XIX: Kant também manteve um diálogo profícuo com os biólogos. Apesar de semelhanças em outras concepções, há diferenças fundamentais entre a noção de teleologia kantiana e a da *Naturphilosophie* (cf. Lenoir (1982), 3-4). Há ainda que considerarmos, na segunda metade do século XIX, a influência dos textos de Darwin.

[74] Cf. Pinto-Correia (1999), 28.

Spallanzani. Em 1759, o biólogo alemão Caspar Friedrich Wolff publica sua tese de doutorado, *Theoria Generationis*, um trabalho com embriões de galinha que demonstrava a formação de órgãos sem a relação com estruturas pré-formadas[75]. Wolff acreditava que o desenvolvimento do embrião ocorria por uma força invisível inerente à matéria viva: a *vis essentialis* ou *essentliche Kraft*. Assim, o pensamento epigenista dispensava a participação de forças mecânicas. Como epigenistas, podemos citar: William Harvey, Karl Ernst von Baer e Christian Pander. O debate era bem acirrado, já que a epigênese funcionava melhor na explicação das variações e das observações empíricas do desenvolvimento embrionário dos órgãos, e a pré-formação explicava melhor a continuidade entre gerações. Esse impasse propiciou o surgimento de teorias conciliatórias, como a de Kant e a de Blumenbach: o organismo possui o *Bildungstrieb* (impulso de formação), transmitido por meio das células embrionárias, mas há também a participação de forças mecânicas, como veremos adiante[76].

Haveria, segundo Lenoir (1982), na biologia alemã do século XIX, um programa de pesquisa que tinha como meta a unificação dos modelos de explicação teleológico e mecanicista. E Kant é o referencial teórico desse programa, não influenciando apenas Blumenbach, mas também os estudantes deste e os de Georg Christoph Lichtenberg na Universidade de Göttingen, além de Treviranus, Carl Friedrich Kielmeyer, Johann F. Meckel, von Baer, Johannes Müller, Carl Bergmann e Rudolph Leukart, entre outros[77]. Os biólogos alemães da primeira década do século XIX, de modo geral, basearam-se fortemente em concepções de forças vitais emergentes, tal como a *Bildungstrieb* de Blumenbach, e, no final da década de 1840, ganham corpo as interpretações descritas em termos de relações funcionais num contexto fisiológico. Essa mudança ocorre,

---

[75] Cf. Pinto-Correia (1999), 29.
[76] Sobre as posições epigenistas de Kant e sua dubiedade, cf. Marques (2012).
[77] Cf. Lenoir (1982), 17-53.

segundo Lenoir[78], devido aos avanços na física da energia, na química e na fisiologia, mas, em grande medida, também pelo programa de pesquisa que Kant e Blumenbach ajudaram a construir[79]. O filósofo de Königsberg, por meio principalmente da *Crítica da Faculdade do Juízo* (1790), dá as bases para que Blumenbach, Johann C. Reil e Kielmeyer produzam uma primeira abordagem teleomecanicista. Esse programa vai ser desenvolvido por Meckel, von Baer, Heinrich Rathk, Johannes Müller, Hermann Lotze, Justus Liebig, Bergmann e Leuckart. A noção de teleologia de Kant não é antropomórfica, nem transcendente ou religiosa, mas resultante das questões da causalidade na biologia e, podemos dizer, das limitações das explicações mecanicistas sobre os seres vivos[80].

Em *Sobre o Impulso de Formação e Atividade de Geração* (*Über den Bildungstrieb und das Zeugungsgeschäfte*, 1781), apoiado principalmente em seus experimentos com celenterados, Blumenbach considera que o impulso de formação é a causa primária de toda geração, reprodução e nutrição, e não pode ser reduzida aos constituintes químicos. Como propriedade emergente, o *Bildungstrieb* não existe para além dos constituintes materiais, tendo um caráter teleológico imanente, o que afasta esse conceito tanto do vitalismo como do mecanicismo extremados[81]. O impulso de formação poderia também explicar a adaptabilidade dos seres vivos ao ambiente (adaptação funcional), sendo capaz de sustentar um Sistema da Natureza.

---

[78] Cf. Lenoir (1982), 12-15.

[79] Lenoir ((1982), 12) chama esse programa de pesquisa de teleomecanicismo. Para designar a ideia que o princípio vital não existe independente da matéria viva, mas é uma propriedade emergente da relação entre as partes, o autor utiliza o termo "materialismo vitalista", criado pelo historiador da medicina Oswei Temkin (cf. Lenoir (1982), 4). Sobre o materialismo vitalista, cf. Lenoir (1982), 17-53.

[80] Sobre os tipos de teleologia na biologia, cf. Lenoir (1982), 9-12 e Mayr (1998), 65-69. Esses tipos ocupam várias posições entre o vitalismo e o reducionismo extremos, e, de modo geral, buscam garantir o caráter próprio dos fenômenos biológicos contra o reducionismo físico-químico.

[81] Cf. Lenoir (1982), 20-24.

Foi Kant quem chamou atenção para o papel centralizador do *Bildungstrieb* de Blumenbach numa teoria geral da organização animal. A maior contribuição de Kant a Blumenbach foi explicitar o modelo cognitivo que o naturalista sugeria nas entrelinhas[82]. Esse papel centralizador tem o mesmo sentido de "princípio regulativo" no pensamento kantiano sobre o conhecimento: ocorre uma analogia entre o organismo vivo e a organização epistemológica, sendo que, nesta última, temos a postulação de um âmbito transcendental, não dogmático nem empírico[83].

3. *A* Zweckmässigkeit *na* Crítica da Faculdade do Juízo *de Kant*

Os modelos mecânicos sozinhos não dão conta de explicar os seres orgânicos, pois, no reino da vida, é impossível pensar a causa sem seu efeito e vice-versa, há uma interdependência entre elas. Em Kant, a conformidade a fins (*Zweckmässigkeit*) assume o papel de uma causa final e as partes só podem ser pensadas em relação ao todo. A natureza kantiana deve ser pensada como se (*als ob*) fosse um sistema de fins, e os seres orgânicos são pensados como se fossem fins que a natureza mesma se propõe.

Kant desenvolve essas ideias na *Crítica da Faculdade do Juízo*.[84] A *Urteilskraft* é apresentada por Kant no texto de várias maneiras,

---

[82] Cf. Lenoir (1982), 23.

[83] Numa carta a Blumenbach com uma cópia da *Kritik der Urteilskraft*, datada de agosto de 1790, Kant afirma: "Seus trabalhos ensinaram-me muitas coisas. Na verdade, sua recente unificação dos dois princípios, a saber, o físico-mecânico e o teleológico, os quais todos pensavam, de modo contrário, serem incompatíveis, tem uma relação muito estreita com as ideias que atualmente me ocupam, mas que requerem exatamente o tipo de base fatual que você fornece" (*apud* Lenoir (1982), 24).

[84] Para Cordeiro, no Apêndice à Dialética transcendental da *Crítica da Razão Pura*, já se encontram elementos teóricos importantes para a terceira *Crítica*, especialmente à antinomia da faculdade do juízo teleológico. Assim, não haveria um verdadeiro conflito entre o princípio da causalidade natural enquanto um princípio subjetivo ou regulativo e a primeira *Crítica* (cf. Cordeiro (2012), 1). A função regulativa (sistematizante) do princípio de causalidade mecânica na *Crítica da Faculdade do Juízo* não anula a função

como, por exemplo: uma faculdade que, na ordem das faculdades do conhecimento, "constitui um termo médio entre o entendimento e a razão"[85]; "faculdade de pensar o particular como contido no universal"[86]; faculdade "da subsunção da intuição empírica (se o objeto é um produto natural) sob o conceito"[87]. Ao subsumir aspectos particulares dados pela experiência em regras gerais, a faculdade do juízo pode produzir a regra geral de dois modos[88]: a) a regra pode ser dada *a priori* e é constitutiva e objetiva (constitui a natureza): faculdade do juízo determinante (*bestimmende Urteilskraft*); b) a regra geral é apenas sugerida por meio dos particulares e é regulativa e subjetiva (uso racional que produz uma unidade sistemática da experiência, cuja meta é guiar a investigação dos dados empíricos. Seus resultados não devem ser considerados como realidade objetiva): faculdade do juízo reflexiva (*reflectierende Urteilskraft*)[89]. No primeiro caso, a lei ou a regra necessária é indicada *a priori* pelo entendimento, e não há necessidade da faculdade do juízo determinante pensá-la. No entanto, a faculdade do juízo reflexiva deve dar a regra ou a lei a si mesma, pois deve subordinar a multiplicidade empírica (no nosso caso, os seres vivos) a uma unidade. E, para fazer isso, necessita de um princípio que não pode ser extraído da experiência, ou seja, deve ser um princípio transcendental[90]. Esse princípio torna possível um

---

constitutiva (determinante) da experiência, exercida pelo princípio da causalidade natural na primeira *Crítica*.

[85] Kant (2008), 12; CFJ, Prólogo à primeira edição. As citações da *Crítica da faculdade do juízo* seguem a tradução de Valério Rohden e António Marques (cf. Kant (2008)).

[86] Kant (2008), 23; CFJ, Introdução: IV – Da faculdade do juízo como uma faculdade legislante *a priori*.

[87] Kant (2008), 248; CFJ, Segunda Parte: Crítica da faculdade de juízo teleológica (II Pt), Segunda Divisão: Dialética da faculdade de juízo teleológica (Div 2), § 77 – Da especificidade do entendimento humano, pelo qual nos é possível o conceito de um fim natural.

[88] Cf. Kant (2008), 23-25; CFJ, Introdução: IV.

[89] Não levaremos em consideração, neste trabalho, a faculdade de juízo reflexiva estética.

[90] "Um princípio transcendental é aquele pelo qual é representada *a priori* a condição universal, sob a qual apenas as coisas podem ser objetos do nosso conhecimento em

sistema de experiência segundo leis da natureza particulares, e ele não é determinado objetivamente, já que esse juízo reflete, não constitui. Em outras palavras, essa faculdade dá lei apenas a ela própria e não à natureza. Para Kant, esse princípio só pode ser a conformidade a fins ou finalidade (*Zweckmässigkeit*)[91]:

> "A natureza é representada por esse conceito, como se um entendimento contivesse o fundamento da unidade do múltiplo das suas leis empíricas [...] [pode-se] somente utilizar esse conceito, para refletir sobre eles [os produtos da natureza] no respeitante à conexão dos fenômenos na natureza, conexão que é dada segundo leis empíricas."[92]

Como a faculdade do juízo reflexiva utiliza leis como um princípio de reflexão sobre objetos, princípio que ela dá a si própria, devendo buscá-las na experiência, essa dependência empírica das leis particulares promove a produção de uma diversidade de máximas (princípios subjetivos). Assim, entre elas, pode surgir um conflito e, consequentemente, uma antinomia. E, nessa antinomia, pode-se fundar uma dialética, chamada por Kant dialética natural[93].

---

geral" (Kant (2008), 25; CFJ, Introdução: V – O princípio da conformidade a fins formal da natureza é um princípio transcendental da faculdade do juízo).

[91] Santos ((2012), 68-69) faz notar que o princípio transcendental da *Zweckmässigkeit* é aplicado em vários sentidos: meramente formal e subjetivo (apreciação estética das formas belas da natureza); objetivo e formal (entidades geométricas); material e objetivo (seres organizados da natureza, que só podem ser pensados como se fossem fins da natureza).

[92] Kant (2008), 25; CFJ, Introdução: IV. Embora não possa ser conhecida *a priori*, isto é, seja contingente para nossa compreensão, a suposição da unidade dos seres orgânicos por meio do princípio da teleologia é necessária, pois "de outro modo não existiria qualquer articulação completa de conhecimentos empíricos para um todo da experiência na medida em que na verdade as leis da natureza universais sugerem uma tal articulação entre as coisas segundo o seu gênero" (Kant (2008), 27; CFJ, Introdução: V).

[93] Cf. Kant (2008), 227-228; CFJ, II Pt, Div 2, § 69 – O que é uma antinomia da faculdade do juízo.

"Mas no que respeita às leis particulares que nos podem ser dadas através da experiência, pode nelas existir uma tão grande multiplicidade e heterogeneidade que a faculdade do juízo deve servir-se dela própria como princípio, nem que seja para procurar uma lei nos fenômenos da natureza e observá-la, já que necessita de um tal fio condutor, mesmo que somente deva esperar um conhecimento de experiência interligado, segundo uma conformidade geral a leis da natureza, por conseguinte a unidade da mesma segundo leis empíricas."[94]

Na multiplicidade das leis particulares, em relação aos seres vivos, Kant identifica duas possibilidades de unidades que formam essa antinomia, representadas por duas máximas, uma delas (a tese) é dada *a priori* pelo entendimento, e a outra surge através de experiências particulares[95]. Na forma dialética, temos:

- A primeira máxima, a tese (*Satz*): "Toda geração das coisas materiais e das respectivas formas tem que ser ajuizada como possível segundo simples leis mecânicas";
- A segunda máxima, a antítese (*Gegensatz*): "Alguns produtos da natureza material não podem ser ajuizados como possíveis segundo leis simplesmente mecânicas (o seu ajuizamento exige uma lei completamente diferente da causalidade, nomeadamente a das causas finais)".

Tese e antítese não são determinantes, mas guiam a investigação biológica e, de certo modo, cumprem tarefas complementares nessa investigação[96]. Apesar dessa complementariedade e do caráter heurísti-

---

[94] Kant (2008), 228; CFJ, II Pt, Div 2, § 70 – Representação desta antinomia.
[95] Para a discussão sobre o sentido dessa antinomia, cf. Cordeiro (2010).
[96] Cf. Cordeiro (2010), 160.

co e indeterminado do princípio teleológico, o filósofo alemão indica uma precedência do princípio teleológico sobre o princípio mecânico:

> "O *direito de procurar* um tipo de explicação simplesmente mecânico de todos os produtos da natureza é em si completamente ilimitado. Mas a faculdade de apenas assim o *conseguirmos* é, segundo a constituição do nosso entendimento, na medida em que se ocupa de coisas como fins naturais, não só muito limitada, mas também claramente delimitada [*begrenzt*]."[97]

As explicações mecanicistas são delimitadas, porque não dão conta dos fins naturais, o que faz com que os ajuizamentos dos seres vivos devam ter, simultaneamente às considerações mecanicistas, uma consideração teleológica[98].

> "Quando, por exemplo, mencionamos a anatomia de um pássaro, o oco de seus ossos, a posição das asas com vistas ao voo e da cauda para a direção etc., dizemos, sem termos que recorrer ainda a um tipo especial de causalidade, isto é, à dos fins (*nexus finalis*), *que tudo isto é altamente contingente segundo o mero nexus efectivus* na natureza."[99]

Ou seja, em termos estritamente mecânicos, o pássaro poderia ter se configurado de inúmeros modos diferentes sem formar uma unidade

---

[97] Kant (2008), 258; CFJ, II Pt, Apêndice: Doutrina do método da faculdade do juízo teleológica (Ap), § 80 – Da necessária subordinação do princípio do mecanicismo ao princípio teleológico na explicação de uma coisa como fim da natureza.

[98] Por outro lado, não podemos, de nenhum modo, demonstrar a impossibilidade da produção de produtos naturais organizados através das relações mecânicas, pois, do mesmo modo, não somos capazes de compreender a infinita multiplicidade das leis particulares da natureza em seu fundamento interno.

[99] Kant (2008), 203-204; CFJ, II Pt, § 61 – Da conformidade a fins objetiva da natureza.

viva. É o princípio teleológico que dá unidade ao ser vivo. Para nosso intelecto, para nós como seres humanos, é impossível reduzir os fins da natureza às relações mecânicas:

> "Na verdade para isso seria necessária uma outra intuição, diferente da sensível, e um conhecimento determinado do substrato inteligível da natureza, do qual pudesse ser dado um fundamento do mecanismo dos fenômenos segundo leis particulares, coisa que ultrapassa completamente toda a nossa faculdade."[100]

O princípio mecanicista, portanto, deve ser sempre subordinado a um princípio teleológico. O conceito de *Zweckmässigkeit* é uma ideia, isto é, um conceito por meio do qual a razão se esforça para pensar o todo dos seres organizados[101]. O uso lícito, ou seja, crítico, desse conceito somente ocorre como um princípio regulativo da faculdade do juízo: devemos pensar a conformidade a fins como uma realidade dada, como se (*als ob*) houvesse uma teleologia, uma destinação prévia nos seres vivos. Podemos observar a conformidade a fins na natureza, mas, devido ao seu papel de lei geral, ele não deve ser fundamentado na experiência, deve ter um caráter *a priori*:

> "Este princípio [do ajuizamento da conformidade a fins interna em seres organizados], segundo o modo como ocorre, é dedutível da experiência, nomeadamente daquela que é metodicamente estabelecida e que se chama observação [*Beobachtung*]. Mas por causa da universalidade e da necessidade que esse princípio afirma de uma tal conformidade a fins, não pode simplesmente assentar na experiência, mas pelo contrário tem como

---

[100] Kant (2008), 203-204; CFJ, II Pt, § 61.
[101] Cf. Cordeiro (2010), 155.

fundamento algum princípio *a priori* qualquer, ainda que seja meramente regulativo e aqueles fins existissem somente na ideia daquele que ajuíza e em nenhuma outra causa eficiente."[102]

O homem só pode pensar adequadamente os seres vivos considerando a causa final, a causa eficiente não é suficiente. Pensamos o mundo inorgânico mediante o entendimento como um encadeamento causal que vai apenas num sentido, no qual os efeitos pressupõem causas que não podem ser, ao mesmo tempo, efeitos delas próprias[103]. No entanto, um produto natural associado a um fim natural deve se comportar em relação a si mesmo reciprocamente como causa e efeito. E isso exige necessariamente que as partes, segundo sua existência e sua forma, somente sejam possíveis devido a sua relação com o todo. Essas duas exigências (as partes serem reciprocamente causa e efeito e elas se unirem formando uma unidade) possibilitam que pensemos um produto natural contendo "em si mesmo e na sua necessidade interna uma relação a fins, isto é, ser somente possível como fim natural e sem a causalidade dos conceitos de seres racionais fora dela"[104]. Em *Crítica da faculdade do juízo* § 66, o filósofo alemão afirma que o princípio do ajuizamento conforme a fins é, ao mesmo tempo, a definição dos seres organizados[105]: "um produto organizado da natureza é aquele em que tudo é fim e reciprocamente meio"[106]. Nada é em vão no ser vivo, nada pode ser atribuído a um mecanismo natural cego.

---

[102] Kant (2008), 218-219; CFJ, II Pt, Primeira Divisão: Analítica da faculdade de juízo teleológica (Div 1), § 66 – Do princípio do ajuizamento da conformidade a fins interna em seres organizados.

[103] Cf. Kant (2008), 215; CFJ, II Pt, Div 1, § 65 – As coisas como fins naturais são seres organizados.

[104] Kant (2008), p. 215; CFJ, II Pt, Div 1, § 65.

[105] Kant, na *Crítica da faculdade do juízo*, utiliza apenas o termo "seres organizados" (*organisierten Wesen*). A palavra "organismo" (*Organismus*) aparece no *Opus postumum* (1799-1803) (cf. Santos (2012), 70).

[106] Kant (2008), 218; CFJ, II Pt, Div 1, § 66.

O ser organizado pode ser visto como uma máquina ou como um produto constituído por relações mecânicas, mas ele não é só isso. Num relógio, por exemplo, uma parte movimenta outras partes, mas não é causa eficiente de sua produção: "uma parte [no relógio] existe na verdade em função de outra, mas não é através [*durch*] dessa outra que ela existe"[107]. O relógio possui apenas força motora (*bewegende Kraft*), mas o ser vivo, além dela, possui força formadora (*bildende Kraft*), que forma e organiza sua própria matéria viva e que não pode ser reduzida a forças mecânicas. Dessa forma, o organismo também ultrapassa o produto artístico, pois este necessita de um ser racional exterior para ser formado, enquanto o ser vivo depende dele próprio, e seus produtos são organizados segundo um mesmo modelo[108].

A faculdade do juízo reflexiva, para pensar a conexão manifesta das coisas vivas, deve utilizar uma causalidade diferente do mecanicismo, isto é, uma causalidade inteligente segundo fins, mas que não pode ser considerada determinante ou objetiva[109]. Esse aspecto aponta para a resolução da antinomia entre mecanicismo e teleologia:

> "Toda a aparência de uma antinomia entre as máximas da autêntica forma de explicação física (mecânica) e da teleológica (técnica) repousa assim na confusão de um princípio da faculdade de juízo reflexiva com o da determinante, e da *autonomia* da primeira (que possui validade meramente subjetiva para nosso uso da razão a respeito das leis particulares

---

[107] Kant (2008), 216; CFJ, II Pt, Div 1, § 65.

[108] Não desenvolveremos aqui a relação entre Deus e o mundo. Segundo Santos ((2012), 73), Kant mantém um irredutível dualismo entre matéria e vida, pressupondo um supremo artista inteligente, distinto da matéria e da própria natureza, que originariamente deu à natureza material a capacidade de se auto-organizar e, num nível mais elevado, a capacidade de produzir seres organizados como se fossem fins que ela mesma se propõe. Assim, Kant evita o mecanicismo absoluto e o finalismo objetivo, salvando a autonomia do homem frente à natureza.

[109] Cf. Kant (2008), 230-231; CFJ, II Pt, Div 2, § 71 – Preparação para a resolução da antinomia mencionada.

da experiência) com a *heteronomia* da outra, a qual se tem que orientar segundo as leis (universais ou particulares) dadas pelo entendimento."[110]

A aparente antinomia, como diz Cordeiro[111], deve ser entendida no nível epistemológico, já que, no nível ontológico, as máximas se tornam efetivamente contraditórias. O uso não crítico ou dogmático do "como se" dessas máximas acarreta a transformação dos princípios subjetivos da faculdade do juízo em princípios constitutivos: trocamos o nosso modo de acesso aos objetos pelos próprios objetos. No uso dogmático, tanto a explicação mecanicista quanto a teleológica falham no conhecimento dos seres vivos. Como a realidade objetiva do princípio de conformidade a fins não pode ser provada, devemos seguir o caminho crítico, usando o princípio de modo transcendental: conceber os seres orgânicos como fins naturais[112]. É justificável por meio de princípios transcendentais, segundo Kant, uma conformidade a fins subjetiva nas suas leis particulares[113]. Isso significa que há possibilidade da conexão das experiências particulares dos seres vivos num Sistema da Natureza, conexão realizada pelo conceito de *Zweckmässigkeit*.

4. O estatuto do conhecimento acerca dos seres vivos em Kant

A unidade transcendental não implica objetivamente na unidade empírica. Assim, é um absurdo esperar que um Newton surja e

---

[110] Kant (2008), p. 231; CFJ, II Pt, Div 2, § 71.

[111] Cf. Cordeiro (2010), 164-170.

[112] Cf. Kant (2008), 231-242; CFJ, II Pt, Div 2, § 72-75. Santos ((2012), 78) expressa essa situação da seguinte forma: "A vida e os seres orgânicos só podem ser compreendidos de alguma maneira, se supusermos um princípio não material na sua origem, o que só pode ser pensado por analogia com o modo humano de representar e realizar uma atividade orientada a fins".

[113] Cf. Kant (2008), 203; CFJ, II Pt, § 61.

explique, por meio das leis mecânicas e matemáticas da natureza, qualquer fenômeno biológico, por menor que seja[114]. Em consequência, o conhecimento biológico não pode ser reduzido aos princípios físicos. O que ultrapassa os fenômenos físico-químicos (mecânicos) nos organismos não pode ser constituído *a priori*. É por isso que se deve unir criticamente as explicações mecanicistas e teleológicas sobre os seres vivos[115]. Enfim, o caráter da biologia deve ser diferente daquele da física. Não temos, por exemplo, um juízo *a priori* para o conceito de espécie, o qual é definido como o conjunto dos indivíduos que se reproduzem entre si. Essa definição é empírica (reprodução) e não transcendental, o que exemplifica a necessidade de buscar as leis da biologia empiricamente.

É pela conformidade a fins que a nossa faculdade do juízo pode abordar de modo científico os seres vivos. Esse conceito, no entanto, não pode ser garantido *a priori*. Não há como garantirmos que os seres vivos em si tenham um princípio teleológico, que a conformidade a fins seja objetiva:

> "contudo, o ajuizamento teleológico pode, ao menos de uma forma problemática, ser usado corretamente na investigação da natureza; mas somente para submeter a princípios de observação e da investigação da natureza segundo a *analogia* com a causalidade segundo fins, sem por isso pretender *explicá-lo* através daqueles."[116]

A explicação, portanto, só pode ocorrer na causalidade mecânica, pois explicação implica uma dedução (*Deduktion*) que, no pensamento

---

[114] Cf. Kant (2008), 241; CFJ, II Pt, Div 1, § 75 – O conceito de uma conformidade a fins objetiva da natureza é um princípio crítico da razão para a faculdade de juízo reflexiva.

[115] Cf. Lenoir (1982), 29-32.

[116] Kant (2008), 204; CFJ, II Pt, § 61.

kantiano, significa uma legitimação do juízo ou justificação da pretensão de uma validade universal necessária[117]. Por sua vez, o princípio da conformidade a fins não pode ser usado para explicar, ele é apenas um conceito mais geral que apenas indica ou mostra a unificação de elementos empíricos[118].

5. A mecânica do desenvolvimento de Wilhelm Roux

Pretendemos, neste trabalho, inserir o biólogo Wilhelm Roux[119] no debate teleológico-mecânico na Alemanha do século XIX, confrontando-o diretamente contra a proposta kantiana. Vamos posicioná-lo no que Kant poderia chamar "mecanicismo dogmático", já que o biólogo alemão prescinde da noção de finalidade, especialmente de uma finalidade intrínseca, lançando mão apenas de relações mecânicas para explicar os fenômenos vitais. Roux, portanto, pretende fundamentar a biologia em bases diversas das kantianas, sendo que seu fio condutor apoia-se nas observações empíricas e não no transcendental.

---

[117] Cf. Kant (2008), 126; CFJ, Primeira Parte: Crítica da faculdade de juízo estética, Dedução dos juízos estéticos puros, § 30 – A dedução dos juízos estéticos sobre os objetos da natureza não pode ser dirigida àquilo que nesta chamamos de sublime, mas somente ao belo.

[118] Cf. Kant (2008), 252; CFJ, II Pt, Div 2, § 78 – Da união do princípio do mecanismo universal da matéria com o teleológico na técnica da natureza.

[119] O biólogo alemão Wilhelm Roux (1850-1924) formou-se em medicina na Universidade de Iena (1877), onde teve como professores Rudolf Virchow, Ernst Haeckel e Gustav Schwalbe. Trabalhou como professor na Universidade de Breslau (1879), na Universidade de Innsbruck (1889) e na Universidade de Halle (1895). Foi pioneiro na embriologia experimental e fundador da teoria da mecânica do desenvolvimento (*Entwicklungsmechanik*). Propôs também a teoria do mosaico da epigênese: após poucas gerações, as células embrionárias já desempenhariam papéis diferenciados. Em 1894, funda o primeiro periódico de embriologia experimental: *Archiv für Entwicklungsmechanik der Organismen*, existente até os dias de hoje com outro nome. Seus principais livros são: *A Luta das Partes no Organismo* (*Der Kampf der Teile im Organismus*, 1881); *Sobre a Mecânica do Desenvolvimento dos Organismos* (*Über die Entwicklungsmechanik der Organismen*, 1890); *A Mecânica do Desenvolvimento* (*Die Entwicklungsmechanik*, 1905); *Terminologia da Mecânica do Desenvolvimento* (*Terminologie der Entwicklungsmechanik*, 1912).

O trabalho do biólogo alemão se insere no intenso debate do século XIX sobre os mecanismos da hereditariedade e do desenvolvimento embrionário, e invocava a ação de tropismos e tactismos (atração entre células por fatores químicos) para explicar a especialização das células, além de agentes exteriores tais como calor, luz, eletricidade e gravidade. Na mecânica do desenvolvimento de Roux, a luta entre as partes e a adaptação funcional são axiais e constituem as noções principais de *A Luta das Partes no Organismo*. O título completo do livro é *A Luta das Partes no Organismo: Uma Contribuição ao Complemento da Doutrina Mecânica da Conformidade a Fins* (*Der Kampf der Theile im Organismus: ein Beitrag zur Vervollständigung der mechanischen Zweckmässigkeitlehre*), o que já deixa explícito o objetivo de abordar o problema a partir da questão da conformidade a fins e um debate com a posição kantiana. No início do primeiro capítulo (I. A adaptação funcional: A. As realizações), Roux afirma que compreender a conformidade a fins (*Zweckmässigkeit*) na natureza é uma das mais antigas preocupações dos filósofos[120]. Empédocles teria sido o primeiro a descobrir o fim último de uma doutrina da conformidade a fins: a ação apenas de razões puramente mecânicas, ou seja, do movimento. Com isso, segundo Roux, o filósofo grego teria mostrado filosoficamente ser possível uma explicação mecânica dos organismos animais. O biólogo alemão define o que entende por conformidade a fins:

> "A conformidade a fins [Zweckmässigkeit] não é intencional, mas um vir-a-ser, não é teleológica, mas uma história natural, originando-se de maneira mecânica; pois ela não corresponde a um fim [Zweck] pré-estabelecido, mas àquilo que possui qualidades necessárias para subsistir diante de certas

---

[120] Cf. Roux (1881), 1-4.

circunstâncias e permanecer. Somente nesse sentido falamos a seguir de conformidade a fins."[121]

No entanto, conforme Roux, a doutrina de Empédocles, que não era puramente filosófica, mas também propriamente científica e podia sustentar uma explicação empírica, ficou esquecida durante séculos. Charles Darwin e Alfred Russel Wallace redescobriram essa doutrina e propuseram a luta como a causa primeira do surgimento mecânico da conformidade a fins. A teoria da evolução mostra que as espécies se originam por diferenciações progressivas e que os organismos superiores descendem dos inferiores, porém poucas pesquisas trataram das causas e do modo de surgimento da conformidade a fins interna. Em outras palavras, a teoria da evolução não teria ainda sido aplicada ao indivíduo isolado, não sabemos se ela pode definir todas as conformidades a fins internas como consequências necessárias de princípios mecânicos. O objetivo de *A luta das partes* é, portanto, mostrar que a teoria da evolução de sua época não realiza esse propósito, e que, embora a luta pela existência darwiniana seja puramente mecânica, faltariam ainda outros princípio mecânicos[122]. Faltaria também uma explicação mecânica para o princípio de uso e desuso de Lamarck.

---

[121] Roux (1881), 2; grifos no original. As traduções do texto de Roux são de nossa autoria.

[122] O livro *A Luta entre as Partes no Organismo* passou despercebido em sua época, não recebeu nenhuma citação significativa, não fez escola e não possuía protocolos experimentais (cf. Heams (2012), 11-15). Schwalbe considerou que a obra tinha um teor filosófico, num sentido pejorativo, sendo inadequada a um anatomista. Haeckel apenas felicitou Roux pela publicação. August Weismann teria sido o único biólogo de renome a se interessar pela obra. Mais importante, mas também sem repercussão: Darwin, pouco antes de morrer, escreveu numa carta a G. J. Romanes: "Mesmo que eu possa julgá-la imperfeitamente, trata-se da obra sobre evolução mais importante que já apareceu" (*apud* Heams (2012), 15-16). O esquecimento de Roux teria se dado pelo caráter pré--genético de sua teoria e por seus equívocos teóricos: sua teoria da embriogênese e sua teoria da divisão desigual dos cromossomos. Esta última ficou conhecida como teoria Weismann-Roux e foi refutada por Hans Driesch. Roux não aparece nenhuma vez no clássico texto de Lenoir (1982) sobre a discussão da teleologia na Alemanha do século XIX. Talvez o livro tivesse sido mesmo esquecido, se não fosse pelo impacto que causou no filósofo Friedrich Nietzsche* (cf. Heams (2012), 20-23). Entretanto, ainda segundo

A formação do organismo, na teoria de Roux, é resultado do processo de adaptação funcional: a atividade incrementada aumenta a força específica de uma estrutura, enquanto que a diminuição da atividade causa atrofia[123]. O mecanismo da adaptação funcional de Roux é o seguinte: a) Assim que uma excitação ou fator externo favorece a assimilação de uma substância qualquer, a célula tem sua composição e seu funcionamento alterados; b) A resposta à excitação constitui uma função e a própria excitação passa a ser necessária para a vida da célula (excitação funcional); c) O funcionamento da célula, do tecido ou do órgão torna-se, assim, a causa que determina o seu grau de desenvolvimento e a sua forma. Um exemplo: as trabéculas ósseas são estruturas organizadas de forma a suportar o melhor possível os esforços dos ossos. Essas estruturas não puderam ser produzidas por seleção natural, pois esta não pode produzir o desenvolvimento de uma estrutura útil além do necessário. A excitação funcional do osso é a ação mecânica, em cuja direção a nutrição se faz mais ativa. Os órgãos passivos regulam sua forma e estrutura segundo a direção do maior esforço que têm que suportar. Os órgãos ativos (os músculos, por exemplo) desenvolvem-se em razão direta da intensidade do seu funcionamento.

Heams (cf. (2012), 23-25), algumas intuições da obra mostram-se válidas atualmente, principalmente aquelas que desafiam as visões "genocentristas", como, por exemplo, as de Richard Dawkins. Além disso, algumas das noções do livro estariam de acordo com pesquisas atuais sobre imunologia e redes neurais.

(*) Nietzsche leu atentamente o livro em 1881 e 1883. Sobre a influência de Roux no pensamento do filósofo alemão, cf. Müller-Lauter (1998) e Frezzatti (2001), 68-81 e 124-128.

[123] Cf. Roux (1881), 6-63. Essa ideia é derivada do princípio lamarckista da formação do órgão pela função, o que se costumou chamar lei do uso e desuso ou *Primeiro Princípio de Lamarck*. A alteração física ocorre porque a mudança do meio externo exige uma nova necessidade (*besoin*): fluidos e forças corporais são mobilizados para modificar a estrutura que irá satisfazer a necessidade (cf. Lamarck (1994), 216). Esse movimento corporal é o que Lamarck chama *sentimento interior* (*sentiment intérieur*). Por também se basear em conceitos darwinianos, como a luta pela existência e a seleção natural, Roux foi classificado como neolamarckista. Adaptação funcional (*functionelle Anpassung*) é o termo que Roux utiliza para se referir aos efeitos do uso e desuso (*Wirkungen des Gebrauches und Nichtgebrauches*), pois o considera mais geral (cf. Roux (1881), 6).

A excitação funcional, para Roux, explica o aparecimento de estruturas que outras teorias atribuem à simples hereditariedade ou não conseguem explicar (como a teoria da seleção natural e, por consequência, da luta entre indivíduos). O tempo de uma existência individual não é suficiente para produzir um órgão: são necessárias inúmeras gerações para os efeitos do funcionamento do órgão se acumular. Contudo, esse acúmulo só é possível se as modificações devidas à excitação funcional forem transmitidas aos descendentes. Por outro lado, a excitação funcional permite que o ser vivo ultrapasse sua capacidade hereditária: uma simples função animal, a nutrição, é por si mesmo criadora – desencadeando a luta no interior do organismo, prepara o caminho para o surgimento de outras espécies. Essa explicação, o que é muito importante, exclui argumentos teológicos: Roux utiliza-se de uma autorregulação interna que promove a formação do organismo[124].

A adaptação funcional é explicada por meio de relações mecânicas. A alteração de estruturas e funções biológicas ocorre por meio da luta entre as partes constituintes do organismo: moléculas, células, tecidos e órgãos. A luta das partes orgânicas ocorre em quatro fases (*Stufen*): 1. *Luta das moléculas orgânicas pelo espaço*[125]: O protoplasma da célula é formado por diferentes moléculas químicas. O líquido nutritivo (um fator externo) que envolve a célula favorece mais a

---

[124] Esse aspecto da adaptação funcional foi ressaltada, no início do século XX, por Ernst Heinrich Haeckel (cf. Haeckel (1904), 302-305). A adaptação funcional explicaria a transmissão das características adquiridas durante a vida do indivíduo, o que para August Weismann seria impossível. A teoria do plasma germinativo de Weismann separa a célula em duas partes: o plasma germinativo (responsável pela transmissão de características aos descendentes e que não era identificado com o núcleo celular) e o somatoplasma (o restante da célula). As novas características adquiridas pelo somatoplasma durante a vida do organismo não seriam transferidas para o plasma germinativo e, por consequência, não seriam herdadas pela descendência. O plasma germinativo era descendente direto das células da geração precedente, não sendo, portanto, produto do organismo atual. Essa posição diferenciada do plasma germinativo levou Haeckel a acusar Weismann de ter reintroduzido a metafísica na biologia.

[125] Cf. Roux (1881), 73-88.

assimilação de determinadas moléculas. Haverá dentro da célula, conforme o meio em que estiver imersa, a preponderância de uma determinada substância. Da mesma maneira, agentes físicos e químicos favorecem ou dificultam a assimilação de determinadas substâncias de acordo com a sensibilidade destas à ação desses agentes. Como o espaço intracelular é limitado, produz-se entre as moléculas uma competição: aquela que for preponderante definirá o tipo da célula. A preponderância de certas substâncias, diferentes segundo a localização e o estado inicial da célula, é, portanto, a causa primordial da diferenciação ontogenética; 2. *Luta entre células*[126]: Da mesma forma que as moléculas, as células também reagem diferentemente aos fatores externos e ocupam um espaço limitado (no caso, o organismo). Aquelas mais capazes de se multiplicar, por se nutrirem mais rápido, tornam-se predominantes sobre as vizinhas. Entre as células constituídas pelas mesmas substâncias, aquelas com predominância mais forte multiplicar-se-ão mais. Através da reprodução, a diferenciação no nível superior, ou seja, nos tecidos, acentua-se; 3. *Luta entre tecidos*[127]; e 4. *Luta entre órgãos*[128]: A luta entre tecidos e órgãos prossegue do mesmo modo que entre as células, mas aqui certos limites são postos pelas exigências do organismo como um todo: uma predominância muito forte de certos tecidos ou de certos órgãos pode ser nociva e eliminar o organismo pela seleção natural (tumores e obesidade, por exemplo, que exaurem toda a alimentação e invadem o espaço dos outros tecidos). A luta entre as partes de Roux é um processo mecânico originado na assimilação de moléculas pelas células, o que assegura uma constituição totalmente aleatória das estruturas. É um processo cego, o que seria inadmissível para Kant na formação do organismo.

---

[126] Cf. Roux (1881), 88-96.
[127] Cf. Roux (1881), 96-102.
[128] Cf. Roux (1881), 103-106.

A mecânica do desenvolvimento, apresentada acima de forma sucinta, vai dar base à reflexão de Roux sobre o caráter específico da vida e do ser orgânico, tema abordado no quinto e último capítulo de *A Luta das Partes* (Da essência do organismo, *Über das Wesen des Organismen*) e que é o foco de nosso interesse neste trabalho.

6. A essência do orgânico segundo Roux

Apesar do desenvolvimento do conhecimento científico no século XIX, Roux considera que ainda não se sabe com clareza a verdadeira essência dos seres vivos[129]. O biólogo alemão aponta a definição de Aristóteles como uma das melhores[130]: um complexo de instrumentos (*organon, Werkzeuge*), cada um responsável por determinada função. No entanto, com a descoberta dos seres vivos desprovidos de órgãos, que apresentam em seu protoplasma uma substância homogênea[131], os naturalistas perceberam que a definição aristotélica não abrangia a essência da vida, mas apenas a característica principal dos organismos superiores. Os filósofos muito antes abandonaram a definição, já que utilizam a noção de alma para dar unidade ao corpo.

Antes de apresentar sua proposta, Roux afasta aquilo que não pode aceitar: "Essa essência não pode ser a ligação que une as diferentes partes para formar um todo, pois existem seres vivos desprovidos

---

[129] Cf. Roux (1881), 210-211. Verdadeira essência ou essência em Roux tem o sentido daquela característica ou qualidade (*Eigenschaft*) que diferencia os seres orgânicos dos demais seres naturais, isto é, daquilo que é próprio de todos os seres vivos.

[130] Roux, em *A luta das partes*, não faz nenhuma citação direta de Kant, seja de seu nome, seja de seus textos. Embora por vezes utilize-se de termos kantianos, eles estão desvinculados das teorias kantianas. É o caso adiante dos termos "tempo", "espaço" e "apriorístico".

[131] Roux refere-se aos seres unicelulares. Lembrar que, nessa época, a microscopia incipiente ainda não permitia visualizar as organelas celulares.

de partes"[132]. As funções psíquicas também não podem ser aceitas como essência, pois não haveria nenhuma razão válida para pensar que as plantas e animais inferiores possuem consciência. O ser-para-si (*Für-Sich-Sein*) também deve ser rejeitado: é uma propriedade que não existe, sendo resultado apenas das relações internas em face do exterior. Aqui já temos um indício de que a essência do orgânico para Roux não pode ser um princípio anterior e separado dos próprios processos vitais. São ainda afastadas propriedades que também ocorrem na matéria inorgânica, ou seja, que são funções gerais de toda matéria e de todos acontecimentos (*Geschehen*)[133], como é o caso da memória mecânica, da absorção, da conversão de forças, da composição química, entre outros[134].

As propriedades acima mencionadas são consideradas "apriorísticas", pois são gerais, e como não resolveram o problema da essência dos seres vivos, Roux pretende investigar o que chama de "comportamentos espaciais e temporais"[135]. Como comportamento espacial, ou seja, que se refere à propagação (*Ausbreitung*) do orgânico, Roux investiga o crescimento (*Wachstum*) e a reprodução (*Fortpflanzung*)[136]. A reprodução é um caso especial do crescimento, e ambos procedimentos são a expressão quantitativa e são dependentes da assimilação

---

[132] Como podemos inferir de suas considerações sobre os seres unicelulares, Roux parece utilizar o termo *Organischen* (orgânico) como sinônimo de ser vivo, deslocando o sentido tradicional de articulação de partes.

[133] Roux prefere utilizar a palavra *Geschehen* (acontecimentos) ao invés de *Erscheinung* (fenômeno), mesmo quando a qualifica como orgânico, vital, biológico, etc.

[134] Cf. Roux (1881), 211-213. A memória mecânica é o efeito que subsiste à causa: trata-se de um caso particular da lei de inércia. O que Roux chama "força" é hoje melhor entendido como "energia"; assim, as teorias que consideram a força vital como resultado da transformação de forças físicas são também rejeitadas (conversão de energia). No caso da composição química, além dos compostos orgânicos não diferirem qualitativamente dos inorgânicos, a composição química das células vegetais e animais é diferente.

[135] "Deixemos agora o exame do comportamento [*Verhalten*] dos processos orgânicos nas qualidades apriorísticas [*aprioristichen Eigenschaften*] de todos acontecimentos, e discutamos os comportamentos espacial e temporal" (Roux (1881), 213).

[136] Cf. Roux (1881), 213-214.

(*Assimilation*). Essas qualidades, no entanto, por si só, ainda não são suficientes para serem consideradas essenciais aos seres orgânicos. Os cristais, por exemplo, também crescem. Há necessidade de uma abordagem temporal[137].

Os processos orgânicos parecem ser caracterizados por uma duração ininterrupta desde seu aparecimento. Embora a duração ou permanência também ocorra nos acontecimentos não orgânicos, tais como a erosão eólica e o movimento das marés, há uma diferença essencial: a continuidade dos processos inorgânicos tem uma dependência estrita das condições exteriores, se estas cessam, o processo cessa – se não há vento, não há erosão –; os processos orgânicos têm uma dependência também das condições interiores. Em outras palavras, o processo vital continua apesar da variação das condições externas, ou ainda, o processo vital traz em si próprio a causa de sua conservação:

> "Nada está isolado no mundo, muito menos o organismo, que tem que continuamente absorver e transformar a matéria do mundo exterior. Quanto mais complicado for o acontecimento, mais difícil será a conservação da constância."[138]

O problema de Roux agora passa a ser encontrar quais as qualidades ou as características que propiciam essa permanência apesar da mudança das condições externas: essas qualidades formam a essência dos seres vivos. Para isso, constrói uma relação de qualidades que possuem uma hierarquia entre si[139]. A qualidade necessária (*nothwendige Eigenschaft*) é justamente o que diferencia os seres vivos dos outros seres naturais: como vimos acima, é a capacidade de permanecer, mesmo com a variação das condições exteriores. Ela

---

[137] Cf. Roux (1881), 215-216.
[138] Roux (1881), 70.
[139] Cf. Roux (1881), 216-229 e 239-240.

se realiza através da qualidade fundamental (*Grundeigenschaft*) do orgânico: a capacidade de autoformação dos elementos necessários à conservação em face das variações exteriores. A autoformação, por sua vez, realiza-se por meio de uma primeira qualidade específica (*Specialeigenschaft*), a assimilação, perpetuada por inúmeros mecanismos de autorregulação (*Selbstregulation*), e por meio da segunda qualidade específica, a supercompensação do que é consumido. "A autorregulação e a supercompensação, portanto, são as qualidades fundamentais e as necessárias condições prévias à vida"[140]. Elas são processos internos que garantem a capacidade do organismo permanecer em face da mudança das condições externas. Essas qualidades são necessárias para que outras sejam adquiridas, tais como a capacidade de contratibilidade (*Fähigkeit der Contractilität*), a configuração a partir de processos químicos (*Gestaltung aus chemischen Processen*), a ação reflexa (*Reflexthätigkeit*) e a sensibilidade (*Sensibilität*).

A assimilação é a capacidade (*Fähigkeit*) de se apropriar qualitativamente do que é estranho ao organismo e transformá-lo no que é próprio ou necessário: "a essência [*Wesen*] dessa capacidade é um tipo de autoprodução, de autoformação do necessário"[141]. Ao lado da assimilação, há outra exigência [*Erfordernis*] geral da essência do orgânico: a supercompensação do que é consumido (*Übercompensation des Verbrauches*). Ela envolve assimilar mais do que se consome, utilizar tudo que é consumido para manter sua duração e eliminar aquilo que não utiliza, devolvendo matéria ao ambiente. Enquanto o inorgânico só permanece dependendo exclusivamente das condições externas, o orgânico depende de si mesmo e, por isso, exige autorregulação:

> "Na verdade, o organismo é regulado, pois ele, apesar da mudança das condições externas e da infinita complexidade

---

[140] Roux (1881), 226.
[141] Roux (1881), p. 216.

interna, conserva-se aproximadamente constante, embora a constância seja sempre apenas uma aproximação, somente existente para uma observação descuidada; e, como Darwin nos ensinou, a transformação contínua pode atingir graus bastante consideráveis."[142]

A autorregulação é a essência da autoconservação[143], sendo produto da acumulação de inúmeros processos de assimilação em suas variadas relações, o que forma no organismo uma "economia superior": equilíbrio entre assimilação, uso para crescimento e outras funções úteis para a conservação, desperdício e eliminação. Como a autorregulação tem limites, a autoconservação também os tem.

7. Roux contra Kant

Como Kant, Roux vê o organismo como uma configuração de partes que, ao contrário de um relógio, constrói a si mesma[144]:

> "No orgânico, os elementos de construção não estão todos previamente prontos, sendo, somente assim, juntados sucessivamente, mas, nesse caso, os elementos seguintes são sempre os produtos, os descendentes dos anteriores. Posto que os elementos já presentes não são uns iguais aos outros, um deles, favorecido por meio de qualquer propriedade particular e com seu poder de produção maior que o de outros, e,

---

[142] Roux (1881), 70.

[143] Cf. Roux (1881), 226-227.

[144] Roux utiliza frequentemente a metáfora do Estado para se referir ao organismo. Por exemplo: "Pode o Estado não existir quando por toda parte os cidadãos rivalizam entre si e apenas os mais capazes chegam a influenciar o andamento geral dos acontecimentos? Tal ação recíproca [*Wechselwirkung*] das partes tem oportunidade de ocorrer no organismo? Essa é a questão primeira da qual tudo deve depender" (Roux (1881), 65).

portanto, produzindo mais descendentes, possuirá uma maior participação no edifício do que os outros."[145]

Roux coloca sua ênfase na diferença empírica que já existe entre as menores partes do organismo: as moléculas e as células. O biólogo proclama:

> "*A desigualdade das partes* tem que ser *o fundamento da luta das partes: dela resulta a luta em consequência do crescimento* e, como queremos aqui mesmo acrescentar, também já simplesmente *em consequência do metabolismo.*"[146]

Essa diferença provoca uma disputa por recursos de sobrevivência: por nutrição (*Ernährung*) e espaço, a luta produz unicamente por ela mesma as proporções e as funções necessárias para o organismo. Caso isso não ocorra, o organismo não se forma[147].

O biólogo alemão não rejeita a noção de finalidade nos processos vitais, porém sua concepção não considera um princípio pré-existente ou transcendental para justificar a unidade do organismo[148]. Sua

---

[145] Roux (1881), 67-68.

[146] Roux (1881), 69; grifos no original.

[147] Cf. Roux (1881), 109. "Alguns achariam o título deste capítulo e do livro estranhos [*A Luta das Partes no Organismo*], já que ele indica que uma luta entre as partes tem lugar internamente nos organismos animais, que existe um conflito entre indivíduos onde tudo é tão primorosamente ordenado, onde as partes mais distintas estão tão excelentemente arranjadas umas às outras e coordenadas em um conjunto perfeito, onde, portanto, tudo ocorre segundo leis fixas. E como poderia um conjunto persistir quando suas partes estão em conflito uma com as outras? // No entanto, isso é assim. Não há no organismo, como se verá, total tranquilidade para além das partes e umas com as outras, nem na fase de saúde nem, mais ainda, na doença. No último caso, na verdade, a representação de uma discórdia interior das partes é corrente, sendo que nós temos diariamente diante de nossos olhos os seus efeitos deletérios" (Roux (1881), 64).

[148] Há uma edição de *A Luta das Partes* em 1895. Nota-se, comparando-se os dois títulos, uma preocupação em acrescentar termos associados à seleção natural de Darwin no segundo texto. No segundo título, a palavra *Zweckmässigkeit* é alterada para *Zweckmässigen*, que é um adjetivo substantivado, com o acréscimo de aspas e do adjetivo "pretensa" (cf. Roux (1881) e (1895)).

Zweckmässigkeit é construída pela própria dinâmica dos acontecimentos biológicos, o que faz com que ela seja mutável de acordo com as condições internas e externas. A conformidade a fins, para Roux, é resultado de processos mecânicos e aleatórios. A teleologia não é primeira, mas resultante das relações mecânicas (físico-químicas) e, ao mesmo tempo, da seleção natural de Darwin[149]. Assim, não há, na verdade, uma unidade rígida nos seres vivos:

> "deve-se mencionar que, até mesmo nos organismos superiores, a centralização do conjunto de modo algum é tão perfeita, como ainda frequentemente se imagina, e também que a centralização não se produz de modo que as partes só possam existir no organismo ao qual elas pertencem e somente ocupar sua posição normal, e, portanto, de modo que a dependência seja perfeita, que as partes somente possam viver como parte de um conjunto solidamente normatizado."[150]

A unidade do organismo é resultante de um conflito incontornável entre as suas partes, ou ainda, da independência dessas partes.

---

[1]881: *Der Kampf der Theile im Organismus*: ein Beitrag zur Vervollständigung der mechanischen Zweckmässigkeitlehre. (A luta das partes no organismo: uma contribuição ao complemento da doutrina mecânica da conformidade a fins)

[1]895: *Der züchtende Kampf der Theile oder die "Theilauslese" im Organismus. Zugleich eine Theorie der "functionellen Anpassung"*. Ein Beitrag zur Vervollständigung der Lehre von der mechanischen Entstehung des sogenannten "Zweckmässigen". (A luta seletiva das partes ou a "seleção das partes" no organismo. Simultaneamente uma teoria da "adaptação funcional". Uma contribuição ao complemento da doutrina da formação mecânica da pretensa "conformidade a fins")

[149] "aquela parte que, devido ao alimento disponível ou por qualquer outra razão, for menos competente, ou seja, menos rápida ou menos perfeita para poder se regenerar, logo estará em desvantagem considerável em relação a outras partes mais favorecidas" (Roux (1881), 69). A definição de Darwin para a seleção natural é a seguinte: "Chamo de Seleção Natural a preservação de variações favoráveis e a rejeição de variações desfavoráveis" (Darwin (1985), 131). Essas variações são aleatórias, e o seu acúmulo promove a diferenciação das espécies. A seleção natural, ao lado da luta pela existência, é um conceito central no pensamento darwiniano.

[150] Roux (1881), 65.

O biólogo alemão, portanto, propõe a autonomia relativa das partes, o que significa que a utilidade de cada parte para o conjunto não depende da intenção de cada uma, ou seja, as partes vivem apenas para a sua própria conservação. A conservação da totalidade não é uma finalidade de cada parte:

> "A utilidade desses processos [dos processos das partes] para o todo, no entanto, não é intenção [*Absicht*] das partes. A parte vive somente para sua própria conservação, e o que acontece de útil para o todo é somente devido ao fato de que apenas essas qualidades [*Eigenschaften*] poderiam permanecer e ainda permanecem, enquanto milhões de outras que surgiram e que, não sendo úteis ao todo, prejudicaram-no, e, com isso, o conjunto e as próprias partes tiveram que ser eliminadas."[151]

Os indivíduos, ou seja, as unidades orgânicas, representam apenas casos particulares de combinações do que é capaz de se conservar na luta das partes. Contudo, as partes dependem da luta pela existência entre indivíduos, pois o que sobrevive à luta das partes, mas não está adaptada à sobrevivência do indivíduo na luta pela existência, é eliminado[152]. Eis a aplicação da seleção natural.

A *Zweckmässigkeit*, para Roux, ocorre em dois níveis: internamente no organismo e na luta pela existência entre os indivíduos. Este segundo aspecto teria sido explicado por Darwin, mas não o primeiro. Faltou ao biólogo inglês explicar a adaptação funcional, a finalidade interna: a luta das partes produz uma conformidade a fins interna enquanto a luta pela existência entre indivíduos produz uma conformidade a fins dirigida ao exterior. A adaptação funcional é o processo que suporta a capacidade de autoformação direta de conformidades a fins

---

[151] Roux (1881), p. 219-220.
[152] Cf. Roux (1881), 108.

no organismo. O desenvolvimento do organismo, seja do indivíduo (ontogênese), seja da espécie (evolução), se dá por meio do surgimento de conformidades a fins por processos mecânicos e seleção natural, marcados por variações aleatórias[153].

Os mecanismos de autorregulação, que são respostas orgânicas às condições exteriores, também são conforme a fins, e a ação reflexa tem esse caráter de forma mais marcante: "A ação reflexa é [...] um mecanismo de autorregulação da mais alta conformidade a fins [*höchst zweckmässiger*]"[154], pois está adaptada às circunstâncias exteriores, não desperdiçando recursos. A ação que ocorre independente das circunstâncias exteriores, o automatismo (*Automatie*), só é útil quando o ambiente é constante, o que é extremamente raro. Os organismos não possuem uma autorregulação predeterminada, mas que se adapta a cada situação por adaptação funcional, possibilitando a ontogênese e a evolução inerente dos seres vivos[155].

8. Considerações finais: há necessidade de um princípio para a unidade orgânica?

O filósofo neokantiano alemão Ernst Cassirer (Escola de Marburg) recoloca Roux no centro do importante debate de caráter epistemológico, iniciado por Kant e no qual o biólogo busca uma resposta estritamente mecanicista: o que é causa em biologia e qual o estatuto do conhecimento biológico[156]. Roux, ao contrário de Haeckel, não considerava que Darwin havia descoberto as verdadeiras causas ativas do mundo orgânico. Assim como Wilhelm His e Alexander Goette, o

---

[153] Cf. Roux (1881), 236-238.
[154] Roux (1881), 221.
[155] Cf. Roux (1881), 229.
[156] Cf. Cassirer (1993), 218-221 e 227-235.

biólogo alemão não aceitava o princípio filogenético de Haeckel como suficiente para uma explicação causal. Não bastava o uso de métodos históricos, havia a necessidade de métodos analíticos e fisiológicos: devia-se realizar a análise separada das condições simples antes de entender como o fenômeno funcionava em seu conjunto. Isso, segundo Roux, transformaria a biologia de uma disciplina puramente descritiva em ciência causal. Além disso, seria desfeita a confusão darwiniana entre o problema do "por que" e o problema do "que". Essa posição, no entanto, não significava a rejeição da descrição, do método histórico, já que o próprio Roux realizava o que ele chamava de experimento puramente descritivo, como o que ele executava com as células-ovo de rãs[157]. A mecânica do desenvolvimento, nesse contexto, propõe-se como uma ciência das causas, das forças singulares e de suas relações, quer entender o movimento do organismo como um todo a partir do movimento das partes.

Roux, portanto, ao contrário de Kant, pretendia dar à biologia o mesmo caráter da física. Para que o método analítico da física fosse aplicado na biologia era necessário converter o organismo em um sistema de forças mecânicas, ou seja, tal como os corpos inorgânicos, em conjuntos de simples pontos de massa, absolutamente uniformes, o que permitiria um tratamento matemático dos seres vivos. Porém, segundo Cassirer, não é possível fazer isso nos fenômenos orgânicos, e Roux, ao lado dos fatores externos, teve que considerar o que ele chamou de "fatores de determinação"[158]. O embriologista alemão,

---

[157] Não se pode esquecer, contudo, que os experimentos embrionários de Roux não eram simplesmente descritivos, pois ele intervinha diretamente no desenvolvimento embrionário, eliminando células e experimentando os efeitos de vários fatores.

[158] Em relação aos fatores de determinação, apresentados em *Sobre a Visão de Mundo Causal e Condicional* (1913), Roux parece ter se inspirado nas ideias de Weismann, as quais possuem um contexto pré-formacionista e bastante diferente do dele. Para Weismann, o plasma germinativo, estrutura inicial da embriogênese, seria constituído por vários ids, que continham todas as possibilidades do novo organismo. Cada id teria, ao longo da história da vida, sofrido seu próprio processo de desenvolvimento. O id seria composto, por sua vez, por unidades menores, os determinantes, arranjados conforme

ao tentar estabelecer as relações entre fatores externos e internos, sai do âmbito estrito de uma doutrina mecanicista, precisando até mesmo de uma linguagem distinta. Determina-se, portanto, que o mecanicismo não é suficiente para dar conta do conhecimento biológico. No caso de Roux, a função passa a ter relevância, e dez funções ou auto-ergasias são definidas (em *A Mecânica do Desenvolvimento* (1905) e *A Essência da Vida* (1915)): mudança, excreção, absorção, assimilação, crescimento, movimento, multiplicação, transmissão de caracteres, adaptação e conservação. Essas auto-ergasias são observáveis e caracterizam o ser vivo, definem um meio interior e estão estreitamente ligadas à autorregulação estrutural.

Concordamos com Cassirer no problema da distinção entre o meio interno e o meio externo. Para uma doutrina mecanicista, poder-se-ia perguntar: existe, no terreno da observação, possibilidade de distinguir entre o interior e o exterior, entre as funções que o organismo realiza e os efeitos de causas exteriores? Como distinguir o que é externo do que é interno, se todos os elementos e forças estão em relação entre si? Essa distinção está no âmbito da ciência natural ou é metafísica? Acreditamos que esse problema não existe para o princípio de conformidade a fins de Kant. Para M. Verworn (*A Investigação da Vida, Die Erforschung des Lebens*, 1907, e *Visão de Mundo Causal e Condicional, Kausale und konditionale Weltanschauung*, 1912), Roux rompe com seu próprio programa mecanicista já de início, pois não definiu claramente o que era um pensamento causal[159]. Se o tivesse feito, a distinção entre causas externas e internas não se sustentaria, já que ela não é resultado empírico, mas postulação metafísica. A causa, para Verworn, deve ser um conceito de condição e não de explicação: devemos buscar, para entender como algo ocorre, suas condições, que são várias e igualmente

---

uma ordem pré-determinada. Haveria um determinante para cada parte do organismo adulto, e os bióforos seriam partículas emitidas por eles. Essas partículas atingiriam o citoplasma para dirigir as atividades vitais (cf. Pinto-Correia (1999), 378-379).

[159] Cf. Cassirer (1993), 234.

necessárias, e não suas causas. Roux responde energicamente a essas críticas em *Sobre a Visão de Mundo Causal e Condicional* (*Über kausale und konditionale Weltanschauung*, 1913): é necessário distinguir duas classes de fatores, nem todos eles são equivalentes, pois, se todos participam, não participam com o mesmo valor, uns são determinantes, outros não. Autores como J. Schaxel e Hans Driesch apontaram que a ênfase na autorregulação provoca a dissolução da mecânica do desenvolvimento[160]. Este último insiste que mecânica e desenvolvimento são noções incompatíveis. De qualquer forma, parece-nos que a falta de um critério de demarcação entre os meios interno e externo, em última instância, a falta do que determina a unidade do organismo, abre o campo para princípios pré-existentes ou mesmo para propostas vitalistas.

A independência das partes defendida por Roux faz com que a conformidade a fins esteja presente já nas menores partes e não em um princípio que seja responsável pela unidade do organismo. Além disso, essa conformidade a fins tem um caráter puramente mecânico, isto é, cego, não sendo nem transcendente (no sentido metafísico) nem transcendental (no sentido kantiano). Embora o desenvolvimento dos organismos (embrionário, pós-embrionário e evolutivo) e a transmissão hereditária se deem por leis imutáveis, essas leis não agem de modo constante devido às relações tanto internas como externas que a todo momento desafiam os seres vivos[161]. Nesse contexto, o movimento, o vir-a-ser, tem um papel extremamente importante no pensamento do biólogo alemão. Se a proposta de Roux não conseguiu ser uma alternativa adequada à conformidade a fins kantiana, nós consideramos que o interesse pelo pensamento de Roux se justifica, ao menos, pelo conhecimento de um caminho apontado entre vários outros no intenso debate que se seguiu após a publicação de *Crítica da Faculdade do Juízo*, no âmbito da filosofia, e de *Origem das Espécies*, no âmbito

---

[160] Cf. Cassirer (1993), 235.
[161] Cf. Roux (1881), 106-107.

do pensamento científico sobre os seres vivos, um caminho que segue pela crítica ao determinismo genético extremado e que considera que o que deve ser explicado é a diferença e não a semelhança. Foram esses aspectos que atraíram Nietzsche para a leitura de *A Luta das Partes*.

Agradeço ao Prof. Luciano Carlos Utteich pelas preciosas indicações acerca da *Crítica da Faculdade do Juízo*.

Bibliografia

CASSIRER, Ernst (1993): *El problema del conocimiento em la filosofía y em la ciencia modernas IV: de la muerte de Hegel a nuestros dias (1832-1932)*. Traducción de W. Roces. México, Fondo de Cultura Económica.

CORDEIRO, Renato V. (2010): "A Antinomia da Faculdade de Julgar Teleológica". *In*: *Analytica* 14(1), pp. 139-171.

CORDEIRO, Renato V. (2012): "O *Apêndice à Dialética Transcendental* e o Aparente Conflito entre Mecanicismo e Finalidade na *Antinomia da Faculdade de Julgar Teleológica*". *In*: Marques, Ubirajara R. de A. (org.): *Kant e a Biologia*. São Paulo, Barcarolla, pp. 129-151.

DARWIN, Charles R. (1985): *The Origin of Species*. 17th edition. London, Penguin Books. (Conforme primeira edição de 1859)

FREZZATTI Jr., Wilson Antonio (2001): *Nietzsche contra Darwin*. São Paulo/Ijuí, Discurso/Unijuí.

HAECKEL, Ernst H. (1904): *Les merveilles de la vie – Études de philosophie biologique*. Paris, Schleicher frères.

HEAMS, Thomas (2012): "Préface: La lutte des parties dans l'organisme, ou l'impasse visionnaire". *In*: Roux, Wilhelm: *La lutte des parties dans l' organisme*. Traducteurs: L. Cohort, S. Danizet-Bechet, A.-L. Pasco-Saligny et C. Thébault. Paris, Matériologiques, pp. 11-25.

KANT, Immanuel (1999): *Crítica da Razão Pura*. Tradução de V. Rohden e U. B. Moosburguer. São Paulo, Nova Cultural.

KANT, Immanuel (2008): *Crítica da Faculdade do Juízo*. 2ª. ed. Tradução de V. Rohden e A. Marques. Rio de Janeiro, Forense Universitária.

LAMARCK, Jean-Baptiste (1994): *Philosophie zoologique*. Paris, Flammarion.

LENOIR, Timothy (1982): *The Strategy of Life: Teleology and Mechanics in Nineteenth Century German Biology*. Dordrecht, D. Reidel.

LEQUAN, Mai (2000): *La chimie selon Kant*. Paris, PUF.

MARQUES, Ubirajara R. de A. (2012): "Considerações sobre a Epigênese em Kant". *In*: Marques, Ubirajara R. de A. (org.): *Kant e a Biologia*. São Paulo, Barcarolla, pp. 331-364.

MAYR, Ernst (1998): *Desenvolvimento do Pensamento Biológico: Diversidade, Evolução e Herança*. Tradução: I. Martinazzo. Brasília, Editora Universidade de Brasília.

MENDELSOHN, Everett (1964) : "The Biological Sciences in the Nineteenth Century: Some Problems and Sources". *In*: *History of Science* 3, pp. 39-59.

MÜLLER-LAUTER, Wolfgang (1998) : "L'organisme comme lutte intérieure: l'influence de Wilhelm Roux sur Friedrich Nietzsche". *In*: Müller-Lauter, Wolfgang: *Nietzsche: physiologie de la volonté de puissance*. Paris, Allia, pp. 111-164.

PINTO-CORREIA, Clara (1999): *O Ovário de Eva: A Origem da Vida*. Tradução: S. Coutinho. Rio de Janeiro, Campus.

ROUX, Wilhelm (1881): *Der Kampf der Theile im Organismus*: ein Beitrag zur Vervollständigung der mechanischen Zweckmässigkeitlehre. Leipzig, Verlag von Wilhelm Engelmann.

ROUX, Wilhelm (1895): "Der züchtende Kampf der Theile oder die 'Theilauslese' im Organismus. Zugleich eine Theorie der 'functionellen Anpassung'. Ein Beitrag zur Vervollständigung der Lehre von der mechanischen Entstehung des sogenannten 'Zweckmässigen'". *In*: Roux, Wilhelm: *Gesammelte Abhandlungen über Entwickelungsmechanik der Organismen*. Erster Band: Abhandlung I – XII, vorwiegend über functionelle Anpassung. Leipzig, Verlag von Wilhelm Engelmann, pp. 135-437.

SANTOS, Leonel R. dos. (2012): "A Formação do Pensamento Biológico de Kant". *In*: Marques, Ubirajara R. de A. (org.): *Kant e a Biologia*. São Paulo, Barcarolla, pp. 17-81.

HARMONIA E AUTONOMIA DA *APARÊNCIA* EM SCHILLER: O TRANSCENDENTAL REVISITADO
HARMONY AND AUTONOMY IN SCHILLER: THE TRANSCENDENTAL REVISITED

Luciano Carlos Utteich[*]
(UNIOESTE – Universidade Estadual do Oeste do Paraná, Brasil)

Abstract: In a note in *Religion within the Limits of Reason Alone* (1793), Kant comments Schiller's utterance, contained in *On Grace and Dignity* (1793), as having associated the aesthetic element (*grace*) to the purely moral element (*dignity*). However, such an approach is impracticable due to the dignity of the law. From other texts by Schiller, such as the fragment of the *Lectures on Aesthetics* (1792-3), *On the Sublime* (1793), *On the Usefulness of Moral Customs Aesthetic* (1793) and *Letters on the Aesthetic Education of Man* (1795) one can show that he does not thought the interaction between grace and

---
[*] lucautteich@terra.com.br
Pós-doutor pela *Universität Duisburg-Essen* (Alemanha) e doutor pela Pontifícia Universidade Católica do Rio Grande do Sul (PUC-RS). Professor Adjunto dos Cursos de Graduação e de Pós-Graduação (*Stricto Sensu*) em Filosofia da UNIOESTE – *Campus* Toledo. Dedica-se à investigação da Filosofia transcendental de Kant, dos primeiros pós-kantianos (Reinhold, Maimon, Schulze e Jacobi), do Idealismo alemão (Fichte, Schelling e Hegel) e dos românticos alemães (Schlegel, Novalis e Schiller). Coordenador do GT-Dialética (ANPOF) e do Grupo de Pesquisa "Filosofia, Ciência e Natureza na Alemanha do século XIX" (Unioeste). Membro da ALEF (Associação Latino-Americana de Estudos sobre Fichte) e da Red Iberoamericana de Estudios Schellinguianos.
Agradeço à CAPES pelo apoio.

DOI: http://dx.doi.org/10.14195/978-989-26-1049-8_3

dignity in the form it was imputed him by Kant. Without attracting to itself the aesthetic element (grace), in Schiller's understanding the dignity does not reject it, in the face of it should not leave involve itself in the extremes of the human condition, to the savage and the barbarian. We demonstrate this by thematising the notions of allocation and disinterested affection.

Keywords: Transcendental philosophy; Faculty of aesthetic judgment; Moral law; Duty; Taste

Resumo: Em nota a *A Religião nos Limites da Simples Razão* (1793), Kant comenta a exposição de Schiller, em *Graça e Dignidade* (1793), como tendo associado o elemento estético (*graça*) ao elemento puramente moral (*dignidade*) sendo, porém, tal aproximação indevida em face da dignidade da lei. A partir dos demais textos de Schiller, como o *Fragmento das Preleções sobre Estética* (1792-3), *Do Sublime* (1793), *Sobre a Utilidade Moral de Costumes Estéticos* (1793) e as *Cartas sobre a Educação Estética do Homem* (1795), pode-se mostrar que este não pensou a interação entre graça e dignidade no modo como lhe imputara Kant. Sem atrair para si o elemento estético, na compreensão schilleriana a dignidade antes não o rejeita, em face de não dever se deixar associar aos extremos da condição humana, a do selvagem e a do bárbaro. Isso pode ser demonstrado tematizando-se as noções de destinação e afeto desinteressado.

Palavras-chave: Filosofia transcendental; Faculdade de juízo estético; Lei moral; Dever; Gosto

Na elaboração de sua teoria estética Schiller enunciou a influência recebida da teoria estética kantiana, em complemento da qual visara estabelecer "[...] objetivamente o conceito de beleza e legitimá-lo inteiramente *a priori* pela razão [...]"[162]. Se neste domínio ele foi além da fundação meramente subjetiva da experiência estética, estabelecida por Kant na *Crítica da Faculdade do Juízo* (1790)[163], em sua demarcação teórica ele se opôs de modo ainda mais estrito a Kant em relação à doutrina dos costumes e à interpretação rigorista do imperativo categórico, expostos na *Fundamentação da Metafísica dos Costumes* (1785) e na *Crítica da Razão Prática* (1788). Nas correspondências com o Príncipe de Augustenburg (1793), a primeira versão teórica de *Sobre a Educação Estética numa Série de Cartas*[164], e em *Sobre Graça e Dignidade* (*Über Anmuth und Würde*, 1793), Schiller perpassou pela sua Teoria Estética madura a exigência rigorista da moral kantiana ao mostrar que as ideias estéticas e morais (contemporaneamente subentendidas como valores[165]), se por um lado não nascem juntas, por outro só se deixam mostrar em conjunto. Tais ideias, a fim de serem apresentadas, exigem ser mantidas juntas e seguidas pelo séquito das demais faculdades que, para se mostrarem ativas, requerem ser pensadas como não deixadas

---

[162] Schiller (2002), 41; (2010), 5. As citações se referirão por primeiro ao texto publicado em português e, nos casos respectivos, em seguida à paginação da edição alemã.

[163] Kant desenvolveu a fundamentação exclusivamente transcendental dos juízos estéticos. Neste sentido ele não tematizou uma abordagem do vínculo entre fundamentação e aplicação, denominado por nós autorreflexividade. Para uma abordagem sobre as diferenças na fundamentação da experiência estética em Kant e Schiller, Cf. HAMM, Christian (2009): Experiência estética em Kant e Schiller. In: WERLE, M. A.; GALÉ, P. F. (org.). *Arte e Filosofia no Idealismo Alemão*. São Paulo: Barcarolla, pp. 53-75.

[164] O texto *Über die ästhetische Erziehung des Menschen in einer Reihe von Briefen* recebeu no Brasil duas traduções. A primeira de Anatol Rosenfeld (*Cartas sobre a Educação Estética da Humanidade*), publicada pela Editora Herder (São Paulo, 1963), e a segunda de Roberto Schwarz e Márcio Suzuki (*A Educação Estética do Homem*), pela Iluminuras (São Paulo, 1995). Mencionaremos nas citações do corpo do texto a paginação do texto da edição brasileira de 1995 e em nota de rodapé a página no original, editado pela Reclam-Verlag. E para as obras de Kant, no corpo do texto a numeração de página da edição portuguesa da Calouste-Gulbenkian e em nota de rodapé a numeração da edição alemã da Academia.

[165] Kant definiu a faculdade da imaginação transcendental (*Einbildungskraft*) como "[...] fonte das ideias estéticas [...]" Kant (1995), 106; (1968), 101. Enquanto resulta de um contexto de equilíbrio no convívio social, se passou a considerar contemporaneamente a autonomia da aparência e das ideias estéticas como constituindo esferas de valores autônomos. Para uma abordagem desenvolvida nesta perspectiva, Cf. Habermas (2000), 71.

isentas de tarefas. Aqui a perspectiva do pensamento transcendental é tematizada desde uma dimensão ampliada: as concepções de gosto, de beleza e arte são ampliadas no seu uso até um domínio relativamente diferenciado, tratadas visando a sua aplicação na formação moral e estética dos afetos e da sensibilidade. Como elemento diferencial sobrevém o acréscimo do momento da *aplicação* dos conceitos estéticos, para além do da *fundação*, como consentâneo a este[166]. Este elemento

---

[166] Ao associar o momento da aplicação como consentâneo ao da fundação, Schiller excedeu a perspectiva *transcendental* fundada em Kant. Hegel enfatizou ter Schiller descoberto "[...] na ideia do belo artístico, da unidade concreta do pensamento e da representação sensível [...]" o modo de escapar das abstrações do entendimento separador. Segundo ele, "[...] a produção artística, a individualidade viva, é de certo modo limitada em seu conteúdo; [...] [mas] a ideia – [que é] abrangente também segundo o seu conteúdo [...]", não podia ter sido colocada, como o fez Kant, "[...] dentro da harmonia [só] postulada da natureza ou necessidade, com a finalidade da liberdade, no fim último [sumo Bem], pensado como realizado [...]" (Hegel (1995), 131), visto que através disso fora jogado para fora dos limites da razão pura a unificação entre natureza e razão. Pela descoberta da "unidade concreta" na ideia do belo artístico, Schiller trouxe a atividade que é ao mesmo tempo síntese transcendental iniciada pela faculdade reflexiva estética, explicitada de modo fluente por Hegel na ênfase de que "[...] a presença e a existência dos organismos vivos e do belo artístico já mostra *a efetividade do ideal* também para o sentido e para a intuição [...]" (Hegel (1995), 131-2), por meio do qual aparecem conjugados o ato da reflexão e a objetividade do pensado pela razão na relação com a natureza. Por sua vez, na questão da fundamentação pura do juízo de gosto desenvolvida por Kant na *Crítica da Faculdade do Juízo*, concernente à legítima pretensão à normatividade trazida pelo juízo de gosto puro, observa Allison (Allison (1998), 83-99) como tendo de permanecer, invariavelmente, insuficiente a justificação de qualquer pretensão *particular* do gosto (Cf. Allison (1998), 96), pelo fato de isso ser conforme à coerência da perspectiva transcendental do método fundado por Kant. Como examina Allison, ainda que o *quid juris* e o *quid facti* são exigidos conjuntamente pela análise kantiana para legitimar o juízo de gosto, o resultado da análise implica como nunca devendo poder ser alcançada a certeza sobre se, relativo ao *quid facti*, foi subsumido "[...] corretamente o objeto dado a essas condições [...]" (Kant (1995), 137; (1968), 152), que foram previamente pressupostas pela *quid juris* do juízo de gosto, a saber, aquelas condições segundo as quais é evidenciado, nas palavras de Kant, que "[...] o juízo tenha levado em consideração apenas essa relação [subjetiva das faculdades cognitivas] (e, por conseguinte, a condição formal da faculdade de julgar) e que seja puro, isto é, que não esteja mesclado nem a conceitos do objeto, nem a sensações como [sendo] as razões determinantes do juízo [reflexionante estético]" (Kant (1995), 136 nota; (1968), 152, *Fussnote*), uma vez que o juízo de gosto se baseia no sentimento (prazer da reflexão), e não em conceitos. Ocupada exclusivamente com a fundação das *condições de possibilidade* no sujeito, a perspectiva do método transcendental em Kant assenta um caráter de indeterminação e abertura, já que carece se legitimar apenas como iniciando a abordagem dos objetos pensados necessariamente pela razão mediante condições subjetivas, permanecendo vinculado a objetos sem atrelá-los ao mesmo

adicional perfaz uma volta completa da reflexão e atende ao uso do ponto de vista sistemático e fundamental[167], da faculdade de ajuizamento estético (Gosto), visando à aplicação dos conceitos estéticos. Nos demais textos do período[168] Schiller manteve sua exposição assentada nesse enfoque e questionou o fato de a perspectiva transcendental em Kant ter se habituado "[...] a pensar o material meramente como um empecilho e a sensibilidade numa contradição necessária com a razão"[169]. A Kant se tornara imprescindível considerar a razão descolada dos aspectos contingentes da matéria, em cuja perspectiva vira não só como possível, senão antes como "[...] decisivo libertar a forma do conteúdo e manter o necessário puro do contingente [...]"[170], por entender a sensibilidade como obstruindo o caminho nas operações

---

tempo sistematicamente na razão, por não poder admitir como instância autônoma a fornecida pela representação estética da finalidade (finalidade formal), para *organon* na *Crítica da Faculdade de Juízo*.

[167] Ao enfatizar na *Grundlegung zur Metaphysik der Sitten* que "[...] a utilidade ou a inutilidade nada podem acrescentar, ou tirar valor" à boa-vontade, visto a utilidade apenas representar "[...] o engaste para essa joia [a boa vontade] poder ser manejada mais facilmente na circulação corrente, ou para atrair sobre ela a atenção daqueles que não são ainda bastante conhecedores, mas não para recomendá-la aos conhecedores e determinar o seu valor [...]" (Kant (1997), 23; (1968), BA 4), Kant pontua a função nuclear da boa-vontade no desenvolvimento do conceito de dever e da moralidade, já que ela permanece "[...] brilhando por si mesma como uma joia, como alguma coisa que em si mesma tem o seu pleno valor [...]." Nesta medida, representa a dignidade (*Würde*) e não pode ser associada a elementos da sensibilidade. Por sua vez, conforme Schiller expôs na introdução à *Sobre Graça e Dignidade* mediante a alegoria da *deusa da beleza* cujo cinturão mágico transmite *graça* (*Anmut*) àquele que o porta, a graça é "[...] beleza em movimento [...]" que se origina e também cessa casualmente no sujeito. Distinguindo-se da beleza fixa como necessariamente dada ao sujeito, o elemento estético (graça) é priorizado pela faculdade do Gosto como aquele elemento de utilidade, nos moldes do expresso acima por Kant, como auxiliando a pôr em circulação o elemento moral. Ao se pressupor o Gosto como aplicado à formação moral e estética dos afetos e da sensibilidade exige-se, portanto, entender o domínio da moral e do dever não só como intrinsecamente preservados, senão como comportando uma transitividade entre si mediante a dinâmica da faculdade estética. Schiller (2008), 10; (2010), 69.

[168] Trata-se dos textos: *Do Sublime* (1793), os *Fragmentos das Preleções sobre Estética* (1792-1793), o *Sobre a Utilidade Moral dos Costumes Estéticos* (1793) e as *Cartas sobre a Educação Estética da Humanidade* (1795).

[169] Schiller (1995), 72 nota); (2010), 51, *Fussnote*.

[170] Schiller (1995), 72; (2010), 51.

da razão. Assim grassara na letra kantiana o predomínio da forma do puro conhecer do entendimento (*Verstand*) e da ação pura prática da razão (*Vernunft*), em vista de pressupor a natureza (*Natur*) como exclusivamente oposta à razão, e não também como vindo ao seu encontro. Ao demonstrar que os conceitos estéticos estão vinculados à compreensão de uma função concreta a ser desempenhada, Schiller anuncia esse momento da *aplicação* como autorreflexão, isto é, movimento da reflexão condicionado estruturalmente no modo de representar os objetos visando a pensá-los do ponto de vista não-determinante. Esse modo de representação é constituído pelo Gosto, que considera a *aplicação* dos conceitos na perspectiva de seu lugar sistemático. Para isso Schiller enfatizou a noção de representação (*Vorstellung*) desenvolvida enquanto aparência estética (*ästhetischer Schein*), admitindo um novo tônus à atividade das faculdades transcendentais do sujeito, através do qual se desenvolve a ideia da natureza em harmonia com a razão (*Vernunft*). Por estender o estatuto transcendental também à simples aparência (*Schein*), torna-se possível compreender a dimensão autônoma da aparência estética, mediante a qual a natureza (*Natur*) passa a ser concebida não mais de modo unilateral e exclusivamente hostil ao ideal de humanidade. No opúsculo *Sobre Graça e Dignidade* (1793)[171] Schiller expôs o modo de atuar conjunto dos elementos morais e estéticos mediados pelo Gosto, numa interação sistemático-estrutural a favor da compatibilização entre a perspectiva da beleza (*"liberdade no fenômeno"*[172]) e a da liberdade moral. Mas conservou ao mesmo tempo as esferas da estética e da moral em domínios específicos, como não se imiscuindo nem interferindo no domínio contíguo. No texto *A Religião nos Limites da Simples Razão* (1793), Kant objetou a Schiller ter executado

---

[171] Schiller menciona em carta de 13 de julho 1793, enviada ao príncipe de Augustenburg, o envio anexo do pequeno texto intitulado *Sobre Graça e Dignidade*, publicado no mês anterior na revista *Neue Thalia*. Schiller (2009), 84; (2010), 144.

[172] Schiller (2002), 60; (2010), 24. No texto Schiller definiu a beleza dizendo: "A beleza não é pois outra coisa senão liberdade no fenômeno."

uma associação indevida dos elementos morais e estéticos, em *Sobre Graça e Dignidade*, e de ter vinculado o elemento moral (dignidade) ao estético (graça), condicionando o moral como atraído pelo estético, unificando num único domínio esferas inconciliáveis e ferido assim a dignidade da lei pura prática da razão.

Visando elaborar um estudo da recensão que Kant faz, em nota de rodapé n'*A Religião nos Limites da Simples Razão* (1793), serão contextualizadas aqui as noções de *graça* e *dignidade* na abordagem schilleriana enquanto elementos formadores vinculados à aplicação dos juízos estéticos. Para tanto será enfatizada a concepção harmônica de natureza e razão na explicitação do critério transcendental como subsumindo a noção de aparência estética (*ästhetischer Schein*), em vista da qual aparecem unificadas determinações oriundas da *Crítica da Razão Pura* e da *Crítica da Faculdade do Juízo*, como momentos prévios à exposição de uma doutrina Estética transcendental em geral. Do lado da *Crítica da Razão Pura* desenvolverei o primeiro dos dois lados da unificação dos resultados da Estética transcendental, pela distinção do fenômeno em sentido geral como aparecimento (fenômeno) no sentido lógico (*Erscheinung*) e como mero aparecer (*Schein*), antecipando a exigência de legitimar uma doutrina estética do simples aparecer (*Schein*) como aparecer estético (*ästhetischer Schein*), desenvolvida por Schiller. Em seguida, do lado da *Crítica da Faculdade de Juízo* desenvolverei o segundo lado do pressuposto sistematizador da doutrina da Estética pela tematização da noção de natureza (*Natur*) do ponto de vista formal-reflexivo na terceira *Crítica* kantiana, vinculada aos aspectos formais da faculdade do juízo reflexiva e, por isso, também da liberdade (prática). Devido à atividade de colocar em relação as dimensões prática (liberdade) e teórica (natureza) da razão, a faculdade mediadora do juízo reflexivo fora evidenciada na *Crítica da Faculdade do Juízo* (*Kritik der Urteilskraft*) de Kant como assentada na autonomia do sujeito (Gosto). Evidencia-se, assim, que as condições de todo aparecer estético bem como de toda dimensão fenomênica têm de ser submetidas ao sujeito, em conformidade ao ponto de vista crítico exigido pela faculdade de ajuizamento reflexivo-estético (Gosto).[173] A fim de iniciar uma resposta à objeção de Kant, tematizarei o tipo de legitimidade alcançada pelo Gosto em sua autonomia pelas noções

---

[173] O estofo da liberdade da faculdade de juízo reflexiva aparece em contraste com o pressuposto da liberdade prática, extraindo daí o distanciamento relativo aos domínios da liberdade prática e da natureza e, ao mesmo tempo, a possibilidade de estabelecer a relação mediada entre eles, na conservação de sua autonomia. Tal primazia do Gosto (faculdade de ajuizamento estético) assenta, segundo Kant, na precedência da dimensão estética da faculdade do juízo reflexiva (Kant (1995), 33; (1968), XLIII), como parte essencial da crítica da faculdade de julgar, face à dimensão teleológica, e consiste em que ela é "[...] suficiente ser incluída na crítica do sujeito que julga e na crítica das faculdades de conhecimento do mesmo" (Kant (1995), 38; (1968), LIII). Enquanto funda a crítica *subjetiva* da faculdade do juízo e a parte da crítica das faculdades subjetivas do conhecimento, a dimensão estética da faculdade de juízo reflexiva (assentada na representação estética da finalidade (*Zweckmässigkeit*) como *finalidade formal*) se torna em propedêutica à Filosofia. À revelia da pressuposição exclusivamente crítica (*canon*) da faculdade de julgar reflexiva pode-se problematizar esse caráter propedêutico considerando-se que "[...] a respeito daquilo o que as faculdades podem realizar *a priori*, uma crítica delas não possui na verdade qualquer domínio relativo a objetos" (Kant (1995), 20; (1968), XX). É indiscutível que a menos que se inicie pelo conceito de *finalidade formal* (faculdade de juízo estética) não se progredirá até a constituição do sistema da natureza, pensada como organizada. Em função disso, a faculdade de juízo reflexiva estética tem de ser considerada também *organon* da *Crítica da Faculdade de Juízo*, por estar intrinsecamente vinculada aos elementos constitutivos do aspecto sistemático da natureza. No escrutínio do que pode ser realizado pelo uso reflexionante do juízo segundo uma legislação própria, pelo fato de tal legislação "[...] conter princípios que por si não são úteis, nem para o uso teórico, nem para o uso prático" (Kant (1995), 21; (1968), XXI), se segue que a faculdade de juízo reflexiva tem princípios que são úteis unicamente para si mesma. E enquanto tal, a faculdade reflexiva do juízo tem de iniciar pela dimensão estética (conceito de finalidade formal) como dimensão só através da qual é possível se constituir um sistema. Segundo Kant, pela faculdade do juízo estético se entende a faculdade de ajuizar a finalidade formal (subjetiva) mediante o sentimento de prazer ou desprazer, em que "a consciência da conformidade a fins meramente formal no jogo das faculdades de conhecimento do sujeito em uma representação, pela qual um objeto é dado, é o próprio prazer [...]" (Kant (1995), 68; (1968), 37) que, enquanto tal, liga-se "apenas ao sujeito; e o prazer [...] exprime a adequação desse objeto às faculdades de conhecimento que estão em jogo na faculdade de juízo reflexiva" (Kant (1995), 33-3; (1968), XLIV). Com efeito, deve ficar a critério da faculdade do juízo estética "[...] constituir a adequação desse produto (da sua forma) [segundo um princípio da conformidade a fins e não antes segundo leis da natureza universais] às nossas faculdades de conhecimento", ou seja, diz Kant, "[...] no gosto", enquanto a representação mesma de uma *conformidade a fins* (finalidade) da natureza é iniciada pelo princípio transcendental "[...] na relação subjetiva às nossas faculdades de conhecimento na forma de uma coisa" (Kant (1995), 37-8; (1968), LI) que, porque é o princípio de ajuizamento da *forma* da coisa, só pode permanecer indeterminado em quais casos tal ajuizamento tem de ser empregado.

de *destinação* e *afeto desinteressado*, presentes no opúsculo de Schiller *Sobre Graça e Dignidade*. A inserção do aspecto formador (aplicação) do Gosto se realiza aqui como atividade harmônica que coloca os afetos e a sensibilidade sob a influência da cultura moral, numa paridade do Gosto com a Moral e com a Religião. E concluirei com a resposta à recensão de Kant, exposta na referida nota de rodapé n'*A Religião nos Limites da Simples Razão* (1793), reiterando a importância do aspecto formador do Gosto como fundamento subjetivo e condição para a instituição do código de leis objetivas (às leis da arte), fundadas como leis originárias do espírito que perfazem a cultura estética.

I. Estética transcendental em amplitude sistemática: doutrina do fenômeno (Erscheinung) e do aparecer (Schein)

Interessa a coerência sistemática na obra kantiana mediante a qual o estatuto transcendental da razão é desenvolvido em toda a sua envergadura crítica. É inquestionável a legitimidade da configuração espácio-temporal dos objetos de conhecimento, demonstrada na doutrina da Sensibilidade da *Estética transcendental* da *Crítica da Razão Pura*, que expôs as condições *a priori* subjetivas de compreensão da realidade dos objetos no espaço, enquanto exterior apenas à nossa representação, e não em si mesma. Nas conclusões do capítulo da Estética, Kant explicitou o critério, elevado a estatuto transcendental (chamado de *distinção transcendental*), para distinguir fenômeno e coisa-em-si, evitando com isso mantê-los atrelados a uma distinção meramente empírica, de um conhecimento como representando um objeto em si mesmo e de um outro, um objeto apenas como fenômeno.[174] Pois,

---

[174] Kant (1997), 80; (1968), B 62. Como enfatiza Kant, "[...] é-nos completamente desconhecida a natureza dos objetos em si mesmos e independentemente de toda esta receptividade da nossa sensibilidade. Conhecemos somente o nosso modo de os perceber, modo que nos é peculiar [...] [e é] o de todos os homens. É deste modo apenas que nos temos de ocupar" (Kant (1997), 79; (1968), B 59).

disse Kant, caso "[...] pudéssemos elevar esta nossa intuição [como forma pura da sensibilidade] ao mais alto grau de clareza, nem por isso nos aproximaríamos mais da natureza dos objetos em si"[175]. Com efeito, isto assenta em que, complementa Kant,

> "[...] toda a nossa intuição [sensível] nada mais é do que a representação do fenômeno; que as coisas que intuímos não são em si mesmas tal com as intuímos, nem as suas relações são em si mesmas constituídas como nos aparecem."[176]

Portanto, o espaço e o tempo desapareceriam, se "[...] fizermos abstração do nosso sujeito ou mesmo apenas da constituição subjetiva dos sentidos em geral", vindo a desaparecer com eles "[...] toda a maneira de ser, todas as relações dos objetos no espaço e no tempo", visto que os objetos "[...] como fenômenos (*Erscheinungen*), não podem existir em si, mas unicamente em nós"[177].

As formas puras espaço-temporais, enquanto formas do nosso modo de perceber os objetos através de relações estabelecidas no vínculo da forma de nossas representações com as sensações (matéria das representações) referidas a objetos, torna patente que espaço e tempo são conhecidos "[...] antes de qualquer percepção real [...]", isto é, *a priori*, enquanto condições de possibilidade de sermos afetados por objetos

---

[175] Kant (1997), 79; (1968), B 60. Percebe-se aqui a crítica ao tratamento leibniziano que, por atribuir clareza à forma do conhecimento, implicava encontrar clareza na matéria ou conteúdo do conhecimento (Cf. Leibniz (2004), 172-78). Kant é mais explícito na sequência na qual afirma: "A diferença entre uma representação clara e uma representação obscura é apenas lógica e não se refere ao conteúdo" (Kant (1997), 79; (1968), B 61). Daí porque "[...] a teoria, segundo a qual toda a nossa sensibilidade seria apenas a confusa representação das coisas, contendo simplesmente o que elas são em si mesmas, embora numa acumulação de características e representações parciais, que não discriminamos conscientemente, representa um falseamento dos conceitos de sensibilidade e de fenômeno, pelo que [ela] é vã e inútil".

[176] Kant (1997), 78-9; (1968), B 59.

[177] Kant (1997), 78-9; (1968), B 59.

(*Gegenstanden*). Daí que, "[...] seja qual for a espécie das nossas sensações, que podem ser muito diversas [...]",[178] as formas espácio-temporais são necessariamente inerentes à nossa sensibilidade. Esta elucidação preliminar é pertinente uma vez que por meio de tal distinção se torna útil confrontar, no estofo das falsas convicções dos modos idealista (Berkeley) e cético (Descartes)[179], os modos equivocados de considerar o objeto (*Gegenstand*) tomado como coisa-em-si (*Ding an sich*). A utilidade deste confronto reside em considerar a distinção transcendental exposta acima como legitimadora tanto de uma estética do fenômeno (*Erscheinung*)[180] como de uma estética do aparecer (*Schein*), guardadas

---

[178] Kant (1997), 79; (1968), B 60.

[179] Nas concepções de um idealismo dogmático (místico ou fantasista), atribuído a Berkeley, e de um idealismo material (problemático ou sonhador), atribuído a Descartes – este último porque nega a possibilidade da prova e demonstração da existência de coisas exteriores à consciência, e o primeiro na medida em que considera o espaço como uma propriedade a ser atribuída às coisas em si –, no capítulo da "Refutação do Idealismo" (Kant (1997), 243; (1968), B 274-275), na *Crítica da Razão Pura*, Kant aplica os argumentos apresentados na Estética Transcendental, assinalando neles os limites de cada uma dessas abordagens, que não acompanham a elucidação crítica da noção de espaço como forma pura da intuição, apresentada como condição subjetiva na Estética Transcendental. Para uma tematização da distinção entre realismo transcendental e idealismo transcendental, cf. Allison (1992), 45-73.

[180] No início da Dialética Transcendental na *Crítica da Razão Pura*, Kant caracteriza como fonte de erros e ilusões as falsas aparências lógicas (*logischer Schein*), como sofismas oriundos da desatenção em relação às regras lógicas do raciocínio, contudo, mostrados ali como capazes de serem corrigidos a fim de não perturbarem a razão. Do mesmo modo, identificou o que chama de ilusão ou aparência transcendental (*transzendentaler Schein*), como uma espécie particular de ilusão, já que é inevitável e subsiste podendo ser causa de erro e de engano, mesmo após descoberta sua origem. Como tarefa da razão, coube descobrir a causa dessas ilusões e enganos na própria razão, que a induziam a fazer um uso das categorias para além de toda a experiência, experiência esta que não pode fornecer um critério da correção deste uso, como atestação dos princípios utilizados pela razão. No fundo, o uso dos princípios pela razão induz a pensar num alargamento do conhecimento, partindo do sensível até o supra-sensível, enquanto miragem de uma extensão legítima a ser alcançada, constitutivamente, pela razão. Todavia, as ideias da razão têm de ser consideradas por estarem só fundando princípios reguladores do uso sistemático do entendimento no campo da experiência (Kant (1997), 534; (1968), B 672). Ao caracterizar a faculdade da razão como *sede da aparência transcendental* (*Vernunft als dem Sitze des transzendentalen Scheins*) (Kant (1997), 298; (1968), B 355), Kant leva a se tomar consciência de que as ideias da razão são ilusões (ou mais propriamente, ficções) e suas criações. Mas, com o fito de se aprender a viver com elas, por serem naturais e necessárias ao trabalho da

pelo modo crítico-transcendental de considerar os objetos.[181] Não é somente porque a função da Sensibilidade foi enfatizada na constituição do conhecimento teórico, na qual as formas puras espácio-temporais são elementos constitutivos, que essas formas deixam de se fundar de um ponto de vista válido ao mesmo tempo real e idealmente. Na abordagem tradicional (metafísica tradicional), espaço e tempo eram tomados como imediatamente acoplados aos objetos de conhecimento, tomados por isso já como coisas-em-si mesmas: os elementos espácio-temporais vinham presentes, por assim dizer, juntos com ou nos objetos. Por sua vez, com a abordagem crítico-transcendental de Kant, mostra-se que as formas espácio-temporais não podem trazer ou serem tomadas como possuindo um estatuto de realidade (objetividade) em si, tal como fora concedido tradicionalmente ao se admitir haver objetos como coisas-em-si mesmas. A exposição kantiana soluciona a questão pela distinção transcendental enquanto um critério estético, não empírico, elevado para estatuto transcendental: ao mostrar jungidas realidade

---

razão, importa não cair no erro de tomá-las por realidades (*Realitäten*) ou como lhes correspondendo objetos na natureza.

[181] Em contraste, observa Santos (Santos (2006): "Hans Vaihinger: o Kantismo como um Ficcionalismo?" In:__ (Dir.): *Kant: Posteridade e Actualidade*. Lisboa: CFUL, pp. 515--536), Kant propiciou pensar pela faculdade de juízo estética uma outra dimensão da noção do fenômeno (*Erscheinung*), a saber, a motivada pelo "[...] jogo ficcional [...]" no qual ele, além de resolver "[...] as principais antinomias identificadas por Kant na sua terceira Crítica: entre a pretensão de validade universal e objetiva do juízo estético e o seu caráter de sentimento meramente privado; entre o idealismo e o realismo da finalidade acerca da beleza da natureza; entre a consideração mecânica e a apreciação teleológica da natureza como um sistema organizado de fins [...]" (Santos (2006), 535), também joga na ambiguidade, mas como "[...] uma ambiguidade consciente dos seus pressupostos e dos seus limites [...]", ou seja, mediante o seu jogo, continua Leonel Ribeiro dos Santos, "[...] laborando embora com ficções, não é contudo um jogo no vazio: é um jogo criador, não por certo dos objetos mesmos [em si] das suas representações, mas [jogo] de representações elas mesmas pertinentes e com sentido, ainda que nenhum objeto em concreto lhes corresponda" (Cf. Santos (2006), 536). Isso fora ilustrado por Santos através da ilustração do mencionando *Discurso de Arguição de Kant a uma Dissertação Acadêmica*, apresentada na Universidade de Königsberg a 27 de fevereiro de 1777, em cuja consideração final, favorável à compreensão do aspecto positivo das ficções poéticas, Kant concluirá dizendo: "A imagem [*Species*] que engana [*fallit*] desagrada, a que ilude agrada ainda mais e deleita [*illudit placet admodum*]." Apud Santos, 2006, 533-4. Acerca da tradução alemã do texto em latim, cf. Santos (2006), 515-536.

empírica e idealidade transcendental, nas noções de espaço e tempo, é enfatizado que elas têm seu componente ideal na demonstração de que são só formas assentadas no sujeito e condições subjetivas; e seu componente real, no fato de que a supressão das condições receptivas dos objetos, como condições sensíveis assentadas no sujeito, reintroduz o tratamento do objeto como coisa-em-si mesma. No modo adequado de considerar a matéria do conhecimento, o fenômeno (*Erscheinung*), que só pode ser "intuído" pela faculdade da sensibilidade, mostra-se, em virtude disso, como um objeto inicialmente constituído pela faculdade receptiva do sujeito, fundada de modo transcendental, e obtém realidade (objetividade) somente por se vincular a uma representação (*Vorstellung*) do sujeito (capacidade representativa sensível), e não a uma coisa-em-si, já que esta eliminaria de vez a possibilidade de afirmar o conhecimento como objetivo para nós, de acordo com as condições pelas quais nós somos afetados por objetos. Devido ao critério da distinção transcendental estética se pode extrair uma consequência de dupla nuance. De um lado, no caso de as formas espaço-temporais não serem consideradas como as únicas estruturas da sensibilidade humana, vinculadas ao modo como os objetos aparecem (*erscheinen*) a nós e à nossa capacidade de representá-los, torna-se impossível justificar a realidade empírica e a idealidade transcendental destas estruturas e, nesta medida, diz Kant, "[...] não se pode evitar que tudo se transforme em simples aparência *(Schein)*"[182] e ilusão. Por outro lado, as formas espácio-temporais facultam pensar as representações empíricas como sustentadas por um critério transcendental e garantidas desde o princípio da idealidade de todas as nossas intuições sensíveis, a um só tempo. Enquanto – graças a isso – nos livramos de converter o que se deve "[...] considerar como fenômeno (*Erscheinung*)"[183] em simples aparência (*Schein*), também se pode considerar o simples

---

[182] Kant (1997), 85; (1968), B 70.
[183] Kant (1997), 85; (1968), B 70.

aparecer (*Schein*) como denotando uma referência e vínculo à faculdade transcendental da sensibilidade do sujeito, portanto, às formas puras espácio-temporais, em virtude da qual se garante a supressão do pressuposto de que as relações das coisas em si mesmas seriam constituídas como nos aparecem[184], pelo fato de que aqui a simples aparência (*Schein*) alcança ser o fundo de um fenômeno (*Erscheinung*), e também ela – aparência enquanto *"Schein"* – pode valer unicamente por isso ainda como representação (*Vorstellung*) somente no sujeito[185].

Se não fosse possível distinguir isso, criar-se-iam condições para potencializar recaídas nos modos dogmático e cético, de tomar o objeto como coisas-em-si mesmas (sem poder conservar com isso o estatuto transcendental da faculdade da sensibilidade), ou seja, isso seria assim tanto caso se abrisse mão do estatuto transcendental – que distingue fenômeno e coisa-em-si (sem o qual não se pode entender a validade do princípio da realidade empírica e idealidade transcendental do espaço e do tempo) –; quanto se não fossem conservados também como distintos, de um duplo ponto de vista: 1) o aparecer (*Erscheinung*) e a simples aparência (*Schein*)[186], ambos vinculados a um

---

[184] Como diz Kant: "[...] quer essas formas [de espaço e de tempo] sejam necessariamente inerentes às coisas em si mesmas, quer apenas à nossa intuição das coisas [...] esta realidade do espaço e do tempo deixa, de resto, intacta a certeza do conhecimento por experiência, e este [conhecimento] é para nós igualmente seguro [...]" (Kant (1997), 77; (1968), B 56).

[185] A fim de extrair um sentido adicional à noção do fenômeno como mero aparecer (*Schein*), considera-se a legitimidade de uma estética do puro aparecer, atendendo ao fato de que, do ponto de vista estético, o domínio da representação (*Vorstellung*) permanece atrelado a um interesse exclusivamente subjetivo, e de modo algum direcionado à natureza. Segundo Schiller, "[...] é a própria natureza que eleva o homem da realidade à aparência [...]" (Schiller (1995), 135; (2010), 109). E complementa dizendo assentar isto no fato de que a aparência aqui é uma aparência "[...] estética, isto é, uma aparência que não quer passar por realidade e tampouco quer que esta a substitua" (Schiller (1995), 137; (2010), 112).

[186] Admitir o simples aparecer (*Schein*) como vinculado exclusivamente ao sujeito significa levar em conta a dimensão meramente subjetiva da representação de objetos, como vinculada ao critério transcendental. Desde aqui se inicia a unificação sistemática dos pressupostos da doutrina Estética na *Crítica da Razão Pura* e na *Crítica da Faculdade de Juízo*. Na *Crítica da Faculdade do Juízo* Kant atribuiu uma natureza estética (*ästhetische Beschaffenheit*) ao elemento meramente estético de uma representação, dizendo: "Aquilo

critério transcendental devido às condições pelas quais são dados os objetos na intuição espácio-temporal; e 2) a simples aparência (*Schein*) como instância equívoca de uma consideração inadequada do objeto, tomado como uma coisa-em-si, numa condição verdadeiramente refratária às formas (espácio-temporais) da sensibilidade humana.[187]

Kant apresentou na *Crítica da Faculdade do Juízo* como contingente (*zufällig*) a concordância, do ponto de vista reflexivo, "[...] do objeto (*Gegenstand*) com as faculdades do sujeito [...]"[188]. Porém, para isso ele pressupôs, como subjacente ao objeto, a condição de que este fosse encarado como representação (*Vorstellung*) à base do conceito

---

que na representação de um objeto é meramente subjetivo (*bloss subjektiv*), isto é, aquilo que constitui a sua relação com o sujeito e não com o objeto, é a natureza estética (*die ästhetische Beschaffenheit*) dessa representação" (Kant (1995), 32-3; (1968), XLII).

[187] Contemporaneamente, Clément Rosset (1988) levantou o questionamento sobre a legitimidade do estatuto da distinção entre aparência e realidade, imediação (sensível) e mediação (pensamento). Rosset desenvolve a ideia de que teria grassado não só nas áreas da literatura e da psicanálise, mas em toda a *metafísica filosófica*, uma falsa distinção entre duas perspectivas: uma voltada ao imediato (à realidade e ao sensível) e outra à realidade do pensamento (suprassensível). A partir disso ele se esforça para desenvolver argumentos que testemunhem que tal distinção não seria senão um engodo e produto de reflexões teoricamente incongruentes, afastadas da realidade mesma (teria ele partido da pressuposição de uma realidade em si mesma?). Já nos seus argumentos iniciais, contudo, se pode detectar equívocos na interpretação de textos clássicos da filosofia, como por exemplo, na sua interpretação da distinção kantiana entre fenômeno e *noumeno*, da *Crítica da Razão Pura*. Rosset atribui à distinção kantiana uma ilusória e equivocada *duplicação* de mundos, motivada pela exploração ontológica das noções de fenômeno e *noumeno*. Todavia, fica evidente de antemão o equívoco relativo à sua intepretação pela ausência de uma leitura rente ao texto kantiano. Na *Crítica da Razão Pura* Kant explicitou que: "A divisão dos objetos em fenômeno e *noumeno*, e do mundo dos sentidos e mundo do entendimento, *não pode ser aceita* (em *sentido positivo*), embora os conceitos admitam, sem dúvida, a divisão em conceitos sensíveis e conceitos intelectuais" (Kant (1997), 279-1; (1968), B 311 (grifo nosso)). Se a distinção kantiana tivesse estabelecido ontologicamente uma separação entre mundo sensível e mundo inteligível e constituído através disto dois mundos concretos e reais, a tese inicial de Rosset poderia ser nutrida: um destes mundos teria de ser considerado produto de uma necessidade metafísica e pura ilusão; entretanto, o que o texto kantiano faz é justamente desautorizar essa duplicação: Kant propôs apenas que nos fosse facultado "pensar" dois mundos como constituídos distintamente, mas distintos apenas do ponto de vista conceitual (e não ontológico). Decerto isso não interessaria ao autor de *O Real e seu Duplo*. Mas, mais uma vez, a tentativa de passar, de modo imediato, do domínio conceitual ao ontológico configura, segundo Kant, uma transgressão categorial contra a qual todo leitor do texto kantiano tem de se precaver de não cometer.

[188] Kant (1995), 34; (1968), XLV.

de finalidade (*Zweckmässigkeit*). Visto que em face das faculdades de conhecimento em geral do sujeito importa primeiramente a forma estética dos objetos ou a referência da representação do objeto dirigida exclusivamente ao sujeito, pode-se compreender o motivo de Schiller ter conduzido sua exposição na consideração da simples aparência (*Schein*) como representação (*Vorstellung*) ao mesmo tempo do e no sujeito, legitimada por se apartar da aparência lógica (como componente necessário que na sua vinculação é expressão do fenômeno como "*Erscheinung*").

Tendo em vista que a concordância das faculdades humanas com o objeto traz a marca do componente contingente[189], na consideração estética dos objetos permanece a representação tendo de ser vinculada apenas ao sujeito, podendo à representação puramente estética ser atribuída uma aparência estética (*ästhetischer Schein*), sem vinculação direta ou estrita à dimensão lógica do entendimento determinante. Enquanto fundo da superfície de um fenômeno (*Erscheinung*), a simples aparência (*Schein*), do ponto de vista estético-reflexivo, não se liga com a aparência lógica (*logischer Schein*) ou com uma representação que visa ser determinada pelas condições humanas de conhecimento, mas se

---

[189] O elemento contingente da concordância relativa, pensada entre nossas faculdades e o objeto da representação reflexivo-estética, foi explicitado na *Crítica da Faculdade de Juízo* pela figura do *como se* (*Als ob*). Na terceira *Crítica* o recurso ao *como se* (*Als ob*) é fundado na dependência do estabelecido estatuto do Idealismo da conformidade a fins (*Zweckmässigkeit*). Sob a influência da abordagem da filosofia kantiana trazida por Friedrich Albert Lange, em sua *História do Materialismo* (*Geschichte des Materialismus und Kritik seiner Bedeutung in der Gegenwart*, 2. vols., 1866), Hans Vaihinger explorou o recurso do "como se" para elemento explicativo da filosofia kantiana ao desenvolver a *Filosofia do 'como se'* (1911) visando explicitar a teoria kantiana no seu todo, a partir de uma teoria geral das ficções da mente, como sistema das ficções teóricas, práticas e religiosas da humanidade. Mas na tarefa de demonstrar a relação do *como se* aos princípios e conceitos heurísticos no pensamento kantiano, segundo Leonel Ribeiro dos Santos, Vaihinger teria acabado por cair numa "[...] muito generosa noção de 'ficção'[...]" por ter ignorado o vínculo de Kant da figura do "como se" mais estritamente à faculdade de julgar reflexionante, tornando-se nisso "[...] incapaz de compreender mais profundamente o *als ob* kantiano e tudo aquilo que ele indica." Cf. Santos (2006), 533. Daí a exigência de uma tematização mais aprofundada da questão dos conceitos heurísticos na filosofia kantiana, desprovida do vínculo à figura do *como se*. Cf. Vaihinger (2011).

conserva desde outra instância, como o ângulo do fundo puramente estético do aparecer (*Schein*) (que carrega consigo o aspecto contingente) do fenômeno (*Erscheinung*) (que traz o aspecto lógico-necessário do entendimento), sem ser submetida, como mera aparência estética (*ästhetischer Schein*), a uma aparência lógica, como tem de ser feito no caso de se considerar a representação como fenômeno (*Erscheinung*) para um conhecimento determinado.

A pertinência de se conceder um estatuto autônomo à estética do simples aparecer (*Schein*) reside nisto: na medida em que não tem a ver com o fundamento lógico do objeto (como representação que se refere ao objeto através do sujeito), a aparência estética se vincula, como condição, estritamente à "forma" dos objetos, atendendo à exposição desenvolvida na *Crítica da Faculdade do Juízo*, do fundamento puramente estético da representação, considerado mediante as formas puras da intuição, as formas espácio-temporais[190]. Com base na distinção entre forma lógica e forma estética dos objetos, decisiva para a estética do aparecer, a doutrina do Idealismo da conformidade a fins (*Zweckmässigkeit*), na *Crítica da Faculdade do Juízo*, subsidia fornecendo o fundamento para considerar as formas puras espácio-temporais do sujeito como condições da sensibilidade, ativadas pela faculdade do juízo reflexivo, na perspectiva de que o sujeito também tenha de ser afetado por objetos a fim de produzir representações[191], ainda

---

[190] Outro elemento permite considerar a independência da faculdade de juízo reflexivo (Gosto) no trato com a aparência ou natureza estética, como representação dos objetos pelo sujeito. Isto é, no fato de que, diz Kant, "[...] os objetos de conhecimento empírico são [...] determinados de muitos modos, fora daquela condição de tempo formal, ou, tanto quanto é possível julgar *a priori*, [na qual tais objetos são] suscetíveis de ser determinados" (Kant (1995), 27; (1968), XXXVII). Assim, evidencia-se o sentido pelo qual a faculdade de ajuizamento estético (Gosto) formaliza a representação de objetos empíricos mediante uma reflexão sistemática e unificadora, considerando-os desde a perspectiva de uma atividade autônoma exercida e fundada pela faculdade reflexiva do sujeito.

[191] Por meio de tendências (*Triebfedern*) encontradas na natureza o sujeito é motivado a produzir representações em conformidade a regras, mas a autonomia para conduzir tais tendências até um uso exclusivamente subjetivo e aplicá-las conforme metas estipuladas pelo sujeito, depende da constituição da faculdade de ajuizamento do sujeito,

que o resultado das representações assente como pertencente ao sujeito e independente dos objetos. Do ponto de vista da faculdade de juízo reflexiva, a forma pura do espaço foi tematizada em termos que permitem considerá-la vinculada tanto à aparência lógica como à aparência estética. Todavia, desta maneira, a forma pura do espaço tem de permanecer livre da imposição de ser associada exclusivamente à aparência lógica. Com efeito, diz Kant,

> "[...] na representação sensível das coisas fora de mim a qualidade do espaço, no qual nós as intuímos, é aquilo que é simplesmente subjetivo na minha representação das mesmas (pelo que permanece incerto o que elas possam ser como objetos em si), razão pela qual o objeto também é pensado simplesmente como fenômeno (*Erscheinung*)."[192]

Visto não ser possível atribuir o mesmo sentido de realidade (*Realität*) às representações vinculadas ao estatuto lógico do entendimento e às vinculadas ao estatuto puramente estético, neste último enquanto ponto de vista estético-reflexivo, não é despertado o interesse na realidade da coisa; antes, importa a capacidade de julgar e avaliar nossa representação em relação à sensação de prazer

---

isto é, do Gosto (Kant (1995), 16; (1968), XIV). Pois, segundo Kant, "[...] o prazer está [...] no juízo de gosto verdadeiramente dependente de uma representação empírica e não pode estar ligado *a priori* a nenhum conceito (não se pode determinar *a priori* que tipo de objeto será ou não conforme ao gosto; será necessário experimentá-lo); porém, ele [prazer] é o fundamento da determinação deste juízo somente pelo fato de estarmos conscientes de que assenta simplesmente *na reflexão* e nas condições universais, ainda que subjetivas, do seu acordo com o conhecimento dos objetos em geral, para os quais a forma do objeto é conforme a fins" (Kant (1995), 35; (1968), XLVII).

[192] Kant (1995), 33; (1968), XVII. Pois, segundo Kant, "[...] a sensação (neste caso a externa) exprime precisamente o que é simplesmente subjetivo das nossas representações das coisas fora de nós, mas no fundo o material (*das Materielle*) (real) das mesmas (pelo que algo existente é dado), assim como o exprime a simples forma *a priori* da possibilidade da sua intuição; e não obstante a sensação é também utilizada para o conhecimento dos objetos fora de nós" (Kant (1995), 33; (1968), XLII).

produzida intrinsecamente pela atividade representativa humana. Neste sentido corrobora-se o exposto por Kant, visto que aqui fica evidente, dirá Schiller, que "[...] a realidade (*Realität*) das coisas é obra das coisas; [mas] a aparência (*Schein*) das coisas é obra humana, e uma mente (*Gemüt*) que aprecia a aparência (*Schein*) já não se compraz com o que recebe (*empfängt*), mas com o que faz (*tut*)."[193]

Do ponto de vista do entendimento (*Verstand*), porque o objeto (*Gegenstand*) não deve estar desgarrado de seu lugar sistemático, é

---

[193] Schiller (1995), 134; (2010), 108. É interessante observar que, tributário da faculdade das intuições (a imaginação), o elemento da re-presentação (*Vorstellung*), quando referido à faculdade do conhecimento teórico (*Verstand*), traz consigo um componente de segunda mão. Kant definiu a faculdade de imaginação (*Einbildungskraft*) na *Crítica da Razão Pura* como a faculdade "[...] de representar um objeto, mesmo sem a presença deste na intuição" (Kant (1997), 151; (1968), B 151). Como faculdade de tornar presente por uma segunda vez o que não está mais presente (imediatamente) à sensibilidade, a imaginação propicia considerar a re-presentação como pertencente ao elemento de uma relação 'pensada' pelo entendimento, na constituição das categorias puras do entendimento. A re-presentação enquanto uma 'relação' pensada está condicionada no entendimento a 'lançar' diante dele diferentes possibilidades conceituais por meio da atividade sintética do pensamento puro. E nisso a re-presentação, enquanto relação pensada, fica sendo a possibilidade de o entendimento pensar diferentes conceitos ou elementos como postos em relação entre si (constituídos) por ele próprio. Neste sentido, a re-presentação não saiu ainda de relação de mero jogo, de mero tornar presente pela segunda vez o que esteve originariamente presente. Neste re-presentar como mero lançar diante de si pelo entendimento, este lida consigo mesmo e seus próprios elementos, os conceitos, na designação de uma determinação possível através deles. Por outro lado, considerada a re-presentação do ponto de vista puramente estético, como mero aparecer (*Schein*), evidencia-se a re-presentação como não podendo residir exclusivamente em relação à faculdade do conhecimento determinado (entendimento) e interessar apenas a ele. Em conformidade a isso Schiller enfatiza na passagem citada que, anterior ao trato do entendimento com as re-presentações, subsiste do ponto de vista estético, no re-presentar, uma autonomia e um livre estabelecimento de relações postas entre as re-presentações pensadas, antes de ter de vir a considerá-las imediatamente colocadas na dependência da natureza e da determinação lógica dos conceitos para o conhecimento pelo entendimento. Nas palavras de Kant na terceira *Crítica*, esse sentido pode ser extraído pela passagem na qual ele expressa, dizendo que: "[...] se a questão é se algo é belo, não se quer saber se, para nós ou para quem quer que seja, importa algo a existência da coisa, ou sequer se pode importar, mas sim como a julgamos na mera consideração (intuição ou reflexão)" (Kant (1995), 49; (1968), 5). Ou ainda nas palavras de Schiller: "O homem está nas mãos da natureza, mas a vontade do homem está em suas próprias mãos" (Schiller (1991), 56; (2009), 105). E afirma ainda: "O que o homem faz é justamente não se bastar com o que dele a natureza fez, mas ser capaz de refazer regressivamente com a razão os passos que ela antecipou nele, de transformar a obra de privação em obra de sua livre escolha e de elevar a necessidade física à necessidade moral" (Schiller (1995), 27; (2010), 11).

pensada a noção de fenômeno (*Erscheinung*) de modo intrínseco e estrutural como trazendo em si o componente lógico da faculdade do entendimento e, neste sentido, ela também se faz presente na *Crítica da Faculdade do Juízo*. Porém, do lado da pura "representação" do ponto de vista estético, como aparecer (*Schein*) produzido pelo sujeito, toda a consideração da coisa como tendo um correspondente existindo exclusivamente *fora do* sujeito, à qual cabe atribuir objetividade, deve ser relativizada e dispensada. Isto é, do ponto de vista estético, as coisas têm de ser mantidas desde um ângulo meramente contingente e subjetivo. Isto permite conservar um sentido inequívoco à expressão do mero aparecer (*Schein*) como atendendo a um tipo específico de autonomia, aquela conferida ao sujeito exclusivamente pelo Gosto como faculdade de ajuizamento estético. Adiante será exposto de que modo a exclusiva ênfase na dimensão estética permite desenvolver o componente contemplativo e formador do Gosto, como faculdade reflexiva do sujeito na avaliação das formas do objeto.

II. Faculdade reflexiva estética e alcance formador do Gosto

Schiller acompanhou a coerência da distinção entre fenômeno (*Erscheinung*), aparecer (*Schein*) e coisa em si (*Dinge an Sich*) trazida pela *Crítica da Razão Pura*, e acrescentou, em conformidade com ela, um direcionamento: na medida em que o mero aparecer (*Schein*) não pode deixar de ter referência ao sujeito, pelo fato de o aparecer (*Schein*) ter sido produzido como representação (*Vorstellung*) pelas faculdades do sujeito[194], tal aparecer tem de ser compreendido desde

---

[194] Na equivocada relação estabelecida pelo dogmatismo (Berkeley) e ceticismo (Descartes), o passo em falso havia sido o de procurou admitir, para estofo de fundação do aparecer (*Schein*) produzido pela faculdade do sujeito, algo fora desta faculdade e para além da possível vinculação do aparecer como representação a uma faculdade própria, e não separada, do sujeito. No acompanhamento da crítica a esse equivocado

a perspectiva sistemática, numa exigência mediante a qual a compreensão da natureza fica ao mesmo tempo implicada de um ponto de vista harmônico: graças ao Gosto surge a conexão sistemática da razão com os conceitos pensados desde a dimensão estética da aparência (*Schein*), reiterando a avaliação das formas do objeto como fundada no componente contemplativo e formador do Gosto. Com efeito, Kant tematizou inicialmente o aspecto estético da representação (*Vorstellung*), como devendo ser submetido ao estatuto transcendental da razão. Kant explicitou na terceira *Crítica* o estatuto da representação puramente estética, cuja demonstração dependia da fundação da faculdade transcendental do juízo reflexivo. Ao mostrar na *Crítica da Faculdade do Juízo* que a faculdade de juízo reflexiva é um "[...] termo médio entre o entendimento e a razão [...]" acerca da qual,

> "[...] se tem razões para supor, segundo a analogia [às legislações puras do entendimento e da razão prática], que também poderia precisamente conter em si *a priori*, se bem que não uma legislação própria, todavia um princípio próprio para procurar leis [...]. "[195]

Kant acabou assegurando haver, todavia, diz ele, um "[...] abismo intransponível entre o domínio do conceito da natureza, enquanto sensível, e o do conceito de liberdade, como supra-sensível [...]"[196]. E, apesar da impossibilidade de se conhecer o conceito do fundamento

---

modo de vinculação, Schiller torna possível compreender o simples aparecer (*Schein*) como constituído por nossas faculdades. Em contraste com as abordagens dogmática e cética, tal representação é vista a partir das intenções de nossas faculdades, regidas pela faculdade de juízo reflexiva estética, na esteira do demonstrado pela *Crítica da Faculdade do Juízo* de Kant. Em tal abordagem Schiller reorienta a noção do simples aparecer (*Schein*) para a dimensão puramente estética e demonstra, do ângulo estético, a autonomia do Gosto como faculdade que desenvolve certas tarefas e tem metas a cumprir.

[195] Kant (1995), 21; (1968), XXI.
[196] Kant (1995), 20; (1968), XIX. Ainda Kant (1995), 39; (1968), LIII-LIV.

da unidade do supra-sensível, justamente tal fundamento é que torna possível, complementa Kant, "[...] a passagem da maneira de pensar segundo os princípios de um [domínio] para a maneira de pensar segundo os princípios de outro [...]",[197] fazendo com que o domínio da liberdade exerça influência sobre o domínio da natureza, uma vez que do ponto de vista reflexivo-sistemático, o conceito de liberdade (moral) deve "[...] tornar efetivo no mundo dos sentidos o fim colocado pelas suas leis e a natureza, em consequência, tem que ser pensada de tal modo que a finalidade da sua forma concorde pelo menos com a possibilidade dos fins que nela atuam segundo leis da liberdade."[198] Portanto, através disso é facultada "[...] a passagem da maneira de pensar segundo os princípios de um [domínio: o teórico] para a maneira de pensar segundo os princípios de outro [o prático]"[199].

Na carta inicialmente mencionada ao príncipe de Augustenburg (de 13 de julho 1793), ciente de ser não apenas possível, mas doravante necessário haver uma "[...] influência da cultura estética sobre a cultura moral [...]"[200], Schiller observa ter identificado também que as "[...] leis da arte não estão fundadas nas formas mutáveis de um gosto de época contingente [...], mas sim no necessário e no eterno da natureza humana, nas leis originárias do espírito."[201] Segundo ele, faltava até agora "[...] um código de leis [...], e provê-la disso é um dos mais difíceis problemas que a razão filosofante pode se propor"[202]. Após

---

[197] Kant (1995), 20; (1968), XX.

[198] Kant (1995), 20; (1968), XIX-XX.

[199] Kant (1995), 20; (1968), XX. Kant não omite do escopo da faculdade reflexiva do juízo estético a tarefa de tornar possível considerar a ideia de que nas belas formas naturais a própria natureza é que vem ao nosso encontro, manifestando sua solicitude e disposição (forma estética) para se harmonizar com nossos propósitos espirituais (formas morais). Kant define Gosto como "[...] a faculdade de ajuizamento de um objeto ou de um modo de representação mediante uma complacência [...] independente de todo interesse. O objeto de uma tal complacência se chama belo" (Kant (1995), 55; (1968), 16).

[200] Schiller (2009), 84, (2010), 144.

[201] Schiller (2009), 82; (2010), 143.

[202] Schiller (2009), 83; (2010), 143-4.

haver tematizado o desempenho do conceito de *graça* em conjunção com o conceito de *dignidade* no opúsculo *Sobre Graça e Dignidade*, um problema que faltava resolver e impedia a elaboração de tal *código de leis* da formação estética e ao mesmo tempo moral do homem, era: porque à razão filosófica se tornara difícil realizar esse código de leis? Dirigindo-se ao príncipe, Schiller aprofunda sua interrogação e pergunta: "[...] o que pode ser mais difícil do que [...] unir a liberdade com a necessidade?"[203] Subjacente às noções de graça e dignidade, Schiller traz a dificuldade apontada já por Kant, inerente à tarefa de *unir a liberdade com a necessidade*, como na impossibilidade de haver uma ponte entre razão prática e razão teórica. Na terceira *Crítica*, como foi visto, Kant municiou seu argumento com o pressuposto segundo o qual, diz ele,

> "[...] a natureza [...] *tem que ser* pensada de tal modo que a finalidade da sua forma concorde pelo menos com a possibilidade dos fins que nela atuam segundo leis da liberdade."[204]

Apesar da impossibilidade da passagem do domínio teórico ao domínio prático, o caminho inverso é possível já que, embora "[...] os fundamentos de determinação da causalidade segundo o conceito de liberdade [...] não se possam testemunhar na natureza, e o sensível não possa determinar o suprassensível no sujeito [...]"[205], no que se refere às consequências do conceito de liberdade, pelo fato de que o seu "[...] efeito deve acontecer no mundo de acordo com estas suas leis formais [...]"[206], ocorre a passagem do domínio prático ao teórico. Por esse meio se reitera que a questão mais difícil não é a da união da liberdade e da necessidade, mas a da apresentação de um modo inequívoco de

---

[203] Schiller (2009), 83; (2010), 144.
[204] Kant (1995), 20; (1968), XX (itálicos meus).
[205] Kant (1995), 39; (1968), LIV.
[206] Kant (1995), 39; (1968), LIV.

demonstrar essa união, cuja plasticidade atenda a contento tanto a esfera teórica quanto a esfera prática da razão. Ao tematizar na *Crítica da Razão Pura* (1787) o arbítrio humano com base na diferença entre *natura ectypa* e *natura archetypa*[207], Kant cunhou a distinção entre *arbitrium liberum*, *arbitrium sensitivum*, e *arbitrium brutum*: o primeiro determinado independentemente dos impulsos sensíveis (portanto, pela razão prática); o segundo patologicamente afetado pelos impulsos sensíveis; e o terceiro patologicamente necessitado e unicamente animal[208]. Todavia, diante da perspectiva schilleriana, que considera a própria natureza como vindo ao nosso encontro mediante suas belas formas (formas estéticas) a fim de se harmonizar com nossos propósitos espirituais (formas morais), parece insuficiente a necessidade de considerar sumariamente esgotada a classificação do arbítrio humano nos moldes kantianos. Isto porque, segundo Schiller, mediante a faculdade de ajuizamento estética (como faculdade ajuizante da comunicabilidade universal) é posta em xeque a ideia de que "[...] as paixões sensíveis [têm] o poder de oprimir positivamente a liberdade da mente [...]"[209], visto que, completa ele, "[...] os sentidos só podem representar um poder contra o homem quando o espírito abdica livremente de provar-se como poder [...]" e, neste caso, "[...] seria desconhecer a natureza do espírito [...]"[210] o ato de conceder que as forças da razão fossem ou pudessem ser oprimidas.

Assim como Kant instituíra o homem como cidadão de dois mundos mediante a explicitação da razão prática (liberdade) como distinta da razão teórica (natureza), mediante o Gosto Schiller instituiu a beleza

> "[...] como cidadã de dois mundos, pertencendo ao primeiro por nascimento e ao segundo por adoção [...] [já que] ela

---

[207] Kant (1997), 463 e 637; (1968), B 562 e B 830.
[208] Kant (1997), 462; (1968), B 562.
[209] Schiller (1995), 101; (2010), 75.
[210] Schiller (1995), 101; (2010), 76.

recebe sua existência na natureza sensível e obtém seu direito de cidadania no mundo da razão."[211]

Aqui há uma função específica ao conceito da beleza: esta permite ao homem "[...] uma passagem da sensação ao pensamento [...]"[212] sem que por isso deva ser entendido, diz Schiller, "[...] como se o belo preenchesse o abismo que separa a sensação / do pensamento, a passividade / da ação"[213]. O fato é que, completa ele,

> "[...] este abismo é infinito, e [...] é eternamente impossível que surja algo universal / do individual, que surja o necessário / do contingente [...] sem interferência de uma faculdade nova e autônoma."[214]

Não se trata aqui de que a natureza, considerada pelo entendimento, e a liberdade, considerada pela razão, recebam um tratamento incisivo a partir de uma faculdade nova, que as modifica ou adultera intrinsecamente nos seus domínios. Em vez disso, trata-se de que a partir do Gosto (faculdade de ajuizar a aparência livre ou a liberdade na aparência) ambas – natureza e liberdade – são vistas ao mesmo tempo do ponto de vista de seus limites, subjacente aos quais é posta em movimento uma nova atividade (nova faculdade) para mostrar que elas (natureza e liberdade) se conciliam no pensamento, ainda que a manifestação de tal ação imediata de conciliação se dê através da aparência (*Schein*) ou se manifeste passando pelos sentidos. Segundo Schiller, são nestes termos que "[...] a beleza pode tornar-se um meio de levar o homem da matéria à forma, das sensações a leis, de uma

---

[211] Schiller (2008), 16-7; (2010), 80.
[212] Schiller (1995), 100; (2010), 75.
[213] Schiller (1995), 100; (2010), 75.
[214] Schiller (1995), 100; (2010), 75.

existência limitada à [existência] absoluta, apenas por proporcionar às faculdades do pensamento liberdade de se exteriorizarem segundo suas leis próprias – e não por ajudar no pensar (o que contém uma contradição manifesta) [...]"[215], isto devido ao fato de que "[...] a autonomia com que o pensamento age exclui [já] toda influência estranha"[216].

Para além da razão teórica (entendimento) e da razão prática é concedida, portanto, uma atividade às demais faculdades do pensamento: às faculdades de ajuizamento reflexivo e da imaginação pura (*Einbildungskraft*). A noção de aparência livre ou manifestação da liberdade no fenômeno, previamente desenvolvida na fase de correspondência com Körner, reaparece aqui visando agora se adequar ao cumprimento de uma função aplicativa, de que, à base da atividade teórica e prática da razão, desenvolve-se uma atividade reflexiva sobre o aparecer (*Schein*) do ponto de vista exclusivamente estético (faculdade de ajuizamento reflexivo). Daí que, em vez de ser o entendimento (*Verstand*) a faculdade encarregada a dar conta do que aparece à sensibilidade, isso cabe agora à faculdade da razão (*Vernunft*), em consonância com a natureza, já que o material sensível (a matéria) é considerado a partir de uma forma que apenas a razão (*Vernunft*) sabe dar e fornecer. Nesse caso a matéria (da sensibilidade) está para a razão, e não mais para o entendimento. À base disto se pode identificar, do ponto de vista ainda da razão prática, aqueles afetos cuja função não tem em vista desempenhar uma atividade a ser determinada pela faculdade da razão prática, já que são visados e vistos desde uma exposição ou manifestação exclusivamente estética.

A crítica de Schiller ao caráter pontual do rigorismo moral kantiano surge em *Sobre Graça e Dignidade* de modo contundente: afinal, para ser fiel acompanhante e seguidor da lei moral, não faria sentido indagar pelo ponto de vista da necessidade mais atual e urgente – face à qual

---

[215] Schiller (1995), 100; (2010), 75.
[216] Schiller (1995), 100; (2010), 75.

aparecem contrapostas as dimensões humanas do ser selvagem (que tudo concede à sensibilidade) e do ser bárbaro (que tudo concede à razão)[217] –, conforme o *código de leis* da formação estética e moral do homem, de um *locus* autêntico do *apriorismo* estético explicitado (na tematização da função do conceito de beleza, etc.), como devendo subjazer (este *locus*) de modo equidistante de ambas as condições extremas da humanidade? Ou nas palavras de Schiller, expressas em *Sobre Graça e Dignidade,* na qual ele indaga: só "[...] porque muitas vezes inclinações muito impuras usurpam o nome da virtude [...]" se tornaria por isso suspeito "[...] o *afeto desinteressado* no peito mais nobre"?[218] Ciente dos exageros cometidos pela concessão ao elemento puramente estético, atestado no dizer que só porque o homem de moral frouxa concede uma lassidão à manifestação da liberdade moral, inquire Schiller, devia por isso ser atribuída uma rigidez à lei da razão, mediante a qual a própria manifestação da liberdade moral se transforma numa "[...] espécie mais louvável de servidão"?[219] Mas em tal caso, comenta ele,

> "[...] terá o homem verdadeiramente ético uma opção mais livre (entre o respeito (auto-atenção) e o desprezo de si mesmo) que a opção do escravo entre o contentamento e a dor? [Pois] onde existirá menos coerção: aí para a vontade pura (respeito) ou aqui para a vontade corrompida (desprezo de si)?"[220]

---

[217] Segundo Schiller, o sentido moral exige sem cessar "a expressão da humanidade", mas a condição do bárbaro comete transgressão por exigir abruptamente a saída da sensibilidade, ferindo nisso a expressão da humanidade. Por sua vez, pelo fato de o sentido estético não se satisfazer com a mera matéria, mas buscar "[...] na forma um contentamento livre [...]", complementa, ele "[...] se afastará, enojado, de uma [...] visão na qual apenas o desejo pode encontrar sua satisfação [...]", enquanto expressão reduzida à condição selvagem (animalidade), que nesta transgressão fere a dignidade (Schiller (2008), 36; (2010), 104).

[218] Schiller (2008), 40; (2010), 109.

[219] Schiller (2008), 40; (2010), 109.

[220] Schiller (2008), 40; (2010), 109.

O fato é que, complementa Schiller, a humanidade não tem de ser humilhada "[...] pela forma imperativa da moral [...]"[221] e nem o "[...] documento mais sublime da sua grandeza [...]"[222] deve ser o testemunho da sua fragilidade. Isso vinha sendo conduzido assim pelo rigorismo da teoria kantiana, que se mostrava refratária ao flanco aberto no intervalo entre o agir moral incondicionado e o agir condicionado pela natureza. A fim de não conferir, nem direta nem indiretamente, uma identificação da proposta kantiana com os extremos da condição humana (a do ser selvagem e a do ser bárbaro), Schiller apresenta o Gosto como a faculdade autônoma que deve exercer uma atividade sobre a passividade conservada pela cisão entre natureza (entendimento) e liberdade (razão prática), cisão entendida ao mesmo tempo como interrupção da atividade e das tarefas, tão logo a razão teórica (entendimento) e a razão prática tenham dado conta de suas aplicações conceituas nos respectivos domínios de legislação.

Por meio da atuação do Gosto, Schiller compreende a tarefa de efetivar uma humanidade mais sublime, ou seja, que o homem deva ser considerado por primeiro como uma *totalidade ética*. Isto porque, diz ele, o homem não está destinado a executar "[...] ações éticas singulares [...]"[223], mas antes a ser um "[...] ser ético [...]"[224], e apenas "[...] sua capacidade de agir como um ser ético dá ao homem direito (*Anspruch*) à liberdade."[225]. Graça (belo) e Dignidade (moral) têm de ser concebidas como atuando em parceria, única forma pela qual se alcança uma expressão harmônica da aparência (*Schein*), que caracteriza cada uma delas, seja voltada à manifestação da lei moral, seja voltada ao belo[226].

---

[221] Schiller (2008), 40-1; (2010), 109.
[222] Schiller (2008), 41; (2010), 109.
[223] Schiller (2008), 38; (2010), 106.
[224] Schiller (2008), 38; (2010), 106.
[225] Schiller (2009), 77; (2009), 139.
[226] No dizer de Schiller, "[...] sentimo-nos livres na presença da beleza, porque os impulsos sensíveis harmonizam com a lei da razão; [e] sentimo-nos livres na presença

Isso de modo algum significa proceder a uma interferência de uma pela outra no domínio contíguo. Segundo Schiller, tanto *graça* quanto *dignidade* tem um domínio próprio, sendo forçoso não confundir a especificidade de cada uma delas. Pois, por um lado, diz ele,

> "[...] a capacidade de sentir o sublime é uma das mais esplêndidas faculdades humanas, que tanto merece o nosso respeito devido à sua origem na autônoma faculdade da razão e da vontade, como merece o mais completo desenvolvimento mercê da sua influência sobre o homem moral."[227]

Em vista disso, vê-se que sem o sublime "[...] o belo nos faria esquecer a nossa dignidade [...]"[228] e na preguiça (indolência) de um prazer e de uma fruição continuada ocorreria que nós só "[...] causaríamos dano à robustez do caráter [...]"[229]. E, uma vez presos a essa "[...] forma casual da existência, perderíamos de vista a nossa inalterável missão e a nossa verdadeira prática"[230]. Contudo, se nos deixássemos pender puramente para o lado do empenho em satisfazer a nossa missão espiritual, então aí viríamos a perder "[...] a nossa humanidade [...]", já que sem o belo "[...] haveria um litígio ininterrupto entre a nossa destinação natural e a destinação racional [...]"[231], ou seja, com isso permaneceríamos "[...] para sempre estranhos nesta esfera de ação a nós designada, preparados a todo momento para

---

do sublime, porque os mesmos impulsos perdem toda a influência sobre a legislação, pois o que atua aqui é o espírito, e o faz como se não obedecesse a nenhuma outra lei que não as suas próprias" (Schiller (1991), 54; (2009), 103).

[227] Schiller (1991), 68; (2009), 115-6.
[228] Schiller (1991), 69; (2009), 116.
[229] Schiller (1991), 69; (2009), 116.
[230] Schiller (1991), 69; (2009), 116.
[231] Schiller (1991), 69; (2009), 116. Contudo, Schiller concede que devido à constituição mesma da natureza, o Gosto é, "[...] entre todas as faculdades da alma, a última a receber o seu amadurecimento." Schiller (1991), 60; (2009), 108.

deixarmos o mundo dos sentidos."[232] Em vista disso, diz ele, senão mediante um modo pelo qual a lei seja considerada "[...] compatível com o seu sentimento de liberdade [...]"[233], como entender que a lei moral não deva tomar "[...] a aparência de uma lei estranha e positiva [...], difícil de ser atenuada [...]"?[234]

Pelo conceito de beleza é entrevisto e se obtém o modo de pensar a lei moral como compatível tanto com o sentimento de liberdade – pois a beleza é "[...] obra da livre contemplação, e com ela penetramos no mundo das ideias, sem deixar o mundo sensível [...]"[235], como ocorre no conhecimento da verdade –, quanto vista como cidadã de dois mundos, por adoção e por direito, uma vez que a beleza é "[...] forma, porque a contemplamos, mas é ao mesmo tempo vida, porque a sentimos. Numa palavra: é simultaneamente nosso estado e nossa ação"[236]. E, por ser "[...] os dois ao mesmo tempo [...]", ela é a prova decisiva "[...] de que a passividade não exclui a atividade, nem [que] a matéria exclui a forma, nem a limitação exclui a infinitude"[237].

---

[232] Schiller (1991), 69; (2009), 116.

[233] Schiller (2008), 41; (2010), 109.

[234] Schiller (2008), 41; (2010), 109. Por sua vez, por meio das noções de *destinação* (totalidade ética) e *afeto desinteressado* pode-se contrastar o desenvolvimento de um caminho que contorna a condução da questão moral fundamental, como em Kant, ao domínio e à necessidade dos Postulados Práticos da razão, na *Crítica da Razão Prática*. Pois, colocada a postulação de uma harmonia (de natureza ou felicidade, e razão ou virtude) na ideia do *Sumo Bem*, assentada na noção de um *dever ser*, como dizia Hegel, se teria através disso "[...] uma saída muito fácil [...]" do problema, visto tal ideia (sumo Bem) se ater "[...] na separação do conceito e da realidade [...]", portanto contra a efetiva realização do *Fim Último* (*letzter Zweck*) como harmonia realizada entre ambas (Hegel (1995), 131-2). Comparada à exigência schilleriana de assentar do ponto de vista reflexivo a totalidade ética e o *ser ético*, o postulado de um Sumo Bem parece transcendente e por isso obsoleto diante das tarefas reflexivas que identificam o indivíduo de razão como imediatamente voltado ao conteúdo e à formação ética dos impulsos e dos afetos. Pois, como dirá Schiller: "O supremo ideal, pelo qual nos esforçamos, é o de permanecermos em boa relação com o mundo físico, guardião de nossa felicidade, sem por isso sermos obrigados a romper com o mundo moral, que determina a nossa dignidade" (Schiller (1991), 66; (2010), 113).

[235] Schiller (1995), 131; (2010), 104.

[236] Schiller (1995), 131; (2010), 105.

[237] Schiller (1995), 131; (2010), 105.

Assim se elucida que pela dependência física do homem não fica suprimida, de modo algum, a sua liberdade moral, e que se "[...] o homem não precisa fugir da matéria para afirmar-se como espírito [...]"[238], é mais fácil compreender em que sentido o rigorismo moral kantiano, necessário mas também fruto circunstanciado de uma época, entende as inclinações (*arbitrium sensitivum*) do ponto de vista moral como exclusivamente "[...] em guerra com a lei da razão"[239], em vez de também "[...] em acordo com essa lei"[240]. No primeiro caso a inclinação fora considerada uma companhia ambígua "[...] do sentimento ético e contentamento [...]"[241]; porém, na medida em que o preceito da inclinação não é o de alcançar "[...] virtudes [diferentes], mas a virtude é seu preceito [...]"[242], a inclinação pode passar a ser entendida desde um terreno neutro.

Em carta ao príncipe (de 3 de dezembro 1793), Schiller enfatizou o tipo de conflito trazido pelo impulso sensível como sendo "[...] o mais perigoso inimigo interno da moralidade"[243]: este impulso está "[...] incessantemente ocupado em atrair a vontade em seu interesse [...]"[244]; porém, ao mesmo tempo a vontade "[...] está sob leis éticas e tem sobre si a obrigatoriedade de nunca se encontrar em contradições com as exigências da razão."[245] Daí que, face a esse "[...] mais forte adversário [...]"[246] que o homem tem de combater no seu agir moral, pode-se tipificar uma escala das diferentes classes de ânimo (disposições de ânimo), conforme as quais se vê em operação um certo grau

---

[238] Schiller (1995), 132; (2010), 106.
[239] Schiller (2008), 37; (2010), 105.
[240] Schiller (2008), 37; (2010), 105.
[241] Schiller (2008), 37; (2010), 105.
[242] Schiller (2008), 38; (2010), 106.
[243] Schiller (2009), 139; (2010), 180.
[244] Schiller (2009), 139; (2010), 180.
[245] Schiller (2009), 139; (2010), 180.
[246] Schiller (2009), 139; (2010), 180.

prioritário do conflito entre a faculdade de apetição e a determinação ética. Ilustra Schiller essas classes, dizendo:

> 1) "Para o caso em que a apetição imediatamente dá a lei, existem os ânimos rudes, que agem meramente como apraz aos sentidos (falta a estes tanto formação moral como estética)[247];
> 2) "Para o caso em que a razão dá imediatamente a lei, existem os *ânimos morais*, que agem meramente pela consideração ao dever, já que só através desta [lei] eles já vencem a tentação (mas a estes falta formação estética)[248]; e
> 3) "Para o caso em que é exigido "decoro" e "moderação", pelo qual se ganha muito para a civilização e a eticidade há a *formação estética*, que mesmo não produzindo nenhuma virtude, enfraquece a sensibilidade, na medida em que a faculdade reflexiva estética (Gosto) faz coerção até um grau de domínio sobre a manifestação dos afetos, rompendo "[...] a cega violência dos mesmos (afetos) [...]", acabando por "[...] abrir espaço para a vontade se voltar para a virtude". Em tal caso, "onde falta a virtude, o Gosto a substitui, e onde a virtude está presente, o Gosto a facilita."[249]

Na mesma medida em que tem de ser colocado limite aos ímpetos da natureza (já que mesmo "[...] na tormenta da sensação ouvimos a voz da razão"[250]), o Gosto é eleito na disposição de ânimo estética (refinada) como o primeiro combatente contra a rude natureza. Porém, o tipo de liberdade alcançada pela vontade não se constitui aqui como

---

[247] Schiller (2009), 140; (2010), 180.
[248] Schiller (2009), 140; (2010), 180-1.
[249] Schiller (2009), 140; (2010), 181.
[250] Schiller (2009), 140; (2010), 181.

liberdade moral[251], pois não se opera nenhuma ação ética mediante o Gosto: este apenas liberta o ânimo do jugo do instinto, conduzindo o último a sua própria prisão. Vê-se assim que, na escala apresentada das diferentes classes de submissão do ânimo de ser atraído à vontade em vista de um interesse, o Gosto rege o ânimo através de um atrativo do prazer, cuja fonte é a razão, e tal prazer será por isso *nobre*. Por isso o Gosto mostra toda a sua desenvoltura neste contexto: onde a razão está em perigo de ser derrotada pela eloquência forte da natureza, o Gosto será positivamente útil à verdadeira virtude, já que aqui o Gosto afina a sensibilidade "[...] em proveito do dever, e faz [...] que mesmo um grau menor de força de vontade moral esteja

---

[251] Não se trata, diz Schiller, de imiscuir o gosto nas determinações morais da razão prática, mas antes de imiscuir o gosto "[...] nas operações da vontade" (Schiller (2009), 141; (2010), 182). Kant advertiu, na Introdução da *Crítica da Faculdade do Juízo*, que "[...] a vontade, como faculdade de apetição, é especificamente uma dentre muitas causas da natureza no mundo, a saber, aquela que atua segundo conceitos, e tudo o que é representado como possível (ou como necessário) mediante a vontade se chama prático-possível (ou prático-necessário)" (Kant (1995), 16; (1968), XII-III). Falta demonstrar, no início do desenvolvimento do domínio (*Gebiet*) da faculdade de juízo reflexivo, de que modo esta faculdade assenta na vontade, e não na natureza, ou seja, enquanto um "[...] termo médio entre o entendimento e a razão" (Kant (1995), 21; (1968), XXI), para fundamento da atividade reflexiva do juízo, no qual é pensada "[...] a vontade [que aqui] não se encontra simplesmente sob o conceito da natureza, mas sim sob o da liberdade, em relação ao qual os princípios da vontade se chamam leis [...]." Por isso, até que sejam suficientemente distinguidas as atividades das faculdades de entendimento (natureza) e da razão (liberdade), segundo Kant, tem de permanecer "indeterminado, no que respeita ao prático, se o conceito que dá a regra à causalidade da vontade é um conceito de natureza ou da liberdade" (Kant (1995), 16; (1968), XII-III). O princípio da finalidade da natureza (*Zweckmässigkeit*) constitui um princípio *técnico* como um princípio da natureza, pensado por leis e regras colocadas como condicionadas pelo conceito da liberdade. Para Kant, se entende deste modo que o "[...] nosso conceito de uma finalidade subjetiva da natureza, nas suas formas segundo leis empíricas, não seja de modo nenhum um conceito de objeto, mas sim um princípio da faculdade de juízo para arranjarmos conceitos nesta multiplicidade desmedida (para nos orientarmos nela)" (Kant (1995), 37; (1968), L), ou seja, o conceito de uma conformidade a fins (*Zweckmässigkeit*) da natureza "[...] não é nem um conceito de natureza, nem de liberdade, porque não acrescenta nada ao objeto (da natureza), mas representa somente a única forma segundo a qual temos que proceder na reflexão sobre os objetos da natureza com o objetivo de uma experiência exaustivamente interconectada, por conseguinte é um princípio subjetivo (máxima) da faculdade do juízo" (Kant (1995), 28; (1968), XXXIV).

à altura do exercício da virtude."²⁵² E, ainda que sejam separados, com maior nitidez um do outro, o homem físico e o homem moral (ou as disposições de ânimo moral e sensitiva), o próprio conflito entre razão e sensibilidade propicia a sua unificação. Pois, diz Schiller, justamente desde a perspectiva deste conflito se torna visível de que modo o mundo moral determina a nossa dignidade: não através da busca pelo bem-estar físico (*arbitrium sensitivum*), nem pela simples concordância, a partir do belo, pois,

> "É justamente com relação a tais órgãos que, onde o primeiro [*homem físico*] só sente as suas limitações, o outro faz a experiência de sua força e se sente infinitamente elevado precisamente por aquilo que esmaga o outro contra o solo."²⁵³

Daí que, acrescenta ele, nós

> "[...] só somos perfeitos cidadãos da natureza (ou somos um ser ético) quando o sublime se conjuga com o belo e a nossa receptividade relativamente a ambos teve igual formação [...]",²⁵⁴

---

²⁵² Schiller (2009), 145; (2010), 185. Em vista disso se permite concluir apenas que "[...] o gosto pode *favorecer* a moralidade da conduta [...], mas ele mesmo nunca pode produzir algo moral através de sua influência [...]" (Schiller (2009), 136-7; (2010), 177), uma vez que, completa Schiller, "[...] o ético jamais pode ter um outro fundamento que não ele mesmo [...]" (Schiller (2009), 137; (2010), 177), sendo que, por seu turno, "[...] o sublime nos obtém uma saída do mundo sensível, dentro do qual o belo gostaria de nos manter presos para sempre" (Schiller (1991), 58; (2009), 107). Por outro lado, evidencia-se que "[...] o gosto não pode causar nenhum prejuízo à verdadeira virtude" (Schiller (2009), 144; (2010), 185), enquanto as ações despertadas por um impulso natural e que provocam aqui seu primeiro estímulo regem "[...] muito mais ações indiferentes do que verdadeiramente morais" (Schiller (2009), 144; (2010), 185). O gosto só oferece "[...] ao ânimo uma adequada [conforme a fins] disposição para a virtude, pois afasta os movimentos da natureza que a impedem e desperta aqueles que lhe são favoráveis" (Schiller (2009), 144; (2010), 184).

²⁵³ Schiller (1991), 56; (2009), 105.

²⁵⁴ Schiller (1991), 69; (2009), 116.

isto é, só aqui não somos "[...] seus escravos e nem perdemos os nossos direitos de cidadãos no mundo inteligível"[255]. Por sua vez, se o homem não fosse capaz de nenhuma outra cultura que não a do mundo físico, então teria de se conceder que "[...] a liberdade do homem estaria liquidada"[256]. Em vista disso, a aparência estética (*ästhetischer Schein*) nunca se tornará perigosa à verdade dos costumes, pois, individualmente dirigida a cada uma das faculdades, razão teórica e razão prática, que conservam um domínio e uma legislação específica, ela representa um caráter neutro e inócuo, já que "[...] a vontade tem uma conexão mais imediata com a faculdade da sensação do que com a dos conhecimentos [...]"[257] e, também, visto que "[...] a natureza humana é um todo mais unido na efetividade do que é permitido ao filósofo [suspeitar] [...]" – natureza esta que o filósofo "[...] só é capaz de dissociar, deixá-la parecer [...]"[258].

A pressuposição de que o desenvolvimento de afetos alcance também, individual e diretamente, seja com o entendimento, seja com a razão, um aspecto desinteressado (neutro), não representa por sua vez que, na consideração conjunta de ambas as faculdades pelo Gosto, não se obtenha uma nova nuance para uma nova atividade e função a partir deles: mediante o Gosto, os afetos são úteis também para o desenvolvimento e enobrecimento dos sentimentos e para o refinamento da vontade e do pensamento. Neste contexto, Schiller estabelece o paralelo entre o papel desempenhado pelo Gosto e o representado pela Religião.

---

[255] Schiller (1991), 69; (2009), 116. Em carta ao príncipe, diz Schiller: "[...] no mesmo momento em que a razão profere sua sentença, também a sensibilidade passará para o lado dela, e ele fará *com* inclinação o que sem esta terna receptividade para o belo teria de ter conseguido *contra* a inclinação" (Schiller (2009), 144; (2010), 184).

[256] Schiller (1991), 51; (2009), 100.

[257] Schiller (2008), 41; (2010), 87.

[258] Schiller (2008), 41; (2010), 87.

Foi visto como estabelecida mutuamente pela relação entre razão e sensibilidade uma sensibilidade esteticamente considerada, explicitada pela noção da *Graça*, e foi tematizada por esse meio a presença da natureza caracterizada na perspectiva conciliadora, repercutida enquanto aparência (representação e jogo, sem depender da existência da natureza, mas antes só da capacidade de ajuizamento), e dos elementos subordinados à razão (dignidade, conciliação a partir do conflito, destinação do ser humano como ser ético). Viu-se ainda que apesar do conflito, do abismo intransponível e da impossibilidade de uma ponte (fixada) entre os domínios teórico e prático, o Gosto fora apresentado como faculdade autônoma e com um código próprio de leis, em favor da ampliação na consideração da atividade das demais faculdades que, anteriormente, permaneceram passivas e reféns da atividade das faculdades teórica e prática da razão. Daí que o Gosto, na medida em que enfraquece a sensibilidade e faz coerção até dominar a manifestação dos afetos, através disso rompendo "[...] a cega violência dos mesmos (afetos) [...]"[259] e abrindo "[...] espaço para a vontade se voltar para a virtude [...]"[260], enquanto facilitador da virtude e também seu representante (mas não seu substituto), ainda produz isso: onde está ausente a virtude, o Gosto traz a sua capacidade enobrecedora e, devido à formação estética, ganha algo para a Eticidade e para a Civilização. Neste âmbito dá-se a paridade entre Gosto e Religião, assentada do mesmo modo que o Gosto, forma pela qual são expulsas do ânimo "[...] aquelas inclinações materiais e rudes apetites, que frequentemente se contrapõem tão tenaz e tempestuosamente ao exercício do bem [...]"[261], motivo pelo qual o Gosto implantará em vez delas outras "[...] inclinações mais nobres e mais suaves [...]"[262] referidas à ordem, harmonia

---

[259] Schiller (2009), 140; (2010), 181.
[260] Schiller (2009), 140; (2010), 181.
[261] Schiller (2009), 141; (2010), 182.
[262] Schiller (2009), 141; (2010), 182.

e perfeição, ainda que não sejam virtudes. Por sua vez é reservada à Religião uma atuação nas situações em que o maior refinamento do Gosto "[...] não pode impedir o impulso sensível de insistir numa satisfação material [...]"[263], ou seja, a "[...] Religião é para o homem sensível o que o Gosto é para o homem refinado; o Gosto é para a vida habitual o que a Religião é para os momentos extremos."[264] Schiller explica e exemplifica isso: na medida em que não somos deuses, "[...] temos de nos assegurar, quando não de preferência em ambos, em um destes dois apoios"[265]. Para a maior parte do povo, a sua Religião "[...] é o contrapeso de suas paixões, onde nenhuma resistência externa rompe o seu vigor"[266]. Daí que apenas como cristão (religioso) um homem comum proibirá a si mesmo muito do que ele teria se permitido como homem; e exclusivamente por isso as classes esteticamente mais refinadas se chamarão de civilizadas (*gesittet*), sem que ao mesmo tempo pudessem ser chamadas também de éticas (*sittlich*).

Na medida em que Religião e Gosto podem ser considerados como compartilhadores do "[...] mérito de servir de sucedâneo da verdadeira virtude e de assegurar a conformidade à lei das ações onde não se é de esperar – das convicções – a conformidade ao dever"[267], por meio da Religião e da virtude estética (Gosto) é possível a nós nos prendermos "[...] nos intervalos livres [...] para que nossa paixão não se enfureça, nos períodos do seu domínio, contra a ordem do mundo [...]"[268], no qual a Religião contribui com a tarefa de assegurar o respeito pelas normas morais.

---

[263] Schiller (2009), 149; (2010), 188.
[264] Schiller (2009), 151; (2010), 189. Como adiciona Schiller, "[...] se em nenhum caso o gosto prejudica a verdadeira moralidade, e em muitos, porém, é manifestamente útil, então *a* circunstância de que ele é vantajoso no mais alto grau à *legalidade* de nossa conduta tem de receber um grande peso" (Schiller, (2009), 146; (2010), 185).
[265] Schiller (2009), 151; (2010), 189.
[266] Schiller (2009), 151; (2010), 189-90.
[267] Schiller (2009), 148-9; (2010), 187.
[268] Schiller (2009), 148; (2010), 187.

III. Resposta a Kant: compatibilização do Gosto e da Moral

Kant imputara ser irrealizável, na recensão ao opúsculo *Sobre Graça e Dignidade* em nota n'*A Religião nos Limites da Simples Razão* (1793)[269], a proposta de Schiller de associar *graça* (elemento estético)

---

[269] Kant (1992), 29-30, nota 6; (1968), 669. Kant diz: "[...] Confesso de bom grado que não posso associar graça alguma ao conceito de dever, justamente por mor da sua dignidade. Com efeito, tal conceito contém uma compulsão incondicionada, com a qual a graça se encontra em contradição direta" (Kant (1992), 29-30; (1968), 669). Ao imputar a Schiller uma vinculação indevida do elemento estético (graça) ao elemento moral (dignidade), em *A Religião nos Limites da Simples Razão* Kant fornece a ilustração disso pela menção dos dois tipos distintos de amor, representados miticamente, como objeção feita ao *Sobre Graça e Dignidade* de Schiller. Diz Kant: "[...] Se se intrometem no negócio da determinação do dever e para tal querem subministrar os motivos [...]" então "[...] as acompanhantes de Vênus Urânia são cortesãs no séquito de Vênus Díone" (Kant (1992), 29-30; (1968), 669). Pode-se cogitar como sendo o diálogo *O Banquete*, de Platão (a partir de 180 d), uma das possíveis fontes da qual Kant se serviu para extrair a distinção expressa no texto d'*A Religião nos Limites da Simples Razão*. No relato d'*O Banquete*, o personagem Pausânias apresenta duas noções distintas do amor (duas Afrodites): a Vênus Urânia, filha de Urano, referida ao amor espiritual e celestial; e a Vênus Pandêmia (a popular), filha de Zeus e de Díone, referida à forma mais jovem do amor. Uma vez que exige ser mais explicitado "o dom que a um e a outro [destes deuses] coube" (Platão (1972), 21), Pausânias discorre e nisto confirma: "[...] o amor de Afrodite Pandêmia é realmente popular e faz o que lhe ocorre; é a ele que os homens vulgares amam [...], [e] o que neles amam é mais o corpo que a alma [...]. Trata-se com efeito do amor proveniente da deusa que é mais jovem que a outra, e que em sua geração participa da fêmea e do macho" (Platão, 1972, 21-2). Por sua vez, continua dizendo Pausânias, "o outro [amor] (...) é o da Urânia, que primeiramente não participa da fêmea, mas só do macho e [...] é a mais velha, isenta de violência. [...]; daí então é que se voltam ao que é másculo os inspirados neste amor, afeiçoando-se ao que é de natureza mais forte e que tem mais inteligência" (Platão (1972), 22). Adiante concluirá então o personagem Erixímaco, dizendo: "[...] aos homens moderados, e para que mais moderados se tornem os que ainda não sejam, deve-se aquiescer e conservar o seu amor, que é o belo, o celestial, o Amor da musa Urânia [...] "(Platão (1972), 27), enquanto sói ao outro ser fonte dos sentimentos pessoais e das paixões. Nestes termos, de que modo pode se considerar com tendo inserido sentido no veto kantiano de associar *dignidade* e *graça* a ilustração dos dois tipos de amor, Vênus Urânia e a Vênus Díone, trazida em *A Religião nos Limites da Simples Razão*? Não parece evidente que pela figura da Vênus Díone alcança Kant o domínio de expressão da graça (*Unmuth*), como propôs Schiller em *Sobre Graça e Dignidade*, na figura da *deusa da beleza* cujo cinturão transmite *graça* àquele que o porta. Por seu turno, permanece aí evidenciada a Vênus Urânia como representante do caráter puro do amor e da dignidade. Na *Fundamentação da Metafísica dos Costumes* (Kant (1997), 30; (1968), BA 13-14) Kant realizou a distinção entre amor prático (*praktische Liebe*), motivador de ações segundo a lei moral (vontade racional e autônoma), e amor patológico (*pathologische Liebe*) e condicional, motivador de ações baseadas em inclinações sensíveis (vontade sensivelmente afetada e heterônoma). As-

e *dignidade* (o conceito de dever moral). Entretanto, a partir de nossa exposição feita sobre as questões em seu vínculo sistemático, foi visto que Schiller não quis que o conceito de *dignidade* (sublimidade da lei moral) devesse ser encontrado na *graça* (Gosto) e nem vice-versa. Ele é taxativo ao afirmar em *Do Sublime* que se a dignidade contém uma compulsão incondicionada, também o gosto traz em si uma compulsão incondicionada, porém desde um domínio omniabrangente e puramente estético. Por sua vez, referindo-se ao espaço reservado à faculdade estética (Gosto) como domínio ao qual cabe ao homem desempenhar um novo papel em sociedade, ele contemporiza alegando reconhecer o quão importante é a dignidade no conceito do dever e da lei moral, afirmando comungar ele próprio da importância da moralidade (lei moral) na atualidade. Porém, o que ele coloca em xeque são apenas os efeitos imediatos ao todo da sociedade, do privilégio concedido exclusivamente ao exercício da lei moral, cercada pelas duas condições pouco suscetíveis de compreender o ideal da humanidade (a que concede demais aos elementos da sensibilidade, e a do que o faz inteiramente só ao elemento puro da lei), como atitudes imediatas tanto mais invariáveis quanto por elas os homens mostram que não estão preparados por suas faculdades ao jogo e à vida em sociedade em conformidade com o ideal de humanidade.

Neste sentido surge a dimensão aplicativa do Gosto, desenvolvida como nuance complementar ao momento da fundação da faculdade

---

sim, se por um lado faz sentido entender a figura de Vênus Urânia como referida ao amor prático que conserva a dignidade, por outro faltam elementos para subordinar à Deusa Díone (consorte de Zeus) algo além da mera participação no amor patológico e condicionado. Neste sentido fica faltando a Kant a descoberta do verdadeiro sentido e da correta nuance trazida no mito da *deusa da beleza*, expresso por Schiller em *Sobre Graça e Dignidade*, que jamais promoveu a que "as acompanhantes da Vênus Urânia" se misturassem com as companhias da Vênus Díone. De modo mais direto, Schiller parece ter resolvido isso na *Educação Estética do Homem* (Carta VI, 1995, 42), ao atribuir um papel exclusivo à Vênus Urânia (o amor espiritual), e outro à Vênus Citeréia (o amor carnal), vetando qualquer tipo de comércio ou aproximação entre elas, conservando-as por isso como domínios distintos e para sempre separados. Confirma-se por isso a Schiller como um intelectual autônomo, cuja teoria não pode ser reduzida à teoria elaborada por Kant.

reflexiva: ao seu dizer, o Gosto, na medida em que vem suavizar e reparar a violência feita à sensibilidade, desde o domínio puro (rigorista) da razão, apresenta-se como o meio de promover a atividade das faculdades superiores do espírito, facilitando o domínio da razão sobre a sensibilidade, pelo seu fundamento posto à humanidade. E porque daí se extrai um proveito para a Eticidade, enquanto tanto o Gosto quanto a Religião ganham a faculdade sensível, já que mediante a sensibilidade é enobrecida a Eticidade, pelo Gosto, como "[...] faculdade de ajuizar a comunicabilidade universal de um sentimento [...]"[270], é promovida a influência recíproca na reflexão do ser natural e da inteligência, por meio da qual se unificam as faculdades superiores e inferiores. Em vista disso, a situação só será difícil, diz ele,

> "[...] onde nenhuma cultura estética abriu o sentido interno e aquietou o externo, e as sensações mais nobres do entendimento e do coração ainda não limitaram as necessidades comuns dos sentidos."[271]

Aqui, o modo de aplicar o juízo estético surge conforme a noção de natureza pressuposta na tematização kantiana na *Crítica da Faculdade do Juízo*, de uma natureza que vem ao nosso encontro. Noutras palavras: só em virtude de que "[...] a própria natureza já apresenta um grande número de objetos em que se poderia exercitar a sensibilidade pelo belo e pelo sublime [...]"[272] é que então, relativo ao Gosto como atividade dirigida aos afetos e à sensibilidade, "[...] não se pode permanecer neutro sem se tornar culpado da mais punível indiferença diante do que tem de ser o mais sagrado para o homem

---

[270] Schiller (2004), 38; (1963), 69.
[271] Schiller (2009), 149; (2010), 188.
[272] Schiller (1991), 69; (2009), 116.

[...]"²⁷³, ou seja, tem de se tomar ciência desta nova modalidade de *destinação* humana, mediante a apuração do conjunto dos afetos, consoante uma concepção orgânica e sistemática²⁷⁴, que encontra e, igualmente, legitima a evidência de afetos desinteressados, pela uso e manutenção mesma da atividade do Gosto como faculdade no interstício das faculdades de conhecimento teórico e prático, e não por uma investigação especulativa.

Ciente da ambiguidade que à época rodeava a expressão "estética", em nota à *Carta XX*, diz Schiller:

> "Para leitores que não se encontrem bem ao corrente do significado puro desta palavra, tão erroneamente usada por ignorância, as considerações seguintes podem servir de explicação. Tudo o que seja de algum modo passível de se manifestar como fenômeno pode ser pensado sob quatro aspectos. Uma coisa pode se relacionar diretamente com o nosso estado sensível (a nossa existência e bem-estar); isto é o seu caráter físico. Ou pode se relacionar com o entendimento, e proporcionar-nos um conhecimento; isto é o seu caráter lógico. Ou pode se relacionar com a nossa vontade e ser considerada como objeto de escolha para um ser racional; isto é o seu

---

²⁷³ Schiller (2009), 71; (2010), 135.
²⁷⁴ Segundo Schiller, "[...] dado que a cultura do belo não poderia de modo algum contribuir para nos tornar melhor intencionados, ela nos torna ao menos hábeis para agir mesmo sem uma convicção verdadeiramente ética, como uma convicção ética o teria exigido" (Schiller (2009), 146; (2010), 186). E continua: "Pois bem, ambas as ordens do mundo, a física, onde forças governam, e a moral, onde leis governam, estão [...] tão exatamente calculadas uma para a outra e tão intimamente tecidas entre si, que ações que, segundo sua forma, são moralmente [adequadas] conforme a fins, ao mesmo tempo encerram, pelo seu conteúdo, uma [adequação] conforme a fins física; e assim como todo o edifício da natureza parece existir apenas para tornar possível o mais alto de todos os fins, que é o bem, assim o bem se deixa usar de novo como um meio para manter de pé o edifício da natureza. A ordem da natureza é tornada, pois, dependente da eticidade das nossas convicções, e não podemos violar o mundo moral sem ao mesmo tempo causar uma perturbação no mundo físico" (Schiller (2009), 146; (2010), 186).

caráter moral. Ou, finalmente, pode se relacionar com o todo das nossas diversas faculdades, sem ser um objeto determinado para uma só delas, e isto é o seu caráter estético."[275]

O quadro de engajamento no qual a faculdade estética adquire a função aplicada prática (mas não moral), visando à cultura e à formação dos indivíduos, dos povos e da humanidade, e servindo de anteparo e baliza para encarar o que parece ser "[...] o sinal para a grande transformação e uma união dos ânimos [...]"[276], acentua a visão de conjunto da sociedade da época em que muito fora feito "pelo esclarecimento do entendimento, [...] [sendo que agora] a necessidade mais urgente da nossa época parece-me ser o enobrecimento dos sentimentos e a purificação da vontade"[277].

A questão da consideração do Gosto a partir do caráter da sua aplicação parece apontar, no dizer de Schiller, ao fato de que "[...] o grande destino da humanidade está posto em questão"[278]. E, ciente dos acontecimentos recentes da Revolução Francesa e execução do Rei Luís XVI (em 21 de janeiro de 1973), a função pedagógica e extensiva do Gosto como faculdade autônoma e autorreflexiva reside em fornecer as condições sensíveis (factuais e estéticas) para constituir os meios de uma resposta ao mesmo tempo mais fundamental aos acontecimentos da época, cuja esperança, depositada só no que a razão prática podia realizar ou dela era dado esperar, havia caído por terra. Diante do curso dos acontecimentos políticos Schiller considera ceticamente o quadro das tarefas intelectuais a serem desincumbidas pela época. Face à cultura teórica herdada do Esclarecimento (*Aufklärung*), cuja influência fora tão pouco enobre-

---

[275] Schiller (1995), 107nota; (2010), 81-2, *Fussnote*.
[276] Schiller (2009), 74; (2010), 137.
[277] Schiller (1995), 79; (2010), 33.
[278] Schiller (2009), 71; (2010), 135.

cedora, diz ele, "[...] sobre as convicções, que antes ajudam apenas a fazer da corrupção um sistema e torná-la irremediável [...]"[279], pode se entender a sua resposta mais ampliada à relação mantida entre *graça e dignidade* como resposta à recensão de Kant, isto é, menos desacreditando da faculdade moral que a temperando através da inserção e ampliação do conjunto de atividades das faculdades transcendentais do sujeito, mediante o Gosto, Schiller declara:

> "Queria despedir-me eternamente das musas e dedicar toda minha atividade [...] à monarquia da razão, [mas isso somente] se fosse verdadeiro o fato de que a legislação política fora confinada à razão, de que o homem fora respeitado e tratado como um fim em si mesmo, de que a lei fora elevada ao trono e a verdadeira liberdade tornada em fundamento do edifício do Estado."[280]

Porém, na medida em que isso (que o homem fora tratado como um fim em si, que a verdadeira liberdade se tornou fundamento) não se dá regularmente ou apenas se dá como caso extraordinário, justo este fato, diz Schiller,

> "[...] é o que ouso pôr em dúvida. [Portanto] sim, estou tão longe de crer no início de uma regeneração no âmbito político, que os acontecimentos da época antes [pelo contrário] me tiram por séculos todas as esperanças disso."[281]

---

[279] Schiller (2009), 76; (2010), 139.
[280] Schiller (2009), 73; (2010), 137.
[281] Schiller (2009), 73; (2010), 137. Noutras palavras: "[...] se jamais cabe esperar da natureza humana – enquanto ela permaneça natureza humana – que aja, sem interrupção e recaída, uniforme e persistentemente como pura natureza espiritual, que nunca viole a ordem ética, bem como nunca se encontre em contradição com as prescrições da razão – se em toda convicção temos de confessar, tanto da necessidade como da possibilidade da virtude pura, quão contingente é o seu exercício efetivo e quão pouco

Na tarefa de adequar a faculdade estética aplicada a apurar a transformação do homem no reconhecimento de haver nele a índole de afetos desinteressados, vinculados à sua destinação (alcançar o ideal da humanidade), Schiller propôs menos o descrédito na faculdade da razão prática que a transformação harmônica dos afetos e da sensibilidade. Menos que promover uma atração entre os elementos morais e os elementos estéticos, como associação entre o fundamento da lei moral (dignidade), conservada de modo intransigente pela razão pura, e o fundamento estético (graça) da faculdade de julgar, cuja atividade reflexiva é transitiva entre as faculdades teórica e prática da razão, Schiller reitera que os elementos morais e os estéticos, no fundo, não se rejeitam mutuamente[282]. Assim como se pressupõe o sentimento de respeito à lei como móbil da ação moral, também se tem de pressupor um afeto desinteressado como móbil da reflexão estética[283], que atua em conjunto com a perspectiva moral, mas sem ofuscá-la nem substituir a sua perspectiva necessariamente intransigente.

Exclusivamente porque o aspecto corretivo da lei moral parece limitado em seu alcance a pouquíssimos casos é que, pela admissão do Gosto, pode ser beneficiada a necessária modificação íntima na determinação dos móbeis à ação. Se a razão prática (moralidade), devido ao rigorismo adequadamente atinente a sua fundamentação, não

---

estamos autorizados a edificar sobre a inexpugnabilidade dos nossos melhores princípios [...] – se nos recordamos de tudo isto, então a mais injuriosa temeridade seria deixar o melhor do mundo depender desta causalidade de nossa virtude. Disto resulta para nós antes uma obrigatoriedade de satisfazer ao menos a ordem física do mundo através do conteúdo de nossas ações – ao menos como instrumentos mais perfeitos, de pagar ao fim da natureza o que nós, como pessoas imperfeitas, permanecemos devendo à razão, para não ficarmos reprovados com desonra em ambas as ordens do mundo ao mesmo tempo" (Schiller (2009), 147; (2010), 186).

[282] A aproximação entre os elementos estéticos e morais fora desenvolvida por Kant, ainda que noutros termos, no parágrafo § 59 da *Crítica da Faculdade do Juízo* (Kant (1995), 195-199; (1968), 254-260), ao tematizar a ideia do belo como símbolo do moralmente-bom (a ideia da beleza como símbolo da moralidade).

[283] Do ponto de vista do entrosamento das esferas ética e estética pode por isso servir de mote: conhecer o móbil (prático-moral) e sentir o afeto (estético), como elementos sistematicamente complementares.

dá conta disso, o Gosto tem condições de converter harmonicamente os afetos e modificar apropriadamente a sensibilidade, visto que se obteria uma formação cultural precária se restasse admitir o caráter ético como tendo de, por fim, se afirmar unicamente "[...] com o sacrifício do natural [...]"[284]. Diante do privilégio da época esclarecida (ilustrada), desenvolvida à sombra da primazia das razões teórica e prática, a denúncia da inoperância e alienação das demais faculdades do sujeito apontou a que só pela concepção conjunta das faculdades humanas, do ponto de vista sistemático, podia ser cumprida a tarefa incumbida ao Gosto, de colocar todas as faculdades em uma ativa harmonia, como expressão apropriada do ideal da humanidade. Por esse meio, outras importantes faculdades transcendentais do sujeito são mantidas ativas e sistematicamente vinculadas às suas tarefas próprias, fazendo com que se conduzam ao máximo em seu próprio exercício, conservando latente seu caráter orgânico sem que nenhuma (nem entendimento, nem razão prática, nem imaginação e nem sensibilidade) saia prejudicada.

A adequação das representações, também ao critério de uma estética do aparecer (*Schein*), permite compreendê-las desde a atividade conjunta da faculdade dos conceitos (entendimento) e da faculdade das intuições (imaginação), do ponto de vista de uma atividade não-determinante. Enquanto atividade em uma relação de mero jogo, ela pode interessar à faculdade da razão associada ao Gosto, já que mediante isso contempla todas as faculdades (atividades) do sujeito. E se era complementar uma aplicação ainda ao momento de fundação da representação, na função concreta a ser desempenhada pelos conceitos estéticos, isso se deve a que a condição de se pensar os objetos é fornecida pelo seu lugar sistemático. Por isso, a crítica à primazia de fazer oscilar a inteira atividade do pensamento apenas sob os domínios do entendimento e da razão prática dependia da

---

[284] Schiller (1995), 32; (2009), 16.

demonstração do momento da aplicação como complementar ao da fundação. Seria bom poder crer como sendo também conforme a este sentido que Kant estabeleceu a segurança do princípio da realidade e idealidade das formas espácio-temporais da sensibilidade humana, na *Crítica da Razão Pura*, na qual apresentou a Estética Transcendental como sendo "[...] tão certa e tão indiscutível quanto se pode exigir de uma teoria que deva servir de *organon*"[285].

IV . Conclusão

Uma vez mantidos os momentos de fundação e aplicação estruturalmente associados pode-se entender a concepção harmônica entre natureza e razão na exigência schilleriana. Devido à prioridade do ponto de vista do Gosto a aparência (*Schein*) pode ser entendida desde uma perspectiva autônoma, fundada também no estatuto transcendental do método de pensar. Enquanto explicitação da vinculação harmônica entre matéria (sensibilidade) e razão, essa nova relação posta em claro por Schiller decerto excede a indeterminação ínsita na proposta de Kant de tematizar as faculdades do sujeito como meras *condições de possibilidade* de conhecer os objetos, num uso apenas canônico. Todavia, ainda assim, à revelia das pretensões de Kant, ela evidencia-se como legítima.

Referências Bibliográficas

ALLISON, Henry. F. (1992): *El Idealismo Transcendental de Kant: Una Interpretación y Defensa*. Trad. Dulce M. G. Castro. Barcelona: Anthropos.

ALLISON, H. (1998): "O quid facti e o quid juris na Crítica de Kant do Gosto". In *Studia Kantiana* 1 (1), pp. 83-99.

---

[285] Kant (1997), 81; (1968), B 63.

HABERMAS, Jürgen (2000): *O Discurso Filosófico da Modernidade*. Trad. Luiz S. Répa; Rodnei Nascimento. São Paulo: Martins Fontes.

HAMM, Christian (2009): "Experiência Estética em Kant e Schiller". In: Werle, Marco A.; Galé, Pedro F. (org.). *Arte e Filosofia no Idealismo alemão*. São Paulo: Barcarolla.

HEGEL, Georg. F.(2002): *Enciclopédia das Ciências Filosóficas em compêndio*. Trad. Paulo Meneses. São Paulo: Ed. Loyola, vol. I.

KANT, Immanuel (1968): *Werkausgabe: in zwölf Bänden*. Hrsg. von Wilhelm Weischedel. Frankfurt am Main: Suhrkamp.

KANT, Immanuel (1997): *Crítica da Razão Pura*. Trad. Manoela P. dos Santos; Alexandre F. Morujão. Lisboa: Calouste Gulbenkian.

KANT, Immanuel (1995): *Crítica da Faculdade do Juízo*. Trad. Valério Rohden; António Marques. 2ª ed. Rio de Janeiro: Forense Universitária.

KANT, Immanuel (1992): *Fundamentação da Metafísica dos Costumes*. Trad. Paulo Quintela. Lisboa: Ed. Setenta.

KANT, Immanuel (1992): *A Religião nos Limites da Simples Razão* (1793). Trad. Artur Morão. Lisboa: Ed. Setenta.

LEIBNIZ, Gottfried W. (2004): *Novos Ensaios sobre o Entendimento Humano*. Trad. Adelino Cardoso, 2ª ed. Lisboa: Ed. Colibri.

PLATÃO, (1972): *O Banquete*. In: ___: *Diálogos*. Trad. José Cavalcante de Souza. São Paulo: Abril S. A., 1ª ed. (Col. Os Pensadores).

SANTOS, Leonel R. dos (2006): Hans Vaihinger: o Kantismo como um Ficcionalismo? In:___ (org.): *Kant: Posteridade e Actualidade*. Lisboa: CFUL, pp. 515-536.

ROSSET, Clément (1988): *O Real e seu Duplo: Ensaio sobre a Ilusão*. Trad. José T. Brum. Porto Alegre: L&PM.

SCHILLER, Friedrich (1963): *Fragmente aus Schillers Aesthetischen Vorlesungen vom Winterhalbjahr 1792-93*. In: ___: *Schillers Werke Nationalausgabe*. Hrsg. H. Koopmann u. Benno von Wiese. Bd. 21.Weimar: Hermann Böhlaus Nachfolger.

SCHILLER, Friedrich (2010): *Kallias oder über die Schönheit*. Herausg. Klaus L. Berghahn. Stuttgart: Reclam.

SCHILLER, Friedrich (2010): *Über Anmut und Würde*. Herausg. Klaus L. Berghahn. Stuttgart: Reclam.

SCHILLER, Friedrich (2010): *Über die ästhetische Erziehung des Menschen*. Herausg. Klaus L. Berghahn. Stuttgart: Reclam.

SCHILLER, Friedrich (2010): *Briefen an den Prinzen Friedrich Christian von Schleswig--Holstein-Sonderburg-Augustenburg* (Februar bis Dezember 1793). In:___: *Über die ästhetische Erziehung des Menschen*. Herausg. Klaus L. Berghahn. Stuttgart: Reclam.

SCHILLER, Friedrich (2009): *Ueber das Erhabene*. In: ___: *Vom Pathetischen und Erhabenen. Schriften zur Dramatheorie*. Herausg. Klaus L. Berghahn. Stuttgart: Reclam.

SCHILLER, Friedrich (2002): *Kallias ou sobre a beleza. A correspondência entre Schiller e Körner entre janeiro e fevereiro 1793*. Trad. Ricardo Barbosa. Rio de Janeiro: Jorge Zahar.

SCHILLER, Friedrich (2008): *Sobre Graça e Dignidade* (1793). Trad. Ana Resende. Porto Alegre: Movimento.

SCHILLER, Friedrich (1995): A *Educação Estética do Homem* (1795). Trad. Roberto Schwarz; Márcio Suzuki. 3ª ed. São Paulo: Iluminuras.

SCHILLER, Friedrich (2004): *Fragmento das Preleções sobre Estética* do semestre de inverno 1792-3. Trad. Ricardo Barbosa. Belo Horizonte: Ed. UFMG.

SCHILLER, Friedrich (1991): *Do Sublime* (1793). In: Schiller: *Teoria da Tragédia*. Trad. Anatol Rosenfeld. São Paulo: EPU.

SCHILLER, Friedrich (2009): *Cartas ao Príncipe de Augustenburg* (fev.-dez. 1793). In: Schiller: *Cultura Estética e Liberdade*. Trad. Ricardo Barbosa. São Paulo: Hedra.

VAIHINGER, Hans (2011): *A Filosofia do Como Se*: Sistema das Ficções Teóricas, Práticas e Religiosas da Humanidade, na Base de um Positivismo Idealista. Trad. Johannes Kretschmer. Chapecó: Argos.

Entre Filosofia Transcendental e Dialéctica: O Percurso do Idealismo Alemão
Between Transcendental Philosophy and Dialectics: The Path of German Idealism

Diogo Ferrer*
(Universidade de Coimbra)

Abstract: This Chapter studies the developement of German Idealism, departing from the modern rediscovery and reassesment of dialectics by Kant. It departs from the study of the specific function of dialectics in Kant's *Critique of Pure Reason*, showing how this function reappears under different forms until the overcoming of idealism by Schelling. Considering the relation between system and dialectics, this Chapter shows how transcendental philosophy was thus (1) reformed in Fichte's early philosophy, as a system of incompleteness; (2) reafirmed as a radicalized transcendentalism in Fichte's late thought; (3) dialectically reshaped by Hegel as a philosophy of negativity; (4) ending up with a reversal of reason

---

* ferrer.diogo@gmail.com
 Este capítulo foi apresentado como Lição em provas de Agregação na Universidade de Coimbra em Abril de 2013. Uma versão significativamente resumida e com diversas alterações encontra-se publicada como Ferrer (2013).
 Diogo Ferrer é Professor na Universidade de Coimbra. Investiga e escreve principalmente sobre a Filosofia Clássica Alemã, interessando-se também pela sua recepção contemporânea, e por temas da filosofia da arquitectura, da literatura, estética e fenomenologia.

DOI: http://dx.doi.org/10.14195/978-989-26-1049-8_4

by Schelling. In such a reversal, dialectics opens the way to the contemporary critique of reason.

Keywords: German Idealism; Kant; Fichte; Schelling; Hegel; Dialectics; System; Antinomy

Resumo: Este capítulo estuda o desenvolvimento da filosofia do idealismo alemão a partir da redescoberta e revalorização moderna da dialéctica por Kant. Parte do estudo da função da dialéctica na *Crítica da Razão Pura* de Kant, mostrando como essa função é retomada em diferentes figuras filosóficas até à resolução final do idealismo com Schelling. Assim, sempre em torno da relação entre sistema e dialéctica, a filosofia transcendental foi: (1) transfigurada na primeira filosofia de Fichte como um sistema da incompletude; (2) reafirmada como transcendentalismo radicalizado na filosofia tardia de Fichte; (3) dialectizada na Lógica de Hegel como filosofia da negatividade; (4) culminando com uma aparente inversão da razão por Schelling. Com esta inversão, a dialéctica abriu o caminho para a crítica contemporânea da razão.

Palavras-Chave: Idealismo Alemão; Kant; Fichte; Schelling; Hegel; Dialéctica; Sistema; Antinomia

Numa Adenda ao § 81 da sua *Enciclopédia das Ciências Filosóficas*, Hegel observa que se deve a Kant, com as suas Antinomias da razão na *Crítica da Razão Pura*, a reintegração moderna da dialéctica como disciplina central da filosofia. Nesse capítulo, segundo a interpretação de Hegel, Kant mostra que certas determinações do entendimento "tomadas tal qual se dão, se transformam imediatamente no seu oposto".[286] Embora Hegel não pareça aqui muito fiel ao texto kantia-

---

[286] Hegel (1970), 174, § 81 Z.

no, oferecendo antes uma perspectiva já muito filtrada pela própria reconstituição hegeliana do tema da dialéctica da razão, este apontamento da *Enciclopédia* faz recordar um ponto essencial para todo o desenvolvimento subsequente da filosofia, a saber, o facto de que foi Kant quem reintroduziu na modernidade a dialéctica como uma peça fundamental da filosofia, e que esta reintrodução foi decisiva para uma parte significativa da filosofia desde então. Esta transformação dialéctica da filosofia transcendental é de tal modo importante, que se torna mesmo na determinação principal da forma geral da filosofia, conforme a entenderam Kant e os seus continuadores na filosofia clássica alemã. Todos os sistemas filosóficos importantes constituídos após Kant, assumam-se ou não como filosofia transcendental, estão, de um modo ou de outro, marcados por esta definição dialéctica da razão filosófica. Procurarei apresentar no que se segue alguns aspectos teóricos e histórico-conceptuais decisivos para a compreensão desta transformação dialéctica da razão no período da filosofia clássica alemã, de modo a fazer ressaltar as diferenças entre os modelos sistemáticos propostos, e a origem desta diferença no modo como concebem e resolvem as oposições internas da razão transcendental conforme concebida por Kant.

Deve-se começar por observar que a descoberta kantiana do potencial crítico e destrutivo da antinomia da razão transcendental desempenha aqui um papel fundamental.[287] Foi a partir da antinomia situada no âmago da filosofia transcendental kantiana que os seus sucessores e herdeiros filosóficos encetaram diferentes vias de lidar com este potencial destrutivo e autodestrutivo da razão transcendental. Procurarei, em seguida, fazer evidenciar como a negatividade inerente à razão conduziu a história do pensamento para a construção de filosofias de sistema dotadas de uma capacidade ímpar de problematização da razão, nas suas relações consigo mesma e com o seu objecto. Nestas

---

[287] Ver os meus artigos Ferrer (2012) e Ferrer (2013).

filosofias, além do questionamento da razão, é a própria concepção da realidade na sua relação com a razão que ficará definitivamente alterada em relação à posição transcendental do problema por Kant. Por fim, procurarei mostrar como esta transformação veio a culminar numa concepção em que no fundamento da razão está o conflito.

1. A antinomia como condição do sistema na *Crítica da Razão Pura* de Kant

Na *Crítica da Razão Pura*, Kant incluiu uma Dialéctica Transcendental, como uma divisão da Lógica Transcendental, segundo um plano em que as duas disciplinas lógicas, Analítica e Dialéctica, mantinham funções claramente distintas. Pode-se entender a diferença entre as duas disciplinas, Analítica e Dialéctica, como entre uma parte construtiva e uma parte crítica e negativa da filosofia teórica. Se as funções de ambas as partes da Lógica Transcendental estão, assim, claramente delimitadas, o mesmo não se pode dizer da articulação entre elas, no sentido em que a função da Dialéctica pode parecer somente negativa, e não essencial ao plano constitutivo da experiência possível. Como se verá, a ligação entre as duas funções da Lógica Transcendental é ténue, sendo oferecidos ao leitor muitos poucos dados explícitos sobre a relação entre a crítica da Metafísica, levada a cabo na Dialéctica Transcendental, e as condições da síntese da experiência, expostas na Analítica Transcendental. Como se verá, coube aos sucessores de Kant a explicitação dessa relação.

A possibilidade da experiência é descrita como residindo na denominada síntese pura entre o diverso puro da intuição e as categorias do entendimento, sem necessidade de recorrer, nesta descrição, a nenhum elemento dialéctico de monta. A Dialéctica parece receber, então, neste plano constitutivo da razão cognoscitiva, a simples função de um apêndice crítico da Metafísica conforme historicamente constituída e, assim, facilmente dispensável. Ora, os sucessores de Kant entenderam esta falta de ligação como somente aparente, ou como insuficiência por parte da execução kantiana do seu próprio projecto. E a tese de que esta ausência de ligação é somente aparente é reforçada pela concepção, que se encontra em diferentes passagens da *Crítica*, onde é acentuada a "completude do plano" da obra. Esta é a completude que

> "se deve atribuir à natureza de uma razão pura especulativa, que contém uma verdadeira articulação, onde tudo é órgão, a saber, onde tudo está em função de cada [parte singular], e cada singular está em função do todo."[288]

Não obstante esta reivindicação de Kant de que a *Crítica da Razão Pura* é um todo orgânico, onde nenhuma parte pode ser dispensada, não é evidente o contributo da dialéctica para a função constitutiva da experiência, função legítima da razão e o tema principal da *Crítica*. A eventual função orientadora do conhecimento indirectamente atribuível à dialéctica é vaga em comparação com a função constitutiva do entendimento.

Em termos explícitos, o melhor que se encontra na *Crítica da Razão Pura* para justificar o contributo sistemático da Dialéctica Transcendental para o plano geral da razão é a afirmação de que a Antinomia da razão pura fornece uma demonstração "indirecta" da tese fundamental da obra, ou seja, da idealidade dos fenómenos.

Kant faz ressaltar esta relação entre a antinomia da razão e a concepção transcendental da razão por intermédio da relação entre a antinomia e a idealidade dos fenómenos, divisão constitutiva da filosofia transcendental, ou seja, a divisão dos objectos em fenómenos e noúmeno como se segue:

---

[288] Kant (1998), B XXXVII-XXXVIII.

> "a antinomia da razão pura nas suas ideias cosmológicas resolve-se ao mostrar-se que é meramente dialéctica e uma controvérsia acerca de uma ilusão, que surge porque se aplicou aos fenómenos a ideia da totalidade absoluta, ideia que vale somente como condição das coisas em si. [...] Mas pode-se também, em sentido inverso, fazer um uso verdadeiro desta antinomia, não, é certo, um uso dogmático, mas um uso crítico e doutrinal: a saber, pode-se por meio dela demonstrar indirectamente a idealidade transcendental dos fenómenos."[289]

Pode-se concluir desta passagem que a divisão dos objectos em fenómenos e coisas em si é um resultado da necessidade de resolver a contradição dialéctica das antinomias, por meio de uma diferenciação de aspectos: assim, por exemplo, como no caso da terceira antinomia, sobre a existência ou não da liberdade, em termos muito resumidos, a tese pode aplicar-se somente à coisa em si, ou noúmeno, e a antítese ao fenómeno.

Com base nesta demonstração, pode-se inferir que a antinomia da razão, por meio da demonstração da idealidade dos fenómenos, está na base da divisão tripartida das faculdades, entre sensibilidade, entendimento e razão, divisão que é estruturante do sistema da razão pura. Toda a concepção kantiana do conhecimento, da experiência e da filosofia transcendental em geral, fica assim dependente da própria estrutura antinómica da razão crítica.

Apesar destes indícios e antecipações de sentido contrário, que apontam para uma integração entre dialéctica e filosofia transcendental, o tratamento da dialéctica é, em Kant, essencialmente limitado. As limitações da função da dialéctica kantiana são fundamentalmente duas. Por um lado, ao nível do plano exterior de construção da

---

[289] Kant (1998), B 534-535; AA III, 347.

Crítica, a Dialéctica não é mais do que uma secção da obra, separada da Analítica e da Estética, e praticamente sem nenhum impacto directo evidente sobre elas. Por outro lado, ao nível do seu conteúdo e significado, a dialéctica é somente negativa, nada tendo que ver com a constituição do conhecimento. A antinomia da razão é assim, segundo Kant, somente de modo indirecto o princípio estruturante de um sistema crítico da razão, e muito dos esforços filosóficos dos seus sucessores consistirá, consequentemente, em tornar produtiva e sistemática esta antinomia da razão.

A história da filosofia poderia ter seguido outras vias, por exemplo, o caminho do aprofundamento da investigação de Reinhold sobre a representação, ou a via da crença imediata de Jacobi. Em vez disso, se entendermos Fichte, Schelling e Hegel como os pensadores que mais marcaram o desenvolvimento na época imediatamente após Kant, verificar-se-á que a questão da dialéctica é a questão central da filosofia depois de Kant, e que uma determinação principal desse desenvolvimento é a de ultrapassar as limitações referidas da dialéctica crítica deste. De modo implícito ou explícito, a dialéctica foi integrada no corpo da filosofia de tal modo que deixou de poder assumir o lugar de uma secção sua, e as limitações constitutivas da dialéctica foram eliminadas de uma só penada poucos anos após a *Crítica da Razão Pura*, por Fichte, nos seus *Fundamentos da Doutrina da Ciência* de 1794/1795.[290]

Ainda que, em Fichte, o jogo constitutivo das oposições não receba a denominação explícita de "dialéctica", esta passou a ser o instrumento metodológico principal para o esclarecimento da razão cognoscitiva. Os conceitos da razão ou categorias básicas constitutivas do conhecimento são definidos por limitação e oposições recíprocas, que requerem a sua sucessiva redefinição, com o consequente alargamento e aprofundamento do seu significado.

---

[290] Fichte (1965), 173-451.

A transformação dialéctica do sistema vai permitir substituir a forma apresentada estaticamente, como em Kant, pela exposição da razão como um processo de auto-constituição do sujeito, ou das condições da apreensão dos fenómenos.

Segundo a concepção lógica inaugurada por Fichte, o significado das categorias lógicas vai-se complexificando à medida que são integradas na exposição oposições sucessivas e, como escreverá Hegel, a exposição vai-se "concretizando" na medida em que oposições mais extremas e limitações mais óbvias se vão colmatando.

A generalização da dialéctica é um dos fenómenos filosóficos mais marcantes a partir de Kant. Acerca deste fenómeno filosófico, pretendo defender uma tese sobre as possibilidades e o desenvolvimento histórico-filosófico da dialéctica. A filosofia clássica alemã definiu mais do que um caminho para o desenvolvimento da dialéctica nas suas consequências e significado mais vasto, a saber, uma ou duas vias fichteanas, uma hegeliana e outra schellingiana. Estas vias conduzem a resultados fundamentalmente diversos, mas todas elas contêm em si um princípio da sua própria insuficiência e limitação. E, neste contexto, defenderei a tese de que a versão da dialéctica que melhor permite explicitar estas limitações, e também, por isso, melhor compreender o desenvolvimento histórico-filosófico pós-idealista subsequente, está expressa nos escritos de Schelling dos anos entre 1809 e 1810, a saber, nas *Investigações Filosóficas sobre a Essência da Liberdade Humana* e nas *Conferências de Stuttgart*, que abriram o caminho para o projecto das *Idades do Mundo* a partir de 1811.[291] Este caminho, que faz contrastar a razão com os seus diferentes pressupostos, limitando-a ou mesmo invertendo o seu sentido, tornou-se marcante para o pensamento contemporâneo.[292]

---

[291] Schelling (1997); Schelling (1946); Schelling (1968).

[292] Sobre esta questão ver Snow (1995), 185ss.; para duas interpretações de sentido oposto, v. tb. Gabriel (2012), 189; e Asmuth (2012), 201.

2. O problema da incompletude e oscilação do sistema nos *Fundamentos da Doutrina da Ciência* de 1794/1795 de Fichte

Os *Fundamentos da Doutrina da Ciência* de 1794/1795 de Fichte partem de uma primeira oposição entre a auto-posição incondicionada do eu, a oposição deste a um não-eu e a resolução desta oposição na categoria da limitação recíproca. A partir desta primeira oposição qualitativa entre eu e não-eu e da resolução desta oposição pela categoria quantitativa da limitação, todo o desenvolvimento subsequente da obra é constituído por um sistema de oposições funcionais e conceptuais e da sua subsequente resolução, que acaba por apresentar um sistema completo e integrado das condições de possibilidade da experiência, da sua consciência e da consciência de si. Fichte entende expor, a partir de oposições sucessivamente derivadas da oposição primeira entre eu e não-eu, categorias teóricas como realidade, negação e limitação, todo e partes, causalidade, substancialidade e acção recíproca, o espaço e o tempo, a sensação e a representação, e também categorias práticas como a idealidade, o anseio ou o esforço.

Este sistema das condições da experiência e da consciência constitui uma lógica transcendental, o que significa que reapresenta um grande número de características e faculdades humanas não como propriedades de um ente determinado, o "homem", mas na qualidade de *funções* ou *condições* cognoscitivas. Fichte não descreve o homem para depois definir, por acréscimo, como ele experiencia, tem consciência de si e do mundo e conhece, mas descreve, duma perspectiva funcional, as condições de possibilidade da experiência, da consciência e do conhecimento para encontrar o que é o homem na unidade das suas faculdades. Este é moldado pelas condições da experiência, e não o contrário, conforme se pretende no construtivismo mais recente, segundo o qual a experiência é moldada e condicionada pelas características humanas, entendidas como fundamento explicativo do conhecimento.

A viragem transcendental acarreta, assim, que o conhecimento contém em si as condições para, numa reflexão sobre os seus actos, encontrar e definir os seus próprios princípios de funcionamento – não por alguma análise introspectiva do "eu", transformado assim em pretenso objecto de uma auto-intuição interna, mas por análise conceptual do que está implicado nos actos funcionais do conhecimento.

Fichte parte da pura actividade do sujeito, que tem de ser pressuposta para que algo possa de todo para ele fazer sentido ou ser apreendido, e da necessidade, para haver experiência, de que alguma outra actividade se apresente ao eu que não esteja contida nem seja de algum modo deduzível da actividade própria do eu. Estes conceitos de actividades distintas, que têm de ser pressupostos como condição de qualquer experiência, denominam-se "eu" e "não-eu".[293] A obra procura mostrar como as condições de possibilidade de toda a experiência pode ser reconstruída partindo da oposição entre estes dois conceitos.

Na medida em que parte de conceitos não empíricos presentes no sujeito e da sua oposição como condição de possibilidade de toda a experiência, a *Doutrina da Ciência* é uma teoria transcendental que integra dialéctica e analítica. Nestes termos, a totalidade da lógica, i.e., da teoria do conhecimento, é integrada num jogo de oposições e resoluções de oposições, ou seja, numa dialéctica – mesmo que esta denominação não seja assumida por Fichte. Poderia ler-se nos *Fundamentos da Doutrina da Ciência* de 1794/1795 uma inversão dialéctica da *Crítica da Razão Pura*, inversão que parte de ilusões puras, como sejam as actividades incondicionadas do eu e do não-eu, para deduzir as condições de possibilidade da experiência concreta, como as categorias e as sensações. As principais caracterísitcas da experiência devem, por conseguinte, ser resultado da oposição primeira entre eu e não-eu.

Aquilo que Kant designou as "séries" que se prolongam indefinidamente, de posição e relação de fenómenos determinados, traduzem-se

---

[293] Cf. Fichte (1965), 259, 266

no pensamento de Fichte como a inevitável extensão do diverso da sensibilidade no espaço e no tempo. Estas séries espacial e temporal, condição de toda a experiência objectiva, são então a expressão da própria oposição ou contradição interna das suas condições primeiras de possibilidade. Este jogo de oposição e da respectiva resolução, traduz-se na essencial incompletude da experiência, ou seja, na sua necessária situação nas séries espacial e temporal.[294]

A experiência estende-se, então, indefinidamente porque o eu não pode resolver em definitivo a contradição inerente às condições de possibilidade da sua consciência de si e do seu outro. Um sistema da incompletude seria uma designação apropriada para o sistema das condições da experiência possível expostos por Fichte na sua primeira filosofia.

3. Sobre o transcendentalismo tardio de Fichte

Após a acusação de ateísmo lançada contra Fichte em 1799, este viu-se sujeito a uma crítica violenta por parte de quase todos os principais pensadores da época, crítica que se dirige ao cerne metodológico da sua filosofia, isto é, o ponto de vista da subjectividade transcendental por ele assumido. Este ponto de vista era acusado de se remeter à reflexão subjectiva, sem qualquer perspectiva de acesso a um sistema real da razão. Fichte passou então a entender a sua Doutrina da Ciência como envolvendo também uma teoria crítica da filosofia do absoluto e da filosofia da natureza, cujo principal proponente foi, a partir de 1801, Schelling. Segundo este último, o sistema da filosofia contém duas partes, a filosofia transcendental e a filosofia da natureza, unificadas por uma identidade ou indiferença absoluta, ou seja, pelo absoluto, anterior a toda a distinção entre

---

[294] V. Ferrer (2014).

subjectivo e objectivo, entre ideal e real, entre espírito e natureza.[295] Perante a crítica e os desafios levantados pelas novas propostas de Schelling, Fichte renova inteiramente, a partir desse ano, a concepção e a exposição da sua Doutrina da Ciência. A fim de demonstrar, ao contrário do que pretendia Schelling, que não é possível aceder ao absoluto sem uma prevenção crítica que tematize as condições de possibilidade desse acesso, Fichte passa a incluir na sua Doutrina da Ciência uma interrogação e teorização sistemáticas acerca do estatuto do pensar em geral e, em particular, do estatuto do próprio discurso filosófico. A ideia na base desta interrogação crítica do pensar é que ao se pensar um qualquer objecto, uma coisa em si mesma, algo que pertence ao pensamento e às suas condições próprias é acrescentado ao objecto pensado. Ora, isto que é acrescentado é o objecto legítimo e esclarecido da filosofia, e toda a teoria acerca do objecto em sentido absoluto, ou do próprio absoluto, deverá tomar em consideração que não é possível teorizar o objecto sem levar a cabo também uma teoria das condições dessa mesma tematização.

Esta tese pressupõe uma exigência inédita de fundamentação da filosofia. Nos termos mais tardios de Fichte, em 1810,

> "a filosofia teria, por isso, de se derivar a si dentro de si mesma, de derivar a sua própria possibilidade, [...] bem como a sua necessidade. [...] Uma filosofia que não se pode esclarecer, fundar e justificar a si mesma [...] é de certeza falsa."[296]

Ou, noutra formulação, "se a filosofia não se menciona a si ela tem de se negar a si mesma."[297] O erro de toda a filosofia é, nestes termos, a de silenciar a sua própria actividade no discurso acerca do seu ob-

---

[295] Schelling (1992), 5-6, 11.
[296] Fichte (1998), 299.
[297] Fichte (1998), 302.

jecto. Será preciso não só fundamentar a experiência, a consciência, ou o saber, mas também mostrar que esta fundamentação não pode deixar de envolver um discurso reflexivamente auto-esclarecedor. É, assim, visada uma lógica trancendental plenamente auto-referente, que integre em si a sua própria meta-teoria.

A filosofia é, por isso, entendida como uma metalinguagem que visa ocupar, e de algum modo ocupa, inevitavelmente, uma posição entre o discurso e o seu referente, ou entre o ser e o pensar.

Assim, dominada pela tese de que não é possível legitimamente teorizar o seu objecto sem se teorizar a si mesma, a filosofia tardia de Fichte é conduzida por uma reflexividade integral, onde cada procedimento é sistematicamente analisado. Fichte pode começar, como nas versões de 1801/1802, ou de 1805, com o pensamento do puro ser, ou do ser em sentido absoluto, de certo modo assumindo a perspectiva schellinguiana. Mas a questão é então o que o pensar faz quando pensa este conteúdo conceptual. Compreende-se, então, que todo o pensar ou de algum modo visar o ser em sentido absoluto constitui algo de diverso dele, o seu saber, que Fichte denomina também "existência" ("Existenz" ou "Dasein"), ou "ser fora do ser". E são estas condições, as do saber, ou da existência, não o ser em si mesmo, que são o objecto da filosofia. Esta reflexão sobre si mesmo como diverso do ser visado é pressuposta como a condição de toda a experiência ou saber consciente.

E Fichte observa que a existência, ou o saber, tem como sua principal condição de possibilidade que ele se saiba a si como diferente e oposto ao ser, ou como simples imagem. A análise da forma, ou da "energia" própria desta capacidade de figuração do ser a partir da reflexão, conduz, por fim, a uma oscilação entre idealismo e realismo, que alternam como condição recíproca do saber consciente. A pergunta, nesta oscilação entre idealismo e realismo, é em que medida o saber impõe as suas próprias regras e conceitos ao seu objecto, ou se estas são impostas pelo objecto ao saber.

Toda a existência que se abre a si mesma no saber do seu outro supõe uma reflexão com um estatuto diverso do de um simples objecto ou ser mas, em contrapartida, toda a reflexão descobre-se também como dependente de um outro. Este círculo reproduz justamente a tese do primeiro período do pensamento do autor, de que o idealismo transcendental consiste em tomar consciência do carácter inevitável deste círculo e de o esclarecer como inevitável, numa posição de finitude apodicticamente demonstrada. Se a experiência, o saber, ou a existência da imagem, segundo a terminologia da Doutrina da Ciência tardia, devem ser esclarecidos, então há que assumir um círculo inevitável: a reflexão depende do ser, e este daquela. Fichte procura demonstrar que a condição de haver existência consciente é que permaneçamos numa problematicidade indefinida entre idealismo e realismo. Trata-se, na verdade, de um modo de fundar absolutamente a ausência de fundamentação. Ou, como se lê em 1805, "poderíamos talvez encontrar a hipótese justamente como a única tese absoluta."[298]

Mas o pensar filosófico está segundo Fichte sempre condicionado por um tipo de fundamentação onde o que é apenas problemático, ou hipotético, vai receber ainda uma modalização ligeiramente diferente. Se a fundamentação não *é* efectivamente, ela *deve*, no entanto, ser. A tentativa do Fichte tardio é a de mostrar que só se pode compreender a vida consciente como resultado de um essencial incumprimento do projecto metafísico fundacionalista, que deve ser transformado num projecto de fundamentação pela liberdade, ou por um *dever*-ser. Tudo o que dispomos – mas disso dispomos necessária e absolutamente – é do impulso ou da tarefa de questionar o fundamento último do saber. Assim, "simplesmente porque a Doutrina da Ciência deve ser, está determinada a totalidade do entendimento, e esta é a sua lei fundamental".[299] Apesar de todos os esforços críticos e metafísicos,

---

[298] Fichte (1993), 285.
[299] Fichte (1993), 307.

ou justamente em virtude deles, a Doutrina da Ciência permanece como um sistema da incompletude, ou como a demonstração da necessária finitude do saber. Ela manter-se-á sempre somente projecto de fundamentação, uma totalidade de sentido que *deve* ser.

Assim como na Dialéctica Transcendental kantiana, a Doutrina da Ciência tardia ocupa-se em mostrar que não é possível pensar o ser em sentido incondicionado. Mas se, como vimos, Kant apenas faz a ligação entre a dialéctica e o sistema de modo indirecto, Fichte faz uma ligação directa e explícita entre esta impossibilidade de conhecer o incondicionado e os condicionalismos da experiência. Assim, a fenomenalidade tem por condição justamente o carácter ilusório da posição do incondicionado.

Esta ligação sistemática entre a crítica da metafísica e condições de possibilidade da experiência é justamente realçada numa nota de 1805, onde o autor recorda que "a possibilidade da consciência assenta na imposibilidade da demonstração" do argumento ontológico,[300] ou seja, na inviabilidade de uma versão onto-teológica da metafísica. A facticidade existencial da consciência *é*, por si mesma, a própria inviabilidade de uma metafísica fundacionalista. Dada a existência de um mundo fenoménico consciente, ou da "imagem", na sua terminologia, é demonstrável, segundo Fichte, que o seu fundamento só pode ser um projecto da liberdade, não um ente ou princípio disponível como dado.

4. A negatividade da razão segundo Hegel

As teses centrais defendidas por Fichte são assim, em primeiro lugar, a de que é possível demonstrar uma incompletude, uma contradição, ou uma oscilação indecidível ao nível conceptual na fundamentação do sistema do saber humano. Esta indecidibilidade essencial é

---

[300] Fichte (1993), 291.

exposta, no Fichte tardio, como ocorrendo entre as teses do idealismo e do realismo, e condiciona qualquer fundamentação metafísica para o mundo da experiência. A segunda tese central é que esta contradição inerente ao sistema do saber, ou incompletude da decisão ao nível teórico e conceptual, é o que dá a sua forma própria à experiência que nos é familiar, como inevitavelmente incompleta, serial, percorrida por tensões e oposições, quantificada, posicional e não-conceptual.

Uma comparável ligação directa entre contradição conceptual e experiência extra-conceptual reencontra-se no pensamento dialéctico de Hegel, conforme desenvolvido na *Fenomenologia do Espírito*, de 1807, e na *Ciência da Lógica*, publicada entre 1812 e 1816, com uma reedição do seu primeiro livro em 1832. A principal crítica que Hegel, neste âmbito, dirige ao redescobridor moderno da dialéctica, Kant, é que este, em primeiro lugar, restringe a antinomia a algumas ideias metafísicas e, em segundo lugar, que a restringe também à aplicação destas ideias a um determinado tipo de objectos, nomeadamente à sua aplicação aos fenómenos. Pelo contrário, a tese de Hegel é, em primeiro lugar, que a antinomia não pertence somente a algumas ideias metafísicas, mas a todos os conceitos ontológicos e, em segundo lugar, que não ocorre somente na sua aplicação a determinados objectos, mas que pertence já à própria definição dos conceitos, ou ao seu conteúdo inteligível, independentemente das aplicações que deles se queiram fazer.

Se, por razões de economia, se partir de algumas conclusões sobre a dialéctica e o sistema hegeliano, a tese geral da relação que Hegel denomina de "especulativa" entre idealidade e realidade é a de que esta última – a realidade – é o resultado directo da contradição interna da primeira. Começando por abandonar a perspectiva gnosiológica kantiana no seu todo, e substituindo-a por uma perspectiva de descrição objectiva dos conteúdos conceptuais e reais, Hegel não repete a oscilação fichteana entre idealismo e realismo, ou a incompletude como condição da experiência. Não há oscilação entre posições do pensamento em relação à objectividade, ou incompletude necessária do saber humano, mas uma contradição objectivamente determinada no conteúdo próprio dos conceitos ontológicos fundamentais. As oposições e contradições inerentes aos conceitos ontológicos não são pertença da condição finita do saber humano, que ficaria por isso remetido à experiência, e projetaria a realidade para um absoluto em si exterior às condições cognoscitivas, mas são encontradas directamente na tentativa de definição objectiva dos conceitos. Todos os conceitos fundamentais são antinómicos, e a realidade objectiva é construída a partir da constatação sucessiva do carácter antinómico desses conceitos.

Assim, segundo Hegel, as oposições e contradições conceptuais não só fornecem as condições de possibilidade da experiência, como pretendia Fichte, na sua versão transcendental da dialéctica, mas *são directa e objectivamente* a própria experiência. Como se lê na Introdução à *Fenomenologia do Espírito*, a dialéctica é a experiência da razão: "este movimento dialéctico que a consciência faz nela mesma, tanto no seu saber quanto no seu objecto [...] é propriamente aquilo a que se chama experiência."[301]

Já na *Ciência da Lógica*, a pura ciência especulativa onde o pensamento se torna transparente a si mesmo, Hegel dispensa a suposição de um "eu" e da sua actividade como base das oposições e contradições que permitem que a experiência se manifeste para um sujeito vivo e consciente. A oposição ou contradição não é pertença de um sujeito perante uma experiência, mas é a própria constituição conceptual do real como experienciável ou de algum modo inteligível, isto é, da racionalidade do real. O real é racional porque só pode ser conceptualizado a partir de contradições. Ou, dito de modo mais rigoroso, é racional por meio da sucessiva reconciliação das suas limitações,

---

[301] "Diese dialektische Bewegung, welche das Bewußtsein an ihm selbst, sowohl an seinem Wissen, als in seinem Gegenstände ausübt [...] ist eigentlich dasjenige, was Erfahrung genannt wird" (Hegel (1988), 66).

oposições e conflitos que podem ser expostos, lógica ou conceptualmente, como contradições.

A dialéctica de Hegel abandona por isso, no que tem de essencial, o domínio transcendental, apresentando-se como filosofia "especulativa", onde não são conceptualizadas condições meramente formais de possibilidade da experiência ou da consciência, para um sujeito, mas a inteligibilidade ou racionalidade presentes nos conceitos ou no próprio real. Dispensa-se, assim, uma teoria do sujeito, que apenas surgirá como uma conclusão da lógica, ou como uma "ciência filosófica" particular, a filosofia do espírito. A ciência filosófica geral é denominada a *Ciência da Lógica*,[302] que expõe os traços básicos da realidade enquanto pode ser conceptualmente tematizada e inteligivelmente enquadrada. O mais significativo para o nosso tema é que este sistema categorial da realidade é construído como um conjunto de oposições e contradições conceptuais. Mais uma vez, a dialéctica absorve a analítica e abrange em si a totalidade da lógica. A antinomia torna-se então constitutiva da realidade experienciável. Mas o resultado desta integração constitutiva da dialéctica, é que a contradição deve marcar o limite de qualquer sistema puramente conceptual e fazer evidenciar a sua insuficiência.

A apresentação sistemática de contradições no pensamento de Hegel não quer dizer que o princípio da não-contradição seja considerado pelo autor como inválido, mas significa, pelo contrário, que cada um dos conceitos marcados por essa contradição é, justamente, insuficiente e limitado.

Segundo Hegel, o carácter formalista da filosofia transcendental kantiana e fichteana é insustentável, na medida em que se priva a si mesma com uma mão, justamente daquilo que pretende alcançar com a outra: pretende conceptualizar o real, mas começa por afirmar que não vai teorizar acerca deste, que vai tratar somente das condições de possibilidade da sua apreensão. Segundo Hegel, esta prevenção

---

[302] Hegel (1990); Hegel (1992); Hegel (1994).

crítica de não falar acerca das próprias coisas em si mesmas, auto--dispensa-se e anula-se.

Nesta argumentação hegeliana, é a própria relação e oposição suposta entre fenómeno e noúmeno, entre coisa em si e razão ou entre o real e o seu conceito que é dialectizada, ou seja, é visto que estes opostos mutuamente se limitam e excluem, não podem ser concebidos um sem a referência ao outro, o que remete sempre para um ponto de vista além da sua oposição.

A dialectização de todas as oposições e dualismos problemáticos da filosofia e, em última análise, de todas as oposições *tout court*, é um êxito considerável da dialéctica hegeliana, que lhe permite resolver a generalidade dos problemas filosóficos que se deixam exprimir por oposições ou dualidades. Por outro lado, é preciso no entanto referir que a condição para este êxito da dialéctica hegeliana é a sua fundamentação epistemológica na negatividade como operação fundamental do pensamento filosófico. O manejo puramente lógico das oposições requer a sua recondução a um princípio generalizado de negação, ou negatividade. Assim, a propósito da contradição, escreve Hegel que

> "até para a reflexão exterior é simples de observar que o positivo não é, em primeiro lugar, algo de imediatamente idêntico, mas [...] algo de oposto ao negativo, e que só tem significado nesta sua referência ao negativo, ou seja, que o próprio negativo reside no *seu* conceito [...]. Do mesmo modo o negativo, que se opõe ao positivo, só tem significado nesta relação com este seu outro; por isso, o negativo contém o positivo *no seu conceito*. Mas o negativo tem um *subsistir próprio* mesmo sem referência ao positivo; ele é idêntico a si próprio; mas por isso ele mesmo é aquilo que o positivo deveria ser."[303]

---

[303] "Es ist aber, auch für die äußere Reflexion, eine einfache Betrachtung, daß furs erste das Positive nicht ein unmittelbar Identisches ist, sondern [...] ein Entgegengesetztes

Assim, enquanto que o positivo só tem significado na sua distinção perante o negativo, e não tem subsistência própria, o negativo tem subsistência por si mesmo, porquanto ele é a própria relação e diferenciação entre as diferentes categorias e momentos lógicos e reais.

Isto significa que o fundamento epistemológico da *Ciência da Lógica* de Hegel, que lhe permite a constituição sistemática das categorias fundamentais do pensamento e do real, é a negatividade. Assim, pela fusão entre analítica e dialéctica, a lógica dialéctica vem tomar o lugar da lógica transcendental kantiana. Por conseguinte, a mesma negatividade, que permite a Hegel a resolução dos problemas fundamentais das metafísicas racionalistas e empiristas clássicas, exprime também a limitação do sistema hegeliano. Os problemas do fundacionalismo são resolvidos por uma fundamentação negativa, que reenvia o absoluto ao próprio movimento onde os particulares se constituem, e põe na base do movimento do pensar o não-ser, a auto-refutação que permite a reelaboração constante dos particulares. O sistema hegeliano não só permite o desenvolvimento da filosofia que vai além dele, como o requer, pela sua própria lógica interna de uma fundamentação fraca ou negativa.

A dialéctica é por Hegel integrada na lógica, e como a totalidade da lógica, na medida em que esta assumiu o negativo como o seu conceito fundamental. No entanto, embora parta do negativo como a condição primeira de possibilidade do seu sistema de categorias e do método pelo qual estas são derivadas e expostas, e ainda que o sistema alcançado seja um sistema que partiu do negativo, o pensamento hegeliano apresenta uma dialéctica da reconciliação e da totalização sistemáticas, onde o negativo se supera e resolve.

---

gegen da Negative gegen das Negative uns daß es nur in dieser Beziehung Bedeutung hat, also das Negative selbst in *seinem* Begriff liegt [...]. Ebenso das Negative, das dem Positiven gegenübersteht, hat nur Sinn in dieser Beziehung auf dieses sein Anderes; es enthält also dasselbe *in seinem Begriff*. Das negative hat aber auch ohne Beziehung auf das Positive ein *eigenes Bestehen*; es ist mit sich identisch; so ist es aber selbst das, was das Positive sein sollte" (Hegel (1992), 56).

Dentro dos limites da filosofia transcendental, Fichte levou a dialéctica da razão kantiana até às suas consequências últimas, e mostrou que a solução da contradição só pode ser paga ao preço da definitiva incompletude do sistema ou, inversamente, que a completação do sistema só poderia ser contraditória. Por sua vez, Hegel fez identificar a contradição conceptual com a própria negatividade inerente ao real, e entregou à razão a função de restabelecer o positivo no negativo. Embora escrevendo antes da *Ciência da Lógica* de Hegel, Schelling retirou consequências diferentes da necessidade dialéctica de colocar a negatividade como fundamento de uma filosofia sistemática e entende a reconciliação como algo a ocorrer além da experiência humana conforme a conhecemos.

Na base lógica e conceptual do projecto hegeliano, mas também dos outros dois pós-kantianos com que tratamos aqui, está a estranha tese de que a contradição se identifica com a realidade. Contradição e realidade convergem porque ambas representam a negação ou supressão da lógica conceptual. Isto significa também que a razão que não contém em si o seu oposto é uma razão que não passou ainda a dura prova da realidade, é razão pré-crítica que se entende como harmonia ou simples ordem. A razão sem contraditório é uma mera possibilidade ideal, não posta à prova, conforme está presente nas alegações de Hegel de que a dialéctica da razão é a "prova" da razão, ou na concepção fichteana de que a condição de possibilidade do objecto real é um "choque" (Anstoß), um enfrentamento após o qual o eu não mais se pode recuperar na sua pura idealidade.[304]

5. Encruzilhada e agonia idealistas: o fundamento segundo Schelling

Esta última consideração mais geral sobre o sentido do movimento idealista alemão e sobre a razão da sua universalização da dialéctica

---

[304] Hegel (1988), 65; Fichte (1965), 365-366.

que, em Kant, era somente um componente ainda tímido, capítulo somente negativo e eventualmente dispensável da crítica, encontra-se melhor explícito no modo como o pensamento de Schelling se desenvolveu após a sua ruptura com Hegel na sequência da *Fenomenologia do Espírito*. A negatividade encontra-se, em Fichte, atenuada como uma questão de incompletude da experiência, ou de oscilação da razão, devendo a completude ser recuperada num esforço sempre inacabado da razão prática, em Hegel, é tornada explícita em última instância na *Ciência da Lógica* como garante de uma unidade reconciliadora do sistema. Seria injusto entender esta unidade do sistema de Hegel como uma unidade de simples harmonia pré-crítica. A unidade do sistema é em Hegel uma sistemática de oposições e de negações. No entanto, todo o percurso assenta sobre uma simetria fundamental entre negatividade e positividade que parece garantir, em cada caso, a superação do negativo, com a consequente reconciliação e sobreposição finais do positivo. Não se pode dizer que Hegel, segundo a sua própria expressão da *Fenomenologia*, não estivesse "a sério" com o ser-outro, ou seja, com a negatividade fundamental do real. Esta simetria fundamental entre positivo e negativo, embora não seja já a cândida harmonia da metafísica da razão leibniziana, não deixa contudo de reconduzir o pensamento a uma totalidade que a razão contemporânea, por motivos que não poderia aqui investigar, preferiu historicamente recusar, optando pelas outras possibilidades que, como se viu, são abertas pelo pensamento hegeliano.[305]

Schelling entendeu esta bifurcação dos caminhos dialécticos e considerou que a lógica, mesmo que se trate de uma lógica dominada pela dialéctica, mantém-se uma mediação ideal e conceptual. Optou por isso pela recusa de que a lógica possa, de algum modo, fornecer um fundamento para o real, mantendo a sua tese estruturante da filosofia de que as oposições são potências reais, e do real, e não contradições

---

[305] Sobre a completação do Idealismo Alemão, com uma crítica da contemporaneidade, v. Janke (2009), 351.

lógicas. Segundo Schelling, os antagonismos na base da razão dialéctica idealista não são logicamente mediáveis. O que se requer é uma mediação totalmente outra para o pensar, uma outra linguagem e um outro modo de conceptualizar. Embora a leitura teológica e teosófica dos antagonismos de fundo do real por Schelling não seja, é certo, tipicamente contemporânea, a sua *deslogicização* é suficiente para permitir leituras antropológicas, psicológicas, sociais ou outras deste antagonismo entre uma mediação lógica reconciliadora e um assumir do irracional e do conflito como fundamento.[306]

Aparentemente, esta descoberta é feita por Schelling nas *Investigações Filosóficas sobre a Liberdade Humana* de 1809, com base no reaproveitamento do conceito clássico, e aparentemente inofensivo, de que a existência de qualquer ente tem de ser mediada por um "fundamento" ou razão (Grund). Segundo Schelling, todo o ente possui em si uma distinção entre o seu "fundamento" e a sua existência, conforme introduz em dois contextos distintos. Começa por apresentar a tese do fundamento ao nível da "filosofia da natureza", estendendo-o depois à totalidade da metafísica, como uma tese válida até mesmo para o ente supremo, Deus. Assim,

> "a filosofia da natureza do nosso tempo estabeleceu, pela primeira vez na ciência, a diferença entre a essência, na medida em que existe, e a essência, na medida em que é mero fundamento da existência."[307]

A validade absolutamente universal da distinção entre fundamento e existência é sublinhada pela sua aplicação ao próprio princípio

---

[306] Paradigmático a este respeito é o tratamento estritamente "metapsicológico" de Zizek (2007), 9.

[307] "Die Naturphilosophie unsrer Zeit hat zuerst in der Wissenschaft die Unterscheidung aufgestellt zwischen dem Wesen sofern es existiert, und dem Wesen, sofern es bloß Grund von Existenz ist" (Schelling (1997), 29-30).

e fundamento absoluto de todo o ser. Pode-se falar afinal de um fundamento do fundamento onto-teológico da metafísica, que o vai dialectizar e mediar em si mesmo. Também Deus, na medida em que existe, tem de ter um fundamento: "dado que nada é antes ou fora de Deus, o fundamento da sua existência tem de estar em si mesmo."[308] Este é o cerne da metafísica desde sempre, como Schelling o reconhece: "todas as filosofias dizem isto; mas falam acerca deste fundamento como um mero conceito, sem dele fazer algo de real e efectivo."[309] Segundo o autor, trata-se somente de entender que o fundamento não pode ser um conceito, uma idealidade, mas tem de possuir subsistência efectiva. Esta é a principal inovação conceptual proposta na obra.

Como todas as inovações, também esta já estava, na verdade, contida em potência no processo anterior, neste caso, em todo o tratamento clássico do fundamento. O contexto lógico e metafísico do conceito de fundamento já o definia como razão suficiente, ou seja, a mediação que faz transitar da idealidade para a realidade, da lógica para a metafísica ou, em termos mais claros, para o real. A busca pelo fundamento coincidiu com a busca pela passagem do possível ao existente, com a procura de saber porque uns possíveis se realizam e outros não. O real resulta deste desbaste dos possíveis, cujo agente havia que localizar. Uma ciência do fundamento corresponderia, em última instância, ao êxito de um sistema total do idealismo pós-kantiano, porquanto se conheceria conceptualmente a razão-fundamento último do real, até mesmo na sua singularidade natural e histórica.

Um segundo resultado do êxito em conceptualizar o fundamento seria a perfeita logicização do real, conforme empreendida sobretudo por Hegel. Na teorização schellingiana, o fundamento é a mediação real, ou seja, a mediação que permite pensar a passagem do ideal ao

---

[308] "Da nichts vor oder außer Gott ist, so muß er den Grund seiner Existenz in sich selbst haben" (Schelling (1997), 30).

[309] "Das sagen alle Philosophien; aber sie reden von diesem Grund als einem bloßen Begriff, ohne ihn zu etwas Reellem und Wirklichem zu machen" (Schelling (1997), 30).

real ou, nos termos mais antigos do mesmo autor, corresponderia afinal a saber como e porque "sai" o absoluto de si.[310]

Na sua versão setecentista até Kant, tratava-se, por outro lado, de demonstrar, a partir dos princípios meramente lógicos da identidade e da não-contradição, o princípio de razão suficiente, que nos dá a existência real de todo e qualquer ente. Os traços desta questão encontram-se ainda no idealismo pós-kantiano, tanto na *Doutrina da Ciência* de Fichte, que apresenta uma versão que se pretende puramente lógica do fundamento, quanto na *Ciência da Lógica* de Hegel que refaz explicitamente, na Doutrina da Essência, o percurso da identidade até ao fundamento (Grund).

No § 3 dos *Fundamentos* de 1794/1795, Fichte pretende já logicizar o fundamento definindo-o, de modo inesperado, como sendo a expressão categorial da identidade entre diferentes ou opostos.[311] Na Lógica hegeliana, por seu turno, encontra-se também claramente marcada a sequência que, pelas contradições internas de cada uma das categorias, conduz dialecticamente da identidade à diferença, da diferença à contradição, da contradição ao fundamento e deste, finalmente, até à existência.[312] Trazer ao conceito esta sequência, que conduz da identidade à existência, por meio da contradição, é a chave do pensamento idealista e permite-nos compreender porque a contradição é o tema central do idealismo alemão.

Para Schelling, porém, conforme já se ressaltou, trata-se somente de conceitos, quando a lógica do fundamento requer, pelo contrário, existência efectiva. Poderá ler-se, a este respeito, nas *Lições de Munique*, muitos anos mais tarde em 1833-1834, nos próprios termos do autor:

> "lá (na filosofia hegeliana), o ponto onde se começa comporta-
> -se em relação ao que se segue como um mero *minus*, como uma

---

[310] V. Schelling (1856), 294.
[311] Fichte (1965), 271.
[312] Hegel (1992), 27-67.

carência, um vazio que se preenche e, nessa medida, é com certeza superado enquanto vazio, mas há lá tão pouco para ser ultrapassado quanto ao se encher um copo vazio; tudo ocorre muito pacificamente. [...] A transposição do conceito de *processo* para o progresso dialéctico, onde não é possível de todo luta, mas somente um proceder monótono, quase soporífero, faz parte, por isso, do mau uso que Hegel faz das palavras [...]. O efectivo [pelo contrário] é onde algo que é oposto ao pensar é superado. Onde só se tem como conteúdo o pensamento e, além disso, pensamento abstracto, o pensamento nada tem para superar."[313]

Da contradição lógica não é possível retirar a realidade positiva, a qual exige uma racionalidade dela essencialmente distinta, que Schelling denominará, mais tarde, racionalidade positiva. A lógica – transcendental ou dialéctica – esgota-se aqui. As contradições são um exercício vão de tentar retirar o real do ideal e assentam, de qualquer modo, quer numa incognoscibilidade fundamental, para o caso da filosofia transcendental, quer numa negatividade tornada subsistente em si mesma, para o caso da filosofia especulativa hegeliana. É facto que tanto a incognoscibilidade lógica quanto a negatividade são características formais definitórias do fundamento, mas o significado material destas características deve ser explicitamente assumido, o que só pode ocorrer, como Schelling procurou realizar, pela redefinição do próprio âmbito da pesquisa e dos seus meios conceptuais.

---

[313] "Dort, (in der Hegelschen Philosophie), verhält sich der Anfangspunkt gegen das ihm Folgende als ein bloßes Minus, als ein Mangel, eine Leere, die erfüllt und insofern freilich alss Leere aufgehoben wird, aber es gibt dabei so wenig etwas zu überwinden als bei der Füllung eines leeren Gefäßes zu überwinden ist; es geht dabei alles ganz friedlich zu [...]. Die Übertragung des Begriffs *Proceß* auf die dialektische Fortbewegung, wo gar kein Kampf, sondern nu rein eintöniges beinah einschläferndes Fortschrieten möglich ist, gehört daher zu jenem Mißbrauch der Worte [...] bei Hegel [...]. Wirkliches Denken ist, wodurch ein dem Denken Entgegenstehendes überwunden wird. Wo man nur wieder das Denkens und zwar das abstrakte Denken zum Inhalt hat, hat das Denken nichts zu überwinden" (Schelling (1968), 419, 423).

Porque tem de ser algo de real, o fundamento não pode ser encontrado, segundo Schelling, na contradição lógica. A contradição lógico-conceptual pode espelhar o real, mas não efectuá-lo. Para isso, conclui Schelling, é necessário vontade. E sublinha, retomando as *Investigações sobre a Liberdade Humana*, o carácter não conceptual ou intelectual desta vontade. A vontade reside "naquilo que, em Deus, não é *Ele próprio*", ou seja, no seu fundamento. Deveremos advertir que autorizado também por um duplo sentido da língua, o "Grund" pode receber tanto o sentido de "razão" quanto do seu oposto, ou seja, de "fundamento" que Schelling entende não como só pré-racional, mas também como irracional.

> "Se quisermos trazer este ser [sc. o que em Deus não é ele próprio] para mais próximo do humano, então podemos dizer: este é o anseio que o uno eterno sente, de se dar à luz a si mesmo. Este anseio não é o próprio uno, mas eternamente idêntico a ele. Ele quer gerar Deus, ou seja, a unidade infundável, mas nesta medida não há ainda nele a unidade. Ele é, por isso, considerado por si mesmo, também vontade, mas vontade na qual não há nenhum entendimento."[314]

Três pontos ressaltam deste passo. Primeiro, liberto da conceptualização lógica, Schelling traz então a sua terminologia para "mais perto do humano", o que se traduzirá num antropomorfismo da sua metafísica, que permitirá a sua extensão e validação também noutros domínios como a antropologia, a estética ou a mitologia. Segundo, a necessidade teórica de tematizar o pré-conceptual conduziu Schelling até à vontade como conceito central. Terceiro, esta é, por isso mesmo,

---

[314] "Wollen wir uns dieses Wesen menschlich näher bringen, so können wir sagen: es sei die Sehnsucht, die das ewige Eine empfindet, sich selbst zu gebären. Sie ist nicht das Eine selbst, aber doch mit ihm gleich ewig. Sie will Gott, d.h. die unergründliche Einheit, gebären, aber insofern ist in ihr selbst noch nich die Einheit. Sie ist daher für sich betrachtet auch Wille; aber Wille, in dem kein Vertand ist [...]" (Schelling (1997), 31-32).

uma vontade de onde está ainda ausente o entendimento, ou presente somente como "anseio e desejo do entendimento",³¹⁵ definindo-se uma base pulsional da razão.

O fundamento é, então, o plano obscuro a partir do qual emerge a figura definida do existente, como "o que não tem regra, [...] a base inapreensível da realidade."³¹⁶ Schelling tem consciência teórica do que isto pode implicar quanto a uma alteração das formas do pensamento, ao mencionar "os lamentos efeminados de que, assim, o que não tem entendimento se torna na raiz do entendimento, e a noite no começo da luz."³¹⁷ Estes lamentos esquecem-se, contudo, segundo o autor, de dois factos importantes. Por um lado, é-nos recordado que "apesar desta perspectiva, a prioridade do entendimento e da essência pode ainda assim ser conceptualmente mantida." Por outro lado, com efeito, "todo o nascimento é nascimento a partir da obscuridade para a luz" e que "unicamente a partir das trevas do que não tem entendimento (do sentimento, do anseio, matriz soberana do conhecimento) emergem os claros pensamentos."³¹⁸ Não se trata aqui de uma simples afirmação de um facto evidente, de que o desenvolvido emerge do ainda não desenvolvido, ou de que a potência é, quanto ao tempo, anterior ao acto. O fundamento, conforme Schelling o concebe, não é uma simples determinabilidade destinada a ser ultrapassada, determinada e resolvida na forma clara e idêntica do existente. Ele é igualmente mais do que um horizonte fenomenológico desfocado que acompanha todo o visar determinado de um ente, mas um elemento teórico que tem de ser capaz de uma actividade própria, que se

---

³¹⁵ Schelling (1997), 32.

³¹⁶ "aber immer liegt noch im Grunde das Regellose als [...] unergreifliche Basis der Realität" (Schelling (1997), 32).

³¹⁷ "Die weiblichen Klagen, daß so das Verstandlose zur Wurzel des Verstandes, die Nacht zum Anfang des Lichtes gemacht werde" (Schelling (1997), 32-33).

³¹⁸ "...mit dieser Ansicht die Priorität des Verstandes und Wesens dem Begriff nach dennoch bestehen kann [...]. Alle Geburt ist Geburt aus Dunkel ans Licht [...]. [A]us dem Dunkeln des Verstandlosen (aus Gefühl, Sehnsucht, der herrlichen Mutter der Erkenntnis) erwachsen erst die lichten Gedanken" (Schelling (1997), 33).

manifesta como impulso e vontade anteriores à formação da consciência e da sua expressão própria, na verdade, como um inconsciente que não se reduz ao que é determinável para a consciência.

O fundamento requer a passagem de uma filosofia dialéctica para uma filosofia histórica, e de um pensamento abstracto para uma exposição predominantemente antropológica – embora também teológica e mitológica – do sistema da filosofia, o que Schelling começa a realizar nas suas *Lições de Stuttgart*, proferidas em 1810, com que concluiremos a nossa análise do percurso da contradição na filosofia clássica alemã.

Assim, apesar da alegada prioridade conceptual do entendimento, a expressão da liberdade real do homem é a sua capacidade de inverter a prioridade da existência em relação ao fundamento, ou seja, a sua capacidade de fazer deste, que tem a função ontológica de meio e instrumento, um fim em si mesmo. A liberdade é a capacidade específica do homem de perverter a ordenação ontológica própria entre fundamento e existência. A desordem tornada possível pela liberdade humana e realizada como o mal tem consequências sistemáticas.

A dialéctica assume, segundo Schelling, uma forma de oposição vital e de processo de superação real.

> "Sem oposição não há vida. O mesmo se passa no homem e em qualquer existente. Também em nós há um racional e um irracional. Qualquer coisa, para que se possa manifestar, carece de algo que *sensu strictu*, não é ela mesma."[319]

A oposição dialéctica é uma interioridade real do oposto como condição de toda a forma definida. E, por isso, "encontram-se em nós dois princípios, um inconsciente, obscuro, e um consciente",[320]

---

[319] Schelling (2009), 131.

[320] "In uns sind zwei Prinzipien, ein bewusstloses, dunkles, und ein bewusstes" (Schelling (2009), 128). V. o comentário à obra por Müller-Lüneschloß (2012), 139-140.

sendo a tarefa da criação a elevação do princípio inconsciente até à consciência. O princípio inconsciente é o ser, ou o não-ente que deve ser formado como ente e essência.

Da perspectiva antropológica e mitológica assumida, o homem é entendido, então, como o ponto da criação onde se eleva à consciência o fundamento, que assume agora a forma da matéria e da natureza, e o homem, por isso, constitui o elo unificador do todo. Desta perspectiva ideal, a natureza deveria ser para o espírito como um corpo vivo, que respondesse directamente à vontade do espírito, e nesta criação originalmente ordenada e orgânica, o sentido do homem seria o de elo intermédio da criação, que liga a matéria ao espírito. Por esta razão, a liberdade humana tem implicação também sobre a matéria e a natureza, e possui a capacidade de perverter a ordem universal da criação. A recusa pelo homem em assumir o papel mediador e unificador da natureza com o espírito levou esta última a ter de assumir essa função, e a aparecer então como "um mundo próprio", "independente do espiritual".[321] A natureza, chamada, como mediador de recurso, a uma função para que não está talhada, perdeu também ela a sua completude, continuando, porém, a esforçar-se por uma completação de que é, contudo, incapaz. "Por culpa do homem, a natureza perdeu a sua unidade amável; e tem agora de buscar a sua própria unidade,"[322] numa busca sempre frustrada.

Assistimos então ao espectáculo actual, de um sistema desagregado que resulta num cosmos dialecticamente invertido. Assim, por exemplo o belo, se não for a superação e sublimação do seu oposto "não tem realidade". O feio é o que confere realidade ao belo. E, inversamente, a posição do simples belo, ou do simples bem, que não contenham em si o feio ou o mal, é sem realidade. Num real assim definido, expor o feio é, pelo contrário, conferir realidade ao belo.

---

[321] Schelling (2009), 167, 168.

[322] "Nun hat die Natur diese sanfte Einheit durch Schuld des Menschen verloren; jetzt muss sie eine eigne Einheit suchen" (Schelling (2009), 170).

Neste contexto invertido, que representa a natureza e o espírito reais, a natureza apresenta-se num estado de ruína,[323] ou numa perversão ainda mais radical do espírito, o prazer transforma-se em crueldade e a história em tragédia.[324]

Do mesmo modo, um bem somente ideal transforma-se na realidade do mal – conforme Schelling observa na breve referência crítica, nas *Lições de Stuttgart*, à Revolução Francesa, ou ao *Estado Comercial Fechado* de Fichte, o qual, pretendendo expor uma pura liberdade, transforma-se na verdade na "teoria do mais terrível despotismo."[325] O Estado é, em geral, uma unidade de substituição do vínculo espiritual entre os homens, perdido pela exaltação do fundamento sobre o princípio racional. Esta unidade de substituição, requerida pela liberdade pervertida, é o Estado, que permanece sempre um poder natural incapaz, como tal, de realizar convenientemente a função espiritual que é suposto realizar. Por isso, o Estado promove, para além da guerra, que lança o homem na situação de uma natureza devastada, "a pobreza, o mal nas grandes massas".[326] A pobreza, provocada pelo Estado, degrada assim a massa a uma luta pela mais simples existência.

Em última instância, no contexto de um sistema assim determinado pelo mal, a cada uma das suas partes cabe "uma espécie de liberdade, que ela manifesta por meio da doença."[327] Num sistema assim invertido como um fenómeno patológico consumado, onde a liberdade se perdeu no seu oposto, a doença é o traço do livre, do que não se subsume nesse sistema. Num sistema da total irreconciliação, somente o doentio é o que pode ainda reflectir a saúde.

---

[323] Schelling (2009), 205.
[324] Cf. Schelling (2009), 185, 205, 202.
[325] Schelling (2009), 173.
[326] Schelling (2009), 174.
[327] Schelling (1997), 19.

Neste esboço de sistema negativo de Schelling encontramos um ponto extremo da integração da contradição dialéctica na filosofia. Todos os fios soltos da negatividade estão aqui concentrados numa visão coerente de um sistema totalmente dialectizado. O resultado é uma exposição inteiramente negativa do espírito e do estado presente do homem e da natureza por ele determinada e formada.

A inversão da razão a que assistimos na passagem ao pós-idealismo deriva de que o real foi trazido para dentro do sistema e, com o real, também o mal. Nesta ordem, a razão está invertida e encontra-se então a presença do mal, da doença, da morte na natureza, e da perversão no espírito. O projecto de ir além do racionalismo idealista, que de diferentes modos não era capaz de integrar o negativo, racionalismo atribuído por Schelling a Leibniz, Kant, Fichte ou Hegel, não poderia deixar de revelar o real, na sua essência, como patológico, e prepara a inversão dos valores no pensamento posterior e no mundo, sejam eles valores morais, estéticos ou, em última instância, o próprio valor de verdade, pré-anunciando por fim a denúncia da razão como o seu oposto, como expressão de motivos particulares, e como dominação. O estudo desta racionalidade pós-idealista não mais caberia, porém, no âmbito deste estudo.

Bibliografia

ASMUTH, Christoph (2012): "Grund – Tiefe – Ungrund. Überlegungen zur Begründungsproblematik im Anschluss an Schellings Freiheitsschrift". In D. Ferrer – T. Pedro, (Eds.): *Schellings Philosophie der Freiheit*. Würzburg, Ergon, pp. 191-206.

FERRER, Diogo (2012): "Antinomias e Sistema em Kant e Hegel". In *Ensaios Filosóficos* 6, pp. 8-24. http://www.ensaiosfilosoficos.com.br/Artigos/Artigo6/FERRER_Diogo.pdf

FERRER, Diogo (2013): "A Dialéctica na Encruzilhada: de Kant até Schelling". In: Serrão, Adriana et. al. (Eds.): *Poética da Razão. Homenagem a Leonel Ribeiro dos Santos*. Lisboa, Centro de Filosofia da Universidade de Lisboa, pp. 103-114.

FERRER, Diogo (2014): *O Sistema da Incompletude: A Doutrina da Ciência de Fichte de 1794 a 1804*. Coimbra, Imprensa da Universidade de Coimbra.

FICHTE, Johann Gottlieb (1965): *Grundlage der gesammten Wissenschaftslehre*. In: Fichte: *Gesamtausgabe der Bayerischen Akademie*. Volume I/2, Ed. Lauth – Jacob, Stuttgart--Bad Cannstatt, Friedrich Frommann.

FICHTE, Johann Gottlieb (1993): *Vierter Vortrag der Wissenschaftslehre*. In: Fichte: *Gesamtausgabe der Bayerischen Akademie*. Volume II/9, Ed. Lauth – Gliwitzky, Stuttgart-Bad Cannstatt, Friedrich Frommann.

FICHTE, Johann Gottlieb (1998): *Wissenschaftslehre 1810*. In: Fichte: *Gesamtausgabe der Bayerischen Akademie*. Volume II/11, Ed. Lauth – Gliwitzky et al., Stuttgart-Bad Cannstatt, Friedrich Frommann.

GABRIEL, Markus (2012): "Der Ungrund als das uneinholbar Andere der Reflexion". In D. Ferrer – T. Pedro (Eds.): *Schellings Philosophie der Freiheit*. Würzburg, Ergon, pp. 177-190-

HEGEL, Georg Wilhelm Friedrich (1971): *Enzyklopädie der philosophischen Wissenschaften in Grundrisse 1830. Ester Teil. Die Wissenschaft der Logik*. In: Hegel: *Werke*. Vol. 8, Ed. Moldenhauer – Michel, Frankfurt a. M. Suhrkamp.

HEGEL, Georg Wilhelm Friedrich (1990): *Wissenschaft der Logik. Die Lehre vom Sein (1832)*. Ed. Gawoll, Hamburg, Felix Meiner.

HEGEL, Georg Wilhelm Friedrich (1992): *Wissenschaft der Logik. Die Lehre vom Wesen (1813)*. Ed. Gawoll, Hamburg, Felix Meiner.

HEGEL, Georg Wilhelm Friedrich (1994): *Wissenschaft der Logik. Die Lehre vom Begriff (1816)*. Ed. Gawoll, Hamburg, Felix Meiner.

HEGEL, Georg Wilhelm Friedrich (1998): *Phänomenologie des Geistes*. Ed. Wessels – Clairmont, Hamburg, Felix Meiner.

JANKE, Wolfgang (2009): *Die dreifache Vollendung des Deutschen Idealismus. Schelling, Hegel und Fichtes ungeschriebene Lehre*. Amsterdam – New York, Rodopi.

KANT, Immanuel (1998): *Kritik der reinen Vernunft*. Hamburg, Felix Meiner.

MÜLLER-LÜNESCHLOSS, Vicki (2012): *Über das Verhältnis von Natur und Geisterwelt*, Stuttgart, Frommann – Holzboog.

SCHELLING, Friedrich Wilhelm Joseph (1856): *Sämmtliche Werke 1792-1797*. Vol. I, Stuttgart – Augsburg, Cotta'scher Verlag.

SCHELLING, Friedrich Wilhelm Joseph (1946): *Die Weltalter. Fragmente*. Ed. M. Schröter, München, Biederstein und Leibniz.

SCHELLING, Friedrich Wilhelm Joseph (1968): *Ausgewählte Schriften von 1813-1830*. Darmstadt, Wissenschaftliche Buchgesellschaft.

SCHELLING, Friedrich Wilhelm Joseph (1992): *System des transzendentalen Idealismus*. Ed. Brandt – Müller, Hamburg, Felix Meiner.

SCHELLING, Friedrich Wilhelm Joseph (1997): *Philosophische Untersuchungen über das Wesen der menschlichen Freiheit*. Ed. Buchheim, Hamburg, Felix Meiner.

SCHELLING, Friedrich Wilhelm Joseph (2009): *Conférences de Stuttgart. Stuttgarter Privatvorlesungen*. Ed. Vetö, Paris, L'Harmattan.

SNOW, Dale (1995): *Schelling and the End of Idealism*. Albany, State University of New York Press.

ZIZEK, Slavoj (2007): *The Indivisible Remainder. On Schelling and Related Matters*. London – New York, Verso.

A Relação entre o Estado e o Indivíduo a partir da *Filosofia do Direito* de Hegel
The Relation between State and Individual in the Philosophy of Right by Hegel

Tarcílio Ciotta[*]
(UNIOESTE – Universidade Estadual do Oeste do Paraná)

Abstract: This chapter is intended to present succintly the fundamental concepts, although partially, which will allow minimal comprehension of the kind of relation Hegel stablishes between the individual and the State, counterpointing and articulating dialectically the concepts of Subjective will (principle of particularity) and the concept of Universal will (principle of universality) represented by the concept of State. The present work, aims to show how Hegel, with his theoretical instrumental, articulates these two principles and how since this theoretical comprehension he develops the conception of State and, at the same time, criticizes those theoretical conceptions which intend to found the State in the contract.

---

[*] t6ciotta@yahoo.com.br
Professor Adjunto do curso de Filosofia (Graduação e Pós-Graduação) na Universidade Estadual do Oeste do Paraná (UNIOESTE). Atualmente trabalho com a disciplina de "Filosofia política" (Graduação) e de "Ética moderna"(Pós-Graduação). No presente momento desenvolve um projeto de pesquisa na área da ética, que tem como tema fundamental a recepção e a crítica da ética kantiana por Hegel.

DOI: http://dx.doi.org/10.14195/978-989-26-1049-8_5

Keywords: State, individual; Freedom; Right; Politics and Ethics.

Resumo: Neste capítulo pretende-se apresentar sucintamente os conceitos fundamentais, embora de forma parcial, que permitem compreender minimamente o tipo de relação que Hegel estabelece entre indivíduo e Estado, contrapondo e articulando dialeticamente, o conceito de vontade subjetiva (princípio da particularidade) e o conceito de vontade universal (princípio da universalidade) representada pelo conceito de Estado. O presente trabalho visa, portanto, mostrar como Hegel com seu instrumental teórico articula esses dois princípios e como a partir dessa compreensão teórica desenvolve sua concepção de Estado e, ao mesmo tempo, critica aquelas concepções teóricas que pretendem fundar o Estado no contrato.

Palavras-Chave: Estado, Indivíduo; Liberdade; Direito; Política e Ética.

Na ordem de determinação do conceito de liberdade nas diferentes figuras da *Filosofia do Direito*[328] de Hegel, as instituições da sociedade civil-burguesa mostram-se insuficientes, em si mesmas, para superar o jogo dos interesses da particularidade no que diz respeito ao processo de mediação lógico, prático e institucional da liberdade humana. Por esta razão, no decorrer deste processo, o Estado apresenta-se como a figura de mediação superior, lógica e eticamente, porque abarca e suprassume os antagonismos da vontade particular, reconciliando-os entre si e integrando-os a partir do seu fundamento universal. O Estado, como princípio universal, revela-se a condição de possibilidade de realização da

---

[328] Esta obra de Hegel será citada doravante nas notas de rodapé como Hegel (2010), seguida pelo símbolo § e pelo número do *caput* do parágrafo. Quando a citação fizer referência à anotação do *caput* do parágrafo se acrescentará a letra A de *Anmerkung* (anotação) e, por fim, quando se trata do acréscimo ao parágrafo se acrescentará a letra Z de *Zusatz* (acréscimo, adenda). No decorrer do texto, quando se fizer menção a esta obra de Hegel utilizar-se-á simplesmente a expressão *Filosofia do Direito*.

própria liberdade subjetiva, permitindo, assim, que o ser-aí da vontade particular, no seu livre atuar, seja reconhecido e elevado ao conceito de liberdade enquanto interesse universal da ideia da liberdade.

1. A figura do Estado moderno

O Estado[329] não pode ser compreendido apenas como uma universalidade legal/formal que regula a ação arbitrária da vontade subjetiva, e que a contém dentro de certos limites a partir do emprego de uma força exterior que se imporia sobre ela. O Estado é antes o momento substancial da vontade, no interior do qual esta se determina como liberdade somente na medida em que percorre o processo de desenvolvimento lógico da ideia de liberdade. Isto significa afirmar que a vontade particular vai galgando diferentes níveis de integração, de tal modo que cada nova figura de mediação representa um modo particular da ideia da liberdade enquanto autoexposição da vontade que se dá a si mesma um novo ser-aí.

Deste modo, o Estado não deve ser compreendido apenas como resultado, mas como substância que perfaz todos os modos de ser ou figuras de mediação da ideia da liberdade, sendo cada uma delas um modo e um momento do seu aparecer. O Estado é, portanto, o verdadeiro fundamento e o "lugar" supremo capaz de manter a unidade e a organicidade da vontade particular e da vontade substancial, e realizá-la como liberdade na esfera do direito que Hegel denomina de "reino da liberdade efetiva".

Nesta perspectiva, o Estado aparece como instância necessária que se sobrepõe aos interesses particulares, mas que também, ao mesmo

---

[329] Sobre os diferentes modos de entender o Estado na *Filosofía do Direito* e na *Constituição Alemã*, cf. Pelczynski (1989), 254-255. Sobre a ideia da *polis* grega e as diferenças para com o Estado moderno, cf. Pelczynski (1989), 256-257.

tempo, se põe como fundamento destes, reconhecendo-os como legítimos, de forma que estes são subtraídos à sua exterioridade e integrados como um momento do processo lógico de determinação da ideia de liberdade, demonstrando, assim, que o Estado é a figura mais alta de mediação da liberdade, mediação que inclui e integra na forma do universal o interesse do particular. Assim, a particularidade deve ser preservada enquanto momento de expressão da vontade subjetiva na relação com o universal, por constituir um momento do aparecer do Estado no interior da própria sociedade civil-burguesa.

Segundo este modo de conceber, "o Estado deve ser considerado como um grande edifício arquitetônico, como um hieróglifo da razão que se expõe ao mundo"[330]. Neste sentido,

> "o Estado é a realidade efetiva da ideia ética, o espírito ético como vontade substancial *revelada*, clara para si mesma, que se pensa e se sabe e cumpre aquilo que sabe precisamente porque o sabe. Nos *costumes* tem sua existência imediata e na *autoconsciência* do indivíduo, em seu saber e em sua atividade, sua existência mediata; o indivíduo tem por sua vez sua liberdade substancial no sentimento de que ele é sua própria essência, o fim e o produto de sua atividade."[331]

O Estado[332] enquanto espírito ético revela que a vontade torna-se transparente para si mesma através da vivência dos costumes de uma época – momento imediato da vontade, – que eleva o indivíduo à consciência de que ele só se realiza como livre ao ser membro de

---

[330] Hegel (2010), §279Z.

[331] Hegel (2010), §257.

[332] "Hegel tem sido frequentemente não compreendido por seu fracasso em estabelecer uma clara e explícita distinção entre 'Estado' em sentido amplo e 'o Estado estritamente político' e porque usa o termo simples 'Estado' tanto quanto tem em mente somente o aspecto político como quando pensa no político junto com o aspecto ético" (Pelczynski (1989), 267).

uma comunidade. Deste modo, o indivíduo reconhece que o Estado enquanto comunidade ética é o elemento substancial da própria liberdade subjetiva, ou seja, é o espírito que se repõe como liberdade, elevando a subjetividade a uma forma de vida universal objetiva na comunidade, à qual ele integra-se como um membro ao corpo. Desligado do corpo, o membro não tem vida, do mesmo modo o indivíduo, fora da comunidade, não subsiste. É ao "todo" que pertence a vida substancial, e o indivíduo só pode autoafirmar-se como vontade particular porque partilha de uma universalidade concreta que tem no costume, ou no *ethos*, o modo imediato do seu ser substancial. Assim,

> "o Estado enquanto realidade da vontade substancial, realidade que tem na autoconsciência particular elevada a sua universalidade, é o racional em e por si. Esta unidade substancial é o absoluto e imóvel fim último no qual a liberdade alcança seu direito supremo, pelo que este fim tem um direito superior ao indivíduo, cujo *supremo dever* é ser membro do Estado."[333]

Na anotação ao parágrafo supracitado, Hegel adverte que não se deve confundir o Estado com a sociedade civil-burguesa porque isto representaria uma inversão, ou seja, colocar o fim particular como fim último e o Estado, nesta inversão, seria concebido como Estado externo, cuja "determinação é posta na segurança e na proteção da propriedade e da liberdade pessoal".[334] O Estado, ao contrário, coloca-se ele mesmo como "fim último" e o indivíduo toma parte da vida do Estado enquanto membro, condição pela qual ele participa de uma forma substancial da vida universalmente válida. A racionalidade própria do Estado encerra a unidade da "universalidade e da individualidade"[335].

---

[333] Hegel (2010), §258.
[334] Hegel (2010), §258A
[335] Cf. Hegel (2010), §258.

Neste sentido, o Estado[336] coloca-se como a "realidade ética" que tem, como fim absoluto racional, a realização da liberdade.

O Estado enquanto espírito ético é nada mais do que a vontade substancial manifesta (*offenbare*), ou seja, é o processo através do qual o espírito como vontade torna-se transparente para si mesmo pela reapropriação da sua interioridade na imediação fenomenal do mundo ético (*Sitten*) imediato e da sua forma mediada enquanto consciência que os próprios indivíduos têm de si mesmos como membros de uma comunidade.

A vontade substancial torna-se efetiva pela ação dos cidadãos mediada pelas instituições éticas que concentram e cristalizam a experiência vivida numa determinada época, abrem, com isso, a possibilidade de novas determinações do próprio conceito de liberdade pela ação consciente dos indivíduos e não, apesar da consciência dos indivíduos, como se pelas costas atuasse um determinismo ou "astúcia da razão", independente da consciência destes.

O Estado é a efetividade da liberdade porque age reunindo o saber do universal e também o saber consciente da essência da liberdade na consciência dos indivíduos. É por meio do agir consciente dos indivíduos que o Estado efetiva sua substância ética como liberdade, na medida em que ele põe-se como condição essencial da vontade substancial que, ao efetivar-se na particularidade das suas determinações como uma vontade livre e autoconsciente, reconhece o fim substancial do Estado como sendo o fim da própria vontade particular.

A subjetividade está na base do Estado. Assim escreve Avineri (1973) ao comentar o parágrafo 258 da *Filosofia do Direito*:

> "A racionalidade que permeia o mundo revela-se pela primeira vez no Estado [...]. Na família, ela está ainda escondida atrás do sentimento e da paixão; na sociedade civil ela

---

[336] Sobre o desenvolvimento da estrutura do Estado segundo os momentos apresentados na Adenda ao §258 da *Filosofia do Direito*, cf. Nuzzo (1990), 141 ss.

aparece como instrumento do egoísmo individual. É só na esfera do Estado que a razão se torna auto-consciente; noutras palavras, somente aqui as ações do homem se tornam uma só coisa com as intenções – o homem sabe aquilo que quer e age em conformidade com isso."[337]

É pela ação consciente dos indivíduos cidadãos sobre os costumes de uma determinada época histórica que se engendra a substância ética, enquanto sujeito. Se, por um lado, existe um mundo ético dado pelos costumes de um povo é, por outro lado, pela ação consciente destes, que "sabem e querem o que sabem", que a vontade substancial no Estado torna-se livre, enquanto sujeito. O Estado, como um movimento lógico, produz as determinações da liberdade. Por esta razão, o indivíduo tem no Estado a sua liberdade substancial visto que estas determinações substanciais, ao perfazerem o movimento lógico e fenomenológico, traduzem na exterioridade dos acontecimentos históricos o caráter substancial da vontade livre.

Por isso, o indivíduo adquire através dos costumes ou do espírito de sua época a autoconsciência de pertencer a uma forma de vida substancial, a qual se mostra como o fundamento da própria liberdade do indivíduo e cuja efetividade dá-se pela sua participação na comunidade ética enquanto membro.

2. A ideia da liberdade e sua efetividade

No Estado a "liberdade é universal e objetiva",[338] mas a ideia não é algo dado, ela é produto do desenvolvimento histórico que tem na particularidade de cada Estado um nível de mediação circunscrito à

---

[337] Avineri (1973), 213.
[338] Hegel (2010), §33.

consciência particular de cada povo (expressa nos seus costumes), porém, isto não significa que a racionalidade interior ao conceito de Estado seja determinada ou afetada por circunstâncias exteriores ao conceito. A essência do Estado é a lei, enquanto a lei é racional, ou seja, razoável, porque exprime o conteúdo da vontade individual e tem o reconhecimento dos cidadãos como sendo a vontade racional. Os Estados históricos são, neste sentido, o próprio aparecer do Estado conceitual, "por ser o Estado o espírito objetivo",[339] no qual os indivíduos levam uma "vida universal",[340] "universalidade e individualidade"[341] compenetram-se através de um modo de "atuar que se determina de acordo com leis e princípios *pensados*, isto é, universais. Esta ideia é o eterno e necessário ser em si e por si do espírito".[342] Assim, cada época histórica e cada povo em particular vivem, entendem e pensam a própria liberdade a partir das suas instituições e na medida em que estas expressam o seu *ethos*. Por isso,

> "o Estado em si e por si é a totalidade ética, a realização da liberdade e é um fim absoluto da razão que a liberdade seja efetivamente real. O Estado é o espírito que está presente no mundo e se realiza como consciência [...]."[343]

Todavia, não se deve partir da consciência isolada dos indivíduos como se estes fossem o dado determinante da vida do Estado, ao contrário, a sua essência realiza-se independentemente dos indivíduos e atua sobre estes como uma força independente, seja ou não sabida. Com isto não se quer dar a impressão de que o indivíduo seja

---

[339] Hegel (2010), §258A.
[340] Cf.Hegel (2010), §258A.
[341] Cf. Hegel (2010), §258A.
[342] Hegel (2010), §258A.
[343] Hegel (2010), §258Z.

ou deva ser asfixiado e, portanto, submetido a um poder que atua sobre ele, acima da sua vontade e independente da autoconsciência dos fins da particularidade. Assim, estabelecer-se-ia uma cisão entre a universalidade e a particularidade, e toda a vez que se absolutiza um destes fundamentos como sendo o determinante, cair-se-ia numa dicotomia que falseia a mediação dialética – particular/universal, – e têm aí origem duas lógicas, também dicotômicas, que concedem prioridade absoluta a um ou a outro fundamento, e gera-se, como consequência, a instrumentalização ou o rebaixamento do outro a um fim estratégico.

Este dilaceramento do fundamento, transformado num particular absolutizado, coloca-nos frente a duas concepções de Estado contrapostas. Uma vem do viés liberal individualista, que eleva os fins da particularidade – individualismo possessivo – a um *status* supremo, concedendo ao indivíduo uma prioridade lógico-ontológica frente a toda e qualquer forma de associação, transformando a própria sociabilidade num meio estratégico para atingir fins particulares. Nesta perspectiva, as instituições *sociais* e o próprio Estado funcionariam, aqui, apenas como meios estratégicos para manter a coesão social e, com isso, possibilitariam o livre fluxo dos interesses privados. O Estado não passaria de um "mal necessário", e a sua ação seria puramente instrumental porque rebaixaria o fim último do Estado a um meio de proteção da propriedade e dos fins dos indivíduos.

Outro exemplo contemporâneo, que inverteu completamente a ordem de prioridade do fundamento, foi o socialismo estatal soviético, que pervertendo a própria lógica do Estado platônico e, em parte, aproximando-se desta, suprimiu os direitos da particularidade. O Estado acabou por se impor despoticamente sobre os indivíduos eliminando, suprimindo ou restringindo drasticamente os direitos de propriedade, de opinião, de imprensa, de religião, enfim, da liberdade subjetiva. Também, aqui, quanto ao primeiro exemplo, o Estado apresenta-se como exterior e é utilizado estrategicamente para viabilizar fins ideológicos e não para efetivar a liberdade como substância e essência do existir humano, que tem na forma comunitária de vida a sua expressão mais plena.

Os dois exemplos são ilustrativos e visam unicamente apresentar a oposição entre indivíduo e Estado. Embora por caminhos absolutamente diferentes, revelam a unilateralidade e mostram a insuficiência ou o limite daquilo que foi posto como fundamento racional do Estado. Os exemplos têm, aqui, uma função didática e desmistificadora de que, muitas vezes, preconceituosamente, se atribui à teoria hegeliana do Estado ter servido de suporte teórico ou até mesmo de inspiração política para as diversas formas de totalitarismo.

No nosso modo de entender, é exatamente este o obstáculo que a concepção ética do Estado nos ajuda a remover. Ela revela a falsidade das polarizações acima descritas e desmascara a sua unilateralidade que, no primeiro caso, eleva o particular como princípio excludente, e, no segundo caso, o suprime por completo, desfigurando assim a essência humana que preme por efetivar-se como livre subjetividade, racional e institucionalmente mediada.

Hegel, profundo conhecedor da realidade histórica do seu tempo, procurou com sua filosofia torná-la inteligível. Mesmo frente a um panorama histórico de mudanças rápidas e imprevisíveis, soube, como ninguém, enfrentar o fluir dos acontecimentos – a Revolução Francesa – e perceber e captar no jogo das oposições e dos extremismos, postos por um estado de guerra infinito, a unidade mais profunda que estava se constituindo, apesar das extravagâncias e dos excessos do momento histórico, tutelados pela ditadura jacobina. Hegel soube, no interior de um contexto tão complexo quanto conturbado, pensar de forma sistêmica a relação entre o indivíduo e o Estado sem cair na contradição excludente, que absolutiza, ora as concepções atomista e individualista do Estado, ora absolutiza o Estado, em detrimento da liberdade individual.

Este oscilar de uma a outra posição tornou-se um obstáculo e impedia a própria efetividade da liberdade porque não se conseguia produzir uma relação estável mediada por instituições solidamente estabelecidas. Mas este não era um mero defeito ou uma insuficiência posta pelas circunstâncias históricas e políticas, antes, este fenômeno revelava, para Hegel, a insuficiência teórica que transpassava estes acontecimentos, cujas consequências eram a manifestação e a consumação política de posições teóricas, que, embora tivessem o seu lado verdadeiro, mostravam-se unilaterais. Era necessário compreender e abarcar, com novas categorias ou conceitos, as estruturas mais profundas deste pulular fenomênico, contraditório e excludente que, apesar de agir em nome da liberdade, fazia desta um ideal abstrato.

3. Um novo modo de compreender a relação entre indivíduo e o Estado

O parágrafo 257 da *Filosofia do Direito* apresenta, de forma sintética, a categoria de *efetividade* e de *substância* (ética), demonstrando que indivíduo e Estado não são conceitos contraditórios ou excludentes mas, ao contrário, o Estado como efetividade da ideia ética é o lugar onde o indivíduo alcança a consciência e a efetividade de sua liberdade. No *costume*, o Estado tem sua base imediata e, na "autoconsciência do singular, no saber e na atividade do mesmo, a sua existência mediada [...]".[344]

Assim concebido, o Estado é o lugar onde a substância ética imediata torna-se consciente de si, ou seja, onde ela realiza-se como liberdade e sabe-se como sujeito. A vontade torna-se transparente para si mesma pelo processo de reapropriação de si, através da consciência que os indivíduos têm de si mesmos, enquanto participantes de uma comunidade e dos costumes (*Sitten*) de sua época.

O atuar consciente dos indivíduos põe-se na forma de instituições que perpassam, pela sua racionalidade, a própria experiência vivida

---

[344] Hegel (2010), §257.

do conceito de liberdade no interior de uma comunidade, precisamente porque mediada pela reflexão do pensamento que suprassume a unilateralidade e a exterioridade como algo dado e engendra, pela atividade consciente do espírito de um povo, as novas figuras de mediação histórica da substância ética. É o espírito livre e consciente de si que se sabe e se quer como livre, e efetiva-se como livre exatamente porque sabe e quer o que sabe.

Este progredir do espírito representa o caminho através do qual a unidade imediata, vivida na forma do costume, tomou consciência da sua substancialidade e reconheceu-se como livre pelo atuar do indivíduo no interior das instituições. Por outras palavras, a substância ética torna-se consciente do fundamento verdadeiro e efetiva-se como liberdade pela mediação do saber que os indivíduos possuem da própria liberdade.

A liberdade enquanto essência do Estado realiza-se mediante o saber dos indivíduos que atuam sobre os próprios costumes e este processo de mediação consiste em fazer-se sujeito da substância ética. Com isso, o indivíduo ocupa um lugar insubstituível na lógica constitutiva do Estado, visto que neste, ele tem a sua liberdade substancial, ou seja, no Estado as determinações substanciais tornam-se livres por um movimento de exteriorização que libera o que está na sua interioridade como autoprodução da vida do espírito objetivo em suas manifestações sociais e políticas, que são o resultado da vida coletiva de um povo.

Neste processo, o Estado não é um mero produto da consciência individual, ou do atomismo social, aliás, ele é exatamente o seu contrário; uma universalidade orgânica, ou seja, uma "realidade efetiva (*Wirklichkeit*) da universalidade substancial"[345] que congrega de modo substancial parte e todo. O todo não é apenas uma composição de partes, mas caracteriza-se por uma anterioridade lógica em relação a elas. Sendo assim, o seu fundamento verdadeiro só se efetiva na forma de uma comunidade ética, que perpassa a vida dos indivíduos,

---

[345] Cf. Hegel (2010), §152.

integrando-os como membros de uma totalidade ética que culmina com o bem público. O indivíduo, aqui, na verdade, é designado de cidadão, aquele que reconhece que o bem privado não é contraditório com a comunidade ética, mas é antes, nela e por meio dela, que ele realiza-se como uma realidade público-política que supera a sua condição de indivíduo privado, integrando-o como membro de uma esfera mais alta de mediação da liberdade, o Estado.

O Estado libera, assim, o indivíduo para viver a sua dimensão social na medida em que, nele, a sua essência racional objetiva-se, não apenas na forma de um ideal absoluto, mas enquanto existência objetiva que tem na forma imediata do costume a realidade da vida universal capaz de produzir uma identidade entre a vida singular e a vida universal. O universal não é apenas algo visado pelo indivíduo singular, mas um existente efetivo da vontade substancial que se produz como consciência de si nas imediações dos próprios acontecimentos históricos. Qualquer explicação utilitarista ou historicista do Estado seria uma redução indevida frente ao conceito de Estado proposto por Hegel.

Não cabe à filosofia fazer a investigação genética dos Estados históricos, mas deve ocupar-se do seu conceito. Hegel, mais do que ninguém, procurou levar a sério esta tarefa filosófica elaborando um conceito de Estado fruto de uma complexa construção racional, incluindo a própria moral como parte deste conceito. Sob este ponto de vista, Hegel nega radicalmente todas as explicações teóricas que pretendem fundar o Estado num contrato.[346]

4. Crítica ao contratualismo

Segundo Hegel, o Estado não pode ser concebido como um contrato, porque o contrato procede do arbítrio e a vontade presente

---

[346] Cf. Hegel (2010), §75 e Z.

nele é apenas uma vontade comum posta pelos contratantes a partir de uma coisa exterior, a qual é objeto de alienação por estar restrita ao "arbítrio destes",[347] e não possuir um fim em si mesma. O Estado não pode ser reduzido à coisa exterior porque ele possui um fim em si mesmo, ao contrário desta, que o recebe da vontade particular.

Hegel critica a concepção moderna do Estado que pretende fundá-lo sob a premissa contratual, a qual afirma ser o "Estado como um contrato de todos com todos".[348] Hegel faz, aqui, uma clara alusão ao contratualismo moderno e demonstra a insuficiência deste ao pretender fundar o Estado a partir do contrato. No parágrafo 75 da *Filosofia do Direito* Hegel circunscreve o domínio próprio do contrato, e na anotação deste mesmo parágrafo nega que o casamento e o Estado sejam objeto de contrato.

No adendo ao parágrafo supracitado, ele apresenta as razões desta insuficiência, afirmando que

> "esta maneira de ver provém de que se pensa superficialmente só *numa* unidade de vontades diversas. No contrato há, porém, duas vontades idênticas, que são, ambas, pessoas e querem permanecer proprietários; o contrato parte, portanto, do arbítrio da pessoa, e este ponto de partida o casamento tem em comum com o contrato. Mas no caso do Estado isso é diferente, desde o início, pois não cabe no arbítrio dos indivíduos separarem-se do Estado, já que o indivíduo é, por natureza, cidadão do mesmo. A destinação racional do homem é viver num Estado, e se ainda não existe algum, é uma exigência da razão que ele seja fundado. É precisamente o Estado que tem de dar a sua permissão para entrar nele ou dele sair; isso não depende do arbítrio dos singulares e, por isso, o Estado não

---

[347] Cf. Hegel (2010), §73.
[348] Hegel (2010), §75Z.

se baseia no contrato, que pressupõe o arbítrio. É falso dizer que reside no arbítrio de todos fundar um Estado: é, muito pelo contrário, absolutamente necessário para cada um que [...] o Estado permaneça fim em si e por si, e que ninguém está autorizado como na Idade Média, a se conduzir em relação a ele segundo a sua estipulação privada."[349]

Esta longa citação visa deixar claro, pelos argumentos aí expostos, que o contrato não é apenas insuficiente para fundar o Estado, mas que de modo nenhum pode servir de base ou de fundamento dele. Em primeiro lugar, seguindo esta linha argumentativa, o contrato não pode servir como premissa explicativa do Estado porque aquele é apenas uma categoria mediadora entre vontades particulares, que têm como resultado prático produzir a vontade comum por um acordo entre indivíduos. Esta identidade da vontade comum refere-se à coisa exterior, passível de alienação, porque não possui um fim em si mesma, mas o recebe da vontade que lhe é exterior. Por esta razão, a coisa pode ser manipulada, usada, modificada e, assim, adaptada aos desígnios da vontade. Deste modo, "[...] a coisa é rebaixada a meio de satisfação da minha necessidade".[350] Ao contrário, o Estado, para Hegel, "é o racional em si e por si",[351] ele é a vontade universal, substancial e racional.

O Estado não é fruto de um pacto entre as vontades particulares que o constituem, mas uma superestrutura jurídica e política que detém o poder legítimo de empregar a força, se necessário for, para manter a ordem social ou para garantir a proteção da pessoa e da propriedade. Embora isto tenha a sua razão de ser – esse aspecto será analisado mais adiante –, não é este o fundamento verdadeiro do Estado. Hegel deno-

---

[349] Hegel (2010), §75Z.
[350] Hegel (2010), §592.
[351] Cf. Hegel (2010), §258.

mina de "estado exterior" esse modo de compreender o Estado, que é o modo de operar da sociedade civil-burguesa. Nas palavras de Hegel:

> "Se o Estado é confundido com a sociedade civil-burguesa e se a sua determinação é posta na segurança e na proteção da propriedade e da liberdade pessoal, então *é o interesse dos singulares enquanto tais* o fim derradeiro em vista do qual eles estão unidos, e daí segue-se, igualmente, que depende do bel-prazer ser membro do Estado."[352]

Para Hegel, o Estado é uma "unidade substancial", um "auto-fim imoto" e não produto da vontade particular que, ao instituí-lo, visaria à proteção e à salvaguarda dos interesses privados. Assim sendo, estes é que seriam colocados como fim último e o Estado, apesar de estar acima dos interesses particulares enquanto instituição, não seria um fim em si mesmo, mas um meio para realizar os interesses privados. A ação estatal cumpriria a função de vigiar, manter a ordem e punir os excessos ou as infrações praticadas por alguns indivíduos que lesam a propriedade e a liberdade pessoal de outros. Isto tem o seu lado verdadeiro, estritamente falando, mas não é a razão última da existência do Estado e, muito menos, a sua razão suficiente enquanto fundamento.

Este modo de fundar o Estado, a partir do contrato, nega implicitamente que ele seja o "fim último da razão" e faz dele apenas um fim estratégico posto por uma racionalidade instrumental, que age pautada pelo cálculo matemático para obter a maior vantagem – privada – com o menor risco na realização dos fins particulares. Com isso, confunde-se radicalmente o Estado com a sociedade civil-burguesa, lugar onde estes fins privados têm sua legitimidade e sua efetividade. Portanto, Hegel, ao distinguir claramente o conceito de Estado e o conceito de sociedade civil-burguesa, imprime um modo

---

[352] Hegel (2010), §258A.

original de compreender o Estado e integra em sua filosofia política os ideais da comunidade ético-política, de inspiração grega e, ao mesmo tempo, salvaguarda e integra igualmente o princípio da liberdade subjetiva moderna, que só obtém o seu reconhecimento político com a Revolução Francesa. Mas o princípio da liberdade subjetiva não é fruto exclusivo da modernidade. Ele é o resultado de um longo percurso de desenvolvimento histórico, que passa pelo Direito romano, pelo Cristianismo, pela *Aufklärung*, pela Reforma protestante e que obtém enfim o pleno reconhecimento com a Declaração dos Direitos do Homem e do Cidadão.

A nosso ver, com Hegel a Filosofia política atinge um novo patamar conceitual que possibilita abarcar a história passada e presente como sendo o desdobramento racional do conceito de Estado, como fim da razão, que libera pela mediação da autoconsciência de cada povo e pela sua autodeterminação, através dos costumes, o seu modo imediato de ser, até que o direito da particularidade, expresso como princípio da liberdade subjetiva, se determine como uma nova figura histórica, a qual representa um novo momento do desenvolvimento do conceito de razão que se determina como liberdade.

O Estado conceitual é esta unidade racional, "[...] no qual a liberdade chega ao seu supremo direito, assim como este fim-último[353] tem o direito supremo em face dos singulares, cujo *dever supremo* é o de ser membro do Estado".[354] O Estado é, aqui, concebido como o espírito objetivo e o "indivíduo só tem objetividade, verdade e eticidade enquanto é membro do Estado".[355]

A união entre indivíduo e Estado "é o verdadeiro conteúdo e fim"[356] do espírito objetivo. É através do Estado, enquanto realidade

---

[353] Ver a nota de Müller (1988), 26, onde é feita uma clara distinção entre *Endzweck* e *Letzter Zweck*.

[354] Hegel (2010), §258.

[355] Hegel (2010), §258A.

[356] Hegel (2010), §258.

efetiva da ideia, que cada indivíduo em particular vive a sua dimensão universal, e os seus interesses próprios coincidem com o elemento substancial e universalmente válido posto como ponto de partida, e concomitantemente também como ponto de chegada. Nisto está posto o próprio destino do indivíduo: o de "levar uma vida universal".[357] Aqui, a universalidade e a singularidade compenetram-se, e esta unidade concreta consiste na verdadeira integração entre a vontade universal e a vontade subjetiva que, agora, põe-se como "unidade da liberdade objetiva".[358] Esta unidade deixa que a liberdade enquanto saber individual se determine ou se realize nos seus fins particulares, segundo um agir que se determina em conformidade com princípios *pensados*, isto é, universais[359].

O elemento da universalidade possibilita ao indivíduo determinar-se em sua particularidade, como livre, porque, para efetivar seus fins, ela se põe como a condição última e fim imanente da razão, onde todo o agir particular, primeiramente mediado pelo seu querer e pelo seu saber, encontra no universal, não um elemento formal, estratégico, mas a sua verdadeira identidade, o seu fundamento verdadeiro. Assim, o universal, pelo operar dos indivíduos singulares, põe-se como um universal concreto, ou dito de outra forma, como um momento da ideia.

O Estado é esta efetividade da ideia, ou seja, a existência objetiva da própria universalidade expressa nas leis que são a mediação viva do universal, porque traduz o *ethos* de um povo e congrega-o na mais alta forma de vida comunitária. O universal, aqui, não é um ideal apenas visado, mas a própria essência, o racional, que toma a forma de uma existência objetiva. O Estado é, para o indivíduo, a realidade última que assegura a forma de vida universal, comunitária, por-

---

[357] Cf. Hegel (2010), § 258A.
[358] Cf. Hegel (2010), §258A.
[359] Cf. Hegel (2010), §258A.

que produz, pelo processo de mediação da liberdade, a identidade entre o universal e o singular. Esta identidade não suprime os seus polos opostos mas, ao contrário, integra-os de tal modo que só no interior desta totalidade orgânica os singulares encontram a verdadeira satisfação da vida assegurada pelo ser próprio desta cultura. Por esta razão, o Estado é o fim-último (*Endzweck*) que determina o bem enquanto ideia.

O Estado é este autodesenvolvimento do espírito que se compreende no conteúdo de seus momentos lógico-ontológicos – direito, moralidade e eticidade – como espírito objetivo, ou seja, como efetividade da ideia da liberdade transparente para si mesma que se articula, numa unidade sintética, no seu desdobramento existencial no interior da família, da sociedade civil-burguesa, e no Estado, como a mais alta esfera da vida sociopolítica. O Estado enquanto fim racional é identidade que possibilita que a diferença apareça como forma de vida do singular. Por isso,

> "o Estado é em si e para si, é o todo ético, a realização efetiva da liberdade, e o fim absoluto da razão é que a liberdade seja efetivamente real. O Estado é o espírito que fica (*steht*) no mundo e que se realiza nele com a *consciência*, enquanto que a natureza do espírito só se realiza efetivamente como o outro de si mesmo, como espírito dormente. Somente enquanto está presente na consciência, sabendo-se como objeto existente, o espírito é Estado [...]."[360]

O Estado é o espírito que se faz objeto de si mesmo. Por isso, seu ponto de partida não está propriamente na consciência dos singulares como se ele fosse uma decorrência destes. Ele tem uma existência na essência da autoconsciência, porém

---

[360] HEGEL (2010), §258Z.

> "esta essência realiza-se como poder subsistente por si, na qual os indivíduos singulares são somente momentos; é a marcha de Deus no mundo que é o Estado, o seu fundamento é o poder da razão que se realiza efetivamente como vontade [...]."[361]

O Estado como a marcha de Deus no mundo não deve ser entendido como expressão da vontade religiosa ou de uma religião em particular, mas como o racional que se pensa a si mesmo através do movimento reflexivo, como vontade filosófica que expõe o seu próprio fundamento lógico a partir do seu próprio ser e do seu atuar no mundo fenomênico e histórico. As religiões, neste caso, devem subordinar-se ao próprio Estado.

5. Estado e religião e a formação da vontade subjetiva

Toda e qualquer religião, enquanto organização temporal do sagrado através das diferentes Igrejas, deve aceitar, primeiramente, o Estado, e reconhecer-lhe a sua superioridade. Com este reconhecimento, assegura-se às diferentes religiões a liberdade de doutrina e de culto e o direito de estruturarem-se em instituições com um expediente burocrático próprio. Com o reconhecimento da religião e da sua organização temporal, segundo regras internas próprias, estruturadas com base no seu arcabouço doutrinário, o Estado reconhece no conteúdo religioso a mediação da liberdade sob a forma subjetiva da representação ou do sentimento religioso. Embora haja liberdade de organização e de expressão religiosa, cada membro da comunidade eclesiástica não pode furtar-se ao compromisso de cumprir as leis, enquanto cidadão, alegando que segue uma orientação religiosa. Assim, o Estado faz-se valer como sendo a verdadeira comunidade ética e racional que supera toda e

---

[361] Hegel (2010), §258Z.

qualquer fixação da particularidade em unilateralidades, mostrando sua verdadeira existência universal e racional na sua organização jurídica e política, que tem, nas leis, o elemento da universalidade operante que permeia a vida dos cidadãos e ao mesmo tempo atua como um poder eficaz, fazendo valer o universal frente à teimosia da particularidade.

Antes de qualquer coisa, todo o cidadão é membro do Estado e deve respeitá-lo, mas, o reconhecimento que Hegel tem pela religião indica claramente que a religião e o Estado não são organizações paralelas que disputam poder, mas este reconhecimento pressupõe que a religião contribui na formação subjetiva da consciência individual e cria uma disposição ética favorável para o fortalecimento da coesão social. Esta formação da consciência subjetiva pela forma representativa da religião contribui também na formação positiva da vontade, porque afirma a consciência da responsabilidade individual no interior da comunidade eclesial e sabe que só se realiza como livre enquanto membro que participa e respeita no outro o mesmo direito, porque todos partilham do mesmo princípio como sendo o elemento vital que anima a comunidade.

A religião atua no interior do Estado com uma força ética que imprime na consciência do indivíduo, pela formação doutrinária e pela organização hierárquica, o respeito às instituições e, pela liberdade de culto, exprime, igualmente, o direito da consciência ou da liberdade subjetiva manifestar-se publicamente, afirmando, assim, o direito da particularidade desenvolver-se e expandir-se não só enquanto interesse que visa a bens exteriores, mas enquanto formas de representação da própria vontade subjetiva.

6. O Estado como unidade da vontade substancial e da vontade particular

Nos parágrafos 257 a 259 da *Filosofia do Direito* Hegel sintetiza as teses centrais sobre o Estado, fazendo uma descrição geral do campo que será tratado posteriormente. Especificamente, o parágrafo 259 apresenta esta divisão da matéria sobre o Estado.

A importância temática dos parágrafos 257 e 258 fornece o tom de desenvolvimento posterior desta matéria. Segundo Gabriel A. Coll, estes dois primeiros parágrafos iniciais têm em comum um pensamento fundamental:

> "O Estado é a realidade efetiva, a atualização – no sentido aristotélico ou no sentido de realização conceitual – da ideia ética, dando a entender com isso que o Estado é a culminação de todo o anterior porque nele encontra sua realidade plena, o Estado é a realização da ideia da eticidade."[362]

Ainda segundo o mesmo autor, o parágrafo 257 da *Filosofia do Direito*,

> "Tem como tema a união do substancial e o subjetivo de costume e autoconsciência, de tal maneira que se o indivíduo tem no Estado sua essência e fim de sua atividade, o Estado por sua vez é produto da atividade do indivíduo [...]."[363]

Visto de forma isolada este parágrafo (257) poderia dar a falsa impressão de que o Estado é o produto da autoconsciência do indivíduo e, neste caso, o Estado não passaria de uma obra da razão estratégica, ou seja, ele seria rebaixado a meio para atingir fins privados ou para permitir usufruir em segurança os benefícios da propriedade. O Estado cumpriria uma função mediadora entre interesses conflitantes, e exerceria o poder de coerção sobre os indivíduos sempre que se fizesse necessário e sua ação seria isenta de paixão porque operaria em conformidade com a lei formalmente igual para todos.

---

[362] Amengual Coll (2001), 252.
[363] Amengual Coll (2001), 252.

Esta não passa de uma falsa proposição, ou, ao menos, apenas parcialmente verdadeira, em se tratando da concepção do Estado em Hegel. Ele critica duramente as concepções do Estado moderno, porque, apesar das diferenças teóricas, todas elas pretendem fundamentá-lo a partir da noção de contrato.

Ao contrário de tudo isso, o parágrafo 258 fornece novos elementos que se contrapõem à noção do Estado como um contrato ou como produto da vontade particular. Hegel acentua, aqui, o aspecto absoluto do Estado, como sendo o "razoável em si e para si" que se põe como "absoluto imóvel fim para si mesmo" no interior do qual a liberdade alcança seu direito supremo e o Estado, como este fim último, tem também o seu supremo direito frente aos indivíduos singulares aos quais se impõe o dever supremo de serem membros do Estado.

Estas teses sinteticamente referidas demonstram com toda a transparência teórica que o fundamento do Estado não está no contrato enquanto produto da vontade particular. Portanto, Hegel contrapõe às concepções instrumentalistas do Estado sua concepção substancialista. Ele não só nega ao Estado caráter de meio, que o reduz a fim estratégico dos interesses particulares, mas, ao contrário, concebe-o como sendo em si mesmo um fim absoluto que tem nele mesmo o seu próprio fundamento verdadeiro. Deste modo, o Estado é a substância que deixa sair de si todas as diferenças. O Estado é a condição de possibilidade para que a particularidade possa desenvolver-se livre e autonomamente como um novo patamar de mediação da ideia ética. Sob este ponto de vista, o conceito de liberdade subjetiva encontra seu solo fecundo e sua livre expressão, porque o próprio conceito de Estado abarca todas as esferas de mediação da liberdade, sendo cada uma delas apenas um modo particular que o ser-aí do conceito de Estado dá-se enquanto auto-desdobramento de si, colocando-se como realidade existente da ideia da liberdade. Deste modo, o conceito de Estado guarda unidos o interesse da liberdade subjetiva e o interesse da liberdade universal, objetiva.

O conceito de Estado é o desenvolvimento dialético da ideia da liberdade que se põe como autoconsciente em sua particularidade objetiva. Mas, este atuar do conceito afirma a sua superioridade lógico-ontológica em relação à particularidade, fazendo valer a superioridade do universal sobre o particular sem, contudo, eliminar o interesse da particularidade porque, aqui, a ideia encerra um nível de efetividade superior frente aos indivíduos singulares, que a reconhecem como constitutiva de sua própria essência. O Estado é o espírito substancial da liberdade subjetiva que tem nele a sua realidade efetiva. O Estado não se apresenta, aqui, como um ideal vazio, exterior, mas como a própria razão de ser da liberdade subjetiva. Por isso que o supremo dever do indivíduo é ser membro do Estado ou dessa totalidade ética, porque cada membro em particular só tem efetividade quando participa e partilha a vida orgânica do todo.

No parágrafo 260, encontra-se a exposição geral do Estado segundo sua constituição interna (§§260-271) anterior à exposição dos poderes que o articulam (§§272-320)[364]. A partir desta exposição geral do Estado, pode-se considerar dois aspectos distintos e implicados ao mesmo tempo, ou seja, o Estado desenvolve-se no

> "[...] âmbito subjetivo e no objetivo, isto é, no 'pensar e no saber' na autoconsciência, em substancialidade subjetiva da disposição de ânimo político dos cidadãos, por uma parte, e nas instituições, por outra"[365].

Este é o tema ou o objeto de exposição do parágrafo 268 da *Filosofia do Direito* que faz uma apresentação geral do próprio Estado no que diz respeito à sua constituição interna, destacando o momento subje-

---

[364] Amengual Coll (2001), 252.
[365] Amengual Coll (2001), 252.

tivo, o patriotismo, e introduz, a partir do parágrafo 269, o momento objetivo que se desenvolverá ao longo desta exposição.

Segundo Coll, "[...] o parágrafo 260 indica e resume o tema geral desta exposição geral introdutória"[366].Logo na abertura deste parágrafo, Hegel retoma sinteticamente a definição do Estado que havia já apresentado no parágrafo 257, o qual afirma ser,

> "o Estado a 'realidade efetiva da ideia ética', mostrando assim, que o Estado cumpre sua missão como Eticidade, ou seja, na Eticidade o Estado realiza de modo mais concreto a própria liberdade, isto é, o Estado é concebido como 'a realidade efetiva da liberdade concreta'(§260)."[367]

O Estado é a efetividade da ideia ética na medida em que sabe e realiza o que sabe pelo saber dos indivíduos. Por esta razão, pode-se ver que Hegel coloca o papel dos indivíduos no centro de suas preocupações na teoria do Estado, porque é por meio do seu saber e do seu agir que a substância ética torna-se mundo existente na exterioridade dos acontecimentos históricos. É a vontade substancial que se reconhece na sua própria objetivação, ou seja, toma consciência de si mesma nas imediações do mundo fenomênico, histórico. Deste modo, o Estado,

> "é a realidade efetiva da liberdade concreta, mas a liberdade *concreta* consiste em que a singularidade pessoal e os seus interesses particulares tanto tenham o seu *desenvolvimento* completo e o *reconhecimento do seu direito* para si (no sistema da família e da sociedade civil-burguesa), quanto, em parte passem por si mesmos ao interesse do universal, em parte reconheçam-no, como saber da vontade, como o seu

---

[366] Amengual Coll (2001), 252.
[367] Amengual Coll (2001), 252.

> *espírito substancial*, e sejam ativos a favor do universal como *fim-último*, e isso de tal maneira que nem o universal valha e possa ser consumado sem o interesse, o saber e o querer particulares, nem os indivíduos vivam apenas para este como pessoas privadas, sem querê-lo, simultaneamente, no universal e para o universal e sem que tenham uma atividade eficaz consciente do fim [...]."[368]

O texto acima demonstra o modo como a liberdade realiza-se no Estado, mantendo dialeticamente indissolúveis universalidade e particularidade. Se, por um lado, a liberdade consiste em que o indivíduo realize seus interesses e obtenha o seu pleno desenvolvimento, enquanto direito da particularidade, por outro lado, é também, e de igual forma, uma exigência da realização da liberdade que o Estado mostre-se e faça-se valer como o fundamento verdadeiro e sua verdade. Esta unidade dos dois momentos da realização do conceito de liberdade constitui o conteúdo real do conceito, que, pela dialética mediadora da ideia, faz da idealidade do conceito uma realidade efetiva porque

> "o princípio dos Estados modernos tem este vigor e esta profundidade prodigiosas de deixar o princípio da subjetividade plenificar-se até o *extremo autônomo* da particularidade pessoal e, ao mesmo tempo, de *reconduzi-lo à unidade substancial*, e, assim, de manter essa unidade substancial neste princípio da subjetividade."[369]

Só o Estado enquanto espírito ético universal, tem o prodígio de manter indissolúveis a vontade subjetiva e a vontade universal porque é nele que a liberdade se realiza com fim absoluto da razão.

---

[368] Hegel (2010),§ 260 grifo do autor.
[369] Hegel (2010),§260 grifo do autor.

Bibliografia

ALPINO, P. (1980): "Stände e Stato nella filosofia del dirito". In: *Revista Critica di Storia della Filosofia*, Firenze, ano 35, n. 3.

AMENGUAL COLL, Gabriel (1989): "De la filosofia del derecho a la crítica social: acerca de la crítica a la filosofía del estado de Hegel (1843) de Marx". In: *Sistema*, 91, pp. 107-121.

AMENGUAL COLL, Gabriel (2001): *La moral como derecho: estúdios sobre la moralidad en la Filosofía del Derecho de Hegel*. Madrid: Editorial Trotta.

Amengual Coll, Gabriel et ali (1989): *Estudios sobre la "Filosofía del Derecho"de Hegel*. Madrid: Centro de Estudios Constitucionales.

AVINERI, Shlomo (1973): *La teoria hegeliana dello Stato*. Trad. de Bruno Moffei Bari. (A tradução aqui citada, em português, é de Marcelo Perine, in *Síntese*, 30).

BOBBIO, Norberto (199): *Estudos sobre Hegel: Direito, Sociedade Civil, Estado*. Tradução Luiz Sérgio Henriques e Carlos Nelson Coutinho. 2. ed. São Paulo: Brasiliense.

BOURGEOIS, Bernard (1969): *La pensée politique de Hegel*. Paris: PUF.

BOURGEOIS, Bernard (2000): *O Pensamento Político de Hegel*. Tradução Paulo Neves da Silva. São Leopoldo: Ed. Unisino.

DUSO, G. (1979): *Il soggeto nello Stato di Hegel*. Critica marxista, v. 3, p. 69-82.

HEGEL, G. W. F. (1975): *Principios de la filosofía del derecho: o derecho natural y ciencia política*. Buenos Aires: Editorial Sudamericana.

HEGEL, G. W. F. (1986): *Grundlinien der Philosophie des Rechts oder Naturrecht und Staatswissenschaft im Grundrisse*. Frankfurt am Main: Suhrkamp.

HEGEL, G. W. F. (1995): *Enciclopédia das Ciências Filosóficas em Compêndio (1830)*. Vol. 3. Tradução de Paulo Meneses. São Paulo: Loyola.

HEGEL, G. W. F. (1996): *Lineamenti di Filosofia del Diritto. Diritto naturale e Scienza dello Stato*. Edizione del texto tedesco, introduzione, traduzione, note e apparati di Vincenzo Cicero. Milano: Rusconi Libri.

HEGEL, G. W. F. (2010): *Linhas Fundamentais da Filosofia do Direito ou Direito Natural e Ciência do Estado em Compêndio*. Tradução de Paulo Meneses et al. São Leopoldo, RS: Ed. UNISINOS.

ILTING, Karl-Heinz (1977): "Il concetto hegeliano dello stato e la critica del giovane Marx". *Rivista di Filosofia*, v. 7-8-9, pp. 116-145.

MÜLLER, Marcos Lutz (1988): *Textos didáticos. G. F. W. Hegel. O Estado*. Campinas: IFCH/UNICAMP.

NUZZO, A. (1990): *Representazione e concetto nela "lógica" della Filosofia del dirito di Hegel*. Napoli: Guida Editori.

PELCZYNSKI, Z. A. (1989): "La concepción hegeliana del Estado". In: Amengual Coll, Gabriel (ed.): *Estudios sobre la filosofia del derecho de Hegel*. Madrid: Centro de Estudios Constitucionales, pp. 249-288.

PERINE, Marcelo (1984): A essência do estado no §§ 257 e 258 da Filosofia do Direito de Hegel. In: *Síntese* 10, n. 30, pp. 41-49.

ROSENZWEIG, Franz (1976): *Hegel e lo Stato*. Trad. de Anna Lucia Künkler Giavotto e Rosa Curino Cerrato. Bologna: Mulino.

VALCARCEL, Amelia (1988): *Hegel y la ética: sobre la superación de la "mera moral"*. Barcelona: Editorial Anthropos.

VAZ, H. C. de Lima (1980): "Sociedade Civil e Estado". In: *Síntese*, Belo Horizonte, v. 7, n. 19, pp. 21-29.

Identidade e Diferença, Expressões Superficiais: Sobre o "Uso da Intuição" como Fundamento da Compreensão em Simmel

Identity and Diference, Superficial Expressions: About the "Use of Intuition" as the Basis of Comprehension in Simmel

Reynner Franco[*]
(Universidad de Salamanca)

Abstract: The controversy surrounding the historical comprehension and the suprahistorical comprehension provides Simmel with some keys to criticize the mechanistic conception of intuition, grounded on the assumption that comprehension is reached by processes of interaction of identical and/or different elements. Against this, Simmel redefines the meaning (and the elements) of the interaction of comprehension itself by suggesting the notion of "use of intuition" as a connecting thread to come to understand. This approach is related to Simmel's particular – pragmatic-evolutionary-vitalist – turn on Kant's transcendentalism. The "use of intuition" is revealed as a factual way to access a

---

[*] rfranco@usal.es
Reynner Franco é Professor na Universidade de Salamanca, e tem por domínio principal de investigação as áreas da Metafísica, Epistemologia, Intuicionismo, Intersubjectividade e Idealismo Alemão.

DOI: http://dx.doi.org/10.14195/978-989-26-1049-8_6

supraindividual "vital totality". In terms of both, its function and its content, this notion could form the main support or foundation of comprehension, which should be taken as a field or condition of the deduction.

Keywords: Historical comprension; suprahistorical comprehension; intuition; vitalist pragmatism; transcendentalism; Simmel

Resumo: A controvérsia em torno da compreensão histórica e supra-histórica oferece a Simmel algumas chaves para criticar a concepção mecanicista da intuição, atravessada pelo suposto de que a compreensão se consuma mediante processos de interacção entre elementos idênticos e/ou diferentes. Contra esta posição, Simmel redesenha o sentido (e os elementos) da interacção própria da compreensão, propondo a noção de "uso da intuição" como fio condutor do compreender. Este enfoque articula-se com a sua viragem especifica, pragmático-evolutivo-vitalista, do transcendentalismo kantiano. O "uso da intuição" revela-se como o modo fáctico de aceder a uma "totalidade vital" supra-individual. Tanto pela sua função, como pelo seu conteúdo, esta noção poderia corresponder ao principal suporte ou fundamento da compreensão, a qual deve ser suposta com o âmbito ou a condição da dedução.

Palavras-Chave: Compreensão histórica; compreensão supra-histórica; intuição; pragmatismo vitalista; transcendentalismo; Simmel

Um dos principais – e mais discretos – contributos para a relação entre a filosofia transcendental, a hermenêutica e o intuicionismo encontra-se na ontologia vitalista de Georg Simmel. Tal como o entendo, o seu conceito de "compreensão" (fusão da compreensão histórica e supra-histórica) antecipa, de certo modo, a viragem ontológica da compreensão exposta por Heidegger em *Ser e Tempo*. A possível diferença entre ambas as concepções – que refiro somente a título de introdução – poderia consistir em que Heidegger concebe a compreensão como um existenciário, a saber, o do "poder ser", como o que se projecta sobre as suas possibilidades, reservando a "interpretação" (ou exposição, *Auslegung*) para o desenvolvimento de cada uma das possibilidades[370] – como a relação que pode haver entre situar-se perante um tabuleiro de xadrez antes de começar a jogar e mover a primeira peça, – ao passo que para Simmel a compreensão é um "protofenómeno" – num sentido parecido com o de "existenciário" heideggeriano, – estreitamente vinculado ao "ritmo" do vital. Uma espécie de registo dinâmico, "supra-individual", segundo Simmel, cujas conformidades e objectivações (exteriorizações) transcendem o ponto de vista da vivência própria, pois partem de um "fluir unitário" em que os acontecimentos se encontram relacionados e que cada um de nós verifica – em parte de modo adequado, e em parte de modo inadequado – como "realizações do seu espírito" no decurso da história.

Assim, se cada um procurasse fazer uma sinopse da história das realizações do espírito humano, poderia experimentar, segundo propõe Simmel, o seu próprio espírito como vivendo em tais realizações e, ao mesmo tempo (como veremos mais abaixo), que tais realizações são – de modo "objectivo" – supraindividuais, sem que as possamos decompor ou separar mais além. O que experimentamos tem mais que ver, segundo Simmel, com a actualização e crescimento da nossa própria "força intuitiva". Simmel ilustra-o do seguinte modo:

> "na medida em que, considerando a arte italiana, chego à rigidez bizantina e à falta de movimento de diversos modos do Trecento, ao relaxamento individualizante do Quattrocento e, depois à unidade harmoniosamente compreendida do

---

[370] Cf. Heidegger (1967), § 32.

último Renascimento, experimento o meu espírito enquanto vive nestas suas realizações e, dilatando-se passo a passo, actualiza progressivamente a sua força intuitiva."[371]

Precisamente, a controvésia entre a compreensão histórica e a supra-histórica oferece a Simmel as chaves para criticar o ponto de vista mecanicista, que tenta dar razão da compreensão supondo como cindidos elementos superficiais (e até mesmo erróneos). A compreensão histórica (que é a percepção da actualização ou desdobramento da nossa "força intuitiva") consiste fundamentalmente em reconhecer o desenvolvimento – pressupondo um "sujeito ideal" capaz de fazer um tal caminho – da compreensão de momentos não deduzíveis entre si, cujo carácter atemporal nos situa por si próprio no "que" da compreensão, naquilo que temos de compreender: "nunca compreenderíamos o quê das coisas a partir do seu desenvolvimento histórico, se não compreendêssemos de algum modo esse mesmo quê; pelo contrário, evidentemente, todo o empreendimento seria de todo sem sentido."[372] Por outras palavras, a compreensão supra-histórica pode condicionar a histórica e, se isto é assim, os elementos que configuram o possível dualismo subjacente aos problemas centrais da compreensão não teriam que ver com a separação clássica entre as dimensões "internas" e "externas", mas antes entre o que Simmel descreve como "conteúdo anímico e conteúdo atemporal".[373] Ambos os conteúdos se dão de modo interactivo, e Simmel considera-os elementos que contêm o carácter de interdependência que, em grande medida, dá forma ao domínio da compreensão: "[aqueles elementos] mostram já na sua própria permanência ideal relações e dependências mútuas;

---

[371] Simmel (1999), 176. Versão castelhana: Simmel (2001), 179. (Incluo a paginação da tradução castelhana a seguir à da edição alemã, separadas por "/". Os excertos são traduzidos a partir da tradução castelhana, que alterei ligeiramente nalguns casos).

[372] Simmel (1999) 171/172.

[373] Cf. Simmel (1999) 171/172.

são, por assim dizer, símbolos atemporais da sua realização anímica temporal, as duas coisas em interdependência recíproca profundamente fundamentada."[374] Embora esta tese mereça uma análise específica, para as finalidades deste trabalho será suficiente – inicialmente – situar nela as razões por que se gera uma possível (e problemática) distinção entre os dois tipos de compreender (histórico e supra-histórico), em cuja contraposição Simmel encontra modos muito estreitos de interpenetração incondicionada (ou relativamente condicionadas). Como exemplo desta relação complexa poderíamos citar o seguinte passo de Simmel: "ao lado da afirmação de que a compreensão de Kant está condicionada pela sua dedução histórica, pode colocar-se esta outra: que a sua dedução histórica está condicionada pela sua compreensão."[375]

Mas esta interacção não é possível, segundo Simmel, por meio de algum processo de "assimilação" ou "transmissão" – cuja indemonstrabilidade e superficialidade o autor destaca reiteradamente, – processos que recaem necessariamente numa concepção atomista ou realista, que requer a pressuposição de uma identidade essencial, ou aspira alcançar um conhecimento das coisas "tal como são realmente".[376] Mas tão-pouco parte esta interacção de uma diferença absoluta, embora Simmel reconheça que esta interacção procura fundar uma relação com uma alteridade incomparável, na medida em que se trata de um protofenómeno: o tu, categoria que Simmel considera "tão decisiva para a construção do mundo prático e histórico, como a de substância ou de causalidade para o mundo científico-natural,"[377] e que é equivalente à compreensão, ou antes, são o mesmo, como define Simmel: "o tu e o compreender são precisamento o mesmo, por assim dizer, expresso uma vez como substância e outra como função; são um pro-

---

[374] Simmel (1999) 171/172.
[375] Simmel (1999) 173/174.
[376] Cf. Simmel (1999) 159/155.
[377] Simmel (1999) 161/157.

tofenómeno do espírito humano, como o ver e o ouvir, o pensar e o sentir, ou como a objectividade em geral como espaço e tempo, como o eu."[378] De um ponto de vista básico, tanto a compreensão histórica como a "objectiva" – trans-histórica, supra-histórica ou atemporal – consistiriam na função de interacção própria da relação do eu (espírito ou sujeito) com a alteridade (como segunda pessoa), entendida esta como um fenómeno originário com o qual se estabelece uma relação de trato ("entre tu e tu"), um modo recíproco de actuar um sobre o outro baseado na "via de uso" – por assim dizer – de intuições a que temos acesso e que desenvolvemos graça ao nosso carácter vital.

Isto situa-nos no ponto de vista organicista (vitalista) que se contrapõe à concepção mecanicista da intuição, encerrada nos intrincados pressupostos de que a compreensão se alcança por meio de processos de intercâmbio, transmissão (ou associação) de elementos idênticos e/ou dissemelhantes.

1. O uso da intuição

Aquilo que dá forma ao ponto de apoio de Simmel encontra-se no que poderíamos descrever – de modo provisório – como o "correlato" (ou "denotador") dos acontecimentos, ou seja, aquilo pela qual somos capazes de assinalar, ou mesmo descrever, um acontecimento, sem necessidade de o circunscrever a sujeitos a quem algo acontece, à sucessão temporal da qual podem surgir ou, em suma, às condições que o tornam possível.[379] Simmel descreve-o, mais concretamente, como a "utilização da intuição" que, para o compreender histórico, "está envolvida pelo seu uso, absolutamente inevitável, a cada instante da

---

[378] Simmel (1999) 162/158.

[379] Num sentido que me parece similar ao que descreve Waldenfelds a propósito dos "acontecimentos sem atributos" de Robert Musil, cf. Waldenfels (2004).

vida prática."³⁸⁰ Este "uso da intuição" perfila-se, em Simmel, como aquilo que compreendemos realmente da histórica, intrinsecamente vinculado "ao que acontece", tendo em atenção que a referida compreensão está condicionada pela interacção que levanta a pergunta: "como acontece que um homem compreenda outro homem?"³⁸¹

Se é correcta a tese de que o possível fundamento transcendental desta interacção se encontra no mencionado "uso da intuição", e que deste modo evitamos um longo caminho de pontes que medeiem entre os supostos – que tão-pouco sabemos com certeza se se encontram separados – então o que temos de esclarecer é a origem, desenvolvimento e comunicabilidade desta intuição. Supõe-se que para Simmel esta via evita muitos problemas típicos dos preconceitos clássicos que deixam por esclarecer os processos de interacção. Uma teoria que dê razão da compreensão por meio da empatia (e.g. Schleiermacher ou Dilthey), ou por meio da associação das próprias vivência com as expressões externas é insuficiente, especialmente dadas as dificuldaades e pressuposições do estabelecimento de relações entre experiências de dois tipos (interno-externa e externo-interna): "a experiência própria interno-externa não oferece a chave da experiência alheia externo--interna", de facto, esta chave só se requer "por causa da lamentável cisão do homem em corpo e alma."³⁸² Esta via representa um desvio (ou dilatação) considerável, além de que a possível interacção sob estes termos ficaria reduzida basicamente a processos de projecção cuja função seria equivalente à descrição de uma "mudança" espiritual, "assim como quem leva os seus móveis para uma casa que está vazia"³⁸³ – como comenta Simmel ironicamente – com a particularidade de que no caso da compreensão o transporte é demasiado especulativo.

---

³⁸⁰ Simmel (1999) 163/160.
³⁸¹ Simmel (1999) 154/146.
³⁸² Simmel (1999) 157/151.
³⁸³ Simmel (1999) 160/156.

No contexto da compreensão histórica, a via intuicionista/vitalista é aberta por Simmel quando expõe a sua convicção de que percebemos "todo o homem". Se reconhecêssemos aqui uma espécie de circularidade ou dialéctica da compreensão cujos elementos contrapostos fossem tipos gerais de experiência, e cuja relação nos fosse inteiramente desconhecida, poderíamos então advertir que Simmel busca um acesso à compreensão (histórica e objectiva) por meio da totalidade da vida em desenvolvimento, razão por que as suas realizações não nos são acessíveis precisamente – conforme observámos – pela identidade ou diferença entre tais experiências, pois tanto se constatamos em outros (ou em nós mesmos) semelhanças, como se constatamos em outros vivências e desejos completamente alheios aos próprios (e precisamente por isso os compreendemos), nos dois casos seguiríamos "vias de acesso mais longas", que conduziriam talvez à compreensão, mas que o fariam de um modo sem dúvida fragmentário. A intuição opera como percepção de uma "vida global", de uma "existência total", que inicialmente pode ser compreendida de um modo pragmático, ou seja, como uma percepção baseada no modo "como o homem actua sobre o homem".[384] Trata-se, por conseguinte, de um processo de "simbolização" – embora em constante desenvovimento – no sentido em que nos relacionamos com uma "totalidade" perante a qual executamos todas as nossas acções: tanto se pretendemos conservá-la como fenómeno originário, quanto se desejamos anulá-la, amá-la ou odiá-la. Em qualquer caso, a possibilidade de qualquer acção que se empreenda perante uma totalidade parte de uma percepção inicial que Simmel descreve em grande medida como um conhecimento

---

[384] Simmel (1999) 158/152. Neste ponto Simmel parece coincidir com a concepção geral de Bergson, que situa a faculdade de compreender como um anexo da faculdade de agir, que torna possível uma adaptação cada vez mais precisa: "Na faculdade de compreender mostra-nos um anexo da faculdade de operar, uma adaptação cada vez mais complexa e mais flexível da consciência dos seres vivos em relação às condições das existências que lhe são dadas" (Bergson (1985) 9).

primário e decisivo do outro. Um dos passos mais significativos a este respeito é o seguinte:

> "percebemos antes *o homem inteiro* e a corporalidade isolada numa abstracção adicional a partir deste, do mesmo modo como o olho, naquilo que percebe, não vê de modo anatomicamente isolado, mas vê o homem inteiro, cuja vida global (*Gesamtleben*) só está presente como se estivesse canalizada através do órgão sensorial particular. Esta percepção da existência total pode ser obscura e fragmentária, susceptível de melhoria por reflexão e experiência pessoal [...], pode ser todas estas coisas, mas é o tipo unitário subjacente ao modo como o homem actua sobre o homem, é a impressão global não legitimamente analisável a partir de um ponto de vista intelectual, este é, na maioria dos casos, o primeiro e decisivo conhecimento do outro, embora susceptível de muito maior aperfeiçoamento."[385]

Certamente este "primeiro e decisivo conhecimento do outro" como "impressão global" da "existência total" oferece importantes dificuldades para ser analisado, embora, conforme referi, o ponto de vista pragmático pode dar sentido a uma tal percepção ("da existência total") se a conceber como modo fundamental de interacção, justificado principalmente pela incapacidade de realizar uma autêntica abstracção do todo e das partes, tal como sucede na nossa capacidade receptiva, a qual recebe as suas impressões de um modo "não-separado". Poderíamos situar aqui uma espécie de ponto (ou momento) de interacção (ou abertura) em que o percipiente e a alteridade coincidem, momento em que tem lugar a expressão e a recepção de uma "integridade" (vida global, ou existência total) canalizada – como diz Simmel – através de

---

[385] Simmel (1999) 158/152.

um órgão sensorial particular. Em ambos os casos (o "eu" e o "tu") trata-se de um modo de actuar de um sobre o outro, os dois executam a interacção alternando actividade e receptividade, resultando desnecessário – se não mesmo impossível – separar os elementos desta experiência "inteira", conforme resume Simmel: "todo o particular que o homem oferece é *pars pro toto*."[386] Se bem compreendo, o que dá sentido a esta percepção da "existência total" do outro é uma espécie de prática (ou uso) das intuições, uma acção que não permite separar o agente em partes, e só poderíamos dizer que o sujeito íntegro que age "canaliza" a sua totalidade através de algum dos seus órgãos, e do mesmo modo o recebe o percipiente. Se isto é correcto, poderíamos dizer – a partir de Simmel – que uma possível separação (analítica ou intelectual) da referida totalidade seria, mais que uma abstracção, só por si uma fragmentação, e justamente na simples captação deste carácter fragmentário da totalidade se encontra já presente a função da compreensão como protofenómeno.

2. A intuição vital como "argumento transcendental" da compreensão (o ponto de partida do conhecimento intuitivo)

Se queremos justificar, à maneira da argumentação transcendental em sentido kantiano, esta concepção simmeliana da compreensão como protofenómeno de interacção entre "totalidades" não poderemos deixar de considerar que a sua proposta de superação do dualismo substancial cartesiano e do dualismo epistemológico kantiano – especialmente deste último – parte de uma relação fundamental que Simmel encontra entre a teoria da selecção natural e a teoria do conhecimento, mais concretamente, a partir da sua interpretação da fundamentação do conhecimento conforme alcançada por Kant.

---

[386] Simmel (1999) 158/152.

Num dos seus trabalhos menos conhecidos (*Über eine Beziehung der Selektionslehre zur Erkenntnistheorie*), Simmel esboça aquilo que entende como um "aprofundamento" do ponto de partida fornecido pela unidade transcendental da apercepção kantiana. Como é bem conhecido, esta unidade representa o fundamento que dá razão das condições de possibilidade do conhecimento, conforme exposto nas passagens clássicas da *Crítica da Razão Pura*, que cabe citar aqui brevemente: "a mesma função que confere unidade às representações distintas *num juízo*, confere também unidade à mera síntese de representações distintas *numa intuição*. Unidade que, expressada de modo geral, significa o conceito puro do entendimento."[387] Mais adiante, refere Kant: "a unidade transcendental da apercepção é a que reúne num conceito do objecto todo o diverso dado numa intuição. Por isso se chama unidade *objectiva*."[388]

Embora as implicações deste modo de compreender a unidade transcendental da objectividade seja, para Simmel, crucial para a sua própria concepção do conhecimento, a principal crítica que lhe dirige é que o enfoque kantiano procura superar o dualismo ser/representação concebendo fundamentalmente o ser como uma representação:

> "Se Kant superou o dualismo entre o representar e o ser concebendo também o ser como uma representação, então a unificação aqui levada a cabo [i.e., na proposta de Simmel] alcança um nível mais profundo: o dualismo entre o mundo como representação, tal como existe para nós de modo lógico-teorético, e o mundo como aquela realidade que corresponde à nossa acção prática, estaria superado pelo facto de que também as formas do pensar, que produzem o mundo como representação, são determinadas pela acção e reacção

---

[387] Kant (1995) B 104-5.
[388] Kant (1995) B 139.

práticas que formam a nossa constituição espiritual segundo necessidades evolutivas, do mesmo modo como formam a nossa constituição corporal. E se, atendendo à sua própria expressão, a doutrina de Kant pode resumir-se na afirmação de que a *possibilidade* do conhecer produz igualmente para nós os objectos do conhecer, então a teoria que aqui se propõe pode significa que a *utilidade* do conhecer produz igualmente para nós os objectos do conhecer."[389]

O avanço proposto por Simmel conduz o problema a um ponto em que o mencionado dualismo epistemológico deve ou ficar superado – ao reconhecer-se que a interacção parte de necessidades evolutivas que nos afectam de um modo integral (sem distinção entre as dimensões física e mental) – ou então passar a um segundo plano, dado o constrangimento (as necessidades) que suscita ou estimula o uso da intuição, um uso no qual, como vimos acima, não parece necessária – e ainda menos "útil" – nenhuma forma de dualismo, ideia com que Simmel abre o referido ensaio: "foi já há muito expressa a conjectura de que o conhecimento humano provém das necessidades práticas da preservação e cuidado da vida."[390]

Para Simmel, este pressuposto é comum ao realismo ("para o qual o conhecer é um receber e reflectir uma realidade absoluta") e o idealismo ("o qual faz determinar o conhecimento por meio de formas a priori do pensar"). A pista é dada pela viragem pragmática com que Simmel faz coincidir as expectativas de verdade de ambas as tendências sem necessidade de a formular em termos de correspondência, os quais ficariam reduzidos a meras reproduções de mecanismos de causa e efeito. O princípio da utilidade configuraria, por conseguinte, uma alternativa epistemologicamente mais plausível, porquanto oferece,

---

[389] Simmel (1992) 74.
[390] Simmel (1992) 62.

segundo Simmel, uma resposta clara ao dualismo implícito tanto no referido princípio quanto na expectativa da correspondência,[391] conforme é sugerido na seguinte comparação: "posto que só o pensamento verdadeiro pode ser fundamento da actuação favorável à vida, a verdade do representar deve ser cultivada aproximadamente tanto quanto a força muscular."[392] Como se disse, a resposta de Simmel persegue um princípio unificador, não posterior, mas prévio à dualidade contida na tese citada, ou seja – conforme descreve o autor – uma "raiz comum mais profunda" entre as necessidades práticas vitais e o mundo objectivamente cognoscível. Contudo, um tal princípio não conta senão com um modo de prova *a posteriori*:

> "Quando se diz que as nossas representações têm de ser verdadeiras, de modo a que a acção contruída sobre elas seja útil, não temos porém nenhuma outra prova senão justamente a exigência real que experimentamos por meio da actuação construída sobre elas. [...] Poderia também dizer-se porventura que não há nenhuma "verdade" teoricamente válida em razão da qual actuemos de modo conforme ao fim, mas *chamamos* verdadeiras àquelas representações que se evidenciaram como motivos de acção conforme ao fim e favorável à vida."[393]

O princípio da necessidade baseado na *acção favorável* permite a Simmel reformular o representacionismo, destacando que o conteúdo das nossas representações não tem que implicar – nem é possível esclarecê-la – uma relação de semelhança entre representação e coisa representada. Pelo contrário, os conteúdos das representações pos-

---

[391] A não ser que se coloque a questão a partir de um ponto de vista semântico ou artificial, como acontece posteriormente nas semânticas de Frege e Tarski.
[392] Simmel (1992) 63.
[393] Simmel (1992) 63.

suem estruturas e funções correspondentes ao fenómeno vital e, pela a sua *utilidade*, – contrariamente à possibilidade kantiana – geram os objectos do conhecimento.[394] Deste ponto de vista, o que opera é uma força representadora, o que conecta o elemento da causa com o do efeito é uma potência que persegue tanto a satisfação da vontade quanto um resultado externo favorável:

> "Que a vontade alcance o seu fim, que satisfaça os impulsos e necessidades do sujeito, não depende, por isso, de que a representação de que parte seja congruente com a realidade a que se dirige mas, pelo contrário, ela tem de desenvolver uma força que, através das mais diversas transformações do mundo espiritual, corporal e inorgânica, culmine num resultado subjectivamente satisfatório e objectivamente favorável.

Ora, um dos principais problemas que levanta esta concepção pragmático-vitalista poderia bem ser o seguinte: é viável um conceito de verdade quando as suas concepções são chamadas verdadeiras unicamente porque foram determinadas pela selecção natural como bases para acções favoráveis? Simmel considera que sim, mas não resiste a argumentar a favor de uma verdade independente, em vista da previsão de acções bem sucedidas no futuro. A este respeito considera que tal perspectiva se deve ao preconceito de que "as causas devem ter uma semelhança morfológica com o efeito."[395] Não se requer congruência entre o conteúdo de uma representação e a realidade para levar a cabo uma volição. Pelo contrário, a vontade gera, como citámos acima, uma força que conduz o

---

[394] Cf. Simmel (1992) 74. Noutro lugar propus uma vinculação deste aspecto do programa de Simmel com a concepção do conhecimento de Nietzsche, especialmente no que se refere ao carácter de "condição para a vida", enquanto parte da "força dos conhecimentos", cf. Franco (2008) 11ss.

[395] Como nota Coleman (2002) 61.

processo de alteração mental, física e inorgânica com vista a resultados favoráveis. Neste sentido, a distinção entre "conteúdo das representações" e "poder dinâmico representativo" é precisamente o que conduz a delimitar a noção de aquisição de conteúdos com objectividade, ou pensamento ideal, por um lado, e efeitos úteis ou favoráveis, por outro.[396]

Outro problema que se levanta a este respeito é o do critério para chamar verdadeiras ou falsas às representações particulares, dado que se trata de representações estabelecidas por selecção natural, na medida em que ficou provado o seu carácter favorável à vida. A resposta de Simmel é que existe uma relação imanente entre o corpo de representações que determina a verdade ou falsidade das representações particulares. Uma espécie de "coerência" entre representações que operam ao modo de axiomas que governam o sistema de representações e que, *entre* si mesmas são suficientes para justificar a verdade ou falsidade, embora, em última instância, se devam a um sistema cuja utilidade ficou evidenciada.

Isto permite distinguir, para Simmel, dois modos de expor o verdadeiro de uma representação sem necessidade de pressupor – à la Kant – um paralelismo metafísco entre representação e realidade absoluta. Um modo seria distinguí-los a partir da relação *entre* os elementos do conhecimento, cuja verdade tem lugar suposta a admissão de certos factos e princípios primeiros;[397] o outro modo é considerando a totalidade do conhecimento (ou o acto de conhecer). Nas palavras de Simmel:

> "Que estes mesmos axiomas sejam 'verdadeiros' em sentido teórico não é, evidentemente, outra vez teoricamente cognoscível, já que os fundamentos últimos de um domínio não podem

---

[396] V. Coleman (2002) 62.
[397] Cf. Simmel (1992) 68.

decerto ser novamente fundados dentro mas, em geral, fora do mesmo domínio. Os axiomas da geometria não são demonstráveis por via geométrica, nem os conceitos básicos do direito por via jurídica, etc. [...] Pode-se, por conseguinte, dizer que a verdade matemática existe somente *entre* os princípios singulares da ciência, mas a ciência, como totalidade, enquanto é suportada pelos seus axiomas, não é verdadeira no mesmo sentido em que o são os seus elementos."[398]

Do mesmo modo, a atenção à potência do representar como estimativa da acção favorável propõe uma resposta ao fenomenalismo elementar que resulta de uma concepção de harmonia pré-estabelecida, uma vez que, confome se mencionou antes, o ponto de partida da acção do sujeito não se encontra precisamente no conteúdo das suas representações, mas na própria potência (ou na força) de representar.[399]

Embora estas não sejam as únicas implicações epistemológicas das considerações de Simmel, creio que podemos acentuá-las como as mais significativas para uma aproximação ao seu modo particular do transcendentalismo kantiano. Nele encontro, naturalmente, aspectos que requerem uma análise pormenorizada, não só por ser a sua epistemologia evolutiva tão sugestiva no contexto da relação entre biologia e conhecimento, que começava a adquirir relevância no seu tempo,[400] mas também pelas suas implicações e influências

---

[398] Cf. Simmel (1992) 67-68.

[399] Cf. Simmel (1992) 70.

[400] Especialmente a sua afinidade às teses de Boltzmann, H. Poincaré y W. Whewell, e as suas matizes das teorias evolucionistas de Darwin, Huxley e Spencer, entre outros. A este respeito v. Campbell (1974) 455, n.77). Neste trabalho, Campbell apresenta uma interessante leitura em que destaca por exemplo, o desenvolvimento spenceriano de um "kantianismo evolucionista" (pré-darwiniano): "survival of the fittest", "rang of correspondences" (a classe hierárquica que se torna um estádio mais amplo e superior como manifestação em profundidade da distância receptiva e classe hierárquica de utilidade meio-ambiental. Este questionamento desemboca, segundo Campbell, num

na epistemologia evolutiva contemporânea, em especial na discussão contemporânea sobre a possível incompatibilidade entre as noções de "verdade objectiva" e "selecção natural".[401] No entanto, prosseguir essa análise no contexto deste trabalho excederia o âmbito hermenêutico em que se enquadra, cujo objecto principal foi situar as possíveis bases transcendentais do conceito simmeliano de compreensão, o que espero ter conseguido ao menos aproximadamente.

Na minha opinião, se há algo que pode ser descrito de um ponto de vista "transcendental" no pensamento de Simmel é a vida (na sua concepção organicista). Concretamente, conforme o que se disse antes, a "totalidade vital" como movimento, como "ritmo" – usando a sua própria expressão – é o que torna possível a compreensão, já que esta não é mais do que a "exteriorização" da referida totalidade.[402] Como conclusão, retomemos a crítica reiterada de Simmel de que a compreensão não é possível (ou não se consuma) precisamente por empatia ou assimilação, mas os indivíduos viventes se

---

realismo ingénuo, ao aceitar o dado de facto dos processos cognitivos como fundamentalmente válidos (cf. Campbell (1974) 437). Bergson manifestar-se-ia contra esta "perfeição" spenceriana, ao passo que Simmel aceitaria uma epistemologia baseada na selecção natural. Antecipando-se a Bergson, Simmel observa que os mundos fenoménicos animais diferem uns dos outros segundo os aspectos particulares do mundo a que se adaptaram (cf. Campbell (1974) 438).

[401] A partir da década de setenta começou a dar-se maior atenção às teses de Simmel, principalmente por parte de Campbell (1974), Campbell (1988) e – de modo indirecto – por Popper (1974), retomada em seguida por Coleman (2002). Poderia considerar-se que se trata de um ´primeiro relatório` teórico não só do conteúdo do ensaio *Über eine Beziehung der Selektionslehre zur Erkenntnistheorie*, mas também, e principalmente, das suas implicações para a própria epistemologia evolutiva de Popper, Campbell e Coleman. Campbell incorpora Simmel ao reconhecer que apesar da sua própria intenção (e também de Popper) de refutar o pragmatismo, o instrumentalismo ou o utilitarismo subjectivo, a epistemologia baseada na selecção natural (defendida por ambos, Campbell e Popper) parece conduzi-los inelutavelmente ao pragmatismo ou ao utilitarismo. Campbell defende que Simmel expôs o problema de modo honesto, mas também forçado (tal como o fizeram Mach e Poincaré), pelo que seria necessário deter-se numa argumentação que tornasse compatível esse possível resultado (pragmático e utilitarista subjectivo) com a busca da objectividade na ciência (cf. Campbell (1974) 451).

[402] Simmel (1999) 177/180.

reconhecem nas suas realizações, cada indivíduo se reconhece na história graças à rota marcada pelo "uso da intuição", não obstante só o possamos conceber como "história" se imaginarmos, como sugere Simmel, um sujeito ideal que pareça desenvolver-se através do trânsito de uma intuição para outra, o qual se exercita num âmbito muito originário, onde nos reconhecemos apenas como "exemplos" de concreções ou cristalizações supra-individuais. Advertirmo-nos como vivos é – poderia dizer-se assim – a primeira intuição "transcendental", é a porta de entrada para todas as outras intuições, nas quais o "eu", o "tu", o "ver", "ouvir", "pensar", "compreender", etc., são protofenómenos que interagem no cenário de uma vida supra-individual, em cujo pulsar cada indivíduo pode perceber--se a si mesmo somente como um caso particular (ou exemplo) da vivacidade propriamente dita:

> "Mostra-se, por isso, que o ritmo, a constante mobilidade da vida, é o portador formal da compreensão. Inclusivamente naqueles contextos de conteúdos fácticos [Sachgehalte] que, por sua vez, tornam originalmente compreensível o acontecer *vivente concreto* destes conteúdos fácticos. Mas a autêntica e efectiva vivacidade daquele sujeito ideal é uma conformação e objectivação duma vivacidade tal que advertimos em nós próprios, mas como uma conformação e objectivação supra-individual de que somos, por assim dizer, apenas um exemplo."[403]

Recorrendo a uma metáfora musical, segundo o fio do fluxo de mobilidade que Simmel descreve como "portador formal da compreensão" poderíamos sugerir que a vida individual como ser compreensivo parece consistir fundamentalmente em "seguir o ritmo".

---

[403] Simmel (1999) 175/178.

Bibliografía

AGÍS VILLAVERDE, Marcelino (2000): "El sentido del ser interpretado". In: Valdés, M. et al: *Con Paul Ricoeur: indagaciones hermenéutica*. Caracas: Monte Ávila Editores, pp. 91-114.

BERGSON, H. (1985): *La evolución creadora*. Trad. M. L. Pérez, Barcelona: Planeta-Agostini.

CAMPBELL, D. T. (1988): "A General 'Selection Theory' as Implemented in Biological Evolution and in Social Belief-Transmission-with-Modification in Sciences". In: *Biology and Philosophy* 3, 171-177.

CAMPBELL, D. T. (1974): "Evolutionary Epistemology". In: P. A. Schilpp (Ed.): *The Philosophy of Karl Popper*. Vol. 1, La Salle: Open Court, pp. 413-463.

COLEMAN, M. (2002): "Taking Simmel Seriously in Evolutionary Epistemology". In: *Studies in History and Philosophy of Science*, vol. 33 (Issuel 1), pp. 55-74.

FRANCO, R. (2008): "Intuición y concepto. Ampliación simmeliana de la epistemología de Nietzsche". In: *Euphyía. Revista de Filosofía*, n° 2, pp. 9-25.

FRANCO, R. (2007): "Ontologie des Lebens als unmittelbare Wahrheit des Denkens. Anmerkungen zu Hegels Leben-Erkennen-Dialektik und Simmels Selbsttranszendenz des Lebens". In: A. Arndt (Ed.), *Hegel-Jahrbuch 2007: Das Leben denken*. Vol. II, Berlin: Akademie Verlag, pp. 206-213.

HEIDEGGER, M. (1967): *Sein und Zeit*. Tübingen: Niemeyer.

KANT, I. (1995): *Kritik der reinen Vernunft*. W. Weischedel (Ed.), Franktfurt a. M.: Suhrkamp. [Edición española: Kant, I. (1997): *Crítica de la razón pura*, (trad. de P. Ribas), Madrid: Alfaguara.]

POPPER, K. R. (1974): "Campbell on the Evolutionary Theory of Knowledge". In: P. A. Schilpp (Ed.): *The Philosophy of Karl Popper*, vol. 2, La Salle: Open Court, pp. 1059-1065.

SIMMEL, G. (2001): "Vom Wesen des historischen Verstehens". In: Simmel, G. (1987), Vol. 16, pp. 151-180. [versión castellana: Simmel, G. "De la esencia del comprender histórico". In: *El individuo y la libertad. Ensayos sobre crítica de la cultura*. S. Mas (tr.). Barcelona: Península.]

SIMMEL, G. (1992): *Über eine Beziehung der Selektionslehre zur Erkenntnistheorie*. In: Simmel, G. (1987-), Vol. 5, pp. 62-74.

SIMMEL, G. (1987-): *Gesamtausgabe in 24 Bände*. O. Rammstedt (Ed.): Frankfurt am Main, Suhrkamp.

SIMMEL, G. (1989): *Aufsätze 1887 bis 1890; Über sociale Differenzierung; Die Probleme der Geschichtsphilosophie (1892)*. In: Simmel, G. (1987-), Vol. 2.

SIMMEL, G. (1992): *Aufsätze und Abhandlungen 1894-1900*. In: Simmel (1987-). Eds. H.-J. Dahme – D. Frisby (Eds.), Vol. 5.

SIMMEL, G. (1999): *Der Krieg und die geistigen Entscheidungen [u.a]*. In: Simmel (1987-). Eds. G. Fritzi; O. Rammstedt . Vol. 16.

WALDENFELS, W. (2004), "El poder de los acontecimientos". *Azafea. Revista de filosofía*, 6. Trad. R. Franco, pp. 139-151.

HUSSERL/FINK: SOBRE OS LIMITES DA TRANSCENDENTALIDADE
HUSSERL/FINK: ON THE LIMITS OF TRANSCENDENTALITY

Alberto Marcos Onate*
(UNIOESTE – Universidade Estadual do Oeste do Paraná)

Abstract: Starting from some texts of the north-american interpreter Ronald Bruzina, attempts to explore the status of the relationship between Husserl and Fink in line to the different conceptions of transcendentality elaborated for both. The core of the differences atine the scope of the phenomenological reduction, especially on the need of noetic-noematic polarities. It is noteworthy that the influence of Fink is characterized by a descartesianization and simultaneous kantianization of the final stage of Husserl's thought, while the counterparty of Husserl in finkian meditation concerns the outline of a meontic dialectic of the originary temporality.

Keywords: Transcendentality; Husserl; Fink; Mereology; Phenomenological Reduction; Meontic.

---

* am.onate@uol.com.br
Doutor em Filosofia pela Universidade de São Paulo e pós-Doutor pela PUC-RS. É Professor Associado nos Cursos de Graduação e de Pós-Graduação (*Stricto Sensu*) em Filosofia da UNIOESTE – *Campus* Toledo. Dedica-se ao estudo da Ontologia moderna e contemporânea, principalmente Kant, Nietzsche, Husserl, Heidegger e Sartre. Atualmente está voltado às questões do transcendental e do tempo na fenomenologia do século XX.

Resumo: Partindo-se de alguns textos do intérprete norte-americano Ronald Bruzina, procura-se explorar o estatuto da relação entre Husserl e Fink em consonância às diferentes concepções de transcendentalidade elaboradas por ambos. O núcleo das divergências atine ao alcance da redução fenomenológica, mormente quanto à necessidade das polaridades noético-noemáticas. Destaca-se que a influência de Fink caracteriza-se por uma descartesianização e simultânea kantianização da etapa final do pensamento husserliano, ao passo que a contraparte de Husserl na meditação finkiana concerne ao esboço de uma dialética meôntica da temporalidade originária.

Palavras-Chave: Transcendentalidade; Husserl; Fink; Mereologia, Redução fenomenológica; Meôntica.

1. Questões condutoras

Publicado inicialmente em 1933 na revista *Kant-Studien* 38, o artigo de Eugen Fink, cujo título polêmico é "A Filosofia Fenomenológica de Edmund Husserl na Crítica Contemporânea", constitui momento decisivo no fecundo diálogo entre a fenomenologia husserliana e o criticismo kantiano com seus vários desdobramentos neokantianos. No prefácio ao texto de Fink, Husserl considerava a maioria das críticas dirigidas à sua fenomenologia como superficiais, pois, embora citando suas palavras, não captavam o sentido profundo delas, não merecendo, portanto, resposta direta e explícita devido à incompreensão do cerne de suas concepções. Tratava-se de análises oriundas de "debutantes filosóficos, aos quais faltava a maturidade inerente a toda operação crítica séria".[404] Havia, porém, críticas mais consistentes

---

[404] Husserl (1989), 182.

e responsáveis, merecedoras legítimas de uma explicação recíproca (*Auseinandersetzung*), com destaque para as leituras neokantianas.

Assumindo o estatuto imperfeito e ainda incoativo de suas exposições, bem como o excesso de trabalho na elaboração e sistematização de suas ideias nucleares, o pensador alemão solicitou a seu assistente à época que redigisse um texto visando a elucidar as principais divergências entre ambas as posições teóricas e, após lê-lo minuciosamente, constatou que "ele não contém uma só frase de que eu não possa integralmente me apropriar, que eu não possa reconhecer expressamente como minha própria convicção".[405] Tal confissão, entretanto, comporta matizes e deve ser interpretada *cum grano salis*. Ronald Bruzina, ao introduzir sua tradução da *Sexta Meditação Cartesiana*, escrita por Fink, bem como no livro de sua autoria *Edmund Husserl e Eugen Fink: Começos e Fins em Fenomenologia, 1928-1938*, analisa os pormenores da relação multiforme entre os dois pensadores. Alguns aspectos da reconstrução biográfica, conceitual e argumentativa de Bruzina serão relevantes no contexto da análise pontual que desenvolverei.

Na introdução à tradução, publicada em 1995, o intérprete estadunidense sustenta que as revisões de Fink das cinco primeiras meditações e a escrita da sexta meditação, durante o período em que foi assistente de Husserl (1928-1938), "contribuíram positiva e diretamente para o deslocamento da base cartesiana da exposição da fenomenologia"[406]. Gradativamente, as *Meditações Cartesianas* agregavam contornos e conteúdos cada vez menos cartesianos. Tal influência marcante mostra que o vínculo Husserl/Fink, desde o começo, não foi de mera assistência. Missivas de ambos, trocadas entre si e com terceiros, bem como anotações pessoais e textos públicos, mencionados por Bruzina, manifestam, sobretudo da parte de Husserl, caracterizações eloquentes: - numa carta ao padre Daniel Feuling, de 30 de março de 1933, Husserl confessa,

---

[405] Husserl (1989), 183.
[406] Bruzina (1995), IX.

referindo-se a Fink, que "...pensamos juntos: somos como dois vasos comunicantes..."[407]; - escrevendo diretamente a Fink, em 21 de julho 1934, Husserl reconhece que aquele nunca foi apenas seu assistente, seu secretário: "você é meu co-trabalhador (*Mitarbeiter*) e, adicionalmente, meu disseminador (*Seminar*), meu educador (*Lehrtätigkeit*)"[408]; - noutras cartas, de 29 de outubro de 1931 e 11 de setembro de 1933 a Felix Kaufmann, ele fala de "uma ressonância tão completa que eu encontro com ele (Fink)" e detecta nele um "incomparavelmente intenso copensador"[409]. De sua parte, Fink assevera retrospectivamente em sua *História Política de Minha Carreira Científica*, de 1945:

> "Husserl reconhecia minha independência intelectual justamente por que sempre buscando minha contradição produtiva e meu criticismo, que ele precisava como estímulo para objetivar seu pensamento criativo[, ...] eu agi, de certo modo, como um catalisador intelectual para ele."[410]

Pelos testemunhos referidos, detecta-se um misto de proximidade e distância no intercâmbio de Husserl e Fink, cuja repercussão extrapola a individualidade dos pensadores envolvidos, constituindo antes um aprofundamento das investigações e do discurso fenomenológicos enquanto um todo. O núcleo do debate concerne ao estatuto da redução fenomenológica e ao circuito conceitual-argumentativo nela implicado. Bruzina ressalta, de modo pertinente, que as revisões finkianas das cinco meditações redigidas por Husserl, bem como a sexta meditação, cuja autoria integral é de Fink, instauram um processo indelével de descartesianização (*de-Cartesianizing*) das versões

---

[407] Husserl (1994), vol. 7, 83.
[408] Husserl (1994), vol. 4, 93.
[409] Husserl (1994), vol. 4, 184 e 196.
[410] Fink (2005), 4-4, 2.

do texto propriamente husserliano. Tal processo, exposto de maneira sumária, inicia-se já na primeira meditação, substituindo-se o ponto de partida calcado na ideia de ciência pela pré-doação do mundo, passando pela troca da irredutibilidade do eu puro em favor da incontornável crença-no-mundo como transcendentalmente inerente àquele, prolongando-se no incisivo descarte dos desdobramentos empáticos e emparelhadores do eu puro pelo vínculo estrito de temporalidade e intersubjetividade transcendentais, e finalizando na autocrítica transcendental da fenomenologia, na famosa fenomenologia da fenomenologia, que remata o deslocamento das *Meditações* para contextos kantianos demarcados já no título adotado por Fink para a sexta delas: "A ideia de uma teoria transcendental do método", cujo núcleo questionante é a reflexão transcendental. Segundo o intérprete estadunidense, o crucial da *Auseinandersetzung* é que

> "para Fink, a forma de autocrítica que a fenomenologia efetua numa teoria transcendental do método é governada por abordagens explícitas da questão do ser dentro dela, enquanto para Husserl não há necessidade real na fenomenologia transcendental de tornar um tema especial a questão do ser."[411]

Dois conceitos, de vital importância teórica e de difícil tradução, destacam-se no discurso finkiano acerca desta diferença: *Verweltlichung* e *Weltbefangenheit*, a serem discutidos a seguir nesta exposição.

Bruzina prossegue, no livro mencionado, suas pesquisas atinentes à relação Husserl/Fink a partir da consulta e sistematização do máximo de documentos disponíveis, visando um balanço o mais completo possível das discordâncias e concordâncias entre os dois pensadores, num intercâmbio contínuo de apropriações e desapropriações, decisivo para entender-se a tessitura imanente da fenomenologia husserliana

---

[411] Bruzina (1995), XLIX.

em sua última versão. A contribuição do trabalho de Bruzina para a fortuna crítica de Husserl é indiscutível, merecendo a sua difusão, sobretudo, no Brasil, cenário filosófico em que, segundo as informações de que disponho, ela não mereceu, até o momento, nenhuma abordagem, mesmo que fosse introdutória.

Meu tratamento dos textos de Bruzina não implica em debater, globalmente ou em seus detalhes, as diversas interpretações das leituras husserlianas intrínsecas das obras cartesiana, kantiana ou dos neokantianos, investigações de reconhecido valor filosófico em seus circunscritos propósitos.[412] Meu foco precípuo pretende apresentar criticamente o trabalho desenvolvido pelo intérprete estadunidense, tendo como questão condutora a discussão acerca dos limites da transcendentalidade, tema decisivo que aproximou filosoficamente Fink de Husserl e vice-versa, embora também contribuísse para distanciá-los, não pela negação liminar de partes ou de todo pensamento um do outro, mas pelo anseio radical de franquear aqueles limites.[413]

2. A reconstrução conceitual e argumentativa de Bruzina

Fink chega, pela primeira vez, a Freiburg no semestre hibernal de 1925, assistindo, além de outros cursos oferecidos pela universidade na ocasião, às aulas de Husserl sobre as *Questões Fundamentais da*

---

[412] Cabe, todavia, indicar aos leitores interessados no aprofundamento das análises aqui desenvolvidas alguns trabalhos importantes que exploram *ex professo* a relação entre as filosofias husserliana, cartesiana, kantiana e/ou neokantiana: - Ehrlich (1923); Kreis (1930); Zocher (1932); Kern (1964); Carr (1999); Luft (2004a); Nenon (2008); Luft (2004b); Overgaard (2002); Bello (2005); Lerner (2012). Dois livros em português, embora não adotem como fio condutor explícito as influências cartesianas, kantianas ou neokantianas na fenomenologia de Husserl, merecem destaque, pois suas questões-guias se entrelaçam àquelas que analiso neste trabalho: Nabais (1998); Alves (2003).

[413] Menciono três livros publicados nos últimos anos tratando do período final da filosofia husserliana e, dois deles, diretamente da relação Husserl-Fink: Sebastian Luft (2002); Kerckhoven (2003); e Mohanty (2011). Dados os limites desta exposição, contudo, não poderei resgatar nem discutir pontualmente as interpretações neles defendidas.

Lógica. Na sequência, ele se transfere a Berlim por um curto período, frequentando lá também cursos variados, e retorna a Freiburg no semestre hibernal do ano seguinte, lá permanecendo até 1939. Em agosto de 1928, ele se torna o segundo assistente de Husserl, sendo Ludwig Landgrebe o primeiro. A partir de março de 1930, permanece enquanto único assistente, com a interrupção do trabalho de Landgrebe para dedicar-se à sua *Habilitation*. A primeira tarefa de Fink no posto foi organizar os *Manuscritos de Bernau* visando convertê-los num texto publicável. Atividades como esta estimularam o intercâmbio teórico, no mesmo nível pensante, de Fink e Husserl, até a morte deste. Além da importante missão de concatenar e tornar compreensíveis aos leitores os textos husserlianos, Fink dialoga de maneira altiva com o fundador da fenomenologia, àquele momento já desprovido, pela idade avançada e pelos problemas de saúde, da energia vital e mental desfrutada na juventude e na maturidade. Gradativamente, o assistente assume o estatuto de colaborador decisivo[414].

O arguto colaborador adentra nas investigações husserlianas a partir de seu núcleo: a redução fenomenológica. O último curso de Husserl, ministrado no semestre hibernal de 1928, antes de se aposentar, trata do tema, e o assistente destaca, em suas anotações privadas, o caráter circular do método fenomenológico nela alicerçado, num processo contínuo de autorrevisão. Tal procedimento autocrítico da razão remonta à época das *Investigações Lógicas*, sob a caracterização de um movimento em ziguezague; naquela versão, entretanto, como nesta, Fink detecta as lacunas da exposição husserliana, ao não explicitar como e em que níveis isto se processa. Já em sua *Dissertação Inaugural*, defendida em 13/12/1929, perante Husserl e Heidegger, nos papéis respectivos de *Referent* e *Korreferent*, Fink expressava reticências ao

---

[414] Não considero diretamente as relações Husserl-Heidegger e Fink-Heidegger durante estes anos, bem como o impacto da leitura do texto de Georg Misch *Filosofia--Vital e Fenomenologia: Uma Abordagem da Orientação de Dilthey Via Debate com Heidegger e Husserl*, pois tais pormenores encontram-se devidamente explorados no livro de Bruzina.

projeto fenomenológico husserliano *tout court*. Os principais aspectos do distanciamento concernem à legitimidade da bifurcação estrutural entre noese e noema, bem como às suas implicações para a análise da temporalidade. A descrição dos âmbitos noéticos e noemáticos vincula-se diretamente aos dados subjetivos-objetivos da atitude natural, sem que Husserl pense noeticidade e noematicidade em si próprias enquanto operações constitutivas fundamentais. Na ausência de tal análise, fica comprometida a elucidação da temporalidade vigente nas presentações (*Gegenwärtigungen*) e presentificações (*Vergegenwärtigungen*), sobretudo, no tocante à iterabilidade dos vários horizontes temporais, tomados em suas singularidades e em suas inter-relações. É em tal contexto teórico que o intérprete estadunidense encontra um momento capital do "fator kantiano em fenomenologia"[415].

Influenciado pelo conceito heideggeriano de indicação formal, entendido segundo parâmetros da transcendentalidade kantiana, Fink considera indispensável à radicalização do programa fenomenológico husserliano uma autocrítica aplicável a todos os seus níveis descritivos. Isto remete às exigências sistemáticas do trabalho fenomenológico, à sua arquitetônica, demanda assumida por Husserl, sem que pudesse atendê-la até aquele momento de sua trajetória pensante, almejando ao menos iniciá-la com as *Conferências de Paris* e as *Meditações Cartesianas*. Sem a delimitação e a hierarquização explícitas dos planos descritivos e a análise de suas inumeráveis inter-relações, as abordagens, ainda que exaustivas, de âmbitos noético-noemáticos circunscritos, se mostram insuficientes. Sem a visada fenomenológica total e sistemática, as visadas parciais só podem advogar o estatuto de preliminariedade, a ser necessariamente preenchido. No limite, Fink aponta a uma crucial deficiência mereológica das exposições husserlianas.

Lacuna mereológica peculiarmente grave no tocante ao vínculo entre a correlação noético-noemática e a temporalidade: esta pode ser

---

[415] Bruzina (2004), 83.

descrita mediante aquela ou aquela se subordina ou, até mesmo, deixa de operar nesta? Em suas anotações pessoais da época, Fink sustenta a segunda alternativa, detectando no âmbito derradeiro dos processos temporais a atividade constituinte de uma proto-noematização (*Urnoematisierung*), em cuja operação os dados ônticos, naturais resgatam sua cidadania fenomenológica. Tal direção metodológica implica em repensar o estatuto da subjetividade transcendental a partir de uma investigação radical de seu modo de ser, tarefa que se diferencia tanto dos enquadramentos husserlianos quanto heideggerianos: nem o conceito de subjetividade transcendental, desprovido de vínculos ônticos, nem o de *Dasein*, enraizado na onticidade, exploram cabalmente o âmbito radical de instauração de qualquer nível fenomenológico. Só uma investigação meôntica pode lograr êxito em elucidar o plano constitutivo final.

O primeiro óbice a evitar concerne ao caráter definitivo atribuído às exposições públicas de Husserl sobre a *epoché* fenomenológica, ao passo que, adequadamente consideradas, elas se mostram apenas preliminares e introdutórias, implicando no risco de serem interpretadas de maneira unilateral em seu aspecto noemático e, portanto, descurando-se do aspecto noético. A pergunta decisiva concerne a quem ou o que opera a redução fenomenológica, sendo que os próprios atos redutores devem ser reduzidos no processo. Fink entende que Husserl, para evitar o caráter paradoxal do mecanismo redutor, desconsidera o viés ontológico nele implicado ou, nas palavras de Bruzina: "o ato cognitivo permaneceu definido exclusivamente em termos da correlação de sujeito e objeto, num equívoco que colapsou tanto a *ordo essendi* quanto a *ordo cognoscendi*".[416] Outro ponto restritivo das exposições husserlianas diz respeito ao privilégio do presente no processo redutor. Presentações e presentificações, cada uma em consonância aos diferentes modos de doação objetual, funcionam

---

[416] Bruzina (2004), 101.

como pontos de partida necessários da colocação entre parênteses transcendentais.

Seja na organização ou revisão de textos husserlianos, seja na elaboração de textos próprios, Fink opera a partir do fio condutor de uma transcendentalidade meôntica. No reexame da primeira *Meditação Cartesiana*, por exemplo, propõe substituir o marco inicial do método fenomenológico da autoevidência egóica pela pré-doação do mundo. Começar a trajetória rumo ao campo transcendental a partir de uma base gnosiológica, embora evidente, e não de um fundamento ontológico, equivaleria a comprometer indelevelmente os passos ulteriores. O perfil intrínseco de divergências como esta é que tornam apropriada a caracterização de Bruzina ao afirmar que

> "[...] as diferenças entre Husserl e Fink representam *genuínas questões dentro da fenomenologia transcendental*, questões levantadas por demandas da integração crítica dos múltiplos níveis e estágios da fenomenologia, ao invés de objeções e acusações que de modo antagônico a confrontam ou a minam desde fora."[417]

Fink cumpre o papel de *alter ego* filosófico de Husserl, efetuando os acréscimos e/ou decréscimos que o fundador da fenomenologia sempre exercitou sobre seu próprio trabalho ao longo de toda a vida intelectual.

Cabe à fenomenologia iniciar suas análises concretas num campo aberto por um movimento regressivo mais radical que o efetivado por Husserl: embora os inclua no seu modo de ser, a vida transcendental do eu puro não radica nos seus atos constitutivos de qualquer objeto e em qualquer nível intencional. Nas palavras do intérprete estadunidense:

---

[417] Bruzina (2004), 108.

"A concepção de imanência fenomenológica não deve ser modelada sobre a imanência da autorreflexão humana, isto é, como uma imanência posta em oposição à transcendência de objetos no mundo e, assim, (aparentemente) absolutizada em tal oposição."[418]

A consciência pura não antecede nem sucede o mundo, constituindo-se só e necessariamente na vigência da correlação. Defender a precedência constitutiva do eu puro implica em torná-lo indeterminado, bem como ao polo mundano da relação. Ambos só se determinam de maneira radical sob o influxo dos horizontes temporais, cujas operações não podem mais ser consideradas, propriamente, atos intencionais.

Bruzina contrasta as concepções husserliana e finkiana de redução delineando-as, respectivamente, como des-naturalizante e des-humanizante. Fink entende que suas reformulações radicalizam a redução husserliana, mas precisa investigar quais os limites de tal radicalização. Deve-se questionar, até as suas últimas fronteiras, a concebilidade da dimensão transcendental do eu enquanto um todo. Apesar de seu esmero conceitual e argumentativo, a deficiência de Husserl diz respeito à atitude depurativa dos modelos naturalistas de autoapreensão, ao invés de uma atitude resolutamente supressora dos mesmos como plataforma privilegiada à descrição dos eventos transcendentais. Há uma opacidade intrínseca, necessária do eu puro, que deve ser assumida e descrita enquanto tal em todas as suas implicações. Os ideais de ciência e de evidência adotados por Husserl como fio condutor para a assunção da translucidez da consciência transcendental, mesmo que a título de "ideia em sentido kantiano", devem ser substituídos pela opacidade de ser inerente à constituição temporal desta consciência, admitindo-se de maneira coerente que

---

[418] Bruzina (2004), 112.

este é o melhor método para a sua determinação no próprio plano de sua vigência.

Fink admite a concebilidade do opaco âmbito transcendental, desde que se abandone o encaminhamento husserliano da passagem do impuro ao puro como mudança, embora racionalmente sofisticada, de signo ou de valor. Tal passagem

> "Não pode ser uma mera mudança num quociente de 'aceitação/validade', uma retirada da crença ou aprovação posicional; ela é também uma transformação de *conteúdo* – e não apenas de conteúdos particulares, mas de toda *ordem de conteúdo-possibilidade*."[419]

Tarefa que implica tanto no abandono completo da aparência transcendental (*transcendentaler Schein*) inerente à manutenção simultânea de natural e transcendental, quanto na elaboração de uma semântica estrita do âmbito transcendental.

Semântica radical que exige repensar o estatuto da reflexão: ao invés de flexão repetida na qual as operações subjetivas se tornam objetos temáticos, deve-se entendê-la enquanto modo expressivo das operações pré-temáticas da consciência executante (*Vollzugsbewusstsein*). Husserl não soube desvencilhar-se da tendência tematizante, mesmo quando pareceu negá-la ao descrever as operações horizontais: o que não se doa nos diferentes níveis intencionais pode ser convertido em tema de experiências concordantes transcendentais possíveis. A inteligibilidade do pré-temático proposta por Fink requer uma compreensão meôntica do processo de conhecimento transcendental, em cuja vigência não se apreendem quaisquer objetos, independente do modo ou nível operativo, nem mesmo como objetividades estritamente estruturais. A questão do transcendental

---

[419] Bruzina (2004), 122.

só poderá ser analisada, e, a partir dela, elaborar-se uma semântica apropriada, se e na medida em que a questão for visada enquanto questão: fechá-la, em qualquer grau, significa abandoná-la.

Abertura contínua que só pode vigorar mediante a adoção do método constitutivo-meôntico de acesso ao transcendental. Bruzina apresenta o gradual desenvolvimento deste método em Fink a partir da reelaboração das noções de teologia negativa e de *noumena* em sentido negativo, exploradas, respectivamente, nas obras de Nicolau de Cusa e de Kant. Tais antecedentes teóricos, ainda vagos, ganham foco na apreensão finkiana do conceito heideggeriano de indicação formal enquanto projeção. Interpretando Fichte, Heidegger assimila projeção a construção e considera que estas têm

> "uma base em algo que já é dado, mas a projeção especifica um determinado caminho no qual o que é abordado será clarificado precisamente naquele caminho, contra o caráter inexplícito ou a distorção nas quais ele foi agora construído."[420]

Ocorre um excesso do dado, mas tal excesso é exprimível segundo regras semânticas estritas. A analogia finkiana para tal expressividade concerne à alternância ôntica entre sono e vigília, em que os dados do primeiro só podem ganhar sentido pleno na vigência da segunda. Segundo tal modelo de inteligibilidade, a fenomenologia deve abandonar seu estatuto regressivo e assumir resolutamente o estatuto progressivo de projeção e construção.

Adotar o método constitutivo-meôntico em fenomenologia implica em dotá-la de um caráter especulativo, em sentido hegeliano, no qual as questões decisivas não remetem mais a um fundamento (*Grund*), mas a uma origem (*Ursprung*). Nas palavras de Fink:

---

[420] Bruzina (2004), 163-164.

"Com Kant, o problema transcendental encaminha-se a uma nova fundação da ontologia; *na fenomenologia este problema é transformado na derivação do ente, isto é, numa metafísica ontogônica.*"[421]

A derivação completa dos entes a partir da transcendentalidade do ser comporta três desdobramentos temáticos básicos, preparatórios à explicitação do método proposto: mundo, tempo, vida e espírito.

O mundo é pré-dado, não num sentido de mera sequência temporal, mas de origem ontológica. Pré-doação em que a atitude natural adquire estatuto mais profundo que o exposto por Husserl em suas variadas versões. Para expressá-la, Fink emprega o neologismo alemão *Weltbefangenheit*, que traduzo por comprometimento mundano[422]. Trata-se de um conceito especulativo a ser entendido meonticamente, e, para tanto, deve-se começar descartando a compreensão de mundo como um ente imenso que englobasse todos os entes possíveis e efetivos ou como a soma total, o todo destes entes. Mesmo a concepção husserliana de mundo, enquanto horizonte de todos os horizontes, não se mostra apropriada, pois ainda opera em consonância à dicotomia continente-conteúdos. Do mesmo modo, as ecstases temporais propostas por Heidegger não expressam radicalmente o estatuto de mundo, pois absolutizam a inserção do *Dasein* na oniabrangência daquele. Mundo, no léxico finkiano, significa não-ser relativo, no modo *sui generis* de contenção (*Enthalten*) de todo conteúdo (*Inhalt*).

Tal caracterização sumária remete a esclarecimentos adicionais, destacando-se a pergunta se e como se pode ser consciente de mundo. Tanto os acessos husserlianos (reduções), quanto os heideggerianos (*Stimmungen* fundamentais, experiência poética radical) são desconsiderados, por não se ajustarem à apreensibilidade do não-ser relativo.

---

[421] Fink (1976), 43.
[422] Bruzina prefere verter por *captivation in/by the world*.

Mundo ocorre numa consciência vigilante e executante. Adjetivos cuja compreensão demanda investigar-se radicalmente a horizonticidade da origem de todos os horizontes, destas

> "características das experiências horizontais, destas armações estruturais do ser-sujeito humano no mundo, [que] são *pistas* para uma inquirição fenomenológica da constituição destes horizontes enquanto tais, isto é, da constituição transcendental do mundo – *como o mundo é lá em primeiro lugar*."[423]

Influenciado pela distinção kantiana entre a consciência de objetos e a consciência de mundo, entre as categorias e as ideias, entre as várias determinações ontológico-transcendentais e as várias determinações cosmológico-transcendentais, entre conhecer e pensar, Fink detecta um meio racional de acesso ao mundo enquanto mundo, (em terminologia hegeliana), ao absoluto, na exploração dos limites da ideia de ser. Delineia-se uma metafísica meôntica do absoluto, na qual as diferentes modalidades horizontais de contenção que compõem o âmbito de jogo do campo intencional se estruturam. A consciência situacional profunda não se refere mais a objetos efetivos ou possíveis, mas ao pré-dado mundo imanente-transcendente condicionante de qualquer fenômeno objetivo.

Um dos principais corolários da concepção finkiana é a impossibilidade de reduzir integralmente o mundo, de colocá-lo entre parênteses, pois o procedimento redutivo, mesmo que radical como proposto no parágrafo 49 de *Ideias I*, não atinge a pré-doação horizontal de mundo enquanto condição para o próprio mecanismo redutor. Ao invés de acessar à subjetividade transcendental em sua pureza, a redução fenomenológica, nas várias versões husserlianas, apenas duplica aquela pré-doação. Isto não implica, contudo, em abandonar

---

[423] Bruzina (2004), 198.

a transcendentalidade da consciência, mas em perquirir seu ser e, caso viável, seu modo de ser a partir das estruturas intrínsecas da situacionalidade desta dentro da horizontalidade mundana. O processo de redução fenomenológica, entendido radicalmente, coloca em jogo o transcender-se mundano da relação constitutiva entre vida transcendental e mundo.

Outro corolário decisivo da concepção finkiana atine à passagem da consciência temporal intramundana à consciência temporal pré--mundana, caso ela seja exequível. A referência básica das análises finkianas concerne aos manuscritos husserlianos de Bernau e do grupo C. Husserl entende que as intencionalidades retencionais e protencionais do fluxo temporal não são meras instâncias de atribuição semântica sobre presentes dados no fluxo consciencial, seja no modo de aparência objetual estrita, de aparências conscienciais ou de atos conscienciais. Embora desenvolva análises conceituais refinadas, Husserl circunscreve--se à abordagem intencional noético-noemática da temporalidade, sem questionar as suas bases. A pergunta capital concerne à precedência constitutiva dos âmbitos envolvidos: a consciência transcendental instaura a temporalidade ou aquela é instaurada por esta? Fink assume a segunda alternativa já em sua Dissertação inaugural, subordinando o processo de presentações e presentificações à temporalização mais radical das depresentações (*Entgegenwärtigungen*).

Horizontes depresentativos não são tipos de experiência intencional, mas modos temporalizantes da própria temporalidade original; sendo condições do fluxo temporal, eles não se encontram nele. Eles não são eventos mundanos, nem no modo ativo, nem no modo passivo; sendo operações instauradoras das temporalizações do tempo, eles é que possibilitam qualquer evento mundano. Caracterizações negativas que demandam complementos positivos explanatórios do puro funcionamento dos horizontes depresentativos. Fink explora três estágios de análise: - o primeiro equivale à redução husserliana *tout court*, ou seja, ao retorno intencional do(s) objeto(s) dado(s) à(s) sua(s) camada(s) constitutiva(s) estrutural(is), processo redutivo designado de contra-stância (*Gegenstand*); - o segundo diz respeito à constituição do mundo fora dos parâmetros objetivantes ou de totalização objetivante, considerando-se este enquanto horizonte dos horizontes, operação denominada circum-stância (*Umstand*); - o terceiro atine ao fenômeno de auto-experiência da consciência, fora dos estritos parâmetros reflexivos naturais ou transcendentais, considerando-se esta enquanto instauração intrínseca de si, operação denominada ins-tância (*Instand*).

Dinâmica tripartite de proto-temporalização cuja decorrência estrutural é a auto-objetivação do sujeito transcendental segundo parâmetros intanciais-formativos, somente a partir dos quais podem exercitar-se as visadas reflexivas. O mundo é a totalidade das instâncias em que a vida transcendental opera visando a formação do que ocorre. Os elementos instanciais de contenção instauram presentações, ao passo que as presentificações retencionais e protencionais configuram o fluxo semântico continencial. Presentação significa atualização e esta, por sua vez, significa situação, mundanização (*Verweltlichung*), finitização, modalizadas em consonância aos múltiplos horizontes presentificadores. A finitude humana estrutura-se e conscientiza-se de sua condição segundo tais horizontes. A anterioridade do sujeito transcendental em relação ao mundo não é de caráter intratemporal ou genético, mas efetua-se regressivamente a partir da situação mundana, e só dentro de tais limites pode ser considerada. Na precisa sinopse de Bruzina:

> "[...] as instâncias são as vias estruturais em que uma consciência atual, uma vida subjetiva atual, é concretamente 'posicionada' numa determinada 'estação' ou 'estância' no mundo, ou seja, na temporalidade mundana como processo temporal propriamente experimentado."[424]

---

[424] Bruzina (2004), 250.

Esboçados os contornos da autotemporalização da temporalidade, adentra-se na labiríntica questão da origem de tudo que se temporaliza, inclusive da própria dimensão temporalizante. Fink sustenta que

> "é tarefa da fenomenologia tentar o salto na profundidade do não-fundamento, no abismo, que abre além de todo ser e ente, [...] arrancar o não-fundamento/abismo deste 'nada' de vacuidade de sua subsistência, em conceitualidade dialética dentro do ser experimentado na questão filosófica."[425]

O arcabouço conceitual-argumentativo requerido para tal tentativa de saltar no abismo prévio a toda armação proto-temporalizante principia através da compreensão do sentido das depresentações enquanto contenções/detenções. Os vários movimentos proto-temporalizantes perfazem a contenção/detenção plena de mundo em seus modos contínuos de presentar-se, seja no presente temporal estrito, na espacialidade temática ou em seus respectivos campos horizontais.

Articular conceitualmente a contenção/detenção radical de mundo implica em confiar numa inteligibilidade mais profunda da origem temporal de tudo que se mundaniza, inclusive do próprio eu transcendental em versão noético-noemática. Tal confiança se expressa de maneira mais elaborada, embora não diretamente explorada, na diretriz metodológica que perpassa a elaboração da *Sexta Meditação Cartesiana*, redigida por Fink durante o verão de 1932,[426] mas encontra sua formulação exemplar no esboço escrito em 1934 para a segunda parte do artigo publicado no ano anterior na revista *Kant-Studien*:

> "(c) A 'ilusão do idealismo absoluto'. Sua *hybris*, sua extravagância, imoderação, inumanidade. 'Será como Deus'.

---
[425] Fink, (2005) IV-57b.
[426] Publicada só em 1988, após a morte do autor, ocorrida em 1975.

Não uma atitude humana, mas uma compleição meôntica do espírito."[427]

A assunção finkiana da perspectiva meôntica se mostra diretamente, ainda que de modo inarticulado, só nas anotações e textos privados do autor, aparecendo de maneira indireta nos textos e revisões que ele produziu durante o convívio com Husserl. A abordagem meôntica implica numa arquitetônica sistemática disposta em consonância a vários níveis veritativos, cujo ápice concerne ao esclarecimento da relação entre o ser do mundo e o não-ser relativo da vida que se espiritualiza na condição humana finita, ambos perfazendo-se nos horizontes depresentativos da temporalidade originária. Embora tenha permanecido *in statu nascendi*, a dialética meôntica finkiana, encarada como radicalização do programa fenomenológico husserliano, abre caminhos férteis à investigação dos limites da transcendentalidade.

Bibliografia

ALVES, Pedro (2003): *Subjectividade e Tempo na Fenomenologia de Husserl*. Lisboa, Centro de Filosofia da Universidade de Lisboa.

BELLO, Angela (2005): "Husserl interprete di Kant". In: *Dialegesthai. Rivista telematica di filosofia*, anno 7.

BRUZINA, Ronald (2004): *Edmund Husserl and Eugen Fink: Beginnings and Ends in Phenomenology, 1928-1938*. New Haven, Yale University Press.

CAIRNS, Dorion (1976): *Conversations with Husserl and Fink*. The Hague, Martinus Nijhoff.

CARR, David (1999): *The Paradox of Subjectivity-The Self in the Transcendental Tradition*. New York/Oxford, Oxford University Press.

EHRLICH, Walter (1923): *Kant und Husserl-Kritik der transzendentalen und der phänomenologischen Methode*. Berlin, Max Niemeyer, 1923.

---

[427] Fink (2005), II-Z-XIV II/1b. Texto com o qual iniciei a presente exposição. Bruzina relata que, além deste fecundo material, Fink escreveu o livro *Tempo e Constituição do Tempo*, mas, infelizmente, ao que tudo indica, o próprio autor o eliminou. Quanto às razões que o levaram a tal atitude, consulte-se, sobretudo, as páginas 308-310 do livro do intérprete estadunidense.

FINK, Eugen (1933): "Die phänomenologische Philosophie Edmund Husserls in der gegenwärtigen Kritik. Mit einem Vorwort von Edmund Husserl". In: *Kant-Studien* 38, pp. 319-383, Berlin.

FINK, Eugen (1966): *Studien zur Phänomenologie (1930-1939)*. The Hague, Martinus Nijhoff.

FINK, Eugen (1976): *Nähe und Distanz: Phänomenologische Vorträge und Aufsätze*. Edited by Franz-Anton Schwarz. Freiburg and Munich, Verlag Karl Alber.

FINK, Eugen (1988): *VI. Cartesianische Meditation, Teil 1: Die Idee einer transzendentalen Methodenlehre*. Edited by Hans Ebeling, Jann Holl, and Guy van Kerckhoven. *Teil 2: Ergänzungsband*. Edited by Guy van Kerckhoven. Husserliana Dokumente II/1-2. Dordrecht – Boston – London, Kluwer AcademicPublishers.

FINK, Eugen (1995): *Sixth Cartesian Meditation - The Idea of a Transcendental Theory of Method*. Tradução e introdução de Ronald Bruzina do original alemão, Bloomington, Indianapolis, Indiana University Press.

FINK, Eugen (2005): *Die letzte phänomenologische Werkstatt Freiburg: Eugen Finks Mitarbeit bei Edmund Husserl. Manuskripte und Dokumente. Teil I—1927–1938, Band I-IV* Edited by Ronald Bruzina. Eugen Fink, Gesamtausgabe, Abteilung III, Freiburg – Munchen, Karl Alber.

HUSSERL, Edmund (1968): *Phänomenologische Psychologie. Vorlesungen Sommersemester 1925.* The Hague, Martinus Nijhoff.

HUSSERL, Edmund (1969): *Zur Phänomenologie des inneren Zeitbewusstesens (1893-1917)*. The Hague, Martinus Nijhoff.

HUSSERL, Edmund (1975): *Logische Untersuchungen. Erster Teil. Prolegomena zur reinen Logik.* Text der 1. und der 2. Auflage. Halle: 1900, rev. ed. 1913. The Hague, Martinus Nijhoff.

HUSSERL, Edmund (1984): *Logische Untersuchungen. Zweiter Teil. Untersuchungen zur Phänomenologie und Theorie der Erkenntnis. In zwei Bänden.* Halle: 1901; rev. ed. 1922. The Hague, Martinus Nijhoff.

HUSSERL, Edmund (1989): *Aufsätze und Vorträge (1922-1937)*, Dordrecht, The Netherlands, Kluwer Academic Publishers.

HUSSERL, Edmund (1991): *Cartesianische Meditationen und Pariser Vorträge*. The Hague, Martinus Nijhoff.

HUSSERL, Edmund (1994): *Briefwechsel*. Edited by Karl Schuhmann with Elisabeth Schuhmann. 10 vols. Dordrecht – Boston – London, Kluwer Academic Publishers.

KERCKHOVEN, G. (2003): *Mundanisierung und Individuation bei E. Husserl und E. Fink: Die VI. Cartesianische Meditation und ihr Einsatz*. Wurzburg, Konigshausen und Neumann.

KERN, Iso (1964): *Husserl und Kant. Eine Untersuchung über Husserls Verhältnis zu Kant und zum Neukantismus*. The Hague, Martinus Nijhoff.

KREIS, Friedrich (1930): Phänomenologie und Kritizismus, in *Heidelberger Abhandlungen zur Philosophie und Ihrer Geschichte*. Tübingen, J.C.B. Mohr.

LERNER, Rosemary (2012): "Husserl lector de Kant. Apuntes sobre la razón y sus límites". In: *Areté Revista de Filosofia*, Vol XXIV, n° 2, pp. 351-383.

LUFT, Sebastian (2002): *Phänomenologie der Phänomenologie-Systematik und Methodologie der Phänomenologie in der Auseinandersetzung zwischen Husserl und Fink*. Dordrecht – Boston – London, Kluwer Academic Publishers.

LUFT, Sebastian (2004a): "A Hermeneutical Phenomenology of Subjective and Objective Spirit: Husserl, Natorp, and Cassirer". In: *The New Yearbook for Phenomenology and Phenomenological Philosophy* IV, pp. 209-248.

LUFT, Sebastian (2004b): Husserl's Theory of the Phenomenological Reduction: between Life-World and Cartesianism. In: *Research in Phenomenology* 34, p. 198-234.

MISCH, Georg (1967): *Lebensphilosophie und Phänomenologie. Eine Auseinandersetzung der Diltheyschen Richtung mit Heidegger und Husserl.* Stuttgart, Teubner.

MOHANTY, J. (2011): *Edmund Husserl's Freiburg Years, 1916–1938.* New Haven – London, Yale University Press.

NABAIS, Nuno (1998): *A Evidência da Possibilidade. A Questão Modal na Fenomenologia de Husserl.* Lisboa, Relógio D'Água.

NENON, Thomas (2008): "Some Differences between Kant's and Husserl's Conceptions of Transcendental Philosophy". In: *Continental Philosophic Review* 41, pp. 427-439.

OVERGAARD, Soren (2002): "Epoché and Solipsistic Reduction". In: *Husserl Studies* 18 pp. 209-222.

ZOCHER, Rudolf (1932): *Husserls Phänomenologie und Schuppes Logik. Ein Beitrag zur Kritik des intuitionistischen Ontologismus in der Immanenzidee.* München, E. Reinhardt.

HERMENÊUTICA DA FACTICIDADE: CONTRAPROJETO À FENOMENOLOGIA TRANSCENDENTAL?
HERMENEUTICS OF FACTICITY, COUNTER-PROJECT TO THE TRANSCENDENTAL PHENOMENOLOGY?

Roberto S. Kahlmeyer-Mertens*
(Universidade Estadual do Oeste do Paraná – UNIOESTE)

Abstract: This chapter takes as its theme the hermeneutic phenomenology of Heidegger and their differences ahead to transcendental phenomenology. We intend to question whether Heidegger's philosophy is only one alternative to Husserl or is the opposition to this. Considering this, our most primordial objective is to point out differences between the phenomenological projects of Husserl and Heidegger's. For this purpose, we need to reconstruct, summarily, the Heidegger's phenomenology terms and indicate how it is presented face of the Husserl's phenomenology; also to characterize Heidegger's project of a hermeneutics of facticity. This characterization will introduce the fundamental concepts of

---

* kahlmeyermertens@gmail.com
Doutor em Filosofia pela Universidade do Estado do Rio de Janeiro - UERJ. Atualmente é Professor Adjunto na Universidade Estadual do Oeste do Paraná--UNIOESTE. Tem Graduação (Bacharelado) e Mestrado em Filosofia. Desenvolve pesquisas com ênfase em metafísica, fenomenologia e hermenêutica filosófica. Estuda o autor alemão Martin Heidegger desde o ano de 1995, tendo interesse também pela filosofia clássica alemã.

original synthesis of Heidegger, and its phenomenological position on the Husserlian project of a perennial philosophy.

Keywords: Hermeneutic phenomenology; transcendental phenomenology; hermeneutics of facticity; perennial philosophy; Husserl; Heidegger.

Resumo: O presente capítulo assume por tema a fenomenologia hermenêutica de Heidegger e suas diferenças frente à fenomenologia transcendental de Husserl. Buscamos questionar se a filosofia de Heidegger é apenas uma alternativa à de Husserl ou se constitui um contraprojeto à outra. Tendo isso em vista, nosso objetivo mais primordial é apontar diferenças entre o projeto fenomenológico de Husserl e a fenomenologia hermenêutica de Heidegger. Para tanto, precisaremos cumprir o objetivo específico de reconstruir, de modo sumário, os termos da fenomenologia heideggeriana e indicar como ela se apresenta diante da fenomenologia husserliana; ainda, caracterizar o projeto heideggeriano de uma hermenêutica da facticidade. Essa caracterização não apenas introduz conceitos fundamentais da síntese original que é o pensamento de Heidegger, quanto seu posicionamento fenomenológico diferenciado, em nítida aproximação ao historicismo, diante do projeto husserliano de uma *filosofia perene*.

Palavras-Chave: Fenomenologia hermenêutica; fenomenologia transcendental; hermenêutica da facticidade; filosofia perene; Husserl; Heidegger.

A filosofia de Heidegger, especialmente a circunscrita no seu fecundo período da década de 1920, é invariavelmente apontada como "violenta". Tal reputação se deve ao confronto da tradição, atitude que, instilando crise nos conceitos filosóficos ali assentados, permitiria, além de um revisionismo, abordagens filosóficas originais. Essa conduta foi, em muito, responsável pela notoriedade que o jovem assistente de Edmund Husserl logrou em um período no qual a cena intelectual europeia estava dominada pelos filósofos de cátedra.

Geralmente atidos ao revisionismo drástico de Heidegger – o mesmo que programará a destruição (*Destruktion*) ou a desconstrução (*Abbauen*) da história da ontologia[428] – os intérpretes de hoje deixam de considerar o caráter conciliador do mesmo. Afinal, poucos lembram que o pensamento heideggeriano, ao se apropriar da fenomenologia madura de Husserl, acaba por associá-la ao historicismo de Dilthey, buscando neste último os subsídios hermenêuticos que faltavam no outro para pensar a objetividade histórica (fática).[429] Concretamente: ao corrigir Husserl com Dilthey (procedimento para o qual vale também a recíproca), Heidegger chega, sem ter que assentir as premissas da fenomenologia husserliana ou do historicismo diltheyano (e, também, sem contrair as objeções de idealismo ou relativismo que, respectivamente, pesavam sobre esses), a um termo bastante satisfatório para o problema que conjugava as exigências de uma unidade do conhecimento teórico às de um lastro fático-histórico.[430] O resultado que Heidegger aufere é um híbrido chamado "fenomenologia hermenêutica".[431]

É certo que haverá críticos que, diante dessa manobra, continuarão a ver, no lugar de comunhão, o furor filosófico heideggeriano, uma vez que Heidegger faria com que aqueles autores e seus projetos

---

[428] Quanto a este projeto desconstrucionista, Cf. Heidegger (1993), especialmente o § 6.

[429] Cf. Kahlmeyer-Mertens (2012).

[430] Max Scheler foi quem primeiro observou esta manobra de Heidegger. Em sua avaliação, entretanto, Scheler insere também sua filosofia na síntese heideggeriana, é o que se vê subsidiado no livro de Angelika Sander, quando a comentadora cita o autor desde seus *Abhandlungen zur Philosophie*, (Psychologie und Pädagogik, Bd. 240): "Em Heidegger: 'há uma união do historicismo de Dilthey com Husserl e com a minha filosofia'" (Scheler apud Sander (1996), 62).

[431] Cf. Nunes (2012).

filosóficos fossem forçados a dar mais do que se propunham. Isso se evidencia quando o elemento "fenomenológico" (componente de maior relevo naquele híbrido) entra em questão, porque, no início dos anos 20, falar em fenomenologia significa ter primeiramente a tônica husserliana em vista, e Heidegger quando vai a Husserl neste período geralmente o faz para criticar,[432] apontando inconsistências como: deixar impensado o modo de ser da intencionalidade, apoiar-se em determinações ora naturalistas e ora teóricas e, por fim, retroceder (a despeito do esforço de uma elaboração sistemática) a uma situação pré-fenomenológica ao recair no psicologismo que a própria fenomenologia sempre buscou refutar.

A partir daqui, para sondarmos a procedência dessas afirmações, precisaríamos de um movimento expositivo que nos venha assegurar uma compreensão da posição de Husserl, do teor das críticas de Heidegger e, por fim, da posição que sua hermenêutica fenomenológica ocuparia em tal cenário de ideias. Desejamos, mesmo, questionar se o projeto heideggeriano de uma hermenêutica da facticidade poderia ser considerado proposta contrária à filosofia transcendental de Husserl. Para tanto, será necessário apresentar, *grosso modo*, a fenomenologia transcendental de Husserl; oferecer os termos da interpretação que Heidegger faz desta; expor as linhas gerais do projeto de uma *hermenêutica da facticidade*.

1. A filosofia de Husserl e a "viragem transcendental"

Em sua situação inicial, a fenomenologia husserliana, enquanto psicologia descritiva das vivências puras,[433] constitui-se a partir da

---

[432] As cartas que Heidegger escreve a Jaspers neste período, ao exemplo, a escrita em 19/06/1923, testemunham o distanciamento das ideias de Husserl. Nesta missiva, Heidegger critica seu mestre por estar tão voltado a sua fenomenologia a ponto de desconsiderar o que ocorre no cenário acadêmico (Heidegger (2003), 32).

[433] Cf. Husserl (2007).

intencionalidade. Por definição, a intencionalidade é uma estrutura de base componente da ligação permanente entre uma figura de consciência e o fenômeno que objetivamente se lhe contrapõe. A correspondência indissociável entre esses dois *relata* descreve fundamentalmente a impossibilidade de atos de consciência que se façam na ausência de objetos. Da mesma maneira, este laço intencional aponta a total impossibilidade de espaços fenomenais sem a objetualidade.[434]

Em sua obra *Investigações Lógicas* (1900), Husserl indica que o conhecimento dos entes está ligado a atos da consciência fenomenológica, portanto, não resultando das representações de um sujeito relacionado com objetos exteriores. Na chave do *cogitatum qua cogitatum*, a fenomenologia indica que os objetos são *imanentes* à consciência e assim se busca reatar o élan fenomenológico da consciência com o conhecimento objetivo possível, grifando a relação intencional indicativa de que todo conhecimento é constituído em atos de conhecer, ou ainda, que todo ato de conhecer é uma objetivação do ente na medida em que ele é *na* consciência.[435]

Sem pretender, aqui, uma apresentação pormenorizada da cunhagem e desenvolvimento da concepção de intencionalidade, importa dizer que Husserl considera nesta o fato de ela propiciar clareza quanto à constituição de espaços de manifestação de fenômenos, estes que não se dão mediante representação, mas na intuição de suas idealidades, ou seja: aparecendo tal como é dado, o objeto evidencia o que há de mais essencial em si mesmo. Assim, para Husserl, o modo com que intencionalmente a consciência atua permite, verdadeiramente, a percepção dos objetos.[436]

Desenvolvendo fenomenologicamente a intencionalidade, Husserl passa a evidenciar que a consciência normalmente tem esta estrutura

---

[434] Cf. Husserl (2007).
[435] Cf. Mohanty (2012).
[436] Cf. Willard (1995).

fenomenal obstruída, tomando, por conseguinte, os campos fenomenais abertos pela consciência intencional de modo simplista e ambíguo. Com a fenomenologia é possível apontar essa ambiguidade como aquilo que resulta da desconsideração reiterada do componente intencional que a fenomenologia já sempre conta. Destarte, para Husserl, a consciência em atitude natural é ingênua nos levando à convicção de que o conhecimento é constituído a partir da relação empírica de um sujeito dado *a priori* e dotado de aparato psíquico ante a presença efetiva dos entes. Neste caso, tanto sujeito quanto objeto derivariam de hipóstases, uma psicologista e outra realista.[437] A análise fenomenológica da intencionalidade, a rigor, nos permite compreender o caráter transcendente dos atos de consciência e, desde os mesmos, os campos nos quais os fenômenos já se dão desde sempre como correlatos noemáticos à consciência. A partir daí, passa a ser possível ao método fenomenológico *suspender* as implicações obstrutivas e hipostasiantes da atitude natural, *decompor* conglomerados de atos de consciência em caracteres intencionais primitivos, *descrever* a essência pura e transcendental das vivências e *analisar* os laços necessários que a consciência possui com seus objetos. Estas são tarefas da fenomenologia de Husserl, pelo menos no âmbito de suas *Investigações Lógicas*.[438]

Na década subsequente a essa obra, Husserl se empenhará em dar desdobramentos ao seu projeto fenomenológico, os quais, para alguns, constituiriam mais a criação de uma "nova sede de sua atividade acadêmica"[439] do que apenas desenvolvimentos do programa anterior. Intentando um conhecimento indubitável, fundado na evidência de uma verdade imutável e absoluta, Husserl presume poder encontrar o *fundamentum inconcussum* para este na própria consciência, por isso, volta-se para uma análise da mesma. Com este movimento,

---

[437] Cf. Lévinas (1995).
[438] Cf. Mohanty (2012).
[439] Heidegger (2009), 90.

nosso filósofo pretende não apenas descrever a economia do *cogito* nos atos do conhecer, quanto desvendar o modo de ser das estruturas transcendentais envolvidas na atividade descritiva própria à fenomenologia. Desta feita, aquilo que, no título de nosso tópico, chamamos de "viragem transcendental" não é outra coisa que a nova direção que Husserl dá à sua fenomenologia, um encaminhamento à "consciência transcendental" ao "ego puro" que, doravante, passaria a ser objeto dessa pesquisa, como o próprio filósofo nos permite depreender a partir de estratos de sua obra *Ideias para uma Fenomenologia Pura e para uma Filosofia Fenomenológica*:[440]

> "Seguiremos nesses estudos até onde for necessário para levar a cabo a evidência que buscávamos, a saber, a evidência *de que a consciência tem em si mesma um ser próprio, o qual não é atingido em sua essência própria absoluta pela exclusão fenomenológica*. [...] Somente por meio dessa evidência a *epoché* fenomenológica merecerá seu nome, e levá-la plena e conscientemente a termo mostrar-se-á ser operação necessária *que nos franqueia o acesso à consciência pura e, consequentemente, a toda região fenomenológica*. [...] Motivos importantes, fundados na problemática epistemológica, justificarão que designemos a consciência "pura", da qual tanto se falará, também como consciência transcendental [...]."[441]

A fenomenologia transcendental, como um exame que pretende descobrir a efetividade da consciência pura passa, assim, a ser caracterizada como uma "egologia". Husserl acredita que esta *meditação fenomenológica fundamental* não significa recair no âmbito de um "eu empírico" capaz de nos devolver às hipóstases psicologistas. Por isso,

---

[440] Doravante referido com a abreviatura *Ideias*.
[441] Husserl (2006), 84-85.

o filósofo empreende uma fenomenologia transcendental, por entender ser esta a maneira mais genuína de se fazer filosofia fenomenológica. Por isso afirma, no conhecido verbete "fenomenologia" da *Encyclopædia Britannica*, que "o destino da filosofia científica depende de uma superação radical de todo psicologismo, que não só revele o contra-senso de princípio, mas também satisfaça a seu núcleo de verdade transcendentalmente significativo".[442] É possível perceber que a *philosophia transcendentalis* de Husserl (na medida em que se empenha em buscar a verdade do conhecimento em substâncias inalteráveis e eternas, para além do particular da historicidade) almeja a uma *philosophia perennis*.

Em sua época, o novo projeto husserliano demorou a ser assimilado pelas figuras atuantes na cena filosófica (o próprio Heidegger confessa só ter compreendido plenamente os termos dessa nova filosofia após passar a conviver no estreito círculo de relacionamento de Husserl, portanto, em contato direto com o "iniciador" da fenomenologia).[443] Ora, se a filosofia pura das *Ideias* (em 1910-13), de início, foi motivo de incompreensão, é durante a redação conjunta do citado verbete para a referida enciclopédia (em 1925) que ficam flagrantes as divergências de compreensão entre Husserl e Heidegger acerca de seu caráter e propósito. É o que se pode depreender a partir dessa passagem:

> "A «fenomenologia pura» é a «ciência básica» da filosofia por ela marcada. «Pura» significa: «fenomenologia transcendental». «Transcendental» é a «subjetividade» do sujeito que conhece, age e valora. Ambos os títulos «subjetividade» e «transcendental» indicam que a «Fenomenologia» se encaminhava, consciente e decididamente, na esteira da tradição da filosofia moderna [...]."[444]

---

[442] Husserl (1952), 701.
[443] Heidegger (2009), 88.
[444] Heidegger (2009), 88.

Com clareza inabitual, Heidegger nos diz ser um erro insistir em uma filosofia transcendental, mesmo que esta possuísse acento fenomenológico, isso porque, se formos fiéis aos princípios metódicos da fenomenologia firmados pelo próprio Husserl, conservar a subjetividade (ainda que refinadamente tratada como ego puro) é expor-nos ao risco da concepção tradicional de sujeito realocar-se sub-repticiamente nessa, de modo que seria possível indicar que, na fenomenologia de Husserl, esta noção reteria ainda um resquício subjetivo.[445] Isso significa ainda contar com pressupostos com os quais se julgava estruturar metafisicamente o real, do mesmo modo, arrolar elementos que nos colocariam novamente diante de tendências teórico-hipostasiantes que, inevitavelmente, acarretam crises.[446]

Sem aderir aos novos rumos da fenomenologia de Husserl (como também depois fizeram Landgrebe, Löwith e Fink), Heidegger compreende que mais importante do que se ocupar da gênese e das operações transcendentais de uma subjetividade sintetizadora de vivências seria compreender as ligações de sentido que denotam a implicação entre o pólo equivalente à consciência e seus correlatos. Assim, entrevendo a necessidade de radicalizar a descoberta da intencionalidade, Heidegger passa a tematizar a ligação desta estrutura na relação com os fenômenos, na medida em que esses se evidenciam à consciência em atitude fenomenológica. A fenomenologia pode aqui deslindar a malha de referências que esse ente possui junto aos demais e o caráter factual que lhe é próprio.[447]

2. De uma hermenêutica da vida fática: caracterização do projeto

É nesse contexto que a *facticidade* se torna temática da fenomenologia. Para Heidegger, facticidade denotaria o modo de ser de nossa

---

[445] Cf. Heidegger (2009).
[446] Cf. Szilasi (1973).
[447] Cf. Szilasi (1973).

existência, maneira que se expressa sempre e a cada vez aí, na ocasionalidade (*Jeweiligkeit*) do mundo. Tal concepção (quase onipresente no pensamento do jovem Heidegger) diz respeito, nessa fase, ao modo com o qual os entes são compreendidos como significativamente entes, e às posturas e comportamentos possíveis em um horizonte de significado. Ao ocupar-se da facticidade, Heidegger a aborda em vista do horizonte intencional constituinte do campo de manifestação dos fenômenos, para, assim, possibilitar pensar as significações historicamente consolidadas do mundo por meio da fenomenologia.

O empenho heideggeriano por compreender a facticidade é o que motivará a sua hermenêutica fenomenológica da facticidade.[448] Essa interpretação tratará, a princípio, dos campos objetuais intencionalmente abertos em que se dão modos de relação nos quais os entes não se mostram apenas como *dados de antemão*, mas como *à mão para o uso*. É seguindo as indicações da lida prática que se torna possível um movimento de descrição e análise desses campos de uso, que remontam ao mundo como horizonte de manifestação possível dos entes. Isso quer dizer que a hermenêutica da facticidade investiga o modo como vivemos e pensamos junto aos entes, já sempre orientados pelo sentido que o caráter de fato dos mesmos nos fornece.

Logo em seguida, essa mesma investigação passa a descrever o modo com que nos movimentamos desde sempre em meio a este conjunto de significações consolidadas; a maneira com a qual, nestes contextos de significação, nos ocupamos com problemas e lhes apresentamos soluções; o modo com o qual, com uma semântica his-

---

[448] O projeto de uma hermenêutica da facticidade (cujos resultados foram originalmente apresentados na forma de uma preleção didática intitulada *Ontologia – Hermenêutica da Facticidade*, proferida na Universidade de Friburgo em 1923 e publicada em 1984 sob o mesmo título), embora proporcionalmente pouco conhecido do público filosófico, é crucial para compreender o pensamento do Heidegger da década de 1920, especialmente por lançar luz sobre muitos pontos sobre a obra *Ser e Tempo* (1927). A relevância dessa preleção está em ela favorecer a compreensão de muitos pontos relacionados àquilo que posteriormente veremos o filósofo nomear de analítica existencial e, de modo mais específico, ao fenômeno no foco desta análise fenomenológica: o "ser-aí" (*Dasein*).

toricamente estabelecida, interpretamos a nós mesmos e aos demais entes e perguntamos com pretensões filosóficas sobre o nosso ser e sobre o ser dos entes que nos cercam.

Tomando estritamente, uma *hermenêutica da facticidade* vem evidenciar que o *ser-aí* já nasceu e se criou segundo interpretações vigentes e por ele irrefletidamente assumidas. Assim, o *ser-aí* compreende a si e a tudo segundo a experiência das concepções tradicionais. Essa compreensão revela e orienta suas reais possibilidades, o que significa que o *ser-aí* (bem como seus contemporâneos) parece já ter seu destino preparado por interpretações prévias que, de início e na maior parte das vezes, determinam sua forma de pensar e agir.[449] Heidegger esclarece esse traço característico da facticidade do *ser-aí*, acenando para o fato de que, ao herdar as interpretações tradicionais, mesmo este modo de perguntar (bem como as maneiras com as quais tal questão se entabula) segue significados estabelecidos faticamente. Tal modo de questionar, herdado das diversas iniciativas de pensamentos anteriores, nos é transmitido na forma de compreensões reduzidas que nos fornecem rotas que se tornaram tradicionais, nas quais encaminharíamos nossas interpretações. Neste modo de interpretar cotidiano, mesmo nosso *ser-aí* se revela como aquele que se vê desde compreensões simplificadas, ou ainda, "encurtadas" da facticidade:

> "A manifestação mais inequívoca desta característica ontológica se evidencia na tendência da vida fática (facticidade) simplificar as coisas. Nesta dificuldade de fazer-se a cargo de si mesma, torna-se patente que a vida – conforme o sentido fundamental de seu ser e não em sentido de uma propriedade acidental – *é* um fenômeno realmente complexo. Se a vida fática é propriamente a que é neste tipo de existência complexa e difícil de assumir, então o modo verdadeiramente adequado

---

[449] Cf. Heidegger (1988).

de aceder a ela e de manter aberto este acesso só pode consistir em reconhecer essa pesada carga que arrasta a vida."[450]

Como se vê, a hermenêutica fenomenológica é capaz de esclarecer que mesmo as posições filosóficas julgadas duradouras assentam em estruturas prévias determinantes das significações fáticas dos entes no mundo. Isso nos legitima a afirmação de que até o pensamento metafísico, consignado na "história da filosofia", encontra-se lastreado na facticidade; afinal, também a metafísica partiria de posições, visões e concepções condizentes com significados de um determinado mundo, este que, da maneira com que está consolidado, só faculta trânsito no interior das compreensões tradicionais (o que representaria um embotamento da compreensão dos entes como fenomenalmente se mostram).

Hermenêutica da facticidade nomeia, portanto, o esforço por delimitar um solo no qual o filosofar tem lugar sem arrolar uma cadeia de preconcepções da facticidade tradicional, isto é: ela busca interpretar a existência complexa da facticidade, de modo a esclarecer a sua objetividade específica (libertando-a das autointerpretações simplistas efetuadas a partir do que herda) e o escopo da referida hermenêutica. Tem, adicionalmente, a tarefa de interpretar originariamente a vida fáctica, sendo, pois, uma análise que a facticidade faz de si mesma.[451] Assim, "Hermenêutica da facticidade é uma realização insigne da própria facticidade; ela é a clarificação expressa de um ser que é em si clarificado [...]".[452] Numa palavra, a hermenêutica da facticidade busca clarificar o que, na existência fática do *ser-aí*, lhe fora apenas legado, e o que nela permanece irrefletido, para, então, trazer compreensivamente tudo o quanto for fático ao nível de sua compreensão, grifando as articulações que este ente tem com o *ser*. Nas palavras do filósofo:

---

[450] Heidegger (1976), 19.
[451] Cf. Gadamer (1976).
[452] Figal (2007), 23.

"A hermenêutica tem o trabalho de fazer a existência própria de cada momento acessível em seu caráter de ser à existência mesma, de comunicá-la, de clarificar o distanciamento de si mesmo que afeta a existência. Na hermenêutica se configura a possibilidade de chegar a compreender-se e de ser este que compreende. [...] A interpretação é algo cujo ser é do próprio viver fático. Se chamarmos, ainda que impropriamente, a facticidade de "objeto" da hermenêutica [...] diremos que esta, a hermenêutica, estaria assim em seu próprio objeto."[453]

Para uma investigação que visa o sentido do *ser*, tendo a facticidade diante de si, não se pode prescindir das posições, da conceptualidade e dos sentidos prévios das interpretações legadas acerca do *ser*. Contudo, isso não significa que a hermenêutica da facticidade simplesmente tomaria para si uma dessas interpretações sedimentadas tais como consignadas tradicionalmente; fizesse isso, permaneceria movendo-se nos circuitos que a metafísica engendrou historicamente em seu esforço por tornar pensável o *ser*. Deste modo, ao invés de um posicionamento propício a uma interpretação do sentido do *ser*, nos veríamos aderidos a uma das muitas correntes de interpretação do problema ontológico, i.e., nos submeteríamos (ainda que não tivéssemos exata clareza sobre isso) ao *cânon* interpretativo de certa ontologia, seja ela a antiga, a medieval ou a moderna.

Não é segredo que – desde o início – Heidegger tenha a questão do *ser* como o escopo mais primordial de suas investigações filosóficas.[454] Somando esforços na execução do que mais tarde se chamará

---

[453] Heidegger (1988), 15.

[454] A questão do *ser* interessa ao filósofo desde 1907. O próprio autor reconhece que esta se faz presente desde suas primeiras e "desajeitadas tentativas para penetrar na filosofia" (Heidegger (2009), 85), ajudadas pelo livro de Brentano sobre Aristóteles. Essa questão, entendida como "a mais primordial e concreta entre todas" (Heidegger (1993), 12), reincide, ora direta, ora indiretamente, como problema nos trabalhos que documentam a primeira fase de seu pensamento. Com a fenomenologia, Heidegger

de "ontologia fundamental", a hermenêutica da facticidade não apenas colaborará na definição da situação da filosofia atual, quanto será o primeiro passo de Heidegger no sentido de compreender o caráter ontológico da vida fática na articulação com a questão do *ser*. Nosso filósofo aposta na facticidade, a qual expressa a nossa determinação mais própria "em cada ocasião [...], na medida em que é «*aí*» no tocante ao nosso ser".[455]

Com essa hermenêutica do *aí* (ainda menos do que será o projeto da analítica existencial), Heidegger traça o caminho que sua filosofia deveria trilhar para a recolocação da pergunta pelo *ser*.[456] Tal fenomenologia hermenêutica se justifica por indicar à ontologia fundamental de qual ente deve partir a pergunta ontológica. O ente em questão seria o único capaz de compreender o sentido do *ser*, isto é: o ente para o qual o *ser* dispõe seu sentido; o ente para o qual, em sua existência fática, o *ser* se lhe pode apresentar como questão.[457] O ente que possui o privilégio ontológico de compreender e questionar o ser é designado por Heidegger *ser-aí* (*Dasein*).[458]

A descrição fenomenológica das estruturas existenciais do ser-aí, elaborada na forma de uma *analítica existencial*, em *Ser e Tempo* (1927), é o que viabiliza a empresa da *ontologia fundamental*. Ressalte-se,

---

reforça a posição, galgada em seus estudos de lógica desenvolvidos na década de 1910, segundo a qual a retomada da questão ontológica não se efetiva por uma abordagem meramente lógica de temas e problemas. Heidegger sabe que um acesso revitalizante à metafísica não ocorreria trilhando a via crítica reaberta pelo neokantismo, que propunha reformá-la a partir de seus próprios expedientes. O filósofo aposta na fenomenologia como meio de garantir a recolocação da pergunta acerca do ser, no seu caso, agindo diferentemente da tradição. Assim, Heidegger não desenvolve uma nova teoria sobre a essência do ser, não perscruta supostas propriedades de um *ser* tratado objetivamente, tampouco transige com modelos teóricos usados pela metafísica para desse tratar. Na ontologia fundamental de *Ser e Tempo*, o que está em questão é o *sentido* do ser.

[455] Heidegger (1988), 7.

[456] O leitor poderá perceber, desde este ponto, o quanto a ideia de fático é influente na cunhagem e aplicação do termo *ser-aí* (*Dasein*), indicando na essência do humano justamente a ocasionalidade expressa no prefixo -*aí* (*Da*-).

[457] Cf. Heidegger (1993).

[458] Heidegger (1993), 12.

todavia, que a referida análise está ligada a dois outros contrafortes da ontologia em questão, a saber: a *destruição da história da ontologia* (operação heideggeriana que pretende recondicionar a maneira com que o ser fora interpretado historicamente) e a *hermenêutica da facticidade*, como se poderia presumir após sua concisa exposição, movimento que acentuou sua importância.

3. A ontologia entre o transcendental e o existencial-fático

Vimos que a ontologia fundamental passa pela interpretação da vida fática, esta tomada por Heidegger na chave da intencionalidade e, portanto, em moldes estritamente fenomenológicos. Heidegger, após ter definido a situação hermenêutica da ontologia contemporânea, está convicto de que: "somente com a fenomenologia surge um conceito adequado para a investigação ontológica".[459] A vinculação com a fenomenologia, entretanto, não impede o filósofo de demarcar as diferenças do seu pensamento ante o de Husserl, distinção que ficará mais bem acentuada se recorrermos à preleção *Ontologia – Hermenêutica da Facticidade*.

Heidegger considera que uma fenomenologia transcendental (como a que Husserl propugna para buscar um fundamento ontológico absolutamente seguro para verdadeiramente basear uma construção filosófica sólida) ainda conserva impensado o teor deste "transcendental" expondo-se, portanto, ao risco dessa reflexão incorrer em premissas idealistas "enquanto este não passar por uma elucidação prévia de sua determinação ontológica fundamental".[460] Para a ontologia de Husserl, todavia, pensar o modo de ser do transcendental como sendo o ser-aí seria não apenas desnecessário quanto irrelevante,

---

[459] Heidegger (1988), 2.
[460] Heidegger (1993), p.46.

posto que, como já se disse, a egologia fenomenológica husserliana privilegia o *cogitatum*, de sorte que, para esta, também o ser-aí seria um *cogitatum* e apenas assim tal ente importaria.[461]

Malgrado as diferenças frente a Husserl, a ontologia de Heidegger (e, por conseguinte, a analítica existencial que conduz a essa) deixa transparecer a influência das *Investigações Lógicas* de Husserl (mesmo após a síntese crítica elaborada por Heidegger), afinal é o implemento fenomenológico que dá à ontologia de Heidegger caráter *fundamental*. Tal predicado se justifica pelo fato de este ainda levar em conta o princípio da *intencionalidade*, cujo alcance permite relacionar o *ser* aos campos objetivos intencionalmente constituídos, universo de condições do encontro com os entes (como possível a partir da fenomenologia de Husserl). Contudo, com Heidegger, tal estrutura aparece imersa no domínio originário da existência, ou seja: a intencionalidade agora também aponta ao *ser-aí*, ente que decide sua própria condição ontológica ao existir.

Além da intencionalidade, outro traço da fenomenologia de Husserl é aproveitado pelo projeto filosófico de Heidegger (em especial na *hermenêutica da facticidade* e na *analítica existencial*), trata-se da *epoché*. Com este gesto inaugural, decisivo e contínuo, a fenomenologia põe em suspenso a validade de conteúdos das duas referidas tendências teórico-hipostasiantes. Recorrendo a este componente do método fenomenológico em favor de seus propósitos filosóficos, Heidegger não hesita submeter à *epoché* a consciência transcendental que Husserl tem em vista em seu *Ideias*.[462] Assim:

> "[...] o jovem Heidegger desenvolveu a sua hermenêutica da facticidade contra Husserl, mas não abdicou, nesse caso, do pensamento da *epoché*. O «retorno desconstrutivo às fontes originárias dos motivos» pressupõe *epoché*; ela é inserida

---

[461] Szilasi (1973), 84.
[462] Cf. Nunes (2012).

na «facticidade» do ser-aí e, de maneira correspondente, na «intuição hermenêutica» enquanto o autopresente conceitualmente articulável do ser-aí."[463]

A *epoché* operada por Heidegger alveja em cheio a concepção transcendental de ego ao identificar nele qualidades subjetivas residuais passíveis de lhe serem apontadas ainda determinações metafísicas do ente que caracterizamos como *ser-aí* (como possuía o sujeito transcendental da filosofia moderna junto a um Descartes e a um Kant).[464] O efeito da *epoché* fenomenológica, assim, põe "entre parênteses" mesmo a validade da consciência (*ego, cogito*) transcendental, revertendo o efeito da *epoché* contra a fenomenologia de Husserl. Desse modo:

"De maneira inequívoca, Heidegger coloca a sua compreensão da hermenêutica em contraste com a compreensão husserliana da fenomenologia; [...] Desde que a hermenêutica entra em jogo no jovem Heidegger, ela é pensada como um contraprojeto em relação à fenomenologia de matiz husserliano."[465]

Husserl, por sua vez, quando toma ciência desses encaminhamentos do jovem Heidegger (elaborados desde 1923, mas apenas divulgados no conjunto de *Ser e Tempo* em 1927), logo compreende a hermenêutica-fenomenológica como o tal contraprojeto à sua própria filosofia e, ao conhecer completamente o saldo das interpretações heideggerianas, Husserl objeta veementemente argumentando ser uma incoerência tentar colocar a consciência sob o efeito da *epoché*, já que,

---

[463] Figal (2007), 28. Não apenas Figal (2007) é desta opinião, também Gadamer (1976) designará a hermenêutica da facticidade como uma virada decisiva de Heidegger contra a fenomenologia de Husserl.

[464] Cf. Nunes (2012).

[465] Figal (2007), 23.

para ele, o ego transcendental seria irredutível ao dito procedimento. Num segundo momento, Husserl acusa, com extrema incisividade, Heidegger de tentar "transpor ou fazer passar a clarificação fenomenológica constitutiva de todas as regiões do ente, e do universal, à região total do 'mundo' sobre o plano antropológico; assim, toda a problemática é uma transposição [*Übertragung*]: o ser-aí corresponde ao ego, etc".[466] Heidegger rechaçou, por mais de uma vez, esta interpretação que fora, de certa maneira, comum à primeira recepção de *Ser e Tempo*,[467] ressaltando que, em sua nova e radicalmente inexcedível cunhagem fenomenológica, o ser-aí não é um símile da consciência ou, quem sabe, outro nome para se referir à mesma: tratar-se-ia de um ente pensado num contexto radicalmente diverso do antropológico e mesmo do transcendental.

Ora, não sendo o ser-aí um correspondente do ego, aonde chega, então, a investigação heideggeriana? A *epoché* estendida à consciência põe-nos diante da expressão do ser-aí como um poder-ser.[468] Dizer que o tal ente pode ser não significa que ele *tenha* possibilidades. Heidegger nos assegura que "ele não 'tem' a possibilidade apenas como uma propriedade simplesmente dada."[469] Desta feita, apenas se entendêssemos as possibilidades como recursos contingenciais dispostos como em um rol para uso do ser-aí, encontraríamos este como figura substancial que assumiria eventualmente uma ou outra dessas possibilidades; do mesmo modo, apenas pensando o poder-ser como um silo abastecido de possibilidades com as quais o ser-aí se revestiria ocasionalmente, teríamos possibilidades ônticas. Essas duas interpretações não traduzem o modo de ser do ente que somos, como Heidegger nos faculta dizer:

---

[466] Husserl (1993), 14.
[467] Cf. Heidegger (2009).
[468] Cf. Nunes (2012).
[469] Heidegger (1993), 43.

"Ser-aí não é um simplesmente dado que tem, adicionalmente, o poder de ser alguma coisa. Ele, primariamente, é possibilidade de ser. Cada ser-aí é o que pode e o como pode-ser possível. A possibilidade essencial do ser-aí pertence a modos característicos de ocupação no "mundo", de preocupação pelo outro e, nisso tudo, o já sempre poder-ser si mesmo. O poder-ser existencial de cada ser-aí difere sempre da possibilidade lógica vazia como a contingência de um ente simplesmente dado, com o qual isto ou aquilo pode se «passar». Como categoria modal do simplesmente dado, a possibilidade significa o *ainda não* real e o *nem sempre* necessário. Ela caracteriza o *apenas* possível."[470]

O poder-ser é possibilidade primordial do ser-aí, constituindo, assim, não só a primeira, mas sua "determinação mais originária e mais positiva".[471] Somente por ser fundamentalmente poder-ser é que o ser-aí é possível. Afirmações como essas realçam a diferença do ente que compreende o ser frente aos demais que simplesmente são (inclusive o sujeito com estruturas transcendentalmente dadas); reforçam, também, o fato de esse ente ter compreensão de ser e, por conseguinte, compreender o modo de seu próprio ser. Ora, compreender o próprio ser é um modo de, sendo, relacionar-se com o mesmo, e é antes por isso (e não por algum traço subjetivo) que "o ser-aí se constitui pelo caráter de ser meu, segundo este ou aquele modo de ser".[472] Podendo ser, as possibilidades concretas de ser do ser-aí são conjugadas.

O movimento de exposição até aqui (inclusive a digressão que nos aproximou da temática de *Ser e Tempo*) nos mostrou que o programa filosófico de uma hermenêutica da facticidade faz da fenomenologia

---

[470] Heidegger (1993), 143.
[471] Heidegger (1993), 144.
[472] Heidegger (1993), 43.

mais do que um exame do puro cogito enquanto constituição essencial de uma universalidade. Ao opor-se violentamente a uma egologia transcendental, Heidegger vai buscar a base ontológica ao conhecimento dos entes no próprio ser-aí; antes, assegurando-se da autotransparência deste ente por meio da análise de sua facticidade, uma vez que tal existir é o que define o ente que somos na existência, bem como o modo com que lidamos com os sentidos e significados próprios a esta.

4. Conclusões

Partindo de considerações sobre a *meditação fenomenológica fundamental* de Husserl, pretendemos mostrar que, para este, sua fenomenologia transcendental não significa uma recaída no psicologismo. Detivemo-nos, também, na interpretação que Heidegger faz dessa filosofia e da indicação do quanto, para ele, seria problemática uma investida (mesmo pretensamente fenomenológica) ao terreno transcendental. Para Heidegger, ao respeitarmos os princípios do método fenomenológico, seria impossível subscrever o posicionamento de Husserl sem gravíssimas reservas, isso porque, volver-se ao transcendental seria ainda conservar o caráter subjetivo da consciência. Assim, Heidegger interpreta que uma fenomenologia transcendental, em sua busca por um fundamento ontológico absolutamente seguro para verdadeiramente basear uma construção filosófica sólida, deveria, antes de mais, questionar o caráter "transcendental" da consciência, tornando sua determinação ontológica transparente a ela.

De modo análogo, Heidegger pretende tomar sobre a pedra-de-toque da filosofia a essência da consciência, mas, antes, compreende que uma análise do *estado de fato* desta se faz urgente. Ao se conservar atento aos achados fenomenológicos possibilitados a partir de uma lida radicalizada com a estrutura de base da intencionalidade, Heidegger não apenas desenvolve uma filosofia fenomenológica, quanto também uma fenomenologia hermenêutica. O olhar interpretativo dessa abordagem fenomenológica pousaria, assim, sobre a *facticidade*. Essa estrutura existencial (facticidade) denotaria o modo de ser do ente que ocasionalmente somos, o mesmo ente que (assim dirá Heidegger em *Ser e Tempo*) responde pela compreensão do sentido do *ser* e por seu questionamento. A ocasionalidade fática do *ser-aí* que somos é tema de uma *hermenêutica da facticidade*, com a qual Heidegger evidencia que o *ser-aí* existe e se interpreta diante de sentidos, significados e tendências de interpretações que o dirigem em seu ser-no-mundo.

A hermenêutica da vida fática ensina, portanto, que mesmo quando o *ser-aí* reflete sobre seu mundo, inclusive no momento em que, especificamente, faz filosofia, interpretações consolidadas em uma determinada facticidade nos antecedem e orientam seus modos de se comportar prática e teoricamente. No caso do filosofar, muitas dessas orientações seriam oriundas de uma tradição secularmente estabelecida; desta feita, a hermenêutica da facticidade designa o esforço por esclarecer um espaço interpretativo que não traga consigo um conjunto de preconceitos filosóficos da tradição. A hermenêutica do *aí*, a bem dizer uma antessala da ontologia fundamental heideggeriana delineia a rota que a filosofia precisaria seguir para a questão que Heidegger considera a mais importante: a pergunta pelo *ser*.

Embora a questão do *ser*, no presente estudo, compareça apenas no pano de fundo de nossa temática, não deixa de ser significativo o fato de que é em seu propósito que Heidegger desenvolve a sua interpretação da facticidade (e não apenas esta, recordemos, também, dos projetos de uma *destruição da história da ontologia* e da *analítica existencial*). Esta análise interpretativa do fático evidenciaria a impossibilidade de uma filosofia perene, e, por sua vez, a necessidade de levar em conta posições prévias da facticidade (historicidade) para que uma ontologia fundamental possa ser levada a efeito.

Por mais que apreciemos o quanto Heidegger confronta indiscutivelmente a filosofia de Husserl, é digno de nota (não obstante diferenças específicas que aparecem nesta caracterização) que o jovem filósofo, neste período, ainda pensa como um fenomenólogo, revelando ainda alguma influência de seu mestre (especialmente os saudáveis influxos vindos das *Investigações Lógicas*, como vimos). A apropriação da intencionalidade e a utilização da redução fenomenológica (em especial a *epoché*), entretanto, levam Heidegger a resultados bastante diversos dos de Husserl. Ao chegar ao *ser-aí*, enquanto expressão paradigmática da essência do humano, Heidegger não tem em vista um modo diferente de tratar a consciência ou uma nova terminologia para a mesma. Nosso filósofo pensa ter chegado a um ente originário que preenche a qualificação de sintônico ao ser (fornecendo, inclusive, meios para questioná-lo) sem ter que transigir com a fenomenologia transcendental husserliana que, para esse, ainda significa cultivar a subjetividade nos moldes da filosofia moderna, semelhantemente ao que teríamos em Descartes e em Kant, por exemplo.

Após analisar brevemente as ideias de Husserl e algumas das objeções de Heidegger à fenomenologia transcendental, é possível asseverar – em resposta ao problema levantado em nosso capítulo – que o projeto fenomenológico de uma hermenêutica da facticidade, tal como proposto por Heidegger, constituiria, sem dar vez à dúvida, um contraprojeto e mesmo uma alternativa filosófica à fenomenológica de seu mestre.

Bibliografia

FIGAL, Günter (2007): *Oposicionalidade – O Elemento Hermenêutico e a Filosofia*. Trad. Marco Antonio Casanova. Petrópolis, Vozes.

GADAMER, Hans-Georg (1976): "Un écrit 'théologique' de jeunesse". In: Heidegger, Martin: *Interprétations phénoménologiques d'Aristóteles*. Trad. J-F Courtine. Paris, T.E.R. (edição bilíngue, alemão-francês), pp. 9-15.

HEIDEGGER, Martin (1976): *Interprétations phénoménologiques d'Aristóteles*. Trad. J-F Courtine. Paris, T.E.R. (edição bilíngue, alemão-francês).

HEIDEGGER, Martin (1988): *Ontologie: Hermeneutik der Faktizität*. In: *Gesamtausgabe* II. Abteilung: Vorlesungen. Band 63. Frankfurt am Main, Vittorio Klostermann.

HEIDEGGER, Martin (2009): "Meu Caminho para a Fenomenologia". In: *Sobre a Questão do Pensamento*. Trad. Ernildo Stein. Petrópolis, Vozes, pp.85-93.

HEIDEGGER, Martin (1993): *Sein und Zeit*. 17. ed. Tübingen, Max Niemeyer.

HEIDEGGER, Martin – Jaspers, Karl. (2003): *Correspondencia (1920-1963)*. Trad. Juan José Garcia Norro. Madrid, Síntesis.

HUSSERL, Edmund (2006): *Ideias para uma Fenomenologia Pura e para uma Filosofia Fenomenológica*. Trad. Marcio Suzuki. Aparecida, Ideias & Letras.

HUSSERL, Edmund (2007): *Investigações Lógicas: Investigações para a Fenomenologia e a Teoria do Conhecimento*. Vol.II. Trad. Pedro M. S. Alves; Carlos Aurélio Morujão. Lisboa, Centro de Filosofia da Universidade de Lisboa.

HUSSERL, Edmund (1974): *Ideen zu einer reinen Phänomenologie und phänomenologischen Philosophie*. In: *Husserliana*: Edmund Husserl Gesammelte Werke. Band. III. (Org.): Walter Biemel. Haag, Martius Nijhoff.

HUSSERL, Edmund (1952): "Phenomenology". In: *Encyclopædia Britannica*. 1952. v. XVII, p. 701.

HUSSERL, Edmund (1993): *Notes sur Heidegger*. Trad. Natalie Depraz. Paris, Les éditions de minuit.

KAHLMEYER-MERTENS, Roberto Saraiva (2012): "Wilhelm Dilthey nos Limites da Hermenêutica Clássica e Filosófica". In: *Revista Portuguesa de Filosofia*. n°. 68, v. 1-2. (Org.): Álvaro Balsas, pp.189-204.

LÉVINAS, Emmanuel (1995): *Descobrindo a Existência com Husserl e Heidegger*. Trad. Fernanda Oliveira. Lisboa, Instituto Piaget.

MOHANTY, Jitendra Nath (2012): "Intencionalidade". In: *Fenomenologia e Existencialismo*. Org. Hubert L. Dreyfus – Mark A. Wrathall. Trad. Cecília Camargo Bartalotti - Luciana Pudenzi. São Paulo, Loyola. pp. 75-82.

MOHANTY, Jitendra Nath (1995): "The Development of Husserl's Thought". In: *Cambridge Companion to Husserl*. Org. Barry Smith - David Woodruff Smith. New York, Cambridge University Press, pp. 45-77.

NUNES, Benedito (2012): *Passagem para o Poético. Filosofia e Poesia em Heidegger*. São Paulo, Loyola.

SANDER, Angelika (1996): *Mensch - Subjekt - Person: die Dezentrierung des Subjekts in der Philosophie Max Schelers*. Bonn, Bouvier.

SZILASI, Wilhelm (1973): *Introducción a la fenomenologia de Husserl*. Trad. Ricardo Maliandi. Buenos Aires, Amorrotu.

WILLARD, Dallas (1995): "Knowledge". In: *Cambridge Companion to Husserl*. Org. Barry Smith – David Woodruff Smith. New York, Cambridge University Press, pp. 138-167.

A Leitura Heideggeriana do Tratado Aristotélico do Tempo: um "Caso" de Fenomenologia
The Heideggerian Reading of Aristotle's Treatise on Time: A Phenomenological Case

Libanio Cardoso[*]
(Universidade Estadual do Oeste do Paraná – UNIOESTE)

Abstract: In *Being and Time*, of 1927, Martin Heidegger states that temporality (*Zeitlichkeit*) is the ontological sense of the entity that we are, the "Being-there" (*Dasein*). Also in 1927, on the second part of the course *Basic Problems of Phenomenology*, he states that the being of the Being-there is the ontological difference itself. These positions are connected with the "understanding of being", determination according to which a pre-thematic comprehension of being

---

[*] Este capítulo aproveita, com breves reelaborações, parte de minha Tese de doutoramento, defendida em 2009, na Universidade Federal do Rio de Janeiro, sob orientação do Professor Doutor Gilvan Fogel.
    Libânio Cardoso investiga sobretudo temas relativos a Filosofia Antiga, Metafísica, Fenomenologia e Estética. Têm ocupado o articulista, nos últimos anos, estudos ligados à questão do tempo, da transcendência, a relação entre as filosofias contemporânea e grega (notadamente Heidegger e Aristóteles), uma interpretação do *Eutidemo*, de Platão, e, em Estética, o tema da Imagem e reflexões sobre arquitetura, espaço e movimento. É professor adjunto da Universidade Estadual do Oeste do Paraná, Brasil; integra o Grupo de Pesquisa em História da Filosofia, dessa Universidade, e o grupo PRAGMA – Programa de estudos em Filosofia Antiga – ligado à Universidade Federal do Rio de Janeiro, Brasil. Por meio do PRAGMA e da Coordenação de Aperfeiçoamento de Pessoal de Nível Superior (CAPES), pós-doutorou-se na Universidade de Buenos Aires (AR), em 2013, em um projeto geral sobre Dialética Antiga (projeto individual sobre o tempo em Aristóteles).

DOI: http://dx.doi.org/10.14195/978-989-26-1049-8_9

enables dealing with entities, i.e., the sense of effectiveness of a world. It is, therefore, the scheme of transcendence, such as this philosophy comprehended it. This is formulated in three brief theses: (a) the understanding of being isn't something that an entity does or accomplishes, but it is the condition of projection where the entities and the being get meaning; (b) the ontological difference isn't a real or mental distinction, but the irruption of the understanding of being as being-in-the-world; (c) whereas a Projection, the understanding of being shall have the structure of the temporality. To enlighten the connection between these items, our paper follows the Heideggerian reading of the "conceptual fixation" of the vulgar conception of time, which to Heidegger is found on *Physics* IV 10-14. A conception of time related to movement and grounded on the *now* would point out that Aristotle wouldn't have seen the connection between time and temporality, what implies being projected into the oblivion of the nexus between ontological difference, understanding of being and being-in-the-world. Thus, transcendence would remain veiled such as, warded by the categorical considerations and of causes. What is expected is to begin the discovery of a way of reading that allies the ontological-speculative capacity to the background thesis of the oblivion of the ontological difference.

Keywords: Heidegger; Aristotle; Time; Temporality; Transcendence.

Resumo: Em *Ser e Tempo*, de 1927, Martin Heidegger afirma que a temporalidade (*Zeitlichkeit*) é o sentido ontológico do ente que somos, o "ser-aí" (*Dasein*); também em 1927, na segunda parte do curso *Problemas Fundamentais da Fenomenologia*, afirma que o ser do ser--aí é a diferença ontológica mesma. Essas posições têm conexão com a "compreensão de ser", determinação segundo a qual uma compreensão pré-temática de ser possibilita a lida com entes, isto é, o sentido da vigência de um mundo. Trata-se, pois, do esquema da transcendência, tal como essa filosofia a compreendeu. Isto se formula em três teses breves: (a) compreensão de ser não é algo que um ente faz ou realiza, mas a condição do projeto em que recebem sentido os entes e o ser; (b) diferença ontológica não é uma distinção real ou mental, mas irrupção da compreensão de ser como ser-no-mundo; (c) enquanto Projeto, a compreensão de ser deve ter a estrutura da temporalidade. Para esclarecer a conexão entre esses itens, nosso escrito acompanha a leitura heideggeriana da "fixação conceitual" da concepção vulgar de tempo, que para Heidegger se encontra na *Física* IV 10-14. Uma concepção do tempo relacionada ao movimento e fundada no *agora* indicaria que Aristóteles não teria visto a conexão entre tempo e temporalidade, o que implica ter sido projetado no esquecimento do nexo entre diferença ontológica, compreensão de ser e ser-no-mundo. Assim, a transcendência permaneceria velada enquanto tal, tutelada pelas considerações categoriais e das causas. O que se espera é iniciar a descoberta de um modo de ler que alia a capacidade especulativo-ontológica à tese de fundo do esquecimento da diferença ontológica.

Palavras-chave: Heidegger; Aristóteles; Tempo; Temporalidade; Transcendência.

"Não trataremos de fenomenologia, mas daquilo de que a fenomenologia trata", diz Heidegger, logo no início do curso nomeado *Problemas Fundamentais da Fenomenologia*[473], de 1927. Não é um procedimento incomum em sua obra. O questionamento e a interpretação já caracteristicamente "filosóficos" ou "fenomenológicos" conduzem ao

---

[473] Doravante, pode-se encontrar apenas a grafia *"Problemas"*. Trata-se do volume 24 da Edição completa.

cerne do assunto, enquanto, na maioria das vezes, uma apresentação meramente formal, que almeja definir ou fornecer noções gerais, dele nos mantém afastados. Pretendo examinar, aqui, um caso notável de interpretação fenomenológica heideggeriana: sua leitura do tratado aristotélico do tempo (*Física*, IV 10-14). Com isso, é o sentido do método o que deve aparecer, ao final. O exame do texto de Aristóteles é um dos casos insignes da aproximação de um filósofo ao texto de outro filósofo. Que esse diálogo obedeça a leis próprias, parece-me bem; mas descobrir tais leis, e assim o horizonte de sentido desde o qual um pensamento torna próprio a si o que lhe vem como pensado – eis uma tarefa hermenêutica necessária.

Em relação a *Ser e Tempo*, publicado no mesmo ano, os *Problemas* têm algo de peculiar. Ali, Heidegger "substitui" a analítica existencial por uma analítica da diferença ontológica – título conferido ao ser do *Dasein*[474] mesmo; efetivamente, Heidegger ali afirma que tal distinção "tem o modo de ser *do* Dasein"[475] e, para tanto, trata de clarificar a temporalidade originária que está na base da sua leitura fenomenológica da história da filosofia. Heidegger recorre, pois, na última parte do curso, à análise do tratado aristotélico, mediante a qual quer elucidar a fundamentação textual da concepção vulgar do tempo. Ora, compreensão vulgar não é compreensão explícita; ela justamente não tem claros o fundamento de sua possibilidade e os limites "pré-compreensivos" em que se mantém. Constata-se a passagem do tempo, a existência do tempo, conta-se com o tempo, concorda-se com o fato de que tudo o que é, é no tempo, mas não se sabe como a passagem e a existência do tempo são, não se sabe como ambas são conhecidas; consequentemente,

---

[474] Tem sido um problema para tradutores e comentadores que fazer desse termo central, quanto a traduzi-lo ou não, e como o fazer. Na bibliografia, inevitavelmente as soluções que encontramos são variadas, assim como a convicção com que cada qual defende seu caminho. Não pretendo discutir o assunto. Utilizarei tanto o termo original, "*Dasein*", quanto a tradução "ser-aí".

[475] Heidegger (2005), 454.

não se sabe qual o fundamento da possibilidade de "contar" o tempo nem o sentido de ser "no" tempo. Tendo em vista tais considerações, para além de uma interpretação de textos filosóficos, o propósito da segunda parte dos *Problemas* é o esclarecimento da pré-compreensão do tempo em que o *Dasein* "vive".

A análise da temporalidade é necessária ao projeto iniciado em *Ser e Tempo*, do ponto de vista metodológico, "à medida que se converte em tema, enquanto condição de possibilidade da compreensão de ser e da ontologia como tal."[476] É, pois, enquanto possibilitação da compreensão do ser em geral que a análise da temporalidade permite atentar mais à distinção que está na raiz ontológica do *Dasein* mesmo. Para chegar à análise da temporalidade originária, porém, os *Problemas* propõem, como dissemos, "a análise da compreensão vulgar de tempo"[477].

Os *Problemas* situam no esquecimento da suprema distinção ontológica o acesso da "metafísica" ao problema do tempo. "Trata-se de chegar, mediante a compreensão vulgar do tempo, à temporalidade, em que se enraíza a constituição ontológica do *Dasein* e à qual pertence a compreensão vulgar do tempo"[478]. Esta última, porém, é tão pouco clara nela mesma e no entanto aparece de tal forma como prescindindo de explicações, que sua investigação explícita requer um estratagema, uma "escapatória"[479]. Trata-se de buscar a originária elaboração conceitual fixada e determinante do tempo. "Desse modo, dispomos de um vestígio do fenômeno [...] nos conceitos explícitos [...]"[480].

---

[476] Heidegger (2005), 324.

[477] Heidegger (2005), 454. O conjunto dessa investigação é caracterizado como temporariedade. Estritamente, a temporariedade (*Temporalität*) é a temporalidade (*Zeitlichkeit*) explicitamente considerada.

[478] Heidegger (2005), 454.

[479] Heidegger (2005), 326.

[480] Heidegger (2005), 326.

Não devemos passar por alto o movimento dessa estratégia e o que implica. Buscar em elaborações filosóficas do fenômeno do tempo a fixação conceitual da compreensão vulgar significa dizer que essas elaborações não superaram essencialmente a falta de clareza cotidiana sobre o fenômeno. Trata-se de que, para Heidegger, as elaborações filosóficas permaneceram presas aos aspectos apenas evidentes da experiência. Isto não é dizer pouco. Mas há mais. A permanência de uma consideração vulgar sobre o tempo é, para ele, como dissemos, consequência do modo de ser do *Dasein*, cuja compreensão "a princípio e na maior parte das vezes" é tomada de empréstimo ao modo de ser dos entes com que se encontra ocupado. Mesclada ao poder de fixação e clarificação dos conceitos filosóficos, a compreensão vulgar forma um "conceito tradicional". Porque tais conceitos têm em si a força da aceitação imediata (compreensão vulgar, fundada no modo de ser mais imediato) e a autoridade de esforços metódicos (fixação conceitual), a crítica dos conceitos tradicionais é tão difícil quanto necessária. Essa posição de Heidegger é, por sua vez, tão conhecida, que em geral apenas reagimos a ela ou a aceitamos sem mais. Mas ela se constitui numa tese filosófica sobre a História, não numa descrição de fatos[481]. Deixa suposto que o conceito tradicional provém de elaborações em que são fixados os conceitos da compreensão vulgar. Diz, pois, que a filosofia é a fixação ontológica não-originária da compreensão pré-ontológica: clarificação de uma obscuridade, que não a resolve, antes transforma-a nessa estranheza que é uma obscuridade-iluminada. Heidegger é suficientemente cauteloso para proceder de imediato a uma demonstração, por meio da interpretação de um texto capital. Essa tarefa é assim anunciada: "orientação histórica sobre o conceito tradicional de tempo e caracterização da compreensão vulgar do tempo que lhe é subjacente"[482]. Se as teses

---

[481] Sobre isso, conferir Cardoso (2013).
[482] Heidegger (2005), 327.

heideggerianas soam violentas, deve-se agora perguntar se a essência dessa violência é maléfica; porque, se ela for necessária à preservação essencial do *Dasein*, deve ela mesma ser mantida e percorrida. Aqui, a experiência dessas teses deve-se fazer pelo acompanhamento da análise proposta por Heidegger.

Já no projeto original de *Ser e Tempo*[483], que consta do sumário apresentado no parágrafo 8 dessa obra, está prevista, como última divisão da segunda parte, a "discriminação da base fenomênica e dos limites da antiga ontologia"[484]. Heidegger não publicou como sequência da obra os estudos previstos nessa segunda parte; a ideia geral era, a partir de uma tematização da temporalidade *enquanto fundamento da compreensão de ser*, proceder à "destruição fenomenológica da história da ontologia"[485]. As três divisões projetadas analisariam "a doutrina kantiana do esquematismo", "o fundamento ontológico do *cogito sum*, de Descartes" (bem como a herança "da ontologia medieval na problemática da *res cogitans*") e, por fim, o "tratado de Aristóteles sobre o tempo"[486]. O esquematismo kantiano, em sua relação com o problema da temporalidade, foi tema de *Kant e o Problema da Metafísica*, publicado em 1929. Análises de Descartes já haviam sido feitas em cursos anteriores a *Ser e Tempo*, e continuaram aparecendo em lições, textos e conferências posteriores, sem chegar a constituir objeto de uma publicação especial, ao menos antes de 1976.

Desde e ao longo do século XX, o número de publicações de comentários sobre o tratado e o tema do tempo em Aristóteles, que já era grande, tornou-se imenso. O presente texto não se toma como estudo especializado de Aristóteles, e, também por isso, desobrigamo-nos de uma pesquisa sobre a massa desses comentários e estudos, o que

---

[483] Heidegger (2006).
[484] Heidegger (2005), 40.
[485] Heidegger (2005), 39.
[486] Heidegger (2005), 40.

constituiria um outro trabalho. É a interpretação heideggeriana que nos interessa. Ela tem força bastante sobre o que se pensou, desde *Ser e Tempo*, para que o conjunto dos estudos se tome como em diálogo com suas teses, mesmo quando – o que é frequente – os autores a ignorem ou desdenhem. Essa força é o destino comum dos pensamentos fundamentais, que chamamos "filosofia".

A exposição do esquema geral do tratado aristotélico do tempo é realizada nos *Problemas* com base em que, para Heidegger, Aristóteles e Santo Agostinho legaram as "grandes interpretações antigas do tempo que desde então impuseram sua pauta"[487]. Por que, então, o tratado aristotélico é o único texto interpretado na última parte do curso? Por que, desde o sumário de *Ser e Tempo*, tal análise se projetava como essencial? Encontramos duas respostas, complementares, nos *Problemas*: em primeiro lugar, "Agostinho concorda com Aristóteles em uma série de determinações essenciais"[488]; segundo: em interpretações posteriores decisivas, como as de São Tomás, Suárez, Leibniz, Kant e Hegel (e mesmo na de Bergson) "se evidencia por toda parte a interpretação do tempo de Aristóteles"[489]. À página 329 se

---

[487] Heidegger (2005), 327.

[488] Heidegger (2005), 327.

[489] Heidegger (2005), 328. – Sobre o tempo, Aristóteles oferece explicações também em *Física* 8 e *De Anima* 3. A consideração que Heidegger tem em vista se restringe à experiência relativa ao vínculo entre *compreensão de ser* e tempo. Isto exclui uma série de obras aristotélicas e permite a concentração da análise na *Física*. Para nós, é decisivo que investigações sobre *ousía*, *dýnamis*, *enérgeia* e *noûs*, na *Metafísica*, não sejam aqui consideradas por Heidegger como essencialmente relevantes para a elucidação aristotélica do tempo concebido como "fixação da compreensão vulgar"; igualmente, como apontamos, é relevante que o fenômeno seja visado a partir da preocupação com a compreensão de ser. Quanto a outras investigações do *corpus*, um importante e recente estudo (Rey Puente (2001)) concebe cinco pontos de partida: os sentidos categorial, modal, físico, metafísico e cosmológico do tempo. Essa abordagem ampla permite levar em conta obras tão diversas como as *Categorias* e o *De coelo*. O estudo tem, a nosso ver, o grande mérito, que está longe de ser o único, de não dissociar a teoria sobre a *phýsis* da filosofia primeira: *Física* e *Metafísica* são consideradas numa unidade conceitual e mesmo de problemas (cf. p.ex., p. 243). De fato, o que o estudo de Rey Puente concebe como sentido metafísico do tempo é a aplicação das pesquisas da *Física*, notadamente as concernentes ao conceito de infinito, à "relação" temporal entre os entes sublunares e o Primeiro Motor. Mas dado o escopo da obra, ela não se detém

afirma, de modo inequívoco e não comparativo: "Nenhuma tentativa de desentranhar o mistério do tempo pode nos dispensar de uma discussão com Aristóteles."[490] Para Heidegger, o fenômeno é mediado pela legação por que advém, e, pois, uma análise do tempo que desconsidere a história da filosofia não deixa apenas de reconhecer e de eventualmente utilizar uma coleção de avanços teóricos, mas perde de vista o cerne do fenômeno, uma vez que a compreensão vulgar do tempo *aparece como compreensão*, tradicionalmente fixada. Isto significa: a compreensão vulgar é, para nós, ela mesma "temporal", histórica, tradicional. Uma elaboração do fenômeno exige o confronto com o que assim nos predispõe sob a forma de sua "fixação".

Antes de passarmos a acompanhar a exposição heideggeriana do esquema do tratado aristotélico e sua subsequente interpretação, queremos ressaltar, ainda uma vez, o caráter da aproximação que Heidegger procura estabelecer, dada sua centralidade.

Buscamos uma formulação concisa: na mesma página 328 dos *Problemas*, Heidegger afirma que, excetuadas algumas elaborações em Santo Agostinho, na interpretação aristotélica do tempo "foi dito o essencial do que, dentro da compreensão vulgar do tempo, pode ser dito em princípio sobre o tempo."[491] Enquanto acompanharmos o texto heideggerano, devemos nos lembrar de que, pelo menos à época dos *Problemas*, Heidegger toma as investigações e descobertas de Aristóteles sobre o tempo como conceitualização da compreensão vulgar, que não logra ultrapassar os fundamentos e pressupostos desta última.

---

na pergunta sobre o que está em jogo ao longo dos livros VII-XII da *Metafísica*, e não relaciona os conceitos "metafísicos" ao fenômeno do tempo a partir de uma exposição da *necessidade interna* do vínculo.

[490] Cf. tb. Heidegger (2005), 336: "Pode-se dizer que as épocas posteriores não ultrapassaram no essencial o estágio do tratamento aristotélico do problema, se não tomarmos em conta algumas excessões em Agostinho e em Kant, os quais mantêm, sem embargo, no fundamental o conceito aristotélico de tempo."

[491] Heidegger (2005), 328.

A exposição e interpretação que iremos acompanhar são estritamente as de Heidegger. Não tem lugar aqui nossa interpretação da interpretação. As três primeiras divisões seguintes atendem a uma prévia distinção de conceitos aristotélicos, no texto, por Heidegger. A quarta e última divisão mostra a interpretação, propriamente dita, e contém a nossa conclusão.

Caberia, por fim, questionar de que modo o tema da transcendência pertence a esta análise. Pretende-se oferecer, com este artigo, as *primeiras bases* para uma indicação a respeito (e posterior elaboração direta). Admitindo que a palavra transcendência aponta um movimento de fundo de toda filosofia – daí o caráter polissêmico do conceito, e mais, seu traço histórico – cabe a investigação sobre se o caráter mais essencial do tempo incide sobre o fundamento mesmo da transcendência, conforme o seu tratamento em Aristóteles e a partir da leitura crítica heideggeriana[492]. Em *Ser e Tempo*, Heidegger afirma que a temporalidade (*Zeitlichkeit*) constitui-se em sentido ontológico do ente que somos; também em 1927, na segunda parte dos *Problemas Fundamentais de Fenomenologia*, afirma, como antecipamos, que o ser do ser-aí é a diferença ontológica mesma. Essas posições têm conexão com "compreensão de ser", determinação segundo a qual uma compreensão pré-temática de ser possibilita a lida com entes, isto é, o sentido da vigência de um mundo. Trata-se, pois, do esquema da transcendência, tal como essa filosofia a entendeu. Isto se deixa formular em três teses breves: (a) compreensão de ser não é algo que um ente faz ou realiza, mas a condição do projeto em que têm sentido os entes e o ser; (b) diferença ontológica não é uma

---

[492] Esse caráter central está consignado, penso, na definição que liga e estende tempo a número e movimento. O "agora" será, talvez, o núcleo oculto da transcendência, aqui entendida como doação e concatenação unificante do todo dos fenômenos. Esta tese, porém, não poderá ser examinada aqui. Nosso intento se restringe ao acompanhamento da análise heideggeriana.

distinção real ou mental, mas irrupção da compreensão de ser como ser-no-mundo; (c) enquanto "projeto", compreensão de ser tem a estrutura da temporalidade. Para esclarecer a conexão entre esses itens, nosso escrito acompanhará um tanto vagarosamente a leitura heideggeriana da "fixação conceitual" da concepção vulgar do tempo, que para Heidegger se encontra na *Física* aristotélica, IV 10-14. Uma concepção de tempo relacionada ao movimento e fundada no agora indicaria que Aristóteles não chegou a ver a conexão entre tempo e temporalidade, o que, por sua vez, implica ter sido projetado no esquecimento do nexo entre diferença ontológica, compreensão de ser e ser-no-mundo. Assim, a transcendência permaneceria velada enquanto tal, tutelada pelas considerações categoriais e das causas. O que se espera, diante de um confronto de teses dessa monta, é iniciar a descoberta de um modo de ler que alia a capacidade especulativo-ontológica a essa tese de fundo, concernente ao esquecimento da diferença ontológica. Um tal propósito não implica, todavia, nossa anuência à interpretação heideggeriana. Decisivo é mostrar de que modo a leitura crítica põe às claras uma estrutura francamente ontológica, ao mesmo tempo em que a revela a partir de uma concepção de transcendência que, talvez, implique dificuldades quanto ao caráter "transcendental" do agora (*tò nyn*) como Aristóteles o concebeu.

1. Posição do problema. Crítica dos predecessores (*Física*, IV, 10-11)

O tratado se estende por cinco capítulos da *Física* (IV, 10-14). Duas questões o ocupam: (i) o tempo pertence ao ente ou ao não-ente?; (ii) qual é a natureza ou "índole essencial" do tempo?

A primeira é apenas brevemente tratada, sendo conduzida a uma aporia, para vir a ser respondida apenas no último capítulo, 14, 223a

16 – 224a 17. (Heidegger não pergunta por que Aristóteles o faz.) Depois de expor a aporia, o texto passa ao exame da segunda questão, iniciando pela discussão breve de considerações dos predecessores, como é habitual nos escritos aristotélicos.

A questão se formula assim: "*póteron tôn ónton estín è tôn mè ónton*;". Para Heidegger, o ente é, em Aristóteles, o subsistente. Daí que, após traduzi-la ("pertence o tempo ao ente ou ao não-ente?") esclareça-a da seguinte maneira: "É [o tempo] algo subsistente por si mesmo ou só subsiste enquanto algo subsiste por si mesmo?"[493]

A resposta de Aristóteles se orienta, de início, pela consideração das partes do tempo: o passado, que se caracteriza como o que não é mais; o futuro, caracterizado por ainda não ser; e o "presente", que, evidentemente, é, mas que se determina como "agora". Desta última determinação provém a aporia, em meio à evidência de que o agora é a parte soberana do tempo, pois que "é": o agora deve subsistir, deve ser uno e idêntico a si mesmo, enquanto sustentação da subsistência do tempo em geral. Mas o agora não é desvinculado da passagem do tempo, isto é, de suas demais partes; por isso, supõe-se uma multiplicidade de agoras, que abarque e unifique passado e futuro; do mesmo modo, como fundamento do tempo "que passa", o agora tem que ser imediatamente outro que si mesmo (não-idêntico). Está claro que o problema da primeira questão (o tempo pertence ao ente ou ao não-ente?) reside em que o tempo é, mas não um ente, e assim pertence ao não-ente (ou ao ente?) de uma maneira totalmente única.

A segunda pergunta provém desse impasse e se formula assim: "*tís hē phýsis autoû*;", "qual é a natureza do tempo?" Nesse momento, o tratado passa a considerar respostas "tradicionais" fixadas, isto é, que provêm de elaborações filosóficas anteriores. Tais elaborações forneceram, a seu modo, respostas à questão sobre a natureza do tempo.

---

[493] Heidegger (2005), 328.

A primeira concepção examinada "identifica o tempo com o movimento do todo"[494]; a segunda prossegue na mesma direção, mas é mais específica e identifica o tempo com a esfera celeste. Em que sentido as duas concepções dizem o mesmo? Segundo a concepção antiga do cosmos, a Terra é fixa e circundada por esferas celestes. A última dessas esferas constitui o "em" de todas as demais, desde um ponto de vista natural; a sua revolução "se identifica com o tempo"[495]. Assim, *as duas posições antigas sobre o tempo mencionadas por Aristóteles consideram o movimento* para a determinação essencial do tempo. Na segunda posição, o todo, que constava já da primeira, é identificado à esfera celeste. O que é problemático nessas respostas à questão sobre a natureza do tempo? Por que elas são insatisfatórias, segundo Aristóteles?

A primeira concepção carece da *determinação* do todo, que a segunda oferece mediante a afirmação de que o tempo é o movimento do móvel relativamente à esfera celeste. Basta a refutação desta última. Seu problema não reside na identificação entre movimento e tempo, mas em afirmar que "de acordo com sua essência, o movimento é [...] no móvel mesmo, ou está sempre justamente onde está o que se move"[496]; ora, justamente não se dá o mesmo com o tempo. Se essa tese afirma que o tempo é movimento, supõe que onde há movimento, há tempo; por assim dizer, o "lugar" do tempo é aquele em que identificamos o movimento, a saber, o móvel. Mas o tempo é, para Aristóteles, "pelo contrário, *de igual maneira* tanto *em todas as partes* quanto *junto a tudo e em tudo*" (*ho dè khrónos homoíōs kaì pantakhoû kaì parà pâsin; Fís.* 10, 218b 13)."[497] A concepção criticada identifica tempo e movimento, sem resguardar as diferenças fundamentais do estar em toda parte (*pantakhoû*) e do ser junto a (*parà*). O movimento

---

[494] Heidegger (2005), 331.
[495] Heidegger (2005), 332.
[496] Heidegger (2005), 332.
[497] Heidegger (2005), 332.

não está em toda parte, mas tão somente no móvel. O tempo, por sua vez, está junto a tudo, mesmo junto ao que não se move, isto é, o que fica sob essa determinação especial do movimento que é o repouso. As duas teses fixadas são assim insuficientes (mas não errôneas) segundo Aristóteles.

Com isso se conquista o seguinte: "o tempo se relaciona com o movimento" sem ser, porém, "*kínesis*, mas *kinéseos ti*, algo concernente ao movimento, algo em relação com o movimento do móvel"[498]. A questão passa a ser, agora, outra: "que coisa a respeito do movimento é o tempo?"[499] Aristóteles não refuta a tradição que menciona; procura complementá-la, propondo-lhe o aprofundamento do que ficou inquestionado. Nas posições anteriores, o movimento surgiu como elemento decisivo para a meditação. Esse elemento vem se somar ao que fôra elevado ao conceito: o caráter estranho do fenômeno tempo, que pertence ao ser ou ao não-ser de modo fora do comum, sua partição e o posto fundamental do agora, fenômeno essencial do único aspecto do tempo que "é". Isto conclui o capítulo 10 e permite que o capítulo seguinte proponha uma definição do tempo que remata o esforço anterior, levando-o à sua radicalização.

2. Definição de tempo. Tempo e movimento (Física, 11-12)

A definição diz: *toûto gár estín ho khrónos, arithmòs kinéseos katà tò próteron kaì hýsteron* (Fís., 11, 219b 1 s.). Heidegger a expõe assim: "o tempo é algo numerado que se mostra na perspectiva e para a perspectiva do antes [*Vor*] e do depois [*Nach*] a respeito do movimento"; e, em seguida, de maneira mais breve: "[o tempo é] algo contado do movimento, com que nos encontramos no horizonte do anterior

---

[498] Heidegger (2005), 333.
[499] Heidegger (2005), 333.

[*Früher*] e do posterior [*Später*]"⁵⁰⁰. Proposta a definição, aparecem as tarefas de "esclarecer de que modo e em que sentido o tempo é *arithmòs*, um número, e como aparece o fenômeno fundamental do tempo: *tò nûn*, o 'agora'"⁵⁰¹.

O capítulo 12 investiga, portanto, a relação entre movimento e tempo sob o aspecto da possibilitação recíproca de mensuração. O movimento se deixa medir através do tempo, e o tempo se deixa medir pelo movimento. O que significa, porém, dizer que algo é "no tempo"? "Compreendemos" que algo seja em movimento, que o movimento aconteça no tempo, mas, se tempo não é espaço, que significa que todo movimento, todo movido e tudo que repousa, se repouso é modo de ser do movimento ou, mais grave, "não-movimento", sejam *no* tempo? Sendo o "em" de todo movimento, tempo é a unidade de fundo dos processos. Mas como se dá a unificação? E será de fato o tempo esse "em" para o movimento?

3. Unidade do tempo. O agora. Anterior e posterior (*Física*, 13-14)

A unidade do tempo é uma certa coesão de seus momentos, que permite a continuidade. O constituinte dessa unidade reside no agora, que todas as determinações temporais têm como referência. "'Imediatamente', 'há um instante', 'há tempos', 'de repente', 'mais tarde', 'antigamente' são determinações que, todas elas, fazem referência ao *nûn*"⁵⁰². O agora dá coesão enquanto "*syneikheia*, o manter-se juntos, em latim *continuum*, em alemão *Stetigkeit*, a continuidade"⁵⁰³.

---

⁵⁰⁰ Heidegger (2005), 333.
⁵⁰¹ Heidegger (2005), 334.
⁵⁰² Heidegger (2005), 334.
⁵⁰³ Heidegger (2005), 334.

Uma continuidade temporal implica, porém, "a determinação, que se pôs em relevo na definição do tempo"[504], de *próteron kaì hýsteron*, anterior e posterior. Um contínuo espacial é indiferenciado quanto ao tempo, mas a continuidade no tempo implica o horizonte dessa distinção. Daí que o tempo, enquanto tal, não se prenda a um movimento ou a um ente enquanto movido, mas perpasse todos os entes, mesmo os que repousam. Sendo, porém, numerável, mensurável, dá-se que tempo "só possa haver onde há um numerar"[505], isto é, na alma. Estando em todo lugar, o tempo *simultaneamente* está na alma. (Justamente o esclarecimento cabal dessa determinação não é encontrado na *Física*.) Para elucidação do "em todo lugar", Heidegger aponta as considerações ulteriores, do capítulo 8 da *Física*, onde se "põe o tempo em relação com a revolução do céu e com o *nous*"[506]. Ligado essencialmente ao movimento, o esclarecimento do fenômeno requer que se encontre "o movimento mais puro, aquele que mede originariamente o tempo": este é "a revolução (*kyklosophía*) do céu mais externo"[507]. O estar na alma que caracteriza o tempo implica, por sua vez, que enquanto "não tivermos um conceito suficientemente adequado de alma, de entendimento, vale dizer, de *Dasein*, seguirá sendo difícil dizer o que significa o tempo estar na alma"[508]. – Vê-se que a apropriação fenomenológica está, aqui, em pleno curso. – O problema do tempo diz respeito tanto ao "em" mais geral, âmbito de todos os fenômenos concernentes ao movimento, quanto ao "em" específico, a alma, que "é, de certo modo, todo ente" [*he psykhḕ tà ónta pṓs esti pánta*] (*De Anima*, III, 8, 431b 21).

---

[504] Heidegger (2005), 335.
[505] Heidegger (2005), 335.
[506] Heidegger (2005), 335.
[507] Heidegger (2005), 336.
[508] Heidegger (2005), 335.

Um problema correlato é o da simultaneidade dos eventos temporais, isto é, a simultaneidade dos diversos movimentos e entes, o que somente será esclarecido se se descobrir o que é *estar no tempo* e "de que modo e onde é o tempo". Isto corresponde à primeira questão levantada por Aristóteles, no capítulo 10, a saber, "se o tempo em geral é e se o podemos designar como ente"[509].

4. A leitura fenomenológica do tratado

Heidegger pode, a partir daqui, em suas palavras, não "se apegar estritamente ao texto, mas, numa exposição livre e às vezes em uma interpretação de maior alcance, tratar de acercar-se do fenômeno tal como Aristóteles o viu"[510]. Nós, porém, queremos permanecer junto ao texto da interpretação heideggeriana, nos limites em que isto é viável. Trata-se, fundamentalmente, de uma interpretação da definição do tempo fornecida na *Física*, nomeadamente em 11, 219b1s.: *toûto gár estín ho khrónos, arithmòs kinḗseo̱s katà tò próteron kaì hýsteron*.

O esquema seguido pela interpretação é o seguinte. Em primeiro lugar, pergunta-se de que modo e em que sentido o tempo está em relação com o movimento. Em consequência dessa pergunta e por meio de um exemplo, põem-se em jogo as noções de movimento, movido, repouso, posição, continuidade. Depois, pergunta-se em que sentido a definição fala em número do movimento, já que números não parecem submetidos ao tempo. O terceiro passo conduz os esclarecimentos ao horizonte delimitado como anterior/posterior, o qual fornece a distinção entre numeração temporal e "espacial". Com isto, os termos que dão forma à definição terão sido explorados, mas restarão dificuldades. Em especial faltará saber se o movimento

---

[509] Heidegger (2005), 336.
[510] Heidegger (2005), 336.

"segue" o tempo ou se ocorre o inverso, como o entende Bergson e como Aristóteles *parece* dizer. Nesse caso, o tempo seria o próprio espaço ou espacial. O esclarecimento da prioridade do tempo sobre o "espaço", em Aristóteles, exigirá a interpretação de *akoloutheî*, "seguir", e do termo *nyn*, o "agora", essencial para a doutrina. A interpretação heideggeriana do agora em Aristóteles se desdobrará, por fim, no problema do nexo entre tempo e alma, e nisto se deterá.

Feito isto, pode Heidegger passar a uma análise direta do fenômeno do tempo em sua compreensão vulgar. A fenomenologia enquanto método fundamental da filosofia aparece, aqui, como questionamento dos conceitos cujo esclarecimento remeterá a seu horizonte de sentido: "o contexto no qual se mantém a possibilidade de compreender alguma coisa"[511]. É a condução ao *a priori* em geral. Vejamos, passo a passo, a interpretação do tratado empreendida.

A definição – centro do tratado – diz: "o tempo é algo numerado a respeito do movimento, que se encontra no horizonte de anterior e posterior (na perspectiva do antes e do depois)"[512]. O tempo está em relação com o movimento e, por isso, em relação com o que se move. A observação de um movimento simples deve fornecer um primeiro esclarecimento sobre o teor da definição (porque "poder-se-ia dizer que, mediante essa determinação do tempo (a saber, aquela constante na definição) o fenômeno buscado se faz mais impenetrável que acessível"[513], percebe o professor Heidegger. O exemplo escolhido é o de uma vareta movendo-se de cá para lá ou circularmente junto ao quadro-negro. Nenhuma propriedade ou parte da vareta móvel corresponde ao tempo, "nada que pertença como tal a sua extensão e continuidade (*synekhés*)"[514]. Isto porque o tempo não é dito, por

---

[511] Heidegger (2006), 324.
[512] Heidegger (2005), 337.
[513] Heidegger (2005), 337.
[514] Heidegger (2005), 337.

Aristóteles, "em conexão com uma coisa móvel como tal, mas em conexão com seu *movimento*"[515]. Mas se o movimento se detém, o tempo ainda "passa". Consideremos o movimento da vareta: de seu início até seu término, a cada posição a vareta está em um tempo. O repouso se refere ao tempo, está no tempo; o movimento, enquanto sequência de posições no espaço, está no tempo, "é intratemporal"[516]. Ora, isso nada esclarece quanto ao ser do tempo, que não é um receptáculo ôntico omniabrangente. Por isso a definição aristotélica determina mais acuradamente o modo da "relação" entre tempo e movimento: o tempo é, com relação ao movimento, um número, ou só é o movimento no que este tem número. Mas em que sentido? Os números são extratemporais. Em que, portanto, foi esclarecida a definição? Para compreendê-lo é necessário distinguir número numerante de número numerado (*aritmoúmenon*). "O tempo é número, não no sentido do número que numera, mas número no sentido do numerado"[517]. A relação com o movimento significa a possibilidade de numeração, no sentido de que o que se conta no movimento é o tempo. Este é o propriamente numerado. Podemos, no entanto, contar as posições que o móvel atravessa, atribuir a cada qual um número. Podemos calcular a velocidade do deslocamento, mediante uma fórmula que inclui o tempo, sem o esclarecer ($v=s/t$). O espaço tem a ver com o tempo e pode ser numerado; a velocidade tem a ver com o tempo e pode ser medida. Não é decerto sob o mesmo "horizonte" que o tempo é numerado em relação ao movimento. Podemos contar o tempo que passa enquanto um movimento transcorre; podemos contar o tempo em que algo repousa, enquanto acompanhamos o movimento de um ponteiro de relógio; podemos contar ou indicar o tempo acompanhando o movimento do sol. Que horizonte é esse que permite a contagem,

---

[515] Heidegger (2005), 337.
[516] Heidegger (2005), 338.
[517] Heidegger (2005), 338-339.

não das posições e da velocidade, mas a contagem pura e simples do tempo do movimento, isto é, a contagem que torna possível, mas não necessário, mensurar a velocidade e atribuir números às posições percorridas por um móvel? Na fórmula da velocidade, o tempo é o "divisor", isto é, o mensurador, o possibilitador da numeração: sem o tempo, uma velocidade não poderia ser maior que outra, porquanto o divisor é o que mede numa ordem a velocidade em geral, e assim lhe confere unidade; por sua vez, a numeração das posições segue uma ordem: é evidente que uma posição vem antes que outra, e é por isso que recebe o número 1 em vez do 2. Esse horizonte da sequência e da anterioridade é o horizonte propriamente temporal, segundo Aristóteles. A definição se completa, por isso, com esta última especificação: *katà tò próteron kaì hýsteron*: segundo o antes e o depois. "O tempo não é somente o numerado em conexão com o movimento, senão [...] *à medida* que está na perspectiva do antes e do depois quando o *seguimos enquanto movimento*"[518].

A leitura heideggeriana se detém, neste ponto, diante de duas questões. A primeira concerne ao caráter circular da definição aristotélica, uma vez que *próteron* e *hýsteron* se deixam compreender como antes e depois, o que permite pensar em um apelo ao tempo para a definição do tempo. A segunda questão dirige-se ao significado desse horizonte de anterior e posterior para a definição, isto é, requer uma elucidação de sua articulação conceitual. Deixemos, por ora, a primeira das questões.

Quanto à segunda, tentemos esclarecê-la mediante algumas teses, que advêm da interpretação de Heidegger, se considerada sistematicamente:

(1) o tempo é algo em conexão com o movimento (*kinéseôs ti*);
(2) o movimento – concebido seja como *kínesis*, seja como *metabolé*, inclui o *kinoúmenon kineîtai*, vale dizer, o móvel semovente;

---

[518] Heidegger (2005), 341.

(3) o caráter mais geral do movimento é *metabolé*, transformação;
(4) a forma mais simples do movimento é *phorá*, deslocamento;[519]
(5) uma forma mais complexa do movimento é *alloíosis*, o fazer-se outro "no sentido em que uma qualidade se tranforma em outra"[520]. Neste caso não se requer nenhum deslocamento.
(6) o que unifica as formas da transformação, mesmo o deslocamento, enquanto modalidades do movimento é uma estrutura ontológica, consignada na expressão *ék tinos eís ti*, "desde algo até algo".

Deve-se atentar para o peso que, ao longo das teses, o movimento recebe, visto que o propósito é compreender o tempo. Sobre a fórmula mencionada por último (6), diz Heidegger: "A esta estrutura do movimento denominamos sua *dimensão* e compreendemos o conceito de dimensão *em um sentido totalmente formal*, sendo-lhe inessencial a referência ao espaço"[521]. "Em um sentido totalmente formal" significa, *aqui*, que evidências e "fenômenos" não servem de fundamento ao esclarecimento da estrutura "desde algo para algo"; dá-se o inverso: é ela que permite compreendê-los enquanto fenômenos evidentes de movimento. Sempre em sentido formal, dimensão deve ser, por sua vez, compreendida como distensão (*Dehnung*); já extensão (*Ausdehnung*), "no sentido de dimensão espacial"[522] é uma modalização da distensão; segundo este modo da distensão, a fórmula "desde algo até algo" comporta em si o conceito de distância ou distanciamento (*Erstreckung*), mas, repete-se a ressalva, "em um sentido totalmente formal" (Heidegger usa a mesma expressão duas vezes em seis linhas). Assim, "o caráter de dimensão do tempo em relação com o movimento" justamente não

---

[519] A simplicidade não é um óbice ontológico; ao contrário. No capítulo 7 do livro VIII da *Física*, p.ex., a primazia do movimento local será afirmada taxativamente.

[520] Heidegger (2005), 343.

[521] Heidegger (2005), 343.

[522] Heidegger (2005), 343.

pode ser concebido "como extensão espacial"[523]. Se necessariamente observamos "o passar do tempo", seu "transcorrer", "estender-se", se lemos nos filósofos que é um *continuum*, tal experiência do tempo se funda na estrutura ontológica chamada dimensão (a estrutura "desde algo até algo"), elaborada formalmente no sentido da distensão. O distanciamento no tempo é uma modalização da distensão. Nos momentos indicados, pensou-se a multiplicação do tempo, por assim dizer o lançar-se para longe de seus limites (desde algo / para algo); mas todo distanciamento supõe uma ligação ou unidade para com aquilo de que se ganha distância. A mesma estrutura formal nomeada dimensão é codeterminada, pois, como "*synekhés*, o manter-se unido, o *continuum*, a continuidade"[524].

Conforme a definição, o tempo, em sua relação com o movimento, é o número numerado do movimento, no horizonte do anterior e do posterior. O esclarecimento desse horizonte implica pensar o movimento em seu caráter geral, *metabolé*, e especificamente como *phorá* e *alloíosis*. O que permite conceber de imediato o caráter geral e os modos mencionados do movimento em uma unidade se concentra na fórmula "desde algo até algo", que não se deve entender espacialmente, mas como estrutura ontológica, de maneira estritamente formal. A unidade ontológica do movimento é seu caráter de dimensão – que Aristóteles designa *mégethos*, magnitude, grandeza. Dimensão (do movimento) se deve entender como distensão, à qual copertencem o *synekhés* (coesão no sentido de continuidade), o distanciamento (entendido formalmente) e o modo da extensão (espacial). Segundo podemos depreender dos momentos dessa fórmula que permite ver a unidade geral do movimento desde sua estrutura ontológica, dela não se segue nenhuma ruptura, como se houvesse uma diferença "substancial" entre o ponto de partida do movimento e seu ponto de chegada. Não há nada entre a

---

[523] Heidegger (2005), 343-344.
[524] Heidegger (2005), 344.

partida e a chegada, uma pluralidade de 'aqui', de pontos, nada entre o antes e o depois; antes e depois, partida e chegada são instâncias ontológicas do movimento, considerado sob o "modo tempo". Enquanto reunidos como pontos do movimento, eles pertencem a essa estrutura de distanciamento formal que é um modo de ser do que é compreendido pelo movimento, e não algo constatável "entre" dois pontos no espaço. Toda distância *deve* assim aparecer desde o distanciamento formalmente peculiar ao movimento. Em suma, todo "desde algo até algo" tem lugar como *synekhés*, e isto significa que o "algo desde que" e o "algo até o qual" pertencem ao mesmo e determinam uma só experiência. Heidegger escreve: "Quando experimentamos o movimento em conexão com um móvel, experimentamos necessariamente por sua vez a *synekhés*, a continuidade, e, nesta, o *ek tinos eís ti*, a dimensão no sentido originário, o distanciamento (a extensão)"[525]. O advérbio "necessariamente" confirma o caráter de princípio ontológico desses momentos estruturais. (Vê-se: a interpretação fenomenológica levou os conceitos ao limite.)

Em seguida, uma afirmação aparentemente invertida de Aristóteles é reconduzida à sua compreensão mais própria. Ele diz *"akoloutheî toi megéthei hę kínęsis"* (Fís., V, 11, 219 a 11). Heidegger a interpreta assim: "o movimento segue a dimensão (extensão), é sua conseqüência"[526]. Se isto pode levar ao julgamento de que primeiro dá-se o movimento e então se lhe acrescenta uma estrutura lógica, que o explica, devemo-nos lembrar de que o verbo *akoloutheîn* é utilizado "em sentido ontológico"[527]: seguir a dimensão não significa ser-lhe posterior no tempo, mas implicar enquanto seu fundamento. O movimento segue a dimensão no sentido de seguir-se dela, de depender dela: vai constitutivamente em seu encalço, no âmbito que ela unicamente lhe confere como condição de ser. Tudo

---

[525] Heidegger (2005), 344.
[526] Heidegger (2005), 344.
[527] Heidegger (2005), 345.

depende de considerar o tempo desde o movimento ou o movimento desde o tempo, isto é, de observar uma conexão imediata, observação que constitui a evidência das experiências, ou de pensar a evidência em seu *a priori*. A identificação do tempo com o movimento, se vista desde o tempo, expõe logo o "nexo genuíno"[528] e o sentido da conexão. Pensar, aqui, o *akoloutheîn* de modo não originário leva à incompreensão da inteira definição aristotélica do tempo, e mesmo "a uma interpretação errônea, como, por exemplo, a de Bergson, que afirma que o tempo, tal como o entendeu Aristóteles, é o espaço"[529]. O erro consiste em "entender a continuidade no sentido estrito [i.e., não-ontológico] de magnitude extensa do espaço"[530]. Isto ocorrerá toda vez que a observação ficar presa ao móvel, e a partir dele pensar as instâncias do movimento e do tempo. Para Aristóteles, porém – ao menos como o lê Heidegger – é necessário distinguir entre um-algo e o tempo: *tóde gár ti tò pherómenon, he dè kínesis oú.* (*Fís.*, V, 11, 219b 17). Explicação:

> "o móvel é sempre um isto-aqui, algo determinado, enquanto que o movimento mesmo não tem caráter especificamente individual [...]. Na experiência do movimento nos detemos no móvel, em relação com ele vemos *também* o movimento, mas não enquanto tal."[531]

Esse "enquanto tal" é decisivo. Não por acaso, é uma expressão superior da filosofia primeira aristotélica (cf., p.ex. a decisiva primeira linha de *Met.* IV).

Semelhante motivo de erro ocorre se, a par de fixarmo-nos no móvel, ao pensar a continuidade fixarmo-nos "nos elementos que constituem

---

[528] Heidegger (2005), 345.
[529] Heidegger (2005), 345.
[530] Heidegger (2005), 345.
[531] Heidegger (2005), 346.

um contínuo"[532]. Com o móvel, vemos os lugares por que passa, os quais concorrem (co-ocorrem) numa trajetória, e isto desde o horizonte de uma sucessão. "Poder-se-ia dizer que a mudança de lugar é o percorrer uma série contínua de lugares"[533]. Mas este perigo exige uma "determinação mais precisa" sobre o modo de passagem "desde um desde-onde até um até-onde"[534]. Para essa determinação, o primeiro a fazer é distinguir: os lugares que um móvel percorre não são simples "aqui" justapostos, mas, enquanto lugares do movimento de um móvel, já se oferecem sob a estrutura "desde algo até algo", a saber, como o 'aqui desde que' e o 'ali para quê'. O movimento se reúne e "tem sentido" de movimento a partir dessa instância ontológica, e isto é "antes de tudo, o que quer dizer a determinação de Aristóteles: *katà tò próteron kaì hýsteron*"[535]. Assim, aos momentos da fórmula "desde algo até algo" correspondem duas intenções ontológicas: a retenção e a antecipação, que unificam a observação do movimento. Retenção se reporta ao "desde que", e o mantém junto como tal; antecipação se reporta ao "até que", e o mantém como tal. Essa estruturação dá a ver *a trajetória ela mesma.*

Neste ponto, a interpretação heideggeriana se põe concretamente como apropriação. Tendo demonstrado a compreensão ontológica do que concerne à trajetória de um móvel, lança-se ao modo de consideração correspondente dos lugares da trajetória, e o faz ressaltando um conceito decisivo.

> "Para compreender a retenção particular do que é precedente e a antecipação do que há de chegar, dizemos: agora aqui, antes ali, logo mais lá, i.é., cada ali, no nexo de um «desde algo até algo», é um *agora*-ali, *agora*-ali, *agora*-ali. [...]

---

[532] Heidegger (2005), 346.
[533] Heidegger (2005), 346.
[534] Heidegger (2005), 346.
[535] Heidegger (2005), 347.

Contamos uma série de «agoras» e, portanto, de «depois» e de «antes». O «depois» é o «todavia não agora» ou o «agora todavia não»; o «antes» é o «já não agora» ou o «agora já não». O antes e o depois têm ambos o caráter do «agora», a relação com o «agora»."[536]

A apropriação encontra respaldo no texto aristotélico. Aristóteles diz: *tôi pheroménoi akoloutheî tò nyn* (*Fís.*, V, 11, 219b 22), ou, conforme Heidegger: "ao móvel, isto é, ao que transita de um lugar a outro, segue-lhe [no sentido advertido] o agora, ou seja, este é visto junto com a experiência do movimento".[537] Se o agora é visto conjuntamente com o movimento, e se este é numerado, o agora é co-numerado. Nós contamos simultaneamente o movimento e os agoras. O tempo, conforme a definição, era número numerado do movimento; isto se dá, como acabamos de ver, por meio dessa estrutura central, o agora, que se oferece à contagem pela abertura mesma da simultaneidade entre tempo e movimento (agora-aqui, agora-ali, agora-lá). Essa simultaneidade, que deve ser compreendida como nexo estritamente ontológico, descansa na unificação da trajetória promovida pelo agora, central à estrutura "desde algo até algo". O agora parece ser a sustentação formal do *synekhés* em sua unidade com a estrutura *ék tinos eís ti*. Por assim dizer, ele representa a unidade dessas instâncias decisivas.

A interpretação heideggeriana do tratado aristotélico do tempo chega, aqui, às suas páginas finais, e volta-se ao conceito que pretende fixar como ponte entre a compreensão tradicional e a compreensão vulgar do tempo: o "agora".

Tendo sido trazido para o interior da consideração do fenômeno do movimento, o tempo encontrou sua definição. A tradução de Heidegger prevê já a interpretação: "o tempo é algo numerado a respeito do

---

[536] Heidegger (2005), 347-348.
[537] Heidegger, (2005), 348.

movimento que se encontra no horizonte de anterior e posterior (na perspectiva do antes e do depois)". O tempo é "algo numerado". Nós contamos o tempo, à medida que acompanhamos a trajetória de um móvel. O que do tempo se entrega à contagem é o agora, enquanto estrutura que dá coesão ao trajeto em suas divisões e em sua unicidade. O agora é a instância una dos momentos do tempo de um trajeto (antes, depois) e também dos momentos "espaciais" de uma trajetória (anterior, posterior). O movimento deve ser compreendido como dimensão, isto é, uma distensão, em sentido formal, que compreende em si todo distanciamento (em sentido formal), e assim também toda extensão. O núcleo da articulação peculiar à dimensão está consignado na fórmula "desde algo até algo". A unidade da dimensão, por sua vez, está consignada na expressão *synekhés*, continuidade. O acompanhamento do que se dá a partir dessas estruturas, isto é, a experiência possível das mesmas, é uma certa contagem, e isto significa: o acompanhamento (a *experiência*) do movimento se submete ao número, ou o admite. Para tanto, a multiplicação e o distanciamento de um trajeto e a unificação de seus "momentos" requerem uma unidade de medida. Numa trajetória, encontramos o ponto anterior e o ponto posterior segundo uma determinação relativa. Os pontos mesmos não conlevam anterioridade ou posteridade; são pontos "simultâneos", indistintos. A respeito da numeração do tempo da distensão que é o movimento, não basta, por isso, dizer que se conta o anterior e o posterior, de tal modo que uma consideração invertida contasse o último instante como sendo o primeiro. Os momentos do tempo não são indistintamente, uns em relação aos outros, isto é, não são primeiro simultâneos ou uns ao lado dos outros e depois, pela contagem, postos em certa ordem. O antes não é o depois. E de modo nenhum o antes permite que, por uma inversão da consideração, seja tomado como depois.[538] Tomado apenas como uma

---

[538] Se pensarmos aqui o princípio de não-contradição, veremos que o que se afirma impossível não é que interpretemos as coisas ao inverso, mas que o que se toma

ligação "espacial" entre dois pontos, qualquer um dos pontos-limite pode ser o anterior de um movimento; mas a consideração temporal jamais permite contar, senão começando pelo começo (pelo "antes") e prosseguindo rumo ao fim (o "depois").

A definição aristotélica deve ser pensada, quanto a *próteron* e *hýsteron*, no cruzamento entre movimento e tempo que ela mesma propõe: o anterior e posterior encontram seu horizonte temporal no antes e depois, e *ambos* os pares têm vigência na definição. Esta, porém, fala de anterior e posterior, que significam "para Aristóteles [...] em primeiro lugar, o antes e o depois na série de lugares. Têm um sentido não temporal"[539]. Mesmo assim, a experiência propriamente temporal é pressuposta. Intervêm, aqui, considerações gerais sobre a filosofia aristotélica, como a fundamentação e justificação dos limites mais estritos da tratativa do tempo na *Física*, em relação, por exemplo, ao estudo pormenorizado do anterior e posterior no quinto livro da *Metafísica*. Heidegger afirma taxativamente que o uso de *próteron* e *hýsteron* na *Física* "vacila"[540]. Como aqui nos limitamos a acompanhar e expor a interpretação heideggeriana do tratado, basta-nos dizer que Heidegger não se vale dessa oscilação para retirar força especulativa à definição. Ao contrário, faz ver um importante aspecto da exposição aristotélica: como se vê em *Física* 11, 219a 14s, "*tò dè próteron kaì hýsteron en tópoi prõtón esti*", isto é, *próteron* e *hýsteron*, diz Heidegger, se encontram "primeiramente no lugar, na mudança e na série de lugares"[541]. Isto é relevante para a determinação dos limites que o propósito geral da *Física* impõe às lições. Mas permanece inquestionável que, quanto à

---

como antes seja tomado, "ao mesmo tempo", ou "no mesmo sentido", como depois. Isto é propriamente impensável, porque a experiência mesma de "um" tempo implica as estruturas até aqui explicitadas. É correto, pois, metafisicamente, afirmar que o princípio de não-contradição é ele mesmo "temporal", no sentido apontado.

[539] Heidegger, (2005), 349.
[540] Heidegger, (2005), 349.
[541] Heidegger, (2005), 348.

sua gênese, isto é, quanto à sua possibilidade e essência, a "definição aristotélica do tempo se aclara quando tomamos o *'próteron* e *hýsteron'* no sentido do antes e do depois"[542]. Considerado como *arithmòs phorâs*, o tempo é o numerado-*numerante*[543], isto é, permite ao movimento sentido, ordenação, e concede-lhe sentido. A expressão "desde algo até algo" aponta, de certo modo, para esse cruzamento, ao proferir os vocábulos *tinos* e *ti*. Aristóteles não diz "de onde para onde", porque não pensa exclusivamente em deslocamento. Se algo se transforma (colore-se, p.ex.), sem se deslocar, isto é, se tem anterior e posterior como dois estados do mesmo (e não como dois pontos distintos de uma trajetória de deslocamento) submete-se a um antes e depois, e a transformação, assim, está para a contagem do tempo. O problema de como a passagem de anterior a posterior é compreendida desde a estrutura de antes e depois exige um fundamento ontológico do nexo puro entre movimento e tempo. Para que um anterior seja contado-antes e assim *localizado* como anterior, para que posterior seja contado-depois e assim *localizado* como tal, a contagem deve firmar-se em uma instância que dê unidade e medida aos pontos da trajetória (*anterior, subsequente, posterior*, etc.), aos momentos do tempo do trajeto (*antes, em seguida*) e estabeleça a unidade geral para todo distanciamento e continuidade, espacial ou temporal. Essa instância central da estrutura "desde algo até algo" é o agora.

O agora é de tal modo a instância de conexão entre tempo e movimento, que o contado são os agoras; o ser do agora permite a contagem em reunindo a trajetória de uma mudança e se *ex*pondo como múltiplo. Nessa unidade da alteração, os momentos de uma trajetória ou mudança delimitada são, a cada vez, identificados como agora. Por isso, cada qual, considerado a partir da multiplicidade, é "um" agora. "Os 'agoras', que enumeramos, estão também eles no tempo, ou seja,

---

[542] Heidegger, (2005), 349.
[543] Heidegger, (2005), 348.

constituem o tempo", diz Heidegger[544]. – Mas não regredimos assim da fixação conceitual para a compreensão vulgar do tempo?

Se não fizesse mais que identificar o tempo como o transfundo do movimento, composto por agoras em sequência, em que teria Aristóteles "fixado" o que todos sabem? Fixação não é qualquer pôr em palavras. Alçar à definição implica interpretação, o que, em filosofia, significa exposição das estruturas de fundo. Os agoras não são pontos de tempo, que se ordenam. Se podemos falar no plural, mencionando os "agoras", isto se deve à essência *do* agora, que subsume em si a estrutura "desde algo até algo" e tem seu modo de ser no "ex-por-se".

> "O agora tem um duplo rosto característico, que Aristóteles expressou dizendo: *kaì synekhḗs te dḕ ho khrónos tôi nyn, kaì diḗiretai katà tò nyn.*[545] O tempo se mantém, pois, intrinsecamente unido graças aos 'agoras', isto é, no 'agora' se funda sua continuidade específica, mas se decompõe também [o tempo] na perspectiva do 'agora' e é articulado no 'agora'-já-não, o anterior [antes] e no 'agora'-não-mais, o posterior [depois]. Somente na perspectiva do 'agora' entendemos o 'logo' e o 'há um instante'. O 'agora' que numeramos seguindo um movimento é cada vez distinto."[546]

O agora é uma perspectiva, a perspectiva-tempo, no que se refere ao movimento, isto é, no que se refere aos entes determinados pelo princípio da mobilidade ou submetidos, de algum modo, ao movimento. Em si mesmo conleva a doação de continuidade, vale dizer, a unicidade da mudança, e a decomposição do uma vez unido, em instâncias que só podem ser compreendidas com base na essência da

---

[544] Heidegger, (2005), 349.
[545] *Física*, 14, 220a 14.
[546] Heidegger, (2005), 350.

unidade. "Cada um dos 'agoras' distintos é, *enquanto distinto* sempre *o mesmo*, a saber: 'agora'"[547]. *Mesmidade* é o caráter dessa instância ontológica que permite numerar e se abre à co-numeração, atravessando entretanto a contagem com sua natureza própria. Heidegger frisa logo a condensação máxima de uma fórmula aristotélica que pretende dizer a mesmidade como essência do agora: "*tò gár nyn tò autò hò pot'ên – tò d'eînai autôi héteron*".[548] Essa formulação, "muito difícil de traduzir", diz: "o 'agora' é o mesmo a respeito daquilo que a cada vez era"[549]. A *essentia* do agora é: "cada vez o mesmo (*tautò*)"[550], e no entanto em cada caso (a expressão reiterada é de Heidegger) essa *essentia* é ser-outro.

Como compreender aqui a expressão "em cada caso"? A que ela se refere? Como o que se mantém como o mesmo admite esse "em cada caso", isto é, uma multiplicidade de casos que parecem ser não-o--mesmo? O fazer-se caso de uma *essentia* é o que se chama *existentia*. O ser-outro em cada caso, determinado, porém, aqui, pela essência do agora como o "mesmo", é a *existentia* deste último. "Em que" todavia pode algo como o agora existir? Como aliás poderia o agora ter um lugar, um "em que"? "Na medida em que está em outro e é outro (pensemos na série de lugares), é em cada caso distinto"[551]. Mas então o agora é dito por referência aos lugares nos quais se encontra? Assim, a multiplicidade de lugares ou momentos (e o que seria isto?) é o que parece dar escanso ao ser-agora do agora. Mas não ficamos sabendo nada sobre sua mesmidade, se ela é apenas o ser em si, como dizemos pensando em um ente, e se essa mesmidade, de maneira inteiramente incompreensível, tem acesso e guarida

---

[547] Heidegger, (2005), 350.
[548] *Física* 14, 219 b 10 s.
[549] Heidegger, (2005), 350.
[550] Heidegger, (2005), 350.
[551] Heidegger, (2005), 350-351.

no que lhe é diverso. Heidegger então acrescenta: "O que constitui em cada caso seu ser-'agora' é sua alteridade"[552]. Algo pelo menos é assim afirmado, senão esclarecido: que não provém do que por si é múltiplo o "em cada caso" referente ao agora, que o tempo não é um amontoado de agoras que miraculosamente corresponde ou pode corresponder às instâncias não-temporais do movimento. O ser do agora inclui e deve incluir em si a alteridade, isto é, o poder de diferenciar-se em permanecendo o mesmo. É o que quer dizer isto de que a existência dessa essência é o desdobramento do "em cada caso". Mas não se diz mais sobre o assunto. De que modo se compreende a alteridade como existência da essência, e a distinção ontológica entre essência e existência, não é perguntado. Heidegger se limita a expor o que Aristóteles afirma, de modo a torná-lo minimamente claro. O fundamento do sentido das afirmações não é requerido.

Ressaltemos apenas que a distinção entre essência e existência não é, nesses termos, conhecida de Aristóteles. É a interpretação de Heidegger, que tem seu próprio intento e fundo de possibilitação, que assim expõe o caráter de alteridade do agora. E ali mesmo onde o faz, renuncia de modo abrupto a uma reflexão mais demorada do ponto em questão. Passa de imediato a questionar o conjunto da caracterização aristotélica do tempo a partir de um outro aspecto, a saber, o caráter da numeração: "Não queremos começar a nos aprofundar ainda mais no problema da estrutura do tempo a partir da multiplicidade dos 'agoras'", reconhece, "mas queremos perguntar: que consequências tem o fato de que Aristóteles interprete o tempo como algo numerado, isto é, como número"[553].

A que se liga esta última pergunta e em que se justifica a aparente mudança de direção do questionamento? A tematização do agora como "mesmo" e como "outro" deixou ver que pertence a essa instância

---

[552] Heidegger, (2005), 350-351.
[553] Heidegger, (2005), 351.

ontológica suprema do tempo físico a multiplicidade. Multiplicidade é o aspecto do agora enquanto *existe como um outro*, isto é, que por sua essência não pode permanecer apenas essência (formal). Sendo essencialmente mesmidade, o agora existe como o desdobramento da sucessão, visto que mesmidade inclui alteridade (o mesmo é essencialmente articulação). Assim "atua" como "fundamento" do tempo que se deixa contar.[554] Isto traz um problema para o questionamento, que deve ser tratado antes de qualquer aprofundamento do tema do mesmo e do outro e da essência e da existência do agora – é o que julga Heidegger, em plena conformidade com os propósitos do exame fenomenológico em curso. O problema reside na necessidade de distinguir entre a multiplicidade sucessiva dos agoras e a multiplicidade "extensa" dos pontos de um movimento. Podemos pensar, aqui, apenas no deslocamento; mas uma mudança como a do crescimento e diminuição, ou como a da alteração, está incluída.

A justaposição e uma orientação vetorial caracterizam a progressão dos pontos de um movimento; tomados como quadros isolados, fora de seriação, nada indica que um *preceda* outro. Uma definição do tempo tal como a de Aristóteles, que faz apelo à estrutura "desde algo até algo" e a fundamenta no agora, caracterizando este último como (mesmidade que existe enquanto alteridade, ou) fonte do anterior/posterior *precisa conter a nota propriamente temporal* da multiplicação, concebendo-a de um ponto de vista estritamente ontológico: o agora como agoras. Quando, então, em meio ao tema da alteridade do agora como sua "existência", Heidegger passa a se perguntar por que Aristóteles define o tempo por meio do número, e, junto a esta, formula

---

[554] E pode-se dizer, aplicando uma tematização heideggeriana, que o tempo *com que* contamos, *previamente* ao tempo *que* contamos, depende da existência do agora como alteridade. Aquele que conta o tempo através de um relógio, p.ex., para dirigir-se ao relógio deve antecipadamente contar com o tempo, concebê-lo. A diferença "específica" da filosofia de Heidegger será a indicação da fonte dessa pré-compreensão: a temporalidade *da* compreensão de ser.

a pergunta "Que consequências há em que Aristóteles atribua ao tempo um caráter temporal?"[555], não está mudando o foco do questionamento: insistir no problema estrito do caráter do agora poderia ser o caso para um aprofundamento na doutrina, mas a interpretação se ocupa de compreender a definição do tempo *em sua fórmula e fundamentos*. A definição trata do tempo recorrendo ao tempo, isto é, recorrendo à estrutura anterior/posterior, que se deve entender em seu fundamento no par antes/depois. O tempo tem, pois, conforme se entende que a definição apela ao antes e ao depois, "caráter temporal". A fórmula elabora esse horizonte como aquele em que algo como o tempo é como número do movimento. Se o agora é instância ontológica superior para o antes/depois, então ele é o horizonte mesmo da numeração, isto é, da contagem do tempo: é o horizonte *do* horizonte do antes e do depois. A opção metodológica por resistir ao aprofundamento e conectar o tema do agora ao tema do número se justifica plenamente. Mas isto não significa que sejam de pouca monta as consequências de haver entendido sob tais termos a natureza do agora ou de renunciar ao questionamento desse ponto central.

"O que numeramos, explicitamente ou não, quando seguimos, contando, uma trajetória, no horizonte do *ék tinos eís ti*, são os 'agoras'"[556]. O tempo é uno e assim se mantém devido ao agora; neste "se funda sua continuidade específica"[557]. Mas toda determinação e decomposição de um tempo determinado, bem como sua articulação interna, igualmente se reportam ao agora. De fato, diz-se "agora não mais" (o momento do posterior), "ainda não agora" (o momento do anterior), mas somente "na perspectiva do 'agora' entendemos o 'logo mais' e o 'há um instante', o anterior e o posterior", diz Heidegger[558]. Um

---

[555] Heidegger, (2005), 351.
[556] Heidegger, (2005), 348.
[557] Heidegger, (2005), 350.
[558] Heidegger, (2005), 350.

móvel percorre certa trajetória: em que se funda a compreensão de "trajetória"? Funda-se, primeiramente, na unidade e continuidade do trecho percorrido ou que se percorre. Isto depende da fixação de limites. Mas se esses limites e o que internamente se lhes articula não tiverem caráter temporal, o trajeto não é um trajeto, mas uma linha, algo de não-temporal, cujos limites não se articulam com os momentos sob o horizonte do antes e do depois. É preciso que os limites se imponham precisamente *como antes e depois*, como início e fim temporal, para que haja um percurso. É "no tempo" que o móvel percorre "o espaço", e é "no tempo" que um ente determinado pela mobilidade repousa. Por outro lado, a compreensão de algo como "trajetória" se funda na coesão do trajeto, a qual deve estar assegurada por meio da continuidade; como, porém, nenhuma continuidade se dá sem uma diferença entre pontos-limite, deve haver *composição* (e, assim, decomposição): "partes". O agora garante o caráter temporal (o horizonte do antes e do depois), e também a continuidade, por ser em sua essência o mesmo, por não diferir de si (mas "em" si); e garante a composição do trajeto (sua articulação interna e possibilidade de divisão) por (em certo sentido) diferir de si, isto é, porque a existência dessa "essência" é a multiplicação, fundada na alteridade. O agora funda a unidade e a multiplicidade porque em si mesmo é mesmidade e esta implica alteridade. E com isto "o pensador que entrou para a história da filosofia como fundador da lógica clássica" reconhece "uma forma do discurso que não parece obedecer a este princípio [o da não-contradição]"[559]. Efetivamente, parece que estamos lidando, desde a definição, num trato circular. O agora é ele mesmo contraditório, no sentido de que o compreendemos como algo cuja existência contradiz a essência. Em vez de combater a circularidade da definição, é melhor permanecermos

---

[559] Prado de Oliveira (2008). – Trata-se de uma referência à definição de enigma, na *Poética* (1458 a 28-33). Segundo a autora, Aristóteles ali reconhece "uma forma de discurso [...] que diz uma realidade e, portanto, uma possibilidade, sob a forma de uma impossibilidade" (Introdução, p.1).

junto à elucidação do fenômeno, isto é, junto a Aristóteles. Quanto à compreensão do agora como um contra-senso, talvez isto ensine mais sobre a natureza da não-contradição do que à primeira vista julgamos. Pois não é tanto que o agora seja em si contraditório, mas que não possa ser, sendo o que é, a saber, mesmidade, também simultaneamente outro sob o mesmo aspecto, e que aquele que diz a verdade sobre o agora obedeça no dizer ao ser do fenômeno.

O problema da temporalidade do tempo e da natureza do agora, que conleva de algum modo "número", convergem para a unidade de essência entre tempo e movimento. Se o tempo é eminentemente o agora e também algo do movimento, então é mediante a análise de uma trajetória que se deve avançar na compreensão do "em cada caso", antes mencionado, no apelo ao tempo na definição do tempo e na caracterização do agora como número.

É "em virtude do trânsito do móvel" que "o 'agora' é cada vez distinto", diz Heidegger; e acrescenta: "em cada 'agora', o 'agora' é distinto"[560]. Como entender a expressão "cada agora"? Como entender que o trânsito de um móvel disponha de força para a distinção do agora em agoras?

De modo nenhum "podemos despedaçar os 'agoras' em um conjunto de partes imóveis"[561]; isto seria pensar o tempo a partir do movimento, e o tempo não é o movimento mas algo do movimento, no sentido de que se torna acessível e pensável, para nós, com o movimento, sem se confundir com ele: "no 'agora' se faz acessível e se pensa o que passa em seu passar e o que permanece quieto em sua quietude"[562]. O fenômeno ontológico da multiplicação não anula a mesmidade essencial do agora.[563] Na verdade, provém dela. "Cada um dos 'agoras'

---

[560] Heidegger (2005), 350.

[561] Heidegger (2005), 352.

[562] Heidegger (2005), 352.

[563] Um esclarecimento sobre a multiplicação como instância ontológica se encontra no curso *Princípios Metafísicos da Lógica*, parágrafo 10, lema 6, p. 173 (GA 26). A instância

distintos é, *enquanto distinto, sempre o mesmo*, a saber: 'agora'"[564] (grifo nosso). A expressão "enquanto distinto" remete à expressão "sempre o mesmo" como o que concerne a um fundamento. O modo de ser do que está para o movimento, isto é, daquilo que tem na mobilidade o princípio de possibilitação de seu ser (os entes "físicos") implica, de algum modo, o ser um fora do outro dos pontos, tomados como unidade de medida da extensão; mas para a consideração da continuidade na mudança, a unidade de medida é o agora, "sempre o mesmo", que por sua essência multiplica-se enquanto possibilidade de numeração da trajetória continuada. O acompanhamento de um móvel depende do ser-fora-de-si do agora, como se este unicamente se movesse – ou constituísse o "se" (reflexivo) fundamental. Enquanto tais, os *pontos* de um trajeto são e permanecem diversos uns dos outros e imóveis cada um em si mesmo. Mas isto não se dá com "cada agora". Pertencendo à essência do agora a mesmidade e a alteridade, ele jamais é idêntico a si mesmo, jamais permanece em si mesmo; por assim dizer, expulsa-se de si e se faz outro, mas não diferente ou separado; ele mesmo é outro – ele mesmo é "expulsão". Se podemos dizer a cada vez a 'movimentação' como "agora aqui", "agora aqui", "agora aqui" (nesta formulação parece que agora e ponto são um só fenômeno) ou como "antes ali", "agora aqui", "logo mais lá" (formulação em que o agora parece não ser essencialmente no antes e no depois) isto não muda que a coesão ou continuidade dessa diversidade tem que ser fundada em *uma* instância e que a articulação do movimento nesses momentos instanciados igualmente nela se fundamente. Para tanto, ela deve conter em si a "contradição" inerente ao tempo, que consiste em passar sem deixar de ser, isto é, reunir em se dividindo.

é aí aplicada ao *Dasein*. Uma analogia com o procedimento de Aristóteles é possível, mas exigiria uma análise da passagem heideggeriana, que não pode ser empreendida aqui. Cf. Heidegger (1978), 173.

[564] Heidegger (2005), 350.

Por isso, Heidegger pode dizer: "Os 'agoras', que enumeramos, estão também eles *no* tempo, ou seja, constituem o tempo"[565], e logo mais dizer "o 'agora' ele mesmo não se move nem está quieto, ou seja [...] não 'está no tempo'"[566]. Os agoras estão no tempo, mas não o agora. Assim, para o problema de entender como é "em virtude do trânsito do móvel" que "o 'agora' é cada vez distinto", a resposta está consignada na fórmula "em cada 'agora', o 'agora' é distinto". Se prestamos atenção ao fim desta última expressão ("o 'agora' é distinto") e levamos a sério seu início ("em cada 'agora'") pensando a força *transitiva* do "é" como *transitando para* o "em", então sabemos que Aristóteles compreendeu o tempo a partir de uma estrutura ontológica tal (o agora) que ela mesma se distingue, vale dizer, *acontece como distinção*, e não uma qualquer, mas aquela que constitui o "em" do movimento e da compreensibilidade do movimento. Dizer, então, "o 'agora' é distinto" implica ouvir que o agora se distingue, multiplica-se, conformando-se como o "em" do movimento, que unicamente por isso pode ser tomado como ocorrendo em algum plano.

Sendo o agora como que o *em* do movimento, por assim dizer ativado a partir de algo que se move, a expressão "em virtude do trânsito do móvel" não supõe que o movimento preceda a multiplicação, mas que seja "no tempo", "intratemporal"[567]. A distinguibilidade dos agoras corresponde à distinção dos pontos de uma trajetória, porquanto algo como trajetória e seus momentos só pode elevar-se ao sentido (*ter* um sentido) na continuidade, isto é, na mesmidade-alteridade do agora. De fato, em *Física*, 231b 16, o contínuo é definido por poder dividir-se em partes também elas ilimitadamente divisíveis. Movimento, como vimos, funda-se no manter-se coeso da estrutura

---

[565] Heidegger (2005), 349.
[566] Heidegger (2005), 352.
[567] Heidegger (2005), 338.

"desde algo até algo", cujo fundamento é a Dimensão, caráter do agora. A divisibilidade quanto ao movimento encontra assim seu fundamento: é a unidade peculiar à trajetória ou à mudança; e esta, enquanto continuidade, é trajetória ou mudança em que o tempo é necessariamente co-pensado. A mensurabilidade de um trajeto (ou mudança) e a numerabilidade do tempo relativo a esse trajeto têm, ambos, no agora, isto é, no tempo o seu sentido último. "O 'agora' tem em si mesmo, em virtude de seu *conteúdo de dimensão*, o caráter do trânsito"[568]. Jamais acompanharíamos uma alteração sem que sua coesão e numeração estivessem fundadas ontologicamente. "Agora" é o nome dessa instância ontológica fundamental.

Em 218a 25-26, lemos: *"tò dè nyn péras estí, kaì khrónon ésti labeîn peperasménon"*: "o agora é limite, e é possível apreender um tempo limitado". Será que o agora é limite no sentido de ser um "momento do tempo", um ponto na linha do tempo? Mas a limitação de "um" tempo implica mais que um ponto-limite: deve ser ao menos possível contar com um segundo ponto-limite, o "fim". A menção a um tempo limitado (ou "delimitado", como traduz Rey Puente) implica, então, ou bem dois pontos-limite, o início e o fim (mesmo que este segundo seja um fim apenas possível) ou um limite ontologicamente determinante da "produção" e apreensão de início e fim. O agora é limite neste segundo sentido. É mais fonte que limite; é fonte dos agoras que se podem tomar, um deles como o ponto inicial, outro como ponto final de um "tempo limitado". Isto se confirma pela possibilidade de apreender um agora em sentido duplo, vale dizer, como início de uma trajetória e fim de outra. Esta consideração faz valer o agora como um ponto. Justamente aí ele não é o agora "em que" tal coisa se passa, mas já uma abstração, uma "punctualização". Somente *para um observador* o mesmo ponto é "dois", por exemplo começo de uma linha e fim de outra; e a consideração dessa duplicidade se diz

---

[568] Heidegger (2005), 352.

"simultânea" porque já faz apelo ao tempo. A mera ideia de considerar "simultaneamente" um agora ou um ponto como começo *e* como fim exige que se fundamente a simultaneidade no tempo, e não no ponto duplamente considerado. Em si mesmo, o ponto é o que é, um ponto. O agora, que não é ponto, não é ele mesmo começo e fim, mas fonte da possibilidade de tomar como começo e como fim dois agoras ou mesmo um único, isto é, de conceber temporalmente os trajetos.[569] O agora mesmo é trânsito, e não ponto – *medium* em que podemos contar "pontualmente" o tempo limitado de uma alteração.[570] Isto permite e exige uma explicação a mais da definição aristotélica do tempo.

Será que os agoras de um tempo limitado são seus limites internos? Ao menos se poderá dizer que dois desses agoras limitam um tempo? Não, e por isso Heidegger ressalva, em menção direta ao texto: "Aristóteles distingue expressamente o tempo como *arithmós* frente ao *péras*. Os limites de algo, diz, pertencem ao modo de ser do limitado."[571] Mas o agora não tem o modo de ser do transcurso ôntico que permite delimitar. A natureza dessa delimitação não é a consistência como limite "de" algo, mas a numeração. "O número pode determinar algo sem que, por sua parte, dependa da constituição quididativa e do modo de ser do numerado"[572]; ele permanece independente daquilo que numera. Se tomamos o tempo como agora e este como limite do movimento, confundimo-lo com o movimento, e mais, com o que se move, de tal modo que o agora tomado como limite pertenceria de algum modo ao ser do que se move ou ao ser do movimento – e precisamente assim não se pode mais esclarecer

---

[569] Cf. *Física*, 220a 11-15.

[570] Entre dois pontos, aliás, sempre se exigiria outro ponto mais, que fizesse a mediação, e assim indefinidamente. As aporias de Zenão se valem da proximidade ontológica entre movimento e tempo, sem distinguir o agora como fonte dos agoras como delimitações.

[571] Heidegger (2005), 353.

[572] Heidegger (2005), 353.

o ser do tempo. Enquanto unidade de medida, o tempo deve poder numerar movimentos os mais diversos e ser distinto do móvel.

> "Diz Aristóteles: *Tò dè nyn dià tò pherómenon aieì héteron* – o 'agora', por ser o numerado do trânsito, é sempre distinto do que transita. *Hósth'ho khrónos aritmòs oukh hos tês autês stigmês*, por isso o tempo não é número em relação com o mesmo ponto enquanto tal, isto é, o 'agora' não é um elemento pontual do tempo contínuo, senão que, enquanto trânsito, à medida que corresponde a um ponto, a um lugar do movimento, está sempre para além desse ponto."[573]

"Número em geral", "numerado", "numerado numerante" – tais são as determinações de que se reveste o agora, na definição aristotélica do tempo e nas "difíceis passagens"[574] em que é esclarecida. O agora é sempre outro em relação ao movimento do que se move (*Tò dè nyn dià tò pherómenon aieì héteron*). Ele não está "ali", "no mesmo lugar", "no mesmo ponto" que o móvel atravessa enquanto se move. E todavia é número do movimento. Não parece que se trata de uma tabela de agoras em série comparada à sequência de pontos em série? Mas, se fosse apenas isto, nenhuma das séries seria temporal e não se apresentaria uma instância de unificação dos pontos e *orientação da sequência*. Rigorosamente, nem mesmo se pode falar de uma sequência, se o agora for o universal para os agoras particulares. No trecho citado acima, a caracterização do agora repousa no estar-além, isto é, no caráter de trânsito. O agora é trânsito e suporta numerar e ser numerado (abre a possibilidade de sequência e contagem) porque é o pôr-se a partir de si mesmo para além de si mesmo, em si mesmo. Pondo-se além, tem o caráter essencial do trânsito e deixa-se conjun-

---

[573] Heidegger (2005), 354.
[574] Heidegger (2005), 354.

tamente contar. Seu pôr-se para além de, que não se confunde com o acréscimo puntualizado de um trajeto, não é igual a um sair de si, mas o modo próprio de ser da mesmidade, a saber, a alteração, ontologicamente distinta da inalterabilidade do idêntico. O tempo não se deixa compreender a partir de um agora inalterável. Pensada desde os aspectos diversos que a mudança providencia, a alteração implica referência dos aspectos "dispersos" a uma mesmidade prévia. Esta última é a unidade temporal dos aspectos, que possibilita "alteração". Por isso Aristóteles afirma que o tempo não subsiste sem o movimento. Se o tempo é o agora, se o agora é o "na" da mesmidade na alteração, que permite contagem, esse "na" deve ter a natureza do que vai além de si sem deixar de ser: a natureza do trânsito, da "passagem" (mas de nenhum modo a natureza do móvel, disso que transita ou que muda) – é o movimento o antecedente de todo acompanhar temporal.

O que é essencialmente trânsito pode essencialmente numerar. "O tempo, enquanto 'agora', não é um limite, mas um trânsito, e, enquanto trânsito, um número possível, uma medida numérica possível do movimento"[575]. Assim chegamos ao caráter de medida, peculiar ao agora. "Porque o tempo é *arithmós*, é *métron*"[576].

Aqui podemos nos deter, porque se encerra assim a interpretação linear do tratado aristotélico do tempo; Heidegger toma distância e passa a questionar os movimentos de base da exposição aristotélica. Aquilo que se disse sobre a diferença ontológica, a saber, que sua investigação permite aceder ao fundamento da compreensão de ser, fundamento que repousa na temporalidade enquanto sentido do ser do *Dasein*, volta, aos poucos, ao primeiro plano. De início, o retorno do tema da diferença e da compreensão de ser se dá mediante o questionamento dos propósitos, e, consequentemente, dos limites e "resultados" da compreensão aristotélica do tempo, consignada na definição deste pelo agora e suas estruturas e

---

[575] Heidegger (2005), 355.
[576] Heidegger (2005), 355.

caracteres (desde algo até algo, dimensão, número, mesmidade-alteridade, medida etc.). O que se constitui, porém, como o propriamente fenomenológico da interpretação? De que modo ela pertence ao intento de conduzir à fundamentação extrema da filosofia em sua história?

A interpretação procurou os conceitos em vista de sua possibilitação intrínseca. A elucidação de algo como trajeto/mudança implica magnitude; esta aponta para a estrutura "desde algo até algo"; tal estrutura, por sua vez, se liga a uma requisição de unidade temporal à multiplicação de instantes do tempo, bem como às mais triviais "ocorrências". Isto conduziu à visualização dos fenômenos temporais sob a perspectiva de seu *a priori*. Era este que permanecia oculto, mesmo sob a poderosa condução ontológica aristotélica. Porque, a bem dizer, Aristóteles conduz toda a rede de experiência e conceito à ultravinculação no "agora", e entrevê sua conexão com o "número" e o poder de numeração, mas não fornece, segundo Heidegger, o solo – o horizonte de sentido – para essa conexão. O modo de ser do agora não é considerado "expressamente". Com isso, a oscilação da *Física* se prende a uma concepção do tempo em que seria a consecução, punctualmente considerada, o essencial, e, com isto, a constância geral de um agora abstrato acaba por se constituir em sustentáculo da constância "concreta" de séries de agora. Enquanto "sentido", isto é, concebido como contexto de compreensibilidade de toda movimentação *e* contagem temporal, tudo dependeria ainda da exposição ontológica da possibilitação desse "e". Ora, isto é ou bem já pensado em Aristóteles, para que este dê o decisivo passo de incluir o número na definição, fazendo com que a possibilidade essencial de toda contagem, ordem, coesão e multiplicidade repousem no agora, ou bem deverá ser, como diz Heidegger, unicamente elucidada pela analítica do *Dasein*, tomada como exposição da *temporalidade da compreensão de ser*. Será possível que *em ambos os casos*, vale dizer, tanto na elaboração aristotélica sobre o tempo, em sua fundação no agora, quanto na analítica fenomenológica do *Dasein* estamos às voltas com a *temporalidade transcendental*?

Essa ligação entre todo *a priori* e a temporalidade "não se revela senão ao final de um trabalho conceptual específico"[577]. A orientação última desse labor fenomenológico – em si mesmo hermenêutico, como se vê pelo esforço e sentido da análise – provém daquilo em que consiste, para Heidegger, o objeto da fenomenologia: o ser. "Ora, o método da ontologia não é senão a marcha que permite aceder ao ser enquanto tal e elaborar suas estruturas"[578]. Esclareçamos, em uma medida inicial, a leitura crítica heideggeriana do esforço fundador aristotélico, quanto ao tempo. Se aquelas estruturas do ser, mencionadas por Heidegger, se podem fundar na *compreensão de ser temporalizada* ou na *temporalidade transcendental do agora* – é decisão que cabe a uma interpretação ulterior.

Referências Bibliográficas

ARISTÓTELES (1952): *The Works of Aristotle, I e II*. Tradução e edição de David Ross [ed. Oxford]. Chicago, Encyclopaedia Britannica.

ARISTÓTELES (1961): *De Anima*. Edição, introdução e comentário de David Ross. Oxford, Oxford University Press.

ARISTÓTELES (1990): *Metafísica*. Tradução de Valentín García Yebra. Madrid, Gredos.

ARISTÓTELES (1995): *Física*. Tradução de Guillermo R. de Echandía. Madrid, Gredos.

ARISTÓTELES (2002): *De Anima. Livros I-III* (trechos). Tradução de Lucas Angioni. "Textos Didáticos". Campinas, UNICAMP.

ARISTÓTELES (2006): *De Anima*. Tradução, apresentação e notas de Maria Cecília Gomes dos Reis. São Paulo, Ed. 34.

BERTI, Enrico (2011): *Ser y tiempo en Aristóteles*. Trad. Patrício Perkins. Buenos Aires, Biblos.

BRAGUE, Rémi (2006): *O Tempo em Platão e Aristóteles*. Tradução de Nicolás Nyimi Campanário. São Paulo, Loyola.

BROGAN, Walter (2005): *Heidegger and Aristotle: The Twofoldness of Being*. New York, State University of New York Press.

---

[577] Heidegger (2005), 465.
[578] Heidegger (2005), 466.

CARDOSO, Libanio (2013): "Medida por Medida. A diferença do passado" in *Pensamento no Brasil. Vol. II. Gilvan Fogel*. Orgs. Márcia C. Schuback; Fernando Santoro; Marco Casa Nova. 1ª. Ed. Rio de Janeiro: Héxis : Fundação Biblioteca Nacional. Pp. 187-215.

COOPE, Ursula (2005). *Time for Aristotle. Physics IV 10-14*. Oxford: Clarendon Press.

COURTINE, Jean-François (1992): "Une difficile transation: Heidegger, entre Aristote et Luther". In : *Nos grecs et leurs modernes*. Barbara Cassin (Ed.), Paris, Seuil, pp. 337-362.

DASTUR, Françoise (1997): *Heidegger e a Questão do Tempo*. Lisboa, Instituto Piaget.

GOLDSCHMIDT, Victor (1982): *Temps physique et temps tragique chez Aristote. Commentaire sur le quatrième livre de la* Physique (10-14) *et sur la* Poétique. Paris, Vrin.

GREISH, Jean (1994): *Ontologie e temporalité*. Paris, PUF.

HEIDEGGER, Martin (1978): *Gesamtausgabe II. Abteilung: Vorlesungen 1923-1944*. Vol. 26. *Metaphysiche Anfangsgründe der Logik im Ausgang von Leibniz*. Frankfurt am Main, Vittorio Klostermann.

HEIDEGGER, Martin (1985): *Les problèmes fondamentaux de la phénoménologie*. Tradução de J.-F. Courtine. Paris, Éditions Gallimard.

HEIDEGGER, Martin (1993) *Sein und Zeit*. (17. Aufl., unveränd. Nachdr. der 15., an Hand der Gesamtausg. durchges. Aufl. mit Randbemerkungen aus dem Handex. des Autors im Anh.). Tübingen, Niemeyer.

HEIDEGGER, Martin (2000): *Los problemas fundamentales de la fenomenología*. Tradução de Juan José García Norro. Madrid, Trotta.

HEIDEGGER, Martin (2005): *Gesamtausgabe II. Abteilung: Vorlesungen 1919-1944*. Vol. 24. *Die Grundprobleme der Phänomenologie*. (3. Aufl.). Frankfurt am Main, Vittorio Klostermann, 2005.

HEIDEGGER, Martin (2006): *Ser e Tempo*. Tradução de Marcia Schuback. Petrópolis, Vozes.

HEIDEGGER, Martin (2007): *Metafísica de Aristóteles Theta 1-3: Sobre a Essência e a Realidade da Força*. Tradução de Enio Paulo Giachini. Petrópolis, Vozes.

HEIDEGGER, Martin (2009): *Basic Concepts of Aristotelian Philosophy*. Tradução de Robert D. Metcalff; Mark B. Tanzer. Bloomington & Indianapolis, Indiana Univ. Press.

HEIDEGGER, Martin (2012): *Os Problemas Fundamentais da Fenomenologia*. Trad. Marco Antônio Casanova. Petrópolis, Vozes.

PRADO DE OLIVEIRA, Camila do Espírito Santo (2008): *"Metade vale mais que tudo": Trabalho e Terra em Hesíodo*. Rio de Janeiro : UFRJ. Dissertação de Mestrado.

REY PUENTE, Fernando (2001): *Os Sentidos do Tempo em Aristóteles*. São Paulo, Loyola.

SHEEHAN, Thomas (1975): "Heidegger, Aristotle and Phenomenology". In: *Philosophy Today*, vol. XIX, nos. 2-4. Chicago, Loyola University of Chicago, pp. 87-94.

VIGO, Alejandro (2006): *Estudios aristotélicos*. Navarra, Ed. Universidad de Navarra.

VIGO, Alejandro (2008): *Arqueología y Aleteiología – y otros estudios heideggerianos*. Buenos Aires, Biblos.

VOLPI, Franco (2013): *Heidegger e Aristóteles*. Trad. José Trindade dos Santos. São Paulo, Edições Loyola.

A ABORDAGEM FENOMENOLÓGICA DE HEIDEGGER AO CONCEITO DE VIDA E O COMEÇO DA BIOPOLÍTICA
HEIDEGGER'S PHENOMENOLOGICAL APPROACH TO THE CONCEPT OF LIFE AND THE BEGINNING OF BIOPOLITICS

Alexandre Franco de Sá
(Universidade de Coimbra)

Abstract: Although Heidegger approaches the concept of life in some lectures and seminars, he never sufficiently clarifies life's status as a way of being in the framework of fundamental ontology. The present work is dedicated to this status. It argues that Heidegger's approach to the concept of life develops between the publication of *Being and Time* (1927) and the early Thirties, and that it must be considered in the context of Heidegger's relationship both with Ernst Jünger's thought and with National Socialism.

Keywords: Life, Fundamental Ontology, Animal, Human, Work

Resumo: Embora Heidegger aborde o conceito de vida nalgumas lições e seminários, ele nunca esclarece suficientemente o estatuto da vida como modo de ser no quadro da ontologia fundamental. O presente trabalho é dedicado a tal estatuto. Ele defende que a abordagem de Heidegger ao conceito de vida se desenvolve entre a publicação de *Ser e Tempo* (1927) e o início dos anos

DOI: http://dx.doi.org/10.14195/978-989-26-1049-8_10

Trinta, e que ela tem de ser considerada no contexto da relação de Heidegger quer com o pensamento de Ernst Jünger quer com o Nacional Socialismo.

Palavras-Chave: Vida, Ontologia Fundamental, Animal, Humano, Trabalho

O capítulo que aqui apresentamos situa-se na linha de alguns estudos anteriormente realizados – dos quais resultaram algumas comunicações em encontros científicos e alguns artigos publicados[579] – e pretende reflectir sobre um movimento subtil que ocorre no pensamento de Heidegger ao longo da transição entre as décadas de 1920 e de 1930. Um tal movimento poderia ser caracterizado como um progressivo afastamento entre os modos de ser da *existência* e da *vida*, afastamento que possibilita, na sua conclusão, as conhecidas passagens da *Carta sobre o "Humanismo"* em que Heidegger afirma estar o homem separado do ser vivo por uma "distância essencial" que nem o "parentesco abissal" da sua partilhada situação corpórea consegue eliminar[580]. Sendo esse afastamento entre vida e existência um processo crescente no pensamento heideggeriano, inexplicável à luz daquilo a que poderíamos chamar o percurso imanente do projecto da ontologia fundamental, pretendemos aqui compreender o que está na sua base. Começaremos, portanto, por caracterizar a relação entre *vida* e *existência* no âmbito da ontologia fundamental para depois sugerir um modo de compreender a sua alteração.

Num primeiro momento, importa considerar que quando Heidegger estabelece o projecto de elaboração de uma ontologia fundamental (projecto esse que permaneceu, como se sabe, incompleto), o conceito de *vida* é explicitamente evocado como um *modo de ser* distinto do modo

---

[579] Cf. sobretudo Sá (2006); Sá (2007).
[580] Cf. Heidegger (1976), 326.

de ser do homem, mas de algum modo relacionado com ele. Depois de, ainda no início da década de 1920, se referir ao ser do homem como "vida fáctica", a qual deveria ser interpretada por uma hermenêutica de base fenomenológica, Heidegger elege o termo "existência" para assinalar o ser do homem, remetendo a vida para a designação de um modo de ser distinto do modo de ser humano. A vida passa, então, a designar estritamente o modo de ser dos animais não humanos. E é neste sentido que ela se caracteriza, enquanto modo de ser, através daquilo a que se poderia chamar uma constituição privativa. Segundo o Heidegger da ontologia fundamental, a vida é, enquanto modo de ser, uma privação ou uma subtracção: considerada apenas a partir da existência, isto é, a partir do modo de ser do homem, a vida é precisamente aquilo que no homem se subtrai à própria existência naquilo que ela tem de especificamente existencial ou humano. Como Heidegger afirma em *Ser e Tempo*:

> "A vida é um tipo próprio de ser, mas essencialmente apenas acessível no Dasein. A ontologia da vida cumpre-se no caminho de uma interpretação privativa; ela determina aquilo que tem de haver para que possa haver algo como um mero viver". [581]

Ao situar dessa forma o conceito de vida, Heidegger permite uma sua caracterização suficiente (embora meramente introdutória). Esta caracterização pode assentar aqui em duas notas. Por um lado, um tal conceito implica que toda a existência encerre em si a vida como elemento constitutivo. Por outro lado, este mesmo conceito implica que a vida só seja compreensível a partir da existência, enquanto vida despojada ou privada de existência. Neste sentido, por um lado, poder-se-á dizer que o homem é um animal e que a vida se encontra

---

[581] Heidegger (1927), 50.

nele como elemento constitutivo do seu ser. Por outro lado, ter-se-á de dizer que o animal não humano só é compreensível, no seu modo de ser específico, a partir da privação de humanidade que o caracteriza justamente enquanto *não-humano*. Noutros termos: segundo Heidegger, um animal não humano é o que é, na vida que o constitui enquanto seu modo de ser, por nele se subtrair a existência. É por isso que, como Heidegger afirma na conhecida passagem das suas lições de 1929-30, se a existência é ser-no-mundo, o animal é constituído não propriamente pela sua ausência de mundo, pela sua *Weltlosigkeit* (tal como a pedra é "carente de mundo" [*weltlos*]), mas antes por ser pobre de mundo [*weltarm*], ou seja, por um despojamento deste mesmo mundo.[582]

As lições de 1929/30 acerca dos *Conceitos Fundamentais da Metafísica* são, então, a base para a consideração da relação que Heidegger estabelece entre *vida* e *existência*, entre o modo de ser do "animal" e o modo de ser do "homem". Ao estabelecer o animal não como carente, mas como apenas pobre de mundo, Heidegger caracteriza assim o animal (e Heidegger ignora aqui a especificidade do ser das plantas) através de uma analogia com o ser humano: do mesmo modo que o homem, o animal aparece como um ente marcado por um referir-se (*Sichbeziehen*) ou por uma abertura (*Offenheit*) ao ente. Contudo, o ente ao qual o animal se abre, longe de se lhe manifestar enquanto ente, apenas lhe aparece na medida em que corresponde, simultaneamente, ao estabelecimento de um determinado comportamento e à retirada de qualquer outra possibilidade. Nas lições de 1929/30, Heidegger assinala uma tal coincidência animal entre manifestação do ente e determinação do comportamento, ou seja, entre a possibilitação de um comportamento e a impossibilitação de todos os outros, através do verbo *benehmen*, o qual significa, como verbo reflexivo, comportar-se e, como verbo transitivo, tirar algo, arrebatar – como, por

---

[582] Cf. Heidegger (1992), 263.

exemplo, tirar a respiração (*den Atem zu benehmen*) ou tirar o apetite (*den Appetit zu benehmen*). A substantivação do particípio passado de um tal verbo – *Benommenheit* –, que significa um estado de confusão, de embriaguês ou de atordoamento, é usada aqui por Heidegger para justamente traduzir o comportamento animal na abertura a um ente que lhe arrebata qualquer outra possibilidade de comportamento. Na sua pobreza de mundo, a essência do animal consiste assim, para o Heidegger de 1929/30, neste comportar-se atordoadamente, ou seja, neste estar-arrebatado, nesta *Benommenheit* em relação ao ente, pela qual este mesmo ente, arrebatando-o, absorvendo-o, atordoando-o, lhe retira a abertura à sua própria manifestação como tal.

Diante da abertura do animal para um ente que aparece enquanto não manifesto, ou seja, que aparece não enquanto ente, mas enquanto arrebatador da possibilidade da sua manifestação como tal, a abertura humana ao mundo surge justamente determinada, na sua estrutura ontológica, pela possibilidade da manifestação. Nas lições de 1929/30, Heidegger elabora o tédio, a *Langeweile*, entendida como palavra composta que indica literalmente um durar longo do tempo, uma *Lange-weile*, como a afecção fundamental, a *Grundstimmung*, que propicia esta possibilidade. O tédio começa aqui, segundo a análise heideggeriana, na possibilidade de o ente ao qual o homem se encontra referido, por qualquer razão, faltar. Ao contrário do animal, o homem pode encontrar-se com o vazio aberto pela falta do ente, sendo este ficar vazio, esta *Leergelassenheit*, própria apenas da sua humanidade. Um tal deixar-se-estar-vazio, próprio do homem na sua relação com o ente, coloca-o em suspenso face ao próprio ente que falta, tornando--se num ser-deixado-em-suspenso, numa *Hingehaltenheit*. E tal ficar suspenso, próprio do homem na sua relação com o ente, mostra que o seu modo de ser consiste numa abertura não simplesmente ao ente, mas ao ente enquanto ente, ou seja, ao ente enquanto manifestação de um mundo, ao ente enquanto manifestação de um ser que, sendo a sua condição de possibilidade, não coincide com ele e aparece nele como estando encoberto. A abertura própria do homem, em contraste com a do animal, pode ser assim caracterizada como um dupla manifestação: por um lado, a manifestação do ente que esgota a abertura do animal; por outro, a manifestação do ser do ente, cuja abertura remete a abertura animal para um fechamento.

A leitura da vida, da abertura animal ao ente, como um fechamento, isto é, como uma privação ou subtracção da abertura humana ao ente enquanto ente e ao ser que a possibilita, permite compreender de que modo vida e existência se relacionam no plano da ontologia fundamental. A existência aparece como abertura de um fechamento originário. E a vida está contida na própria existência como o fechamento originário que pela abertura da existência é desencoberto. A partir desta relação entre vida e existência no plano da ontologia fundamental, o pensamento de Heidegger poderá desenvolver os dois conceitos essenciais de *verdade* e de *mundo* num plano que ultrapassa o seu tratamento em *Ser e Tempo*.

A determinação da verdade através do *alpha* privativo da ἀλήθεια, a apresentação da verdade como uma "luta originária entre verdade e não-verdade", entre um λήθη originário e a sua ἀλήθεια, surgida a partir da conferência de 1930 "Sobre a Essência da Verdade", pode encontrar nesta interpretação da relação entre vida e existência o seu fundamento. Por um lado, a existência é, na sua abertura, um estar referido à verdade, um desencobrir. Por outro lado, se a vida se encontra no âmago da existência, e se a vida é fechamento, o desencobrimento que constitui a existência é sempre desencobrimento de um encobrimento originário. A luta originária, na verdade, entre encobrimento e desencobrimento corresponde assim a uma luta originária, no ser do homem enquanto existência, entre *animalitas* e *humanitas*. Giorgio Agamben, no seu livro *O Aberto*, tem razão ao interpretar a clareira, a *Lichtung*, como a abertura de um ser humano que encontra, no mais íntimo do seu ser, o fechamento próprio da vida animal. Como se pode ler claramente em *O Aberto*: "A jóia incrustada no centro do mundo humano e da sua *Lichtung* não é senão o estar-arrebatado animal."[583]

Para além do conceito de verdade, é também o desenvolvimento do conceito de mundo no pensamento de Heidegger que mais claramente mostra esta relação entre *animalitas* e *humanitas* na existência do homem. A existência é determinada no seu modo de ser, como se sabe, como ser-no-mundo. E é precisamente este mundo a que a existência se abre que começa a aparecer no pensamento heideggeriano, a partir da década de 1930, acompanhado da terra enquanto representante do fechamento que possibilita a abertura. Do mesmo modo que a abertura ocorre sempre a partir de um fechamento, que se abre nela apenas enquanto fechamento, assim a terra irrompe no mundo, emergindo nele enquanto terra fechada sobre si mesma. É esta relação intrínseca e originária entre mundo e terra que Heidegger torna patente em 1935, na conhecida reflexão em torno da *Origem da Obra de Arte*. Nesta obra, Heidegger fala da verdade como "luta originária", como *Urstreit* entre a abertura do mundo sobre a terra e o fechamento da terra sob o mundo:

> "A terra só irrompe pelo mundo, o mundo só se funda na terra na medida em que a verdade acontece como combate originário de clareira e encobrimento".[584]

É, então, diante das repercussões que a relação entre vida e existência tem nos próprios conceitos heideggerianos de verdade e de mundo que se torna inevitável perguntar pelas razões que levam Heidegger a abandonar a referência a esta mesma relação. Se o desenvolvimento dos conceitos de verdade e de mundo aponta para

---

[583] Agamben (2002), 71.

[584] Heidegger (1994), 42 [Usamos aqui a tradução de Irene Borges-Duarte e Filipa Pedroso: Heidegger (2002), 56].

uma relação entre existência e vida segundo a qual esta não pode deixar de ser considerada como um componente daquela, se a relação da verdade com um encobrimento originário, e do mundo com a terra, evocam a necessidade de pensar a existência humana como a abertura de um fechamento presente na abertura da vida animal ao mundo, que razão se pode encontrar para que Heidegger passe a aludir a uma "distância abissal" como separando a vida do animal e a existência enquanto modo de ser do homem? Como se explica que o pensamento de Heidegger se desenvolva no sentido da abertura de um abismo, de um *Abgrund*, entre o animal e o homem? Parece-nos que não é possível responder a esta questão sem considerar duas circunstâncias que marcam o pensamento heideggeriano a partir da década de 1930: em primeiro lugar, o encontro com o pensamento de Ernst Jünger, sobretudo com o seu livro *O Trabalhador*; em segundo lugar, a sua confrontação com o biologismo nacional-socialista.

Comecemos por abordar a primeira circunstância. Em *O Trabalhador*, livro que Heidegger trabalha sistematicamente logo após a sua publicação, em 1932, Jünger propõe-se pensar aquilo que considera como uma nova época que a Grande Guerra de 1914-18 teria tornado visível, uma era que seria caracterizada pelo despontar de uma realidade elementar à qual Jünger se refere com o nome que Nietzsche elege para a designar: a vontade de poder. Segundo Jünger, o século XIX poderia ser caracterizado como uma era burguesa e alienada, uma era humanista na qual a história seria vista como um progresso cumulativo e o homem – a sua liberdade e emancipação, o seu conforto e a sua segurança – seria considerado como o fim de todo o acontecer histórico. Para Jünger, colocando o progresso, a liberdade e o conforto do indivíduo humano como o seu destino, uma tal era burguesa perderia a noção de que no acontecer da história se desenrolaria uma potência não controlada humanamente, uma "vontade de poder" que se apropriaria do próprio homem e que não obedeceria senão a uma lei própria e imanente. Seria a realidade elementar desta lei que, segundo Jünger, poderia ser encontrada em fenómenos como a mobilização total da guerra, o automatismo do desenvolvimento técnico ou a transformação da paisagem planetária numa fábrica dinâmica construída sempre provisoriamente. E é à forma desta realidade elementar que Jünger chamará uma figura, uma *Gestalt*, que cunharia todos os fenómenos emergentes desta mesma realidade: a figura do trabalhador. Neste sentido, Jünger conceberá o homem do século XX já não como um indivíduo, actor e destino último da história, mas como uma figura tipo (*Typus*) cuja singularidade é cunhada pela figura do trabalhador. Segundo Jünger, numa realidade histórica em que o trabalho despontaria cada vez mais como realidade elementar, ao homem seriam dadas apenas duas possibilidades de relação com a figura do trabalhador: ou participar da figura do trabalhador, afirmando, com um realismo heróico, a mobilização total do mundo por esta mesma figura; ou negar esta mobilização, refugiando-se numa redoma romântica e alienada que o próprio processo de mobilização total, estendendo planetariamente a cunhagem da realidade pela figura do trabalhador, não poderia deixar de fatalmente destruir.

Se partirmos desta caracterização sumária das reflexões de Jünger em torno da figura do trabalhador, conjugando-a com a abordagem da relação heideggeriana entre vida e existência, concluiremos que a análise por Jünger da determinação do homem pela figura do trabalhador consiste na análise da redução das possibilidades abertas pela abertura humana ao ser a um carácter unidimensional, a um fechamento desta abertura e, nesta medida, ao carácter fechado de uma abertura que consiste num puro e simples arrebatamento pelo ente. No contexto da mobilização total do mundo por aquilo a que Jünger chama um "carácter total de trabalho" (*totaler Arbeitscharakter*), o homem é compreendido como estando arrebatado pela figura do trabalhador: ele torna-se agora um corpo animal ou, o que é o mesmo, uma mera vida arrebatada pela lei imanente a uma dinâmica elementar que irrompe nesta mesma figura. É assim que, em Jünger, a mobilização total aparece frequentemente ilustrada como uma mobilização do homem enquanto corpo. E os exemplos escolhidos por Jünger para esta caracterização não permitem sobre isso a menor reserva: o cultivo e modulação do corpo pelo exercício gímnico, a sua medição e regulamentação pela medicina, o seu cuidado através de políticas de saúde, a sua protecção por uma série de proibições legais, a sua padronização e embelezamento por cosméticos, a sua reabilitação por próteses, a sua uniformização pelo fardamento militar, profissional ou por um vestuário cada vez mais convencional e cosmopolita, a sua funcionalização como "força de trabalho", a sua utilização como *kamikaze* ou a sua instrumentalização como arma numa guerra que se torna, em consequência disso, uma "batalha de materiais", uma *Materialschlacht*.

Tais exemplos tornam claro que a mobilização total do mundo pela figura do trabalhador é caracterizável por aquilo a que Jünger chama uma "construção orgânica", uma *organische Konstruktion*. Nesta "construção orgânica", o homem já não se relacionaria com o mundo – como diria Heidegger – como um ente que se abre ao ser do ente, ou ao ente enquanto ente, mas como um ente afunilado num ente cuja manifestação lhe concentra toda a atenção e lhe arrebata a abertura de quaisquer outras possibilidades. Jünger caracteriza este arrebatamento sobretudo ao dizer que a técnica moderna, na qual a figura do trabalhador se cunha privilegiadamente, só obedece a uma lei própria, só tem imediatamente uma relação com a sua própria dinâmica, e não tem qualquer relação imediata com o homem[585]. Arrebatado pela lei própria e imanente desta técnica moderna, o homem torna-se ele mesmo uma "construção orgânica" mobilizável e, fundindo-se com o seu desempenho e com os seus instrumentos, torna-se ele mesmo redutível à vida simples do animal. Jünger é, acerca desta coincidência

---

[585] Cf. Jünger (2000), 156, onde se afirma que "o homem não está ligado *imediatamente*, mas mediatamente, com a técnica. A técnica é a maneira em que a figura do trabalhador mobiliza o mundo".

entre a fusão do homem com o desempenho técnico e a sua redução à vida animal, completamente explícito:

> "Abordámos já o conceito de construção orgânica, que se manifesta, em relação ao tipo, como a estreita fusão, sem contradição, do homem com os instrumentos que estão à disposição dele. Em relação a estes instrumentos mesmos, pode-se falar de construção orgânica quando a técnica alcançar aquele mais elevado grau de evidência tal como o que habita dentro dos membros animais e vegetais".[586]

Enquanto construção orgânica, a vida animal e vegetal surge aqui como o supremo grau de mobilização técnica. E se a vida surge como o modelo da construção orgânica que constitui o ponto culminante da mobilização técnica do mundo, como o modelo da exposição do mundo a uma vontade de poder totalmente mobilizadora, tal quer dizer que a vida é, para Jünger, a pura e simples exposição ao poder de uma mobilização total. Viver é, assim, estar exposto a (e arrebatado por) um poder que não permite qualquer resistência. E é esta constituição da vida como exposição a um poder mobilizador que, a partir do seu contacto com o pensamento jüngeriano, influencia profundamente o tratamento por Heidegger do próprio conceito de vida, marcando-o com um rumo distinto daquele que fora iniciado pelo seu tratamento ontológico-fundamental.

A partir da sua confrontação com Jünger, a vida surge, para Heidegger, já não como uma abertura limitada ao ente, a qual teria de ser compreendida privativamente – enquanto "apenas vida" – a partir de uma analogia com a existência, mas como a simples exposição e submissão de um ente a uma potência que simplesmente o arrebata e mobiliza. A partir da sua confrontação com o pensamento de Jünger,

---

[586] Jünger (2000), 178.

a vida animal surge, para Heidegger, não como algo apenas concebível a partir da existência, mas como a base para uma redução da existência à vida, ou seja, como a referência de um processo de mobilização pelo poder, e de exposição a uma potência elementar arrebatadora, cujo crescimento eliminaria simplesmente a existência enquanto modo de ser diferenciado. Por outras palavras, para Heidegger, a partir da leitura de Jünger, a vida deixa de ser um componente da existência, um fechamento que está sempre na base da abertura da existência, para passar a ser um elemento estranho que, estando contido nessa mesma existência, não poderia deixar de a corroer e destruir. É neste sentido que, para Heidegger, a cunhagem do homem pela figura do trabalhador, anunciada por Jünger, corresponderia a uma redução da existência à vida e, nesse sentido, a uma animalização do homem que eliminaria nele aquilo que seria propriamente humano.

Nas suas reflexões sobre Jünger, Heidegger é maximamente sensível a esta coincidência entre a mobilização total do mundo por um homem que assim se torna crescentemente o seu senhor, por um lado, e, por outro lado, a mobilização total do homem por um poder mobilizador que coincide com a sua escravização. Heidegger descreve aqui o trabalhador jüngeriano como, ao mesmo tempo, o sujeito e o objecto da mais extrema mobilização total do mundo, como um homem cunhado pela sua exposição ao mais extremo poder. É para a indicação dessa sua exposição ao poder que Heidegger o assinala já não como um homem ocidental propriamente dito, mas como um asiático, em cuja descrição é pensada a oposição clássica entre a liberdade grega e o despotismo oriental. A humanidade cunhada pela figura do trabalhador aparece aqui, aliás, intensificada no seu carácter estranho e asiático, sendo descrita como uma "chinesidade planetária" (*planetarischer Chinesentum*)[587]. Mas, pensado até ao fundo, um tal carácter configuraria mais que um aspecto estranho da humanidade. Esta humanidade tornada senhora de

---

[587] Heidegger (2004), 74, 174, etc..

um ente completamente mobilizado corresponde ao seu encerramento na mobilização desse mesmo ente, ou seja, à sua subordinação à mobilização deste mesmo ente que, na medida em que lhe arrebata quaisquer outras possibilidades de abertura, se torna marcado pelo abandono pelo ser. Na sua confrontação com Jünger, Heidegger escreve-o claramente: "Os 'senhores' são os escravos do abandono do ser do ente".[588] Se o trabalhador jüngeriano, o senhor do ente, é afinal o escravo do abandono do ser, tal quer dizer que este corresponde não propriamente a um aspecto humano *stricto sensu*, mas ao animal na sua abertura a um ente que lhe arrebata (e que, portanto, lhe encerra) toda a abertura possível. Assim, dir-se-ia que Heidegger teria de caminhar para a caracterização do trabalhador de Jünger como uma animalização do homem.

É justamente esta redução do homem à vida, esta redução do homem a um βίος que se torna ζωή, expondo-se ao exercício de um poder que o arrebata, que, por outro lado e numa abordagem do conceito de vida distinta da concepção jüngeriana, pode caracterizar o biologismo nacional-socialista como uma bio-política. Na Alemanha da década de 1920 e 1930, onde o conceito de biopolítica despontava, a experiência nacional-socialista surge, como mostrou Michel Foucault (e depois Roberto Esposito), como uma experiência essencialmente biopolítica caracterizada pela simultaneidade de dois processos entre si diferenciados: por um lado, a representação da população como um corpo orgânico, como vida vulnerável a doenças e a existências parasitárias, em relação às quais a sociedade se teria de defender, higienizar e imunizar; por outro lado, a exposição desta população como uma pura vida, como uma "vida nua" (no sentido colhido de Walter Benjamin por Giorgio Agamben), ou seja, como uma vida totalmente plástica, moldável e exposta à sua mobilização por um poder político que, justamente nessa medida, se torna essencialmente biopolítico. E é, então, também com a emergência do poder biopolítico nacional-

---

[588] Heidegger (2004), 31.

-socialista que o pensamento de Heidegger, ao abordar o tema da vida no contexto da década de 1930, não pode deixar de se confrontar.

No curso do pensamento que culmina na publicação da primeira parte de *Ser e Tempo*, em 1927, sobretudo ao longo do seu período de leccionação em Marburg, Heidegger tinha-se esforçado por construir as bases de uma ontologia fenomenológica, assente na rejeição do sujeito tradicional e na interpretação da existência como ser-no-mundo. A determinação do modo de ser do homem como ser-no-mundo trazia consigo a sugestão de uma sua interpretação como sempre já determinado ou destinado (no sentido da *Bestimmung*) pela sua situação, interpretação essa que não poderia deixar de apontar directamente para a concepção de um homem marcado, na sua essência, pela sua facticidade: o homem seria assim não um *subjectum* desvinculado, cuja liberdade originária surgiria como prévia e subjacente à sua situação no mundo, mas um ser-no-mundo já sempre determinado pelo seu estar-lançado nessa mesma situação. Seria, então, esta rejeição da concepção do homem como *subjectum*, esta determinação ou destinação do homem por uma situação fáctica, que, no contexto do despontar do nacional-socialismo na Alemanha, poderia ser facilmente interpretada de um modo biologista, numa interpretação que assentaria inevitavelmente na redução da facticidade da existência humana a simples vida animal, ou seja, na redução do homem a expressão singular de uma comunidade a cujo poder – convertido num poder omnipotente que tem a vida dessa mesma comunidade como objecto do seu exercício e protecção – se encontra totalmente exposto e submetido.

É sobretudo diante da possibilidade de uma interpretação biologista da sua analítica do existência como ser-no-mundo que, ao que nos parece, a separação heideggeriana da existência em relação à vida encontra a sua derradeira justificação. Neste sentido, é interessante verificar que é sobretudo na década de 1930, diante da emergência de uma concepção biologista do homem, que Heidegger, criticando dura e explicitamente o biologismo, começa a opor radicalmente os conceitos de vida e de existência. Nesta rejeição da vida como de algum modo relacionada com a existência, Heidegger continua a considerar esta mesma existência a partir da sua facticidade, a partir do estar--lançado no mundo. Mas este carácter de estar-lançado da existência configura-se, como Heidegger veementemente repete, não como uma redução do homem à condição de "mera vida", exposta e aberta à sua mobilização por um poder irresistível, mas como uma exposição do homem ao ente no seu ser, como uma exposição que arrebata o homem não para um fechamento, mas para uma abertura que se lhe manifesta como um acontecimento que o apropria, um *Er-eignis*.

É, contudo, não em conflito manifesto com o nacional-socialismo, mas sempre em confrontação pensante, aberta e persistente com o pensamento de Jünger, que Heidegger distingue entre aquilo a que se poderia chamar a "abertura aberta" da existência e a "abertura fechada" da vida, abertura essa que Heidegger atribui ao trabalhador jüngeriano, no seu arrebatamento pela potência elementar de uma "vontade de poder". Como indicação do conteúdo fundamental desta confrontação com o pensamento de Jünger, poderíamos assinalar uma pequena nota (a nota 73) das anotações de Heidegger sobre *O Trabalhador*. Aqui, Heidegger aponta claramente para o fundamento da sua distinção entre *vida* e *existência* do seguinte modo:

> "»Leben« = *sich in seiner Gestalt bestätigen.*
> Dagegen *Menschsein:*
> *Verwandlung in das Da-sein als der Gründung der Wahrheit des Seyns*
> "'Vida' = confirmar-se na sua figura
> ser homem, *pelo contrário*:
> transmutação no *ser-aí* enquanto fundação da verdade do Ser".[589]

---

[589] Heidegger (2004), 89.

Dir-se-ia que, a partir de uma tal nota, o fundamento para a separação abissal entre o ser vivo e o humano fica, no pensamento de Heidegger, radicalmente estabelecido.

Por um lado, a vida surge aqui como a "confirmação" ou o "firmar-se" (a *Bestätigung*) de um ente na sua figura própria. Noutros termos, a vida é não um componente do indivíduo, mas a dimensão que nele o reduz a mera expressão singular da figura que o arrebata, da *Gestalt* que ocupa agora a sua própria essência. A partir desta configuração total do ente como figura, e usando os termos de Jünger, um tal ente – de que o ser vivo, enquanto construção orgânica, é a expressão privilegiada – já não é um indivíduo mas um tipo, ou seja, uma expressão singular da própria figura. Ele não pode, em nenhuma medida, contrapor-se, resistir ou sequer diferenciar-se da figura que o determina. Viver é, assim, confirmar esta mesma figura.

Por outro lado, diante da vida enquanto redução do indivíduo ao tipo e enquanto configuração do singular como figura, o homem deverá caracterizar-se sempre, enquanto existência, pela resistência a esta redução. Existir, ser homem, *Menschsein* é precisamente contrapor-se a esta "confirmação da *Gestalt*". Daí que ser homem implique o distanciamento de uma diferenciação de si próprio. Por outras palavras, ser homem implica uma transformação, uma *Verwandlung*, na qual já não é apenas uma abertura distinta da do animal que está em causa, mas um modo de ser radicalmente distinto: o ser o "aí" de uma *Gründung*, de uma fundação daquilo a que Heidegger chama não o ente, mas a *Wahrheit des Seyns*, a verdade do ser que sempre o ultrapassa e resiste ao seu arrebatamento.

Podemos, então, concluir: se o nacional-socialismo se tinha centrado numa biopolítica destinada a purificar a vida daquilo a que, nos seus próprios termos, se chamava *Dasein ohne Leben*, "existência sem vida", reduzindo o humano a uma vida purificada e cuidada biopoliticamente, dir-se-ia que a separação radical levada a cabo por Heidegger entre vida e existência, baseada numa repetida e profunda leitura de Ernst Jünger, encontra certamente uma das suas motivações de fundo na tentativa de resistir a esta redução biologista. Se a vida, na sua abertura limitada e arrebatada pelo ente, corrompia, enquanto elemento da abertura da existência, esta mesma existência, abrindo o campo para a redução nacional-socialista da existência à vida, a separação heideggeriana entre vida e existência só pode ser compreendida como uma tentativa de manter a própria existência na sua irredutibilidade e mistério.

Bibliografia

AGAMBEN, Giorgio (2002): *L'aperto: l'uomo e l'animale*. Turim, Bollati Boringhieri.

HEIDEGGER, Martin (1976): "Brief über den ‚Humanismus'". In: *Wegmarken. Gesamtausgabe*. Vol. 9, Frankfurt, Vittorio Klostermann.

HEIDEGGER, Martin (1927): *Sein und Zeit*. Tübingen, Max Niemeyer, 1986.

HEIDEGGER, Martin (1992): *Die Grundbegriffe der Metaphysik: Welt – Endlichkeit – Einsamkeit. Gesamtausgabe*. Vols. 29-30, Frankfurt, Vittorio Klostermann.

HEIDEGGER, Martin (1994): "Der Ursprung des Kunstwerkes". In: *Holzwege*. Frankfurt, Vittorio Klostermann.

HEIDEGGER, Martin (2002): "A origem da obra de arte". In: *Caminhos de Floresta*. Tradução de Irene Borges-Duarte e Filipa Pedroso, Lisboa, Gulbenkian.

HEIDEGGER, Martin (2004): *Zu Ernst Jünger. Gesamtausgabe*. Vol. 90, Frankfurt, Vittorio Klostermann, 2004.

JÜNGER, Ernst (2000): *O Trabalhador: Domínio e Figura*. Tradução de Alexandre Franco de Sá, Lisboa, Hugin.

SÁ, Alexandre Franco de (2006): "A Vida e o Humano em Heidegger: A Ontologia Heideggeriana na Aurora de uma Biopolítica". In: Pedro M. S. Alves – José Manuel Santos – Alexandre Franco de Sá (Eds.): *Humano e Inumano: A Dignidade do Homem e os Novos Desafios. Actas do Segundo Congresso Internacional da Associação Portuguesa de Filosofia Fenomenológica – Universidade de Coimbra – Março de 2005*. Lisboa, Centro de Filosofia da Universidade de Lisboa, pp. 353-363.

SÁ, Alexandre Franco de (2007): "Heidegger e o Fim do Mundo". In: *Phainomenon 14*. Lisboa, Centro de Filosofia da Universidade de Lisboa, pp. 241-253.

"A MORDEDURA DO REAL": GABRIEL MARCEL E O GESTO TRANSCENDENTAL
"BITE BY REAL": GABRIEL MARCEL AND THE TRANSCENDENTAL GESTURE

Claudinei Aparecido de Freitas da Silva[*]
(UNIOESTE – Universidade Estadual do Oeste do Paraná)

Abstract: The intention here consists in exploring one of the most original metaphors coined by Gabriel Marcel regarding the ultimate statute of ontology: "the real bite". In the sight of the philosopher – criticising the metaphysical tradition and science featuring "being" and "real" as the title for a mere "transcendent curiosity" – ontology is about awakening the "spirit of restlessness" moved

---

[*] cafsilva@uol.com.br

Professor dos Cursos de Graduação e de Pós-Graduação (*Stricto Sensu*) em Filosofia da UNIOESTE – *Campus* Toledo com Estágio Pós-Doutoral pela Université Paris 1 – Panthéon-Sorbonne (2011/2012). Escreveu *"A carnalidade da reflexão: ipseidade e alteridade em Merleau-Ponty"* (São Leopoldo, RS, Nova Harmonia, 2009) e *"A natureza primordial: Merleau-Ponty e o 'logos do mundo estético'"* (Cascavel, PR, Edunioeste, 2010). Organizou *"Encarnação e transcendência: Gabriel Marcel, 40 anos depois"* (Cascavel, PR, Edunioeste, 2013), *"Merleau-Ponty em Florianópolis"* (Porto Alegre, FI, 2015) e *"Kurt Goldstein: psiquiatria e fenomenologia"* (Cascavel, PR, Edunioeste, 2015). Suas pesquisas se concentram nas seguintes correntes e autores: Tradição Fenomenológica (em especial, Merleau-Ponty) e suas interfaces com a Psicanálise, a Psiquiatria (particularmente: Kurt Goldstein, Ludwig Binswanger, F. J. J. Buytendijk), além das obras de Henri Bergson, Gabriel Marcel e Martin Buber. Focos temáticos: desejo, linguagem, história, natureza, dialética, obra de arte. Endereço para contato: Rua da Faculdade, 645 – CEP: 85903.000 – Toledo (PR). Fone: (45) 3379 7127. E-mail: cafsilva@uol.com.br.

DOI: http://dx.doi.org/10.14195/978-989-26-1049-8_11

by a special need: the "appetite of being". In this perspective, the true transcendental gesture is the one who gets "drunk" in the original source of the real as an experience mysteriously inexhaustible and appetizing.

Keywords: Gabriel Marcel, ontological appetite, bite by real, transcendental, body, experience.

Resumo: A intenção, aqui, consiste em explorar uma das mais originais metáforas cunhadas por Gabriel Marcel a propósito do estatuto último da ontologia: "a mordedura do real". Aos olhos do filósofo – para além da tradição metafísica e da ciência que caracteriza o "ser" e o "real" a título, apenas, de uma mera "curiosidade transcendente" – trata-se de despertar o "espírito de inquietude" movido por uma necessidade especial: o "apetite do ser". Nessa perspectiva, o verdadeiro gesto transcendental é aquele que se "embebeda" na fonte originária do real como uma experiência, misteriosamente, inesgotável e apetecível.

Palavras-chave: Gabriel Marcel; Apetite ontológico; Mordedura do real; Transcendental; Corpo; Experiência.

"Cão que ladra, não morde"

1. "Apetite transcendental"

Numa nota datada em 17 de outubro de 1922 do *Journal Métaphysique* (1914-1923), Gabriel Marcel chama a atenção para uma tarefa fundamental à qual deve se consagrar, a metafísica:

> "Trata-se de desenraizar a interpretação segundo a qual a necessidade metafísica não é mais que uma curiosidade transcendente; ela é, antes, um apetite (*appétit*), o *apetite do ser*."[590]

Páginas adiante, noutro apontamento de 25 de outubro do mesmo ano, o autor corrobora: "Esta é, sem dúvida, a questão-chave. Esse *apetite do ser* não tem nenhum desejo de obter qualidades; ele não é um desejo de aperfeiçoamento"[591]. Marcel, desde já, põe as cartas na mesa, separando, no jogo metafísico, duas estratégias ou *modus operandi*: em primeiro lugar, a "atitude curiosa", habitual na tradição filosófica e, sobretudo, na prática científica; e, em segundo, a "atitude inquieta" que, como ele mesmo metaforiza, é movida por certo gênero de "necessidade", o "apetite do ser".

> "Ser curioso, é partir de certo centro imóvel, é apoiar-se para apreender, para apropriar um objeto do qual se forma uma representação confusa ou esquemática. Nesse sentido, toda curiosidade se volta para a periferia."[592]

O que mais precisamente se opõe ao espírito de "curiosidade"? Marcel é enfático: a verdadeira necessidade metafísica não se dirige por nenhuma vontade ética de aperfeiçoamento, mas, antes, é movida por outro espírito: o "espírito de inquietude":

> "Ser inquieto, ao contrário, não é estar seguro de seu centro, é estar em busca de seu próprio equilíbrio [...]; uma inquietude é tanto mais metafísica quando ela concentra-se

---

[590] Marcel (1927), 279 (itálicos meus).
[591] Marcel (1927), 281 (itálicos meus).
[592] Marcel (1998), 183.

mais sobre o que não pode ser separado de mim-mesmo sem que este eu se anule."[593]

Eis, em resumo, o estado de questão! A carência do "espírito de inquietude" tornou "raquítica" a própria metafísica deflagrando, na cultura filosófica, uma crise *sui generis*: "a crise que atravessa hoje o homem ocidental é uma crise metafísica [...] na medida em que ela emerge de uma *inquietude* que vem mais profundamente do *ser*"[594]. O ponto nevrálgico é que a metafísica contentara-se, tão somente, em orientar-se por uma curiosidade transcendente; posição essa que se torna *standard* no discurso filosófico uma vez formulado em termos transcendentais. É verdade o quanto, na "Refutação do Idealismo", Kant parece ter razão ao identificar, em Descartes, um incontornável limite: o de que a consciência de minha própria existência é simultaneamente uma consciência imediata da existência de objetos exteriores a mim, no espaço[595]. Kant advoga que a própria experiência interna só é possível por meio da externa e, assim, a necessidade da existência jamais se conhece através de conceitos, mas sempre mediante a conexão com aquilo que é percebido segundo as leis universais da experiência[596]. Há, pois, um vínculo entre o "entendimento" e a "sensibilidade", para além da proposição analítica do "eu penso", substancialmente, *a priori*. Buscando resolver esse impasse, o projeto kantiano se desdobra numa reflexão transcendental cujo propósito é firmemente levado a cabo no momento que se fixa o princípio da "unidade sintética originária da apercepção". Tal unidade nada mais é do que uma condição objetiva de todo conhecimento [597]; ela se torna o seu princípio supremo,

---

[593] Marcel (1998), 183.
[594] Marcel (1991), 35. (itálicos meus).
[595] Cf. Kant (2000), 193.
[596] Cf. Kant (2000), 195.
[597] Cf. Kant (2000), 124.

desde onde o múltiplo da intuição é apreendido. É uma forma de "autoconsciência" pela qual se produz a representação "eu penso". Este último, portanto,

> "[...] tem que *poder* acompanhar todas as minhas representações; pois, do contrário, seria representado em mim algo que não poderia de modo algum ser pensado, o que equivale a dizer que a representação seria impossível ou, pelo menos para mim, não seria nada."[598]

O que segue é que "a consciência em si não é tanto uma representação [...], mas uma forma da representação em geral"[599]. Eis porque o "eu penso" como percepção de si, texto único da psicologia racional, não passa de um equívoco ao deixar de levar em conta que "esta percepção interna não é nada mais do que a simples apercepção"[600].

Ao mesmo tempo, é preciso reconhecer que essa *Crítica* também incorre numa dificuldade de princípio a que fora conduzido Descartes. A crítica ao substancialismo metafísico do *cogito* conserva algo de insólito na tarefa transcendental. Como não deixa de observar Merleau-Ponty,

> "Descartes e, sobretudo Kant, desligaram o sujeito ou a consciência, fazendo ver que eu não poderia apreender nenhuma coisa como existente se primeiramente eu não me experimentasse existente no ato de apreendê-la; ela fez aparecer à consciência, a absoluta certeza de mim para mim, como a condição sem a qual não haveria absolutamente nada, e o ato de ligação como o fundamento do ligado."[601]

---

[598] Kant (2000), 121.
[599] Kant (2000), 259.
[600] Kant (2000), 257.
[601] Merleau-Ponty (1945), iii.

Similar diagnóstico é feito por Heidegger ao examinar, sob um aspecto, que se Kant teve o mérito de ver a impossibilidade de reduzir onticamente o Eu a uma substância, por outro, identifica o eu com o "eu penso". Em tal investida, o Eu passa a ser enunciado num sentido ontologicamente inadequado:

> "Para ele, contudo, tais representações são o "empírico", o que "é acompanhado" pelo eu, os fenômenos, os quais o eu "adere". Kant não mostra em parte alguma o modo-de-ser desse "aderir" e desse "acompanhar". [...]. Kant não viu o fenômeno do mundo e foi bastante consequente a fim de manter as "representações" longe do conteúdo *a priori* do "eu penso". Mas com isso o eu foi de novo forçosamente reduzido à condição de sujeito *isolado*, que acompanha as representações de um modo ontologicamente de todo indeterminado."[602]

Aos olhos de Gabriel Marcel, não há como avançar esse debate, prescindindo de uma radical reforma da teoria do conhecimento, em particular, de sua inspiração emblematicamente kantiana:

> "A teoria do conhecimento se propõe, cada vez mais, efetivamente, em definir e fundar, de modo essencial, a objetividade. Ela gravita em torno da ideia de objeto; ela postula, pois, ao menos, a possibilidade para o sujeito de isentar-se (*dégager*), no seio de sua experiência concreta, tudo aquilo que não implica nenhum contributo pessoal de sua parte. Isso deixando, inclusive, de lado a questão *metafísica* de saber como um objeto pode estar presente a um sujeito. A relação sujeito-objeto é pressuposta por uma epistemologia qualquer que seja."[603]

---

[602] Heidegger (1967), 321.
[603] Marcel (1927), 294.

A questão é que

> "[...] as doutrinas idealistas põem um acento sempre mais decisivo sobre esse caráter *insular* do objeto; elas serão chamadas a *minimizar* a participação original que este objeto é suscetível de nos fornecer."[604]

Num tal contexto, se, por um lado, o objeto é inerte, por outro, aquele "contributo" ou "participação" se torna

> "[...] propriamente impensável no sistema fechado que o sujeito tende aqui a formar com ele-mesmo. Inevitavelmente, esse sujeito será cada vez mais desindividualizado, sempre mais minuciosamente decantado de suas características singulares."[605]

O resultado não poderia ser outro: o sistema idealista é providente em maximizar a insularidade do objeto, minimizando a sua participação original no processo de conhecimento. O idealismo funda uma concepção de objetividade, à revelia do próprio objeto. Isso tanto é verdade que "a ciência", por exemplo, "fala do real em terceira pessoa: o cientista faz inteiramente abstração da relação que o liga ao objeto"[606], tratando-o como independente, ausente, separado. Nessa medida,

> "O *cogito* nos introduz num sistema de afirmações do qual ele garante a validade. *Ele assegura o limite do válido* e é unicamente sob a condição de identificar o válido e o real

---

[604] Marcel (1927), 316.
[605] Marcel (1927), 316.
[606] Marcel (1927), 137.

que se pode falar, como se tem feito, frequentemente com imprudência, de uma imanência do real ao ato de pensar."[607]

Absolutamente seguro de si-mesmo, o *cogito* se institui como o critério de validade última pelo qual o real é introduzido via uma relação imanente ao próprio ato intelectual. A ingenuidade *dessa* identificação salta aos olhos, em virtude, pois, de um saldo metafísico indigente: mal se sabe como um objeto se põe na presença de um sujeito. É o que avalia Marcel:

> "Vemos mais claramente, hoje, que a consciência tem sido, quase sempre, muito inadequadamente representada e até concebida. Refiro-me a Kant e a uma parte da sua descendência, não a escola hegeliana, mas, antes, os neocriticistas da França e da Alemanha. Julgou-se possível reduzir a consciência ao ato de tomar consciência, ato que não se prestaria a qualificação alguma e, portanto, a nenhuma alteração. Isso corresponderia a cavar um fosso impossível de transpor entre o que se pode chamar filosofia transcendental e experiência concreta."[608]

Como se vê, o abismo intransponível cavado entre a razão e a experiência sela, em sentido kantiano e pós-kantiano, um estatuto programático da tarefa transcendental. A redução da consciência ao ato de tomar consciência está na origem da cisão, de um só golpe, entre o transcendental e o empírico:

> "O esquema kantiano de um entendimento informante, ordenando de fora uma matéria que lhe seria fornecida não

---

[607] Marcel (1927), 315.
[608] Marcel (1927), 87.

é, nesse sentido, mais que uma expressão transitória e inapta dessa ideia fundamental de que não há conhecimento, inteligibilidade senão ali onde a exterioridade, após ser afirmada, se nega e se reduz em si mesma. E por aí aparece, claramente, a ligação individual e antinômica do empírico e do inteligível."[609]

Brunschvicg não se desprende desse esquema ao outorgar à consciência de si uma soberania criadora perante as potências adormecidas do universo[610]. Ele reputa ao idealismo um ideal supremo de inteligibilidade, cuja posição transcendental assenta o caráter irrevogável do entendimento perante a natureza. Ao erigir como transcendente a própria atividade imanente, o criticismo, tomado, ao pé da letra, guarda a sua legitimidade teórica num campo, por princípio, imune a todo contágio empírico. O ego se fecha numa espécie de "bolha transcendental", se "desmaterializando", *tout court*:

"[...] o eu da posse não pode jamais ser reduzido, mesmo em pensamento, a um ego inteiramente desmaterializado. Parece-me impossível conceber como um ego desmaterializado poderia ainda ter a pretensão ou o desejo de possuir."[611]

No interior do esquema criticista, o transcendental se eleva ao patamar de um "olimpo espiritual", adotando o "ponto de vista de Sirius" como juízo superior acerca da vida, do real. Eis a razão pela qual

"[...] tratar o dado circunstancial como contingente em relação a certo núcleo racional ou transcendental, é, no fundo,

---

[609] Marcel (1927), 102.
[610] Brunschvicg (1949), 591.
[611] Marcel (1997a), 113.

representá-lo como um traje do qual pode e deve, em certas ocasiões, ser despido."[612]

A metafísica se torna uma espécie de "reforma (*redressement*) ou distensão (*détendre*)"[613]. O problema é que "o racionalismo atribui à filosofia uma função de exorcismo"[614], expulsando, em seu habitual rito transcendental, a experiência naquilo que ela tem de mais "apetecível", de mais "inquieto" como "sentimento de indigência"[615]. O que surpreende nessa atitude – como lembra Merleau-Ponty – é o fato de o criticismo assim justificado tornar-se muito mais total ou completo que o de Kant[616]. Marcel, por sua vez, reitera:

> "Os filósofos idealistas foram, particularmente, tentados, de modo demasiado, assimilar a condição humana aos limites contingentes, dos quais o pensamento tem o direito e até mesmo a necessidade de fazer abstração em toda parte onde ele se exerce plenamente: donde procede alguns, seja Brunschvicg, seja os pensadores da Escola de Marbourg, quanto à desvalorização de tudo o que não é redutível à matemática. Por aí se introduz, na essência do homem, uma dualidade funesta. O idealista se sente completamente apto para abandonar à psicologia, enquanto anexo da fisiologia ou da sociologia, os elementos residuais que lhe parecem refratários às normas constitutivas de toda verdade."[617]

---

[612] Marcel (1997a), 148.
[613] Marcel (1927), 279.
[614] Marcel (1927), 279.
[615] Marcel (1927), 279.
[616] Cf. Merleau-Ponty (1995), 47ss. Como expressão ainda dessa tendência, ver: Lachièze-Rey (1931).
[617] Marcel (1998a), 185-186.

Marcel observa que "uma concepção criticista da consciência como unidade do sujeito e do objeto se revela inadequada à experiência concreta"[618]. Como dita tal concepção, "o homem não pode escapar do circuito de seus próprios juízos"[619]. Tudo se passa como se houvesse uma impossibilidade inscrita pelas próprias condições transcendentais; no fundo, "uma impossibilidade de tratar a minha experiência como um *solo,* como uma referência absoluta"[620]. Ora, "a reflexão, na medida em que ela é crítica, é fria; ela não vem apenas frear a vida; ela a congela"[621]. Ou segundo a forte tradição do espiritualismo francês reportada por Sartre, a reflexão assim conduzida é uma espécie de "Espírito-Aranha" que atrai para a sua teia o real, deglutindo-o e dissolvendo-o[622]. O empiriocriticismo é isso: uma "filosofia digestiva" em que "conhecer é comer", "assimilando" o mundo e a experiência numa pura representação. É um regime onde impera a mais absoluta "curiosidade", via uma necessidade "gástrica" e, por isso, vorazmente possessiva. Cabe, no entanto, atentar que, nessa acepção, o "Espírito-Aranha" não é um "espírito inquieto", apetecível; é um "espírito de abstração". E da mesma maneira que o neocriticismo, Bergson também fora seduzido por tal "espírito" ao situar o campo transcendental nos marcos dos dados imediatos da consciência. É verdade, como reconhecera Sartre, que Husserl não é um realista sob esse ponto de vista espiritualmente "aracnídeo", mas, não obstante, é, ainda, o prolongamento da herança kantiana que está nos prolegômenos do idealismo fenomenológico, razão pela qual Marcel se obriga a ser bem mais implacavelmente direto e severo:

---

[618] Marcel (1927), 282.
[619] Brunschvicg (1953), 741.
[620] Marcel (1927), 285.
[621] Marcel (1997a), 95.
[622] Sartre (2005), 55.

> "Há problema de tudo o que está posto *diante de mim* e, por outro lado, este eu cuja atividade entra em jogo para resolver o problema permanece fora ou aquém [...]. De todo modo, é preciso manter certo sujeito que não pode pôr problemas senão sob a condição de se manter ele-mesmo numa esfera não problemática. Chegamos, assim, à ideia familiar na filosofia kantiana e pós-kantiana, de um eu transcendental ou de um sujeito puro? Justamente, não o creio. O eu transcendental não é senão, verdadeiramente dizendo, um monstro ou pelo menos uma ficção; porque quando eu o penso, apesar de qualificá-lo como um puro sujeito, eu o trato, contudo, como um objeto, mas ao qual nego, paradoxalmente, a todas as características determinadas pelas quais se define um objeto real qualquer."[623]

Marcel põe em questão, nessa visceral passagem, o ideal de uma subjetividade absolutamente indiferente, neutra, isto é, "fora" e "aquém" da experiência. O "sujeito" transcendental, uma vez "suspenso" à esfera "problemática", termina por se situar numa atitude soberanamente isenta. É um *kosmothéoros*, um mero espectador imparcial e desinteressado. Disso emerge a questão de fundo: a fórmula última de um ego puro e transcendental seria um bom alcance? A esta altura, o ceticismo de Marcel volta a ser implacável: não há hipótese mais descabida, pois o que se pressupõe é uma ideia flagrantemente bizarra de "sujeito". No momento em que me permito pensar esse "eu" qualificando-o como "pura subjetividade", termino, na verdade, por "objetivá-lo". É um ego ficcional, ou seja, uma concepção fantasticamente teratológica da consciência. Visto sob esse ângulo, o ego apenas mascara a sua real natureza pondo em risco, afinal, o estatuto último do transcendental. Na linhagem ainda fenomenológica, o mesmo "Espírito-Aranha" que tanto Sartre atacara volta-se, sorrateiramente,

---

[623] Marcel (1991), 61; 61-62.

contra ele. Ora, o "sujeito" sartriano nada mais é do que a figuração de um ego transparente. Ele é, retrataria Merleau-Ponty, um "nada" que "vem ao mundo", bebe o mundo, precisa do mundo para ser o que quer que seja, mesmo nada, e que, no seu auto-sacrifício ao ser, permanece estranho ao mundo"[624]. Assim, se ele permanece "estranho", isso é, indiferente ou apático é porque se trata de um "ego" que não mais "deseja"; que, enfim, já perdera, completamente, qualquer apetite. E, sem apetência, desfalece, desfigura-se ficcionalmente. Ele não passa de uma consciência pálida, sem carne e osso, vindo a cavar sua própria sepultura. Com isso, mais uma vez, a estratégia transcendental se torna uma operação autofágica. Destrói-se por si mesma. Contém, em gérmen, sua própria ruína. A filosofia é então posta em ponto morto.

2. A viragem transcendental

Para além do "fim da metafísica" e, portanto, da "crise" do idealismo (e suas variantes), Marcel redefine o labor filosófico. Como vimos, cumpre radicalizar a própria fenomenologia, isto é, aprofundá-la no sentido de uma *"hiper*fenomenologia". Essa radicalização se empreende por intermédio de uma subversão da tarefa transcendental, ocupando-se, como diz Merleau-Ponty, não mais pelas "condições de possibilidade, mas pelas condições de realidade"[625]. Ora, certas operações favoritas dos filósofos como "caracterizar, descobrir critérios resistentes à dúvida, fazer o inventário de objetos de pensamento estão longe de definir a inteligência mesma"[626]. Tal subversão se perspectiva noutro registro

---

[624] Merleau-Ponty (1960), 194.

[625] Merleau-Ponty (1945), 501. Sobre o estatuto da questão transcendental no contexto da obra de Merleau-Ponty, ver: Silva (2011).

[626] Merleau-Ponty (1997), 43.

de análise. O novo gesto transcendental acena, sem dúvida, uma "cerimônia do adeus" no que diz respeito à normatividade instituída pela doutrina clássica do conhecimento, mormente, em sua expressão criticista. Trata-se, agora, de explorar "um sentido não jurídico"[627], ou melhor, aprofundar um "caráter pré-jurídico"[628], uma vez que "toda a metafísica pretende ser a satisfação de uma inquietude"[629]. É, contudo, essa peculiaridade que a distingue da simples "curiosidade", razão pela qual a atitude "inquieta" não é o que "paralisa a vida superior do espírito, pelo contrário, é o que reforça e sustenta tal vida"[630].

Nessa direção, se pode retomar, a contento, a questão-chave posta de início quanto à "impossibilidade" de investigar o que '"é' metafisicamente primeiro", já que a necessidade metafísica é refratária à qualquer "curiosidade transcendente". Vimos, pois, que tal necessidade não se reduz a quaisquer qualidades, a certo aprimoramento ou esquema aprioristicamente regrado. Ela desconstrói esse modelo, porque ao tomar distância da experiência sobrevoando-a e apartando-se, o idealismo se instala no regime da mais absoluta inapetência, da mais total indiferença. Ele se crê saciado demais, satisfazendo-se apenas em esquematizar um âmbito do real, categorizando-o. Daí o ato de "protesto contra certo transcendentalismo"[631]. O verdadeiro gesto metafísico não se volta a um grau de elevação tão pretensioso, a uma simples curiosidade transcendente. Ele é mais aperiente, ecfrático, e, portanto, distinto em relação à abstenção etérea. Tal gesto interroga em que medida o modelo clássico transcendental se deu como tarefa suficientemente cumprida, ou melhor, até onde não fora satisfatoriamente capaz de despertar um instinto mais apurado de apetência vital.

---

[627] Marcel (1997a), 216.
[628] Marcel (1997a), 192.
[629] Marcel (1927), 284.
[630] Marcel (1998), 182.
[631] Marcel (1997a), 149.

Por meio dessa virada transcendental, Marcel agencia a metafísica noutra chave de leitura. Não há outra tarefa senão *"restituir à experiência humana seu peso ontológico"*[632], numa projeção, radicalmente, meta-crítica ou meta-problemática. É aqui que a metáfora da "apetência" ganha, semanticamente, especial relevo. O "apetite metafísico" não é uma curiosidade cognitiva que se esgotaria, pura e simples, no objeto. A questão é que

> "Por essência mesma, o objeto exclui todo mistério. Ele não pode ser pensado como indiferente ao ato pelo qual eu o penso. Esta é a verdade profunda do realismo: eu não posso pensar o objeto como tal senão em termos realistas – e desde o momento em que eu penso um sujeito como objeto, ele é exatamente o mesmo. Talvez fosse melhor dizer que o realismo está envolvido na definição, na ideia mesma de objeto. Isso o idealista não apenas admite; ele o proclama."[633]

Ao se comprazerem, pois, numa definição rigorosamente objetivista do real, idealismo e realismo se revelam incapazes de encarnar o gesto genuinamente metafísico de "apetite". E, com isso, encobrem um sentido originário da experiência. Se a experiência emerge como o campo transcendental por excelência, ou ainda, como o horizonte que institui o poder ontológico último, resta então descrever que "experiência" é essa ou que sentido último da experiência há de ser restituído?

Em primeiro lugar, esclarece Marcel, a experiência é aquela que se encontra numa clara e radical "oposição ao pensamento empírico"[634]; pensamento em que

---

[632] Marcel (1935), 149.
[633] Marcel (1927), 161.
[634] Marcel (1998b), 45-46.

"Há um plano onde não apenas o mundo não tem sentido, mas onde é mesmo contraditório de pôr a questão para saber se ele tem um; é o plano da existência imediata; é necessariamente aquele do fortuito, é a ordem do acaso."[635]

O que se demarca aqui é o plano no qual essa "existência imediata" toma lugar na cultura moderna a título de um conceito de mundo inferido objetivamente. Nesse nível, "o empirismo como filosofia do imediato se destrói em si-mesmo; o imediato é o inverso de um princípio de inteligibilidade"[636]. Ora, não é no interior desse domínio dissolvente e puramente empírico que a experiência é ontologicamente evocada. Ao invés de ser formalmente absorvida, ela exige outro gesto transcendental, outra "maneira, portanto, de apreciá-la"[637]. A experiência só pode ser "percorrida pelo filósofo, tateando"[638]. Ela traduz a própria existência como uma "condição *prévia*"[639], ou seja, como "uma zona onde não é mais possível duvidar"[640], e, isso, numa radical oposição à objetividade. Se reconhece, afinal, "na existência um caráter indubitável" [641]: a experiência do concreto. É sob esse prisma que Hegel empreendera, com admirável esforço, um alcance notável – "o primado do concreto" – assinalando, fortemente, "que, em nenhum caso, ele se confunde com o imediato" [642]. Marcel, no entanto, adverte, com estrita prudência: à primeira vista, seria de supor que

"[...] o concreto fosse o que é dado de início; aquilo que desde onde é preciso partir. Ora, nada mais falso e, nesse

---

[635] Marcel (1927), 3.
[636] Marcel (1927), 3.
[637] Marcel (1998b), 45.
[638] Marcel (1991), 84.
[639] Marcel (1998b), 21.
[640] Marcel (1998b), 34.
[641] Marcel (1998b), 21.
[642] Marcel (1991), 13.

ponto, Bergson reencontra Hegel. O *concreto* está, perpetuamente, por *conquistar*." [643]

Não se trata de um "primado" tomado em acepção cronológica, mas algo que se experimenta, efetivamente, via um ato de conquista. Só há conquista mediante uma necessidade incessante de apetite. Este é o gesto primordial, por excelência, jamais provido, portanto, de um ego universal de *Sinngebung*, mas imerso ao "real-concreto" enquanto experiência-matriz do Ser. "O concreto" – descreve o filósofo – "é o próprio Ser"[644]; Ser irredutível a toda cognição objetal; Ser como "dinamismo da situação"[645] incessante, concretude radical. Sob esse aspecto, o mistério é fundamentalmente o que dá vida à experiência, ou seja, o que a transborda tornando-a inexaurível. Ao exprimir o jorro do real, "o mistério antes se transcende do que *satisfaz* aquele *apetite* de conhecer"[646]. Insaciável, em sua transcendência última, o apetite metafísico é despertado no seio da experiência por um gesto bem mais "heurístico que demonstrativo" [647]. A verdadeira filosofia é aquela que se "torna presa (*proie*) do real" [648]; ou ainda, que não se abstém de "morder (*morsure*) o real" [649].

A "mordedura do real" transparece, nesse cenário, como um gesto de resistência; resistência ao "espírito de abstração". Ele é a expressão de um impulso fundamental, movido mais pela capacidade de "espanto" ou "assombro" do que por uma mera "curiosidade". Tal gesto é o próprio espírito de "inquietude", no sentido de que é capaz de reconhecer a sua própria indigência (apetência) como inerente a uma radical interrogação

---

[643] Marcel (1991), 100 (itálicos meus).
[644] Marcel (1912), 638.
[645] Marcel (1927), 137.
[646] Marcel (1999), 219 (itálicos meus).
[647] Marcel (1997), 8.
[648] Marcel (1999), 97.
[649] Marcel (1999), 98.

ontológica, embebida no "inesgotável concreto"[650]. "Morder o real" é jamais perder o "apetite", irresistível à "palpitante experiência" [651] mesclada entre o intuir e o sentir, eu e outrem, o ter e o ser. Uma vez desperto por esse "instinto" é que o filósofo pode, enfim, encontrar o seu verdadeiro Eu. Não um ego isolado, blindado, impermeável, mas uma subjetividade desde já situada, encarnada, engajada. É em meio à experiência integral concretamente "mordiscada" que o transcendental se reconcilia, sem qualquer concessão ao naturalismo ou ao espiritualismo. Desse modo, se for verdade que "jamais será possível construir uma máquina capaz de se interrogar sobre as condições de possibilidade e sobre os limites de sua eficácia"[652], é porque o ideal de um foro íntimo, refúgio último e inviolável revela-se como um empreendimento-limite. Tal autodomínio, soberanamente translúcido, se ofusca nesse ato mesmo aperiente, razão pela qual, julga Marcel, *as filosofias da imanência fizeram o seu tempo; elas têm revelado hoje a sua irrealidade fundamental*"[653]. Contexto em que:

> "O formalismo, concebido em todo o seu rigor, é quase inaceitável a partir do momento em que se tem tomado consciência de que cada ser concreto, com a situação em si mesma concreta à qual ele se defronta, tem de único e incomensurável com qualquer outro ser e qualquer outra situação."[654]

A reconquista do concreto se torna o signo dessa restituição ontológica evocada à luz do "mistério" contrastada ao "problemático" como índice formal e abstrato:

---

[650] Marcel (1999), 100.
[651] Marcel (1991), 108.
[652] Marcel (1991), 16.
[653] Marcel (1991), 25.
[654] Marcel (1991), 26-27.

> "Por oposição ao mundo do problemático que, mais uma vez, está completamente diante de mim, o mistério é alguma coisa na qual eu me encontro engajado e, acrescentaria: não engajado *parcialmente* por algum aspecto determinado e especializado de mim-mesmo, mas, ao contrário, enquanto eu realizo, *inteiramente*, uma unidade que, inclusive, por definição, jamais pode apreender-se a si própria."[655]

Para além da esfera "problemática", domínio exclusivo do objeto, a verdadeira tarefa transcendental se realiza noutro horizonte privilegiado: a do mistério. Esse âmbito não é um lugar absolutamente cerrado, puramente reservado, mas, antes, uma infra-estrutura opaca, índice radical de um enigma que se manifesta na experiência viva e concreta do real, ou seja, na dimensão de um engajamento: o mistério da encarnação. É daí que provém todo "apetite ontológico" a despeito de qualquer "curiosidade". Tal "mistério", longe de ser um "segredo" incognoscível é o que, em sua razão mais profunda, constitui a origem de toda "apetência", desvelada, portanto, como um gesto estruturalmente corporal.

3. A transcendência do corpo

Não há gesto de "mordedura" sem o fundo de uma "participação ontológica", cuja estrutura primordial encontra na experiência do corpo uma de suas manifestações mais típicas. Sem reduzir-se ao plano imediato da objetividade, o corpo radica um gesto ontológico transcendental de primeira grandeza. Ele se revela como um Ser concreto, como uma experiência essencialmente enigmática, já que não se trata de um "objeto", *ad arbitrium*, "problematizável". A corporeidade se projeta como experiência de transcendência; é aquilo pelo qual o

---

[655] Marcel (1991), 62 (itálicos meus).

gesto metafísico de apetite extrai do real sua própria potência fenomenológica. O corpo se institui ainda como antípoda a todo formalismo solipsista, sendo, pois, o aprofundamento da existência em sua mais radical carnalidade.

Sendo assim, não é gratuito que, desde as suas primeiras reflexões, Marcel figure como um pensador particularmente afeito a esse horizonte temático. A dimensão ontológica do corpo passa a ser explorada na perspectiva de que o "meu corpo não é alguma coisa que *eu tenho*, mas que *eu sou*"[656]. O critério de tratamento aqui se modifica consideravelmente: há um deslocamento da ordem do "ter" para a do "ser". *Ser corpo* se torna, em rigor, "uma afirmação central, uma afirmação pivô"[657] que se tem em vista quando se fala de "um mistério da encarnação num sentido que não tem absolutamente nada de teológico"[658]. Como bem notaria Merleau-Ponty na célebre resenha consagrada a *Être et Avoir*, a experiência corporal se deflagra como "uma presença, uma aderência, uma intimidade"[659], à medida que "eu não estou diante de meu corpo, estou em meu corpo, ou antes, sou meu corpo"[660]. É outro nível de estrutura que o corpo comporta; estrutura profundamente meta-empírica, transcendental. Afirmar, pois, que não "tenho", mas que "sou" corpo é mais que um mero artifício retórico. Marcel insistirá sempre na tese de que o corpo radica uma estrutura pivô; já que este é um "existente-modelo"[661], isto é, o existente exemplar cuja "mediação não instrumental completaria, inclusive, a própria mediação instrumental ou objetiva"[662]. O corpo próprio se revela como uma forma de "sentir que condiciona para

---

[656] Marcel (1959), 185.
[657] Marcel (1959), 185.
[658] Marcel (1959), 185.
[659] Merleau-Ponty (1997), 37.
[660] Merleau-Ponty (1945), 175.
[661] Marcel (1927), 261.
[662] Marcel (1927), 265.

mim todo e qualquer sentir que seja"⁶⁶³. É que, na experiência do sentir, "eu não *sou* unicamente meu corpo, eu *sou* o meu ambiente habitual"⁶⁶⁴. Aqui, não se trata de um sentir orgânico, psicológico ou energético, mas, originariamente, ontológico. É um *Ur-Gefühl*, quer dizer, um *"sentir fundamental"*⁶⁶⁵ como uma unidade primordial, aquém e além de toda sensação rudimentar.

Proscrito pela ciência e pela metafísica tradicionais, como saber aparente e errático, o peso ontológico da experiência é novo padrão de medida transcendental pelo qual Marcel ressignifica a tarefa da ontologia. Daí o acento do *Ur-Gefühl* como camada intencionalmente originária⁶⁶⁶. A intencionalidade corporal potencializa o gesto de transcendência pelo qual o corpo se dirige ao mundo como uma estrutura fulgurante daquele sentir primordial. É desse ponto de vista que a *encarnação* exprime um "estado de indivisão que uma reflexão elementar tinha rompido"⁶⁶⁷, *sub judice*. Ao "esquematizar *a priori* uma realidade sempre mais complexa e mais movente"⁶⁶⁸, o idealismo abstrai o corpo como *partes extra partes*. Ora, reitera Marcel, "eu não me *sirvo de meu corpo*, eu *sou* meu corpo"⁶⁶⁹. Há uma indivisibilidade radical entre o entendimento e a sensibilidade: a própria *"encarnação como dado central da metafísica"*⁶⁷⁰. A encarnação é o dado incondicionado, a referência ontológica-matriz. Ela é o que resiste, em última análise, ao ideal de pureza transcendental imputado, através de uma ruptura austera e

---

⁶⁶³ Marcel (1927), 252.

⁶⁶⁴ Marcel (1927), 252.

⁶⁶⁵ Marcel (1927), 241.

⁶⁶⁶ A forte inspiração com os teóricos alemães da intencionalidade, isto é, com os fenomenólogos à época, é, sob esse aspecto, explicitamente assumida por Marcel (1935), 279. É Husserl, por exemplo, que reconhecera dois níveis de intencionalidade: uma "intencionalidade em ato" como operação constituinte da síntese temporal e uma "intencionalidade operante" *(Fungierende Intentionalität)*, como condição de possibilidade da primeira. Cf. Husserl (1992), 280.

⁶⁶⁷ Marcel (1927), 326.

⁶⁶⁸ Marcel (1924), 44.

⁶⁶⁹ Marcel (1927), 323.

⁶⁷⁰ Marcel (1935), 11 (itálicos meus).

irrevogável com o real[671]. A encarnação se institui como "o dado em função do qual um fato é possível"[672]. "Dado" este "que não pode ser constatado, mas apenas reconhecido"[673], a título de um "engajamento fundamental"[674] pelo qual o corpo e o tempo co-participam ontologicamente. Assim, um novo tempo metafísico reclama outra tarefa, a saber, aquela que consiste em passar do "fato" ao "fenômeno", ou melhor, descrever o que há de *hiper*fenômeno nessa experiência[675].

4. A mordedura do real

Uma vez fixados tais marcos é que Marcel pode adotar um "ponto de vista transcendental"[676] ou "fenomenológico"[677] como estado de questionamento. Mais que um simples fenômeno, na acepção restritiva do termo, a existência encarnada é um horizonte privilegiado do Ser. É esse argumento último que torna a encarnação a insígnia mesma de um novo projeto filosófico que tem na conquista do real o sentido de um pensamento militante, concreto e, sob esse alcance, jamais descontextualizado ontologicamente. Como Marcel escreve: "estamos vinculados ao Ser"[678]; "estamos engajados no Ser; ele não depende de nós para sair"[679]. A "afirmação incondicionada do Ser"[680]

---

[671] Aqui, talvez, seja especialmente instrutiva a lição de Hume: "O filósofo puro é um personagem que em geral não é muito bem aceito pelo mundo [...]. Seja um filósofo; mas, em meio a toda tua filosofia, não deixes de ser um homem" Hume (1999), 12; 13.

[672] Marcel (1935), 12.

[673] Marcel (1999), 105.

[674] Marcel (1935), 21.

[675] Marcel (1999), 117.

[676] Marcel (1935), 157.

[677] Marcel (1935), 229.

[678] Marcel (1935), 36.

[679] Marcel (1935), 47.

[680] Marcel (1935), 37.

se inscreve, pois, noutra ordem de discurso. Seu caráter heurístico está, a esta altura, para além de uma apreensão analítica, uma "construção pura"[681]. Mais: o Ser deixa de ser predicável e nessa perspectiva, há aí, um mérito kantiano a ser reconhecido:

> "[...] pode-se tratar o Ser como elemento de estrutura, como determinação pertencente ou não a tal tipo de estrutura? Parece-me completamente evidente que não; é neste sentido que Kant teve razão ao negar que o Ser fosse um predicado."[682]

Marcel mostra que "o renascimento contemporâneo da ontologia"[683] acena outro gesto transcendental chamando a atenção para uma dimensão antepredicativa pela qual a questão do Ser passa a ser interrogada:

> "Sob esse aspecto, até o próprio termo ontologia é pouco satisfatório e corre o risco de encorajar os mais lamentáveis mal-entendidos. O Ser como tal não é, no fundo, nada sobre o qual se possa discorrer. Só se pode, apenas, discorrer sobre o que não é ele e, por isso, tão indiretamente quão humildemente identificar ou balizar as pistas que conduzem em direção a ele com a condição de que saibamos *retornar*. Justamente porque é também verdadeiro dizer que estas mesmas pistas *afastam* ou *desviam* dele."[684]

O que não passara despercebido para Marcel é certo limite intrínseco ao próprio discurso ontológico. Tal discurso só pode assumir, quando

---

[681] Marcel (1935), 43.
[682] Marcel (1935), 46.
[683] Marcel (1935), 54-55.
[684] Marcel (1991), 108.

muito, uma via indireta ou negativa de questionamento, precisamente por que abre pistas que tendem a se "afastar" do Ser. Há aí um "desvio" congênito à necessidade metafísica e sua "inquietude apetecível" à margem da própria linguagem, mas que se radica num nível de profundidade até então insuspeito. A linguagem desconcerta a ponto de suscitar a inevitável questão: como evocar uma ordem de experiência, como a do Ser, se esta nem sequer parece se colocar num âmbito proferível?

O ponto aqui decisório é que Marcel jamais abre mão de uma teoria positiva do pensamento. O agnosticismo ou a suposição de irracionalismo, além de fácil – julga ele – é uma saída filosoficamente inconsequente. Há de se levar em conta que "a exigência ontológica não pode ser reduzida ao silêncio senão por um ato arbitrário, ditatorial que mutila a vida espiritual em sua raiz mesma"[685]. É em função de tal exigência que, muitas vezes, "refugia-se em metáforas, que são mais que metáforas e que provêm do domínio da realidade não óptica, não espetacular"[686]. Se a necessidade com a qual se desdobra o novo discurso transcendental não é lógica, mas ontológica, o esforço de figurá-lo metaforicamente se reveste de um procedimento estratégico. É desse modo que, mais que simples metáforas ou figuras de linguagem, expressões como "apetite", "mordedura", "presa", "concreto" visam descrever uma dimensão do real cujo acesso a gramática clássica da metafísica não tem recurso. É o que reitera o filósofo:

> "[...] hoje em dia, as grandes noções metafísicas se reduzem muito, frequentemente, a formas puramente vãs desprovidas de todo conteúdo [...]. A noção de Ser se revela como uma mera expressão petrificada e morta de um pensamento que não tem podido levantar-se até o verdadeiro concreto"[687].

---

[685] Marcel (1949), 53.
[686] Marcel (s/d), 212; Apud Letona (1959), 191.
[687] Marcel (s/d), 31; 32; Apud Letona (1959), 223; 224.

Por força dessa famigerada condição é que a "morte da metafísica" tornara-se um tema inquietante, na medida em que cessara de despertar o apetite vital do real, ao se contentar, apenas, em discorrer sobre ele. A oportuna pergunta posta por Tesuka a Heidegger reflete bem o crucial quadro aqui diagnosticado:

> "Pôr que então o senhor não abandona logo a palavra 'ser' e não a deixa exclusivamente para uso da metafísica? Por que não deu outro nome ao que o senhor procurava como 'o sentido do ser', seguindo o caminho da essência do tempo?"[688]

Ao que Heidegger responde: "Como se pode dar um nome específico ao que ainda se procura? Todo achar e encontrar repousa no apelo da linguagem"[689]. Ora, o nominalismo é, sem dúvida, um recurso louvável, mas, por fim, insuficiente[690]. É que a linguagem malogra sempre ao "abrir pistas" incorrendo em certo "desvio" fundamental. Se admitirmos que a tarefa metafísica seja um exercício de permanente busca[691], é porque ela se encontra enredada na "raiz misteriosa da linguagem"[692]. É o que também parece ter sentido, com incomparável agudeza, Clarice Lispector: "escrever é o modo de quem tem a palavra como isca: a palavra pescando o que não é palavra [...]; a não-palavra, ao morder a isca, incorpora-a"[693]. Ao realizar este gesto, o escritor pressente o quanto o seu ofício revive, perpetuamente, o destino infatigável de buscar, ou seja, de lançar palavras como iscas. Ao buscar,

---

[688] Tesuka Apud Heidegger (2003), 88.

[689] Heidegger (2003), 88.

[690] Para um maior aprofundamento desse debate, consultar: Marcel (1935), 37-38.

[691] Cf. Marcel (1999), 92-93.

[692] Marcel (1997b), 14.

[693] Lispector (1980), 21.

"[...] por destino volto com as mãos vazias; mas volto com o indizível. O indizível só me poderá ser dado através do fracasso de minha linguagem. Só quando falha a construção, é que obtenho o que ela não conseguiu."[694]

A indizibilidade do Ser não deixa de ser, paradoxalmente, uma forma de expressividade. Ou, para cunhar a metáfora de Marcel, um gesto de "mordedura" em que o "não-dito" "pesca", "fisga" o "dito", tão bem acenado por Clarice. Eis a razão pela qual, a exemplo de tantos outros pensadores e escritores, Marcel dá vazão ao caráter "inominável" da linguagem como não propriamente um defeito ou uma imperfeição, mas, ao contrário, sua virtude mais própria. Quando se tenta *dizer o Ser*, se é tomado, de súbito, por uma impossibilidade mesma de dizê-lo ou, enfim, de proferi-lo. Isso é o mistério! O Ser escapa a essa presunção apofântica. Uma vez assumida tal destinação perpétua, só se pode aceder ao Ser por "aproximações sucessivas"[695], via, sempre, uma "busca tateante"[696], quer dizer, heuristicamente aperiente.

A impossibilidade de categorizar o Ser reorienta, radicalmente, a tarefa transcendental. Marcel põe em xeque o critério normativo, comum no idealismo clássico, de que o Ser aparece como um conteúdo condicionado. O limite desse argumento salta aos olhos, pois,

"[...] quem sou eu que se interroga sobre o Ser? Que título tenho para proceder a essa investigação? Se eu mesmo não sou, como posso esperar vê-la chegar a bom termo? E, mesmo admitindo que eu seja, como assegurar-me do que sou?"[697]

---

[694] Lispector (1979), 172.
[695] Marcel (1998b), 105.
[696] Marcel (1998b), 126.
[697] Marcel (1949), 54.

O problema crítico se autodestrói nessa investida uma vez que é posta a nu "uma terrível angústia do idealismo [...] agravada ainda mais com a solução cartesiana, já que esta começa por escamotear a dificuldade 'postulando' a existência do sujeito"[698]. Ao prescrever o ideal de transparência, o idealismo condiciona o Ser, mascarando a relação mais íntima entre o ideal e o real. O Ser escapa ao Sujeito, justamente porque resiste ser Objeto. Ele é intraduzível apofanticamente, já que se compreende por meio de outro estatuto: a experiência real do concreto. Dessa feita, que poder ontológico seria este que, *mutatis mutandis*, transmigra de uma estrutura absolutamente egoica para outra, concretamente carnal, experiencial?

O sentido do Ser é a sua experiência primeira como mistério incessante de apetite que, sem o qual, a própria metafísica definharia num quadro profundo de inanição:

> "[...] não pode existir uma filosofia concreta sem uma tensão continuamente renovada e propriamente criadora entre o *Eu* e as profundezas do Ser no qual e pelo qual nós somos ou, ainda, sem uma reflexão também estrita e tão rigorosa quanto possível exercendo-se sobre a experiência mais intensamente vivida."[699]

No interior de tal experiência se inscreve uma lógica diversa, isto é, outra inteligibilidade até então "desvalorizada como apetite ontológico em si mesmo"[700]. Ora, a experiência do real é a fonte nutriente do espírito de busca; espírito este, ontologicamente, carente. É sob essa urgência que a relação entre o pensamento e a exigência, aqui transcendentalmente requerida, se reabre. Descreve Marcel: "o pensamento é, essencialmen-

---

[698] Letona (1959), 214.
[699] Marcel (1999), 98.
[700] Marcel (1935), 55.

te, passagem ao ser, *trânsito*"[701]. É um "pensamento pensante que se constitui por meio de uma espécie de abastecimento incessante"[702]. "Eu penso, afinal, o Ser é: uma vez que meu pensamento *exige* o Ser, ele não engloba analiticamente, mas se refere a ele. É muito difícil ultrapassar esse estado"[703]. Essa exigência (in)transcendível focaliza um aspecto vital: "o pensamento retorna para Outrem; é *apetência* do Outro. Toda a questão reside em saber se esse Outro é o Ser"[704]. Nesse percurso, a reflexão reencontra a sua interface mais reveladora: o pensamento já está no Ser, *in concreto*, quer dizer, "intra-existencialmente":

> "O pensamento não pode sair da existência; ele não pode fazer abstração dela senão, em certa medida, sendo, pois, importante, primeiramente, que desse ato de abstração ele não seja enganado. A passagem à existência é algo de radicalmente impensável, alguma coisa que não tem mesmo qualquer sentido. O que assim chamamos é certa transformação *intra--existencial*. E é somente, desse modo, que se pode escapar ao idealismo. É preciso, pois, dizer que *o pensamento é interior à existência, que ele é certa modalidade da existência* que desfruta do privilégio de poder fazer abstração dela mesma como existência e, isso, para fins estritamente determinados."[705]

A existência se torna o pano de fundo, o horizonte, o campo transcendental. Estranha perspectiva? Ela só o é se me confino num domínio estritamente vedado e, portanto, ilhado ao continente contingencial do real. Se eu permaneço num âmbito exclusivamente objetal, "mato" qual-

---

[701] Marcel (1935), 47.
[702] Marcel (1999), 24.
[703] Marcel (1935), 52 (itálicos meus).
[704] Marcel (1935), 40 (itálicos meus).
[705] Marcel (1935), 34-35 (itálicos meus).

quer "curiosidade transcendente". Não há mais "mistério" ou "apetite". O "inesgotável concreto" perderia o seu valor real como existente-fonte do qual verte toda reflexão. Resta, pois, realocar a reflexão sob outro critério de evidência ou, se quiser, noutro registro de imanência:

> "Pôr a imanência do pensamento ao ser, é reconhecer com os realistas, que o pensamento, desde que ele exista, se refere a alguma coisa que o ultrapassa e que ele não pode pretender reabsorver em si sem trair a sua verdadeira natureza. Essa referência está muito implicada na noção fenomenológica de *Meinen* (visar) ou de *Bedeuten* (significado). É certo que, para quem tem recebido uma formação idealista, há aí algo de profundamente chocante. Pergunta-se como essa reabsorção advogada pode ser evitada, como eu posso me abster de efetuar o ato sintético que compreende em si e transborda, ao mesmo tempo, a ideia e o ideado."[706]

Marcel está absolutamente cônscio quanto ao caráter, digamos, escandaloso, de sua tese. É bem provável que, de início, esse percurso heurístico o tenha fortemente desconcertado, polidamente educado como fora numa formação idealista e que teve, como mestres, Bergson e Brunschvicg. Ora, como renunciar ao criticismo naquilo que mais persuadira toda uma geração ao reputar o estatuto da imanência sob uma estrutura puramente inteligível? Conforme Marcel atesta:

> "O que, definitivamente, eu tendia excluir era a noção de um pensamento que, de certo modo, definia objetivamente a estrutura do real e, por isso, se considerava qualificado para ditar sobre ele."[707]

---

[706] Marcel (1935), 49-50.
[707] Marcel (1947), 317.

Aqui, novamente, nos deparamos à escala de medida de certa lógica transcendental que teria formado escola, particularmente, desde Kant! O real, transcendentalmente categorizado, em regime de imanência, já não é mais um real vivo, palpitante, aperiente. Ora, "o ser é a espera saciada"[708], a plenitude mesma, ou seja, "o que não desilude"[709], pois, "tão somente, é de *ser* que se trata e não *do ser*"[710]. Isso porque, "o Ser não é separável da exigência de ser"[711], já que há, no fundo, "um Ser anterior ao ato do ser"[712]; um Ser-fonte donde emana toda "intencionalidade concreta":

> "A minha preocupação metafísica constante e central consiste em descobrir como o sujeito, em sua condição mesma de sujeito, se articula a uma realidade que cessa, nessa perspectiva, de poder ser representada como objeto, sem jamais deixar, por isso, de ser exigida e reconhecida ao mesmo tempo como realidade. Tais investigações não eram possíveis senão sob a condição de ultrapassar um psicologismo que se limita em definir e em caracterizar atitudes, sem levar em consideração seu alvo, sua *intencionalidade concreta*."[713]

É "a articulação entre reflexão e mistério"[714] que cruza a linha vermelha divisória entre o ideal e o real. Não se trata de

> "[...] isolar o sujeito do mundo que o circunda e de fazer dele, por isso mesmo, um estranho em sua própria realidade

---

[708] Marcel (1927), 202.
[709] Marcel (1927), 177.
[710] Marcel (1927), 202 (itálicos meus).
[711] Marcel (1997b), 62.
[712] Marcel (1997b), 32.
[713] Marcel (1947), 318 (itálicos meus).
[714] Marcel (1997a), 233.

que vê na negação de si o termo inevitável de uma introspecção sincera."[715]

Trata-se, sim, de compreender um novo "sujeito" em sua mais "implacável contingência; em seu instante trágico"[716]. O "cândido e seguro reduto"[717] da imanência deixa de ser o "lugar" do transcendental. Este lugar agora tem outro assento: o de "uma tese indemonstrável que excede toda experiência possível"[718]. "O ser é aquilo que resiste [...] a uma análise exaustiva sobre os dados da experiência"[719]. Tal resistência é, conforme vimos, a marca ontológica; marca essencialmente mordiscante movida pelo mais inquieto apetite; o gesto transcendental incorporado como expressão genuína de um novo tempo metafísico. Se o real é, *"hic et nunc* (aqui e agora)"[720], a fonte nutriente que escapara ao juízo de gosto do idealismo e do realismo, não se pode analiticamente refiná-lo, despendendo a sua essência mais "fibrosa". Assim, o verdadeiro apetite metafísico é em tal caso desperto, requerendo outro fino paladar radicado junto à "estrutura imanente da experiência"[721]. É por meio desse novo gesto que o filósofo pode, enfim, "re-transcendentalizar" sua tarefa:

> "De minha parte, estou inclinado a negar a qualidade propriamente filosófica de qualquer obra que não se deixa discernir por aquilo que eu chamaria a *mordedura do real.*"[722]

Como ser possível, pois, escapar a tais "marcas dos dentes"?

---

[715] Marcel (1924), 43.
[716] Silva (2013), 145.
[717] Silva (2010), 107.
[718] Marcel (1949), 81.
[719] Marcel (1949), 52.
[720] Marcel (1999), 94.
[721] Marcel (1999), 109.
[722] Marcel (1999), 97-98 (itálicos meus).

Bibliografia

BRUNSCHVICG, Léon (1949): *L' expérience humaine et la causalité physique*. Paris: PUF.

BRUNSCHVICG, Léon (1953): *Le progrès de la conscience dans la philosophie occidentale*. (vol.II). 2. ed. Paris: PUF.

HEIDEGGER, Martin (1967): *Sein und Zeit*. Tübingen: Max Niemeyer Verlag.

HEIDEGGER, Martin (2003): *A caminho da linguagem*. Trad. M. S. Cavalcanti. Petrópolis (RJ): Vozes.

HUME, David (1999): *Uma investigação sobre o entendimento humano*. Trad. José Oscar de Almeida Marques. São Paulo: Edunesp, (Biblioteca Clássica).

HUSSERL, Edmund (1992): *Formale und transzendentale Logik*. Hamburg: Meiner, (Gesam. Schriften, 7).

KANT, Immanuel (2000): *Crítica da razão pura*. 5. ed. rev. Trad. V. Rohden e U. B. Moosburger. São Paulo: Nova Cultural (Coleção Os Pensadores).

LACHIÈZE-REY, Pierre (1931): *L' idéalisme kantien*. Paris: Alcan.

LETONA, Francisco Peccorini (1959): *Gabriel Marcel: la 'razón de ser' en la 'participación'*. Barcelona: Juan Flors.

LISPECTOR, Clarice (1979): *A paixão segundo G. H.* 7. ed. Rio de Janeiro: Nova Fronteira.

LISPECTOR, Clarice (1980): *Água viva*. 4. ed. Rio de Janeiro: Nova Fronteira.

MARCEL, Gabriel (1912): "Les conditions dialectiques de la philosophie de l'intuition". In: *Revue de Métaphysique et de Morale*, t.XX, n°5, p. 638-652.

MARCEL, Gabriel (1959): *Manuscrits inédits*. s/d. Apud LETONA, F. P. *Gabriel Marcel: la 'razón de ser' en la 'participación'*. Barcelona: Juan Flors.

MARCEL, Gabriel (1924): "Tragique et personnalité". In: *La nouvelle Revue Française*. Paris: jul, n° 130, p. 37-45.

MARCEL, Gabriel (1927): *Journal métaphysique*. Paris: Gallimard.

MARCEL, Gabriel (1935): *Être et avoir*. Paris: Aubier/Montaigne.

MARCEL, Gabriel (1947): "Regard en arrière". In: VVAA. *Existentialisme chrétien: Gabriel Marcel*. Paris: Plon.

MARCEL, Gabriel (1949): *Position et approches concrètes du mystère ontologique*. Paris: Vrin.

MARCEL, Gabriel (1959): *Présence et immortalité*. Paris: Flammarion.

MARCEL, Gabriel (1991): *Les hommes contre l'humain*. Préface de Paul Ricœur. Paris: Editions Universitaires.

MARCEL, Gabriel (1997a): *Le mystère de l'être (I)*: réflexion et mystére. Paris: Association Présence de Gabriel Marcel.

MARCEL, Gabriel (1997b): *Le mystère de l'être (II)*: foi et réalité. Paris: Association Présence de Gabriel Marcel.

MARCEL, Gabriel (1998a): *Homo viator*. Paris: Association Présence de Gabriel Marcel.

MARCEL, Gabriel (1998b): *Entretiens*: Paul Ricœur, Gabriel Marcel. Paris: Présence de Gabriel Marcel.

MARCEL, Gabriel (1999): *Essai de philosophie concrète*. Paris: Gallimard.

MERLEAU-PONTY, Maurice (1945): *Phénoménologie de la perception*. Paris: Gallimard.

MERLEAU-PONTY, Maurice (1960): *Signes*. Paris: Gallimard.

MERLEAU-PONTY, Maurice (1995): *La nature*. Paris: Seuil.

MERLEAU-PONTY, Maurice (1997): *Parcours (1935-1951)*. Lagrasse: Verdier.

SARTRE, Jean-Paul (2005): *Situações (I): Críticas literárias*. Trad. Cristina Prado e Prefácio de Bento Prado Jr. São Paulo: Cosac Naify.

SILVA, Claudinei Aparecido de Freitas da (2010): "O corpo em cena: Gabriel Marcel". In: DAMIANO, G. A.; PEREIRA, L. H. P.; OLIVEIRA, W. C.. (Org.). *Corporeidade e educação: tecendo sentidos*. São Paulo: Cultura Acadêmica/Fundação Editora UNESP, p. 93-112.

SILVA, Claudinei Aparecido de Freitas da (2011): "O transcendental encarnado: Merleau--Ponty e a *nouvelle ontologie*". In: *Kriterion* (UFMG), v. 52, p. 159-176.

SILVA, Claudinei Aparecido de Freitas da (2013): "A figuração do ambíguo". In: SILVA, C. A. F. (Org.). Gabriel *Marcel, 40 anos depois*. Cascavel (PR): Edunioeste, p. 129-149.

Sobre o "Verdadeiro Transcendental", segundo M. Merleau-Ponty

On the "True Transcendental" According to Merleau-Ponty

Luís António Umbelino*
(Universidade de Coimbra)

Abstract: This Chapter aims to meditate on the original contribution made by Merleau-Ponty to the concept of transcendental. Our starting point is de horizon of critical appropriation of husserlian phenomenology developed by Merleau-Ponty in *Phénoménologie de la perception,* as it holds a first definition of the "true transcendental". Then we follow the path of the onto-phenomenological project trying to identify the main "concretizations" of the transcendental along Merleau-Ponty's philosophical project.

Keywords: Transcendental; Phenomenology; Being; Distance.

---

* lumbelino@fl.uc.pt
Luís Umbelino tem publicado, em Portugal e no Estrangeiro, nas áreas da Filosofia Reflexiva Francesa (nomeadamente sobre a obra de Maine de Biran), da Fenomenologia Francesa (em particular sobre M. Merleau-Ponty) e da Hermenêutica Filosófica (com trabalhos sobre a filosofia de P. Ricoeur). Estes trabalhos organizam-se em redor de dois eixos principais de interesse: o eixo de uma filosofia do corpo e da corporeidade e o eixo de uma investigação filosófica do espaço.

DOI: http://dx.doi.org/10.14195/978-989-26-1049-8_12

Resumo: O presente capítulo pretende debater o contributo original de Merleau-Ponty para uma reflexão em redor do conceito de transcendental. Nesta medida, tomaremos como ponto de partida o campo de apropriação crítica da fenomenologia husserliana elaborada por Merleau-Ponty em *Phénoménologie de la perception*, campo no qual encontramos uma primeira definição do "verdadeiro transcendental". A partir daqui, percorrermos os caminhos do projecto ontofenomenológico procurando identificar as principiais "explicitações" recebidas pelo conceito ao longo da obra merleau-pontyana.

Palavras-Chave: Transcendental; Fenomenologia; Ser; Distância.

1. O horizonte fenomenológico

Como entende Merleau-Ponty a fenomenologia transcendental?

No § 48 da *Krisis*, Husserl fazia notar que, no centro da empresa fenomenológica, se deveria reconhecer o problema do *a priori* universal da correlação do ente transcendente com os seus modos subjectivos de doação. Nesse contexto, como é sabido, orientava a abertura do campo propriamente fenomenológico de análise a necessidade *eidética* que permitiria suspender a crença ingénua num mundo em si e denunciar os limites de uma abordagem estritamente objectivista. O problema da correlação apontava, então, como decisiva uma interrogação radical sobre o estatuto do sujeito da correlação (o estatuto da própria intencionalidade), desse sujeito para o qual *há* qualquer coisa transcendente que, no entanto, deve reconhecer-se essencialmente ligada à respectiva manifestação e, portanto, relativa a uma capacidade fenomenalizante. O idealismo cruza esta discussão com a proposta de um "ego" constitutivo – sem história, sem *outro* – que se deveria entender como instância última de constituição do sentido.

A tal sujeito se deveria, portanto, remontar para conceber a condição de possibilidade da própria experiência de mundo. Pelo menos em determinada fase da sua investigação, em função de certas formulações da *redução*, o próprio Husserl pagará um pesado tributo a tal herança ao propor como solução para o problema da correlação a consideração da consciência como esfera de ser absoluta, logo de algum modo oposta, na sua constituição, à *realidade* do aparecer do mundo que lhe é relativo. A fenomenologia seguia deste modo a via de um "idealismo transcendental" que, na esteira de Descartes e sobretudo de Kant, tende a desvendar a consciência como condição de possibilidade do aparecer do mundo, ou seja, o que é o mesmo, como acto de ligação que se torna fundamento do ligado[723]. O gesto típico de um idealismo transcendental consequente estaria na tendência para entender o sujeito como esfera de um "eu transcendental" frente à qual o fenómeno do mundo se desdobraria como *essência* do mundo.

Ora, para Merleau-Ponty, tal gesto de regresso a uma subjectividade transcendental "purificada" permanece "uma ingenuidade ou, se se preferir, uma reflexão incompleta que perde a consciência do seu próprio começo"[724] numa irrealidade fora da história e fora do mundo. Num certo sentido, representa um erro simétrico ao do objectivismo, ambos unidos numa abordagem dualista da correlação.

Se tais estrabismos dualistas – com longa tradição – falham o essencial ao julgarem a correlação resolvida na irredutibilidade de um dos seus pólos, uma outra forma de enfrentar o problema deve, então, ser investigada fenomenologicamente; porque é ainda a fenomenologia que nos fornece instrumentos ajustados para medir a ingenuidade do objectivismo, mas também do idealismo. Como argumenta Merleau-Ponty, a fenomenologia *é também* uma filosofia para a qual o problema da intersubjectividade coloca o sujeito na história e no

---

[723] Merleau-Ponty (1943), Avant-propos, p. III.
[724] Merleau-Ponty (1945), Avant-propos, p. IV.

mundo; é também uma filosofia para a qual "o mundo está já sempre aí, antes da reflexão, como uma presença inalienável"; é também uma filosofia "cujo esforço consiste em reencontrar esse contacto ingénuo com o mundo para lhe dar estatuto filosófico"[725]; é também uma filosofia para a qual o *último* que se procura não é a *essência* do mundo traduzida no que o mundo é em ideia, mas a realidade do mundo tal como ela se desvenda em e através do "comprometimento efectivo" de um sujeito incarnado. Nesta medida, poderia dizer-se que o modo como Merleau-Ponty entende a fenomenologia transcendental o leva a dispensar o *idealismo* de um ego purificado e a guardar uma investigação outra do *transcendental*, que interroga ainda essa "mirada, a da consciência, pela qual antes de mais um mundo se dispõe em redor de mim e começa a existir para mim."[726]

2. Sobre o "verdadeiro transcendental"

Das análises da noção de comportamento[727] (que resume a efectuação da consciência como corpo e, portanto, *no* mundo) às investigações incontornáveis de uma fenomenologia da percepção (que implica uma fenomenologia do corpo *no* espaço) um dos eixos mais distintivos da reflexão de Merleau-Ponty será aquele que aponta a necessidade de substituir "à transparência da consciência reflexiva a passividade e opacidade da consciência perceptiva"[728] enquanto essencialmente incarnada e, portanto, *mundana*. Trata-se, nesta medida, de demonstrar que é por ser *corpo-no-mundo* que o sujeito pode contribuir para o aparecer do mundo; ou seja, trata-se de sublinhar que, para o sujeito

---

[725] Merleau-Ponty (1945), Avant-propos, p. I.
[726] Merleau-Ponty (1945), Avant-propos, p. III.
[727] Referimo-nos a Merleau-Ponty (1990).
[728] Barbaras (2008), 67.

perceptivo, ser "consciência de alguma coisa" e ser "pertença activa" (e passiva) ou conivência ontológica com aquilo de que pode haver consciência não são pólos alternativos, mas a própria condição para que algo seja percebido. É por, enquanto corpo, o seu modo de "ir até ao mundo" ser já também um "ir no mundo" que o sujeito perceptivo se pode entender como "condição" – enigmaticamente já sempre condicionada – do aparecer do mundo. Tudo se passa, portanto, como se o corpo misturasse e articulasse os modos fundamentais de pertença ao mundo e de fenomenalização, estabelecendo-se como lugar de um sentido que, em rigor, não está nem todo *no sujeito,* nem todo *no mundo* mas *na* respectiva correlação.

A este respeito a experiência dos conteúdos sensíveis é, segundo Merleau-Ponty, elucidativa: a sensação do azul, por exemplo, não corresponde ao conhecimento de um *quale* determinado através das várias experiências que tenho dele. É certo que tal sensação tem um significado e, nessa medida, não repousa em si como uma coisa; mas tal significado, justamente, só é reconhecido pela relação de familiaridade tácita que o meu corpo consegue estabelecer com a cor, ao ponto de *devir o azul.* Tudo se passa nessa relação como se, de algum modo, os conteúdos sensíveis fossem pregnantes de um sentido que, de forma "cega", se anuncia apenas na "experiência de uma certa atitude do corpo" – de uma certa atitude de justa *co-respondência.* Ao nível concreto-originário da experiência perceptiva, tal atitude dinâmica do corpo e tal sensação da cor não são nunca, portanto, factos mutuamente exteriores: o nosso corpo desposa desde sempre a textura da cor e esta é desde sempre *amplificação do nosso ser motor.* De um ponto de vista fenomenológico, deverá então reconhecer-se que a transcendência do mundo no seu aparecer – enquanto "horizonte permanente de todas as minhas *cogitationes* e como uma dimensão em relação à qual eu não deixo de me situar"[729] – não é contraditória

---

[729] Merleau-Ponty (1945), Avant-propos, VII-VIII.

com a sua "descoberta" *significativa* através do "meu" modo corporal de *ser no mundo*.

Tal "descoberta", deve notar-se, não deriva portanto da reflexividade de uma consciência expressa, mas antes de um comprometimento ou conivência activa capaz de desenrolar (por *incorporação*) significados práticos. É assim que, como afirmou Merleau-Ponty, o corpo – que é *Leib* e não apenas *Körper* – está no mundo como o "coração no organismo; ele mantém o espectáculo visível continuamente vivo, anima-o e nutre-o, forma com ele um sistema".[730] Verdadeiro "nó de significações vivas", o corpo *percebe* o mundo *praktognosicamente*[731], havendo que concluir sem equívocos que a motricidade é a intencionalidade originária[732]. Dito de outro modo, o percebido é originariamente *dado* como relativo a uma atitude motora o que implica reconhecer a sua essencial opacidade e transcendência. Esta indicia-se no próprio poder cego de fenomenalização do corpo enquanto subverte e baralha as alternativas

> "entre o naturante e o naturado, entre a sensação enquanto estado de consciência e enquanto consciência de um estado, entre existência em si e existência para si".[733]

Tal poder de significar por pertença dinâmica antecede qualquer tipo de conhecimento temático, permanecendo a justa ocasião para que um *estilo de mundo* se acolha na sua generalidade. Como escreve Merleau-Ponty, o corpo "sabe mais do que nós sobre o mundo, sobre

---

[730] Merleau-Ponty (1945), 235.

[731] Merleau-Ponty (1945), 164: "L'expérience motrice de notre corps n'est pas un cas particulier de connaissance; elle nous fournit une manière d'accéder au monde et à l'objet, une 'praktognosie' qui doit être reconnue comme originale et peut-être comme originaire".

[732] Merleau-Ponty (1945), 160.

[733] Merleau-Ponty (1945), 241.

os motivos e os meios com que se tem que fazer a sua síntese"[734] – sabe, portanto, a que ponto o percebido é originariamente *irreflectido*.

A percepção originária permanece uma experiência pré-objectiva, pré-consciente e pré-temática de uma adesão global à forma geral do mundo. Como resumirá Merleau-Ponty, para traduzir exactamente a experiência perceptiva, deveria dizer "que *se* percebe em mim e não que eu percebo".[735] O corpo é a efectuação de tal adesão, por isso guardando um *saber originário* – habitual, implícito, sedimentado, anónimo – de um mundo que nenhuma *époché* pode suspender completamente. Haverá, pois, que concluir que a própria reflexão assentará nessa vida pré-pessoal da consciência, visará forçosamente um irreflectido que sempre pressuporá e será banhada imemorialmente por uma irredutível *pré-história*[736] do mundo. E assim sendo, se pretendermos que o real seja descrito[737] (e não constituído ou construído), ou melhor,

> "se queremos que a reflexão conserve os caracteres descritivos do objecto ao qual ela se dirige e o compreenda verdadeiramente, não devemos considerá-la verdadeiramente como o simples retorno a uma razão universal, realizá-la antecipadamente no irreflectido, devemos considerá-la como operação criadora que participa ela mesma da facticidade do irreflectido."[738]

Enquanto estamos no mundo e o percebemos com o nosso corpo[739], o mundo na sua transcendência *aparece* cruzando o corpo como estranheza e opacidade de um irreflectido interpelante. E se assim é, deverá porventura sustentar-se, com Merleau-Ponty, que

---

[734] Merleau-Ponty (1945), 276.
[735] Merleau-Ponty (1945), 249.
[736] Merleau-Ponty (1945), 277.
[737] Merleau-Ponty (1945), Avant-propos, II. Cf. Schnell (2010), 51ss.
[738] Merleau-Ponty (1945), 74.
[739] Merleau-Ponty, *Phénoménologie*, p. 239.

"o verdadeiro transcendental [...] não é o conjunto das operações constitutivas pelas quais um mundo transparente, sem sombras e sem opacidade, se exibiria diante de um espectador imparcial, mas a vida ambígua na qual se faz a *Ursprung* das transcendências, que, por uma contradição fundamental, me põe em comunicação com elas e, sobre este fundo, torna possível o conhecimento."[740]

3. Explicitações ontológicas

Numa nota célebre de *Le visible et l'invisible*, Merleau-Ponty resume assim o caminho que, no rescaldo das análises da *Phénoménologie*, seguirá a sua reflexão: "Resultados de Ph[énoménologie de la]. P[erception] – Necessidade de os levar a uma explicitação ontológica."[741] Valerá semelhante necessidade de explicitação (e não, justamente, de negação das teses fenomenológicas) também para o entendimento do "verdadeiro transcendental", tal como o acabámos de considerar?

A questão é tanto mais delicada quanto os limites da *Phénoménologie* são ligados por Merleau-Ponty à prevalência nas suas análises de uma perspectiva tomada ainda do primado de uma "filosofia da consciência". Que nesta opção reside um problema, começa a ser evidente na tensão insanável que tal princípio mantém com algumas das intuições mais férteis desvendadas pela análise fenomenológica. Considere-se, por exemplo, o significado profundo a atribuir ao atraso da reflexão em relação ao que, do mundo, se percebe anonimamente *em e através do corpo*: como pensar a partir daqui a relação entre o *perceber* e o *ser percebido*? Se se assume o primado da consciência, o que *percebo* coincidirá sempre com o *ser percebido*; mas este pressuposto parece

---

[740] Merleau-Ponty (1945), 418-419.
[741] Merleau-Ponty (1964), 237.

não ser confirmado pelo que ensina o corpo, pois o *irreflectido* de que falámos parece ser tanto do corpo como do mundo; ou seja, parece certo que entre o perceber e o ser percebido não existe, de facto, coincidência ou acordo: mais, tudo se passa como se não só o *ser percebido* não coincidisse com o que percebo, como fosse mesmo o facto de exceder os poderes perceptivos que permite que "eu" perceba. E a ser verdadeira esta última conclusão, então, deverá perguntar-se se no contexto da relação referida o primado deve ser dado à actividade da consciência, ou deve ser dado ao mundo. A resposta de Merleau--Ponty será radical: aquilo que urge interrogar não será doravante "como percebo", mas o modo de aparecer da totalidade de um *mundo vertical*, denso, organizado em profundidade, que está aí desde sempre, silenciosamente sustentando o aparecer e suportando a percepção *sem que saibamos como, ou porquê*.

Em definitivo, a redução fenomenológica não pode ser entendida como "negação do mundo", ou sequer como "neutralização em relação à existência do mundo".[742] A redução apenas se pode autorizar a suspensão de um mundo *em-si*, encarado como transcendência de uma coisa determinada, mas deve preservar o *fenómeno dessa exterioridade,* dessa distância ou transcendência. O ponto é decisivo e compreende-se se recordarmos que o primado do mundo vertical será concomitante da afirmação de um Ser de envolvimento, de um Ser presente *desde o primeiro dia*, ou seja, de um *Ser* que não é "posto" sobre um fundo de nada. A concepção de *ser* como algo que se destaca de um nada prévio, funda o objectivismo cujo ponto de partida, precisamente, é sempre a coisa-objecto idêntica a si. Esta, no entanto,

> "assim definida não é a coisa da nossa experiência, mas
> a imagem que obteríamos dela projectando-a num universo

---

[742] Merleau-Ponty (1964), 225.

onde a experiência não assentaria em nada, onde o espectador abandonaria o espectáculo"[743]

– e onde, constantemente confrontado com a possibilidade do nada prévio, a única certeza resistente à dúvida seria a de um "ego" sobranceiro com acesso à essência do mundo. O gesto de explicitação ontológica desenvolvida por Merleau-Ponty orientar-se-á, numa outra via. Trata-se para o filósofo francês de ultrapassar radicalmente uma "filosofia da coisa positiva", à qual se liga uma "filosofia do sujeito sobrevoante" (e o respectivo fundo de uma "ontologia do objecto"), na direcção uma filosofia que parte de *algo já sempre aí desde o primeiro dia* – que parte de um ser "bruto", vertical ou "selvagem", de um *Ser* "polimórfico", de "segregação, dimensionalidade, continuação, latência, imbricamento".[744]

Não se trata aqui, no entanto, eis o decisivo, de assim pressupor uma pura presença ainda definível por identificação a si. O Ser de que nos fala Merleau-Ponty "não é o Ser em si, idêntico a si, na noite, mas o Ser que contém também a sua própria negação, o seu *percipi*".[745] E Merleau-Ponty acrescenta significativamente: tal *negação*, tal *percipi* é, justamente o que permite, em derradeira análise, compreender o *percipere*. O ponto é decisivo: o *percipere* explica-se do lado de um *Ser* que comporta a sua negação, a sua presentificação em ausência. Assim, de facto, a suspensão ou negação da existência do mundo teria realmente "por consequência imediata que se falhasse o transcendental", na exacta medida em que o "campo do transcendental" só pode ser "o campo das transcendências",[746] ou seja, o campo desse *Ser* de imbricamento onde "o sensível, o visível deve ser para mim ocasião

---

[743] Merleau-Ponty (1964), 215.
[744] Merleau-Ponty (1964), 302.
[745] Merleau-Ponty (1964), 304.
[746] Merleau-Ponty (1964), 226.

de dizer o nada".⁷⁴⁷ O mesmo é dizer que o invisível, a lacuna, a ausência, são dimensões do modo de presentificação em ausência do Ser. Por isso se falará ainda de exterioridade: o que urge compreender é que tal "exterioridade", distância, ou transcendência já não é questão de uma distância redutível entre um sujeito que percebe a uma coisa percebida; outrossim, esta distância pertence ao próprio *Ser vertical* como uma das suas dimensões. Se o *percipi* dá conta do *percipere* será então por oferecer a *ocasião de redobrar o nada* sem o qual nada se poderia perceber. E tal ocasião apenas poderia ser dada a um "sujeito" que, de algum modo, partilha a mesma textura do mundo e pertence ao interior de um visível cruzado de invisível. Por isto, julgamos, pode Merleau-Ponty afirmar que o campo do "verdadeiro transcendental" é, de facto, o campo das transcendências interiores ao Ser; e do mesmo modo pode, enfim, concluir que a *redução adequada*⁷⁴⁸ não seria nunca aquela que conduz a qualquer tipo de imanência de falsa subjectividade mas, ao contrário, a que, negando o nada prévio e assumindo o primado do Ser bruto ou selvagem, leva à "superação *da subjectividade* entendida como contra-transcendência e imanência" e conduz a um "*Ineinander* esteseológico e à esfera da vida como esfera de *Einfühlung* e de intercorporeidade".⁷⁴⁹

4. A "carne transcendental"

Este caminho de investigação pode ser lido na teoria merleau--pontyana da *carne*, enquanto representa bem esta proposta de passagem da carne do corpo para a carne do mundo tida por protótipo do *Ser dimensional*. O ponto de partida desta análise segue os ensinamentos

---

⁷⁴⁷ Merleau-Ponty (1964), 311.
⁷⁴⁸ Cf. Dastur (2000), 27.
⁷⁴⁹ Merleau-Ponty (1964), 226.

da reversibilidade táctil do corpo tocante-tocado e do exemplo paralelo da visão entendida como "palpação pelo olhar".[750] Quando, a partir do meio do mundo, o tocante se toca, o tocado desvenda-se *tangibilidade* partilhada com tudo o que é tangível; e quando o vidente vê, de modo análogo, *palpa* uma *visibilidade* que, sendo "sua", se estende e desdobra em *visibilidade* partilhada. A reversibilidade do corpo tocante-tocado e vidente-visível, em rigor, não se completa integralmente, antes representando a certeza de uma pertença ao lado do tangível e do visível. Qualquer possibilidade de regresso a uma imanência subjectiva é afastada pela certeza do descentramento da carne do corpo pela *carne* do mundo. A *carne* do corpo não será senão a variante ou dobra vidente-visível, tocante-tocada, sensível-sentiente da *Carne* universal.

Por essa imersão numa textura comum se explicará que, ao olhar, eu me possa "sentir olhado pelas coisas", que a minha actividade seja ao mesmo tempo passividade, que "vidente e visível se tornem recíprocos", ao ponto de "não se saber quem vê e quem é visto."[751] Como escreve Merleau-Ponty,

> "há uma relação que tem consigo próprio o visível que me atravessa e me constitui como vidente, círculo que eu não faço, que me faz, enrolamento do visível sobre o visível."[752]

É a essa Visibilidade, conclui Merleau-Ponty, "a essa generalidade do Sensível em si, a esse anonimato inato de Mim-mesmo que chamamos carne."[753] Escusado será afirmar que por tal termo não se entende qualquer tipo de matéria, espírito ou substância. Será porventura o velho termo de "elemento" que melhor convém ao que aqui está em

---

[750] Cf. Merleau-Ponty (1964), 176ss.
[751] Merleau-Ponty (1964), 183.
[752] Merleau-Ponty (1964), 185.
[753] Merleau-Ponty (1964), 183.

questão, no sentido em que se trata de dar conta de "uma espécie de princípio incarnado que importa um estilo de ser por todo o lado onde se encontra uma parcela".[754]

Uma questão pode, no entanto, ser aqui suscitada: não se dará o caso de Merleau-Ponty, ao ver "no conceito de carne o meio de se afastar definitivamente da filosofia da consciência", se ter apressado demasiado e passado depressa demais a considerar "do lado do mundo a reversibilidade descoberta no tocar", deste modo tornando difícil dar conta da especificidade desse "pólo sentiente, activo, na sua diferença"?[755] Não haverá ainda que dar conta daquele que percebe na sua especificidade? O próprio Merleau-Ponty parece ter tido clara consciência desta dificuldade: por um lado, pergunta-se em *Le visible et l'invisible* "onde colocar o limite do corpo e do mundo, se o mundo é carne?"[756]; por outro, reconhece a necessidade de traçar diferenças ao escrever numa *Note de travail*: "a carne do mundo não é *sentir-se* como a minha carne – Ela é sensível e não sentiente".[757]

Segundo R. Barbaras – que ao colocar estas questões analisa com rara finura as inconsistências da teoria merleau-pontyana da carne – o caminho a seguir não poderá ser o de uma simples ontologização da carne do corpo (com os riscos de um monismo fenomenológico que obrigaria a negar que algo *aparece* – como *aparecer* – a alguém), mas outrossim o de um aprofundamento da verdade fenomenológica derradeira que a teoria da carne pretende explicitar: o

> "*sentido do modo de ser* do sentir e do mundo sentido (do qual o meu corpo faz parte) à luz do seu entrelaçamento originário, tal como ele se atesta na experiência da carne própria";[758]

---

[754] Merleau-Ponty (1964), 184.
[755] Barbaras (2011), 22.
[756] Merleau-Ponty (1964), 182.
[757] Merleau-Ponty (1964), 304
[758] Barbaras (2011), 22

ou seja, não transpor apenas o sentir para a carne universal então tornada Visível, mas interrogar o que torna possível que uma interacção fundamental seja possível – ainda que no seio da carne – entre uma carne que se *empresta* (um sensível-sentiente) e uma carne (um sensível) do mundo. Para o célebre comentador de Merleau-Ponty, o caminho proposto pelo filósofo a partir da carne do corpo (a carne ôntica) deveria, na verdade, reconduzir-nos ao mesmo tempo "a uma carne ontológica e a uma carne transcendental"[759]: à "carne ontológica" como condição *carnal* do tocável, do visível, do sensível, como protótipo de um Ser que sustenta o aparecer; mas também a uma "carne transcendental" que permitisse reconstituir o caminho inverso e dar conta, por um lado, de como se chega a presentificar a alguém a carne transcendental e, por outro, de como se pode dar conta do que faz da *minha carne contra-transcendência* ou acolhimento da ausência em cada presença – ou seja, do que faz da minha carne, nas palavras de Barbaras, "avanço original que desvenda aproximando-se, de tal modo que não cessa de passar do lado do que faz aparecer."[760]

As indicações mais radicais de Merleau-Ponty a este respeito encontram-se, porventura, nas suas notas de aula sobre o conceito de *Natureza* e, nomeadamente, no momento em que, investigando a respectiva dimensão ontológica – como *aquilo que nos sustenta* –, afirma: "é a percepção e o percebido que são a chave, mas dando às palavras um sentido novo".[761] É ao procurar esse sentido novo que Merleau-Ponty se aproxima do essencial, esclarecendo a percepção pelo seu enraizamento corporal e, essencialmente, como movimento prospectivo; movimento este que, longe de poder ser assimilado a

---

[759] Barbaras (2011), 22

[760] Barbaras (2011), 25.

[761] Merleau-Ponty (1994), 278. Seguimos aqui as análises muito pertinentes de Barbaras (1999), 119ss. Veja-se o nosso Umbelino, (2009), 135-160.

um movimento objectivo, se define como "redução de afastamento" e "afastamento mantido".[762] Se o Ser se presentifica na ausência da sua própria totalidade, ou seja, encerrando a sua própria "distância como não escondido" (a sua transcendência interna), e se tal *negação* sustenta o *percipere* então será por o "fazer" – enquanto dobra, se quisermos – vocação de ausência em cada presença.

Tentemos dizê-lo de outro modo, necessariamente breve: aceitemos que o principal traço do Visível é presentificar-se recuando sobre si próprio, é permanecer cruzado de um invisível (não positivo); sustentemos que o seu traço essencial é o afastamento interior, o *écart*,[763] a presentificação em vazio a lacuna, a negação. Se assim for, então *perceber* a partir de um tal *ser percebido* (excessivo e lacunar) só poderá ser, no limite, uma vocação *carnal* para seguir – para pertencer, para exercer, para procurar, para ser a assombração interior – o excesso não positivo do que se dá como originário carnal e que, ao dar-se assim lacunarmente, faz da percepção *desejo*[764] do que lhe falta (e sempre faltará completamente) para "ter" *o quadro completo* – desejo, portanto, do invisível em cada visível, *adaptação* à estrutura da presentificação em ausência do *ser percebido*. Deste modo nos aproximamos, julgamos, do sentido profundo de uma enigmática nota de Merleau-Ponty que não poderíamos ignorar no contexto de um trabalho sobre o transcendental:

> "O desejo considerado do ponto de vista transcendental = estrutura comum do meu mundo como carnal e do mundo de outrem. Culminam ambos numa só *Einfühlung*."[765]

---

[762] Merleau-Ponty (1994), 284. "Ne pas introduire un 'percevoir' sans 'attaches' corporelles. Pas de perception sans mouvement prospectifs, et la conscience de se mouvement n'est pas pensée d'un changement de lieu objectif, on ne se meut pas comme une chose, mais par réduction d'écart, et la perception n'est que l'autre pôle de cet écart, l'écart maintenu."

[763] Merleau-Ponty (1964), 281.

[764] Merleau-Ponty (1994), 287.

[765] Merleau-Ponty (1994), 287-288.

Bibliografia

BARBARAS, Renaud (1999): *Le désir et la distance. Introduction à une philosophie de la perception*. Paris, Vrin.

BARBARAS, Renaud (2008): *Introduction à une phénoménologie de la vie*. Paris, Vrin.

BARBARAS, Renaud (2011): "Les trois sens de la chair. Sur une impasse de l'Ontologie de Merleau-Ponty". In: Barbaras, Renaud, *La vie lacunaire*. Paris, Vrin.

DASTUR, Françoise (2000): "World, Flesh, Vision". In: Evans, Fred – Lawlor, Leonard (Eds.): *Chiams. Merleau-Ponty's Notion of Flesh*. Albany, State University of New York.

MERLEAU-PONTY, Maurice (1942): *La structure du comportement*. Paris, P.U.F. - Quadrige, 1990.

MERLEAU-PONTY, Maurice (1945): *Phénoménologie de la perception*. Paris, Gallimard.

MERLEAU-PONTY, Maurice (1964): *Le visible et l'invisible*. Paris, Gallimard.

MERLEAU-PONTY, Maurice (1994): *La Nature. Notes de cours du Collège de France*. Paris, Seuil.

SCHNELL, Alexander (2010): "Remarques sur le transcendantal chez Maurice Merleau--Ponty". In: *Annales de Phénoménologie*.

UMBELINO, Luís António (2009): "Percepção e Desejo. Leituras de R. Barbaras". In *Revista Filosófica de Coimbra*, 35, pp. 135-160.

Merleau-Ponty e Paul Ricoeur: Aspetos de uma Concordância Discordante
Merleau-Ponty and Paul Ricoeur: Aspects of a Discordant Agreement

Maria Luísa Portocarrero[*]
(Universidade de Coimbra)

Abstract: This Chapter deals with the critical relationship that Ricoeur sets with Merleau-Ponty´s Phenomenology. Ricouer considers it still closely linked to the problem of perception, namely insofar as it adheres to a narrow conception of language and meaning. Ricoeur´s Hermeneutic Phenomenology proposes to think the problem of praxis in dialogue with the sciences of language and taking very seriously the issue of the production of symbolic, metaphorical and narrative text. This is the true significance core of the phenomenological reduction.

Keywords: Phenomenology of perception, hermeneutic phenomenology, meaning, symbol, metaphor, narrative.

---

[*] Professora catedrática na Universidade de Coimbra. Tem como áreas de interesse a Fenomenologia, a Hermenêutica Filosófica e a Ética e Bioética.
Full professor at the University of Coimbra. His areas of interest: Phenomenology, Hermeneutics and Philosophical Ethics and Bioethics.
mlp600@gmail.com

Resumo: Este capítulo aborda a relação crítica que Ricoeur estabelece com fenomenologia de M. Ponty que considera ainda muito ligada ao problema da perceção e, nomeadamente, detentora de uma conceção de linguagem e de significação limitada. A fenomenologia hermenêutica de Ricoeur propõe-se pensar o problema da praxis, dialogando com as ciências da linguagem e levando muito a sério a produção do texto simbólico, metafórico e narrativo como verdadeiro núcleo do alcance da redução fenomenológica.

Palavras–Chave: Fenomenologia da perceção, fenomenologia hermenêutica, significação, símbolo, metáfora, narrativa

I

O movimento fenomenológico do início do século XX é partilhado por Merleau-Ponty e P. Ricoeur que o desenvolvem em contextos diferentes e de formas diversas. Dedicam-se os dois ao estudo da significação, emblema da fenomenologia, embora as suas conceções sobre a linguagem e a representação sejam distintas. Vamos dedicar-nos aos aspetos em que Ricoeur, quanto a este problema, critica e ultrapassa Merleau- Ponty, que considera ainda muito ligado, na linha de Husserl, ao problema do conhecimento.

O filósofo francês P. Ricoeur conhece Merleau-Ponty e a obra *Fenomenologia da Percepção*[766] exatamente na altura em que escreve a sua tese sobre *o Voluntário e o Involuntário* e em que acaba a tradução das *Ideen* de Husserl. Valoriza claramente, nesta obra, a preocupação que partilha de evitar as dicotomias estéreis dos racionalistas, nomeadamente, sobre o sujeito e o objeto. A este tipo de posições Merleau-Ponty opunha uma análise concreta da experiência humana e uma filosofia

---

[766] M. Merleau Ponty (1945).

que tentava sobretudo pensar as significações que permitem "colocar a consciência em presença da sua vida refletida nas coisas". Recusando as posições tradicionais do realismo e do idealismo, o filósofo orientava-nos para o espaço originário e nada explorado, até então, do corpo vivido, o tecido básico em que se inscrevem em simultâneo a consciência e o mundo. Mostrava-nos assim como é que todo o campo percetivo se organiza sempre a partir do nosso corpo próprio, isto é, do fundo silencioso sempre presente nas nossas palavras, atos e gestos.

O que mais impressiona Ricoeur nesta fenomenologia do corpo próprio é o modo como, para além da perceção das formas, o sentir ligado ao corpo é valorizado como forma de comunicação vital com o mundo e torna este presente enquanto lugar familiar da nossa própria vida. A reestruturação conceptual de tipo antropológico que esta tese implica, nomeadamente, quanto ao primado do *Cogito*, interessa especialmente a Ricoeur. O filósofo, na sua obra *O Homem Falível*[767], devotada à problemática da desproporção humana, elabora justamente uma filosofia do sentimento com o intuito de revelar, contra a tradição da filosofia reflexiva, de linha cartesiana, a génese mútua do sentir e do conhecer, o movimento de mútua promoção do sentimento e da razão que assim se explicam um pelo outro e não um contra o outro: "por um lado o poder de conhecer, ao hierarquizar-se, gera verdadeiramente os *graus* do sentimento e arranca este último à sua essencial confusão; por outro, o sentimento gera realmente a intenção do conhecer a todos os níveis. É nesta génese mútua que a unidade do *sentir* (…) se constitui."[768]

Esta tese que, como dissemos, Ricoeur partilha com Merleau-Ponty, implica toda uma assunção da passividade do corpo próprio que exige que se passe filosoficamente do eu penso ao eu posso (tomar posse de mim), intuito que será claramente o de Ricoeur, nomeadamente quando alarga a sua Fenomenologia do campo da perceção ao âmbito da praxis.

---

[767] Ricoeur (1960).
[768] Ricoeur (1960), 99.

Mas vamos dedicar-nos mais particularmente como dissemos à atenção que Ricoeur dedica ao problema da comunicação em Merleau-Ponty, questão que lhe merece uma análise aprofundada, indicando mesmo ao autor de *Signes*[769] os seus próprios limites na exploração de uma fenomenologia da linguagem. A questão da linguagem é uma questão crucial em Ricoeur que, pretendendo desenvolver as potencialidades do *cogito* concreto, isto é, do corpo próprio de Merleau-Ponty, sabe que é no mundo da interação que elas melhor se manifestam e expressam por meio da linguagem, como já o revelava Aristóteles na *Poética* e mais tarde algumas dimensões das filosofias analíticas.

Digamos então para começar que Ricoeur presta uma séria homenagem a Merleau-Ponty, mas se distancia do seu projeto fenomenológico. Daí o nosso título: uma concordância discordante. Ouçamos então o que nos diz o filósofo ainda antes de analisarmos as questões suscitadas por *Signes*:

> "Pensei no início escrever uma obra sobre a vontade a que dei o nome *A Filosofia da Vontade* e que equivaleria – era um projeto audacioso - *à Fenomenologia da Perceção*. A origem deste projeto era a minha grande admiração por Merleau-Ponty e também a surpresa por ver que a Fenomenologia estava inteiramente dominada pelo problema da perceção. Fiquei sensibilizado ao ver que a Fenomenologia permanecia neste sentido ligada a uma linha platónica da visão e a uma linha kantiana da objetividade. Assim o domínio do agir, a prática, parecia-me filosoficamente em aberto."[770]

Pensar a praxis no sentido da grande tradição (da praxis) da filosofia de Aristóteles, pensar o âmbito da praxis individual e coletiva que desemboca numa ética e numa política, tal é pois o caminho novo

---

[769] Merleau-Ponty (1960).
[770] Ricoeur, Carlos Oliveira (1990), 17.

que vai iniciar P. Ricoeur, trilha que o vai levar a distanciar-se de Merleau-Ponty, apesar da grande admiração que lhe devota.

Vejamos então como tal acontece: a grande questão que vai nortear Ricoeur naquilo a que chamará a sua via longa de acesso ao homem da praxis, ao sujeito encarnado no mundo temporal das práticas vividas é justamente a do sentido deste novo sujeito. O *Voluntário e o Involuntário* e as obras, *Finitude e Culpabilidade* e *A Simbólica do Mal*[771], mostravam justamente que é preciso fazer uma hermenêutica *do eu sou,* descobrir o homem concreto, mas não desconstruir pura e simplesmente o sujeito, como algumas correntes de pensamento dos anos sessenta, de índole semiológica, iam proclamando. É neste sentido que Merleau-Ponty é ainda para Ricoeur importante: como fenomenólogo, ele não desiste do sujeito e sabe articular uma filosofia do sujeito com uma teoria da significação que entra no mesmo campo epistemológico que o dos modelos semiológicos de crítica do sujeito. M. Ponty partilha as grandes teses da Fenomenologia husserliana, nomeadamente: a) a da significação como a categoria mais envolvente da descrição fenomenológica[772]; b) a do sujeito enquanto portador da significação; c) a da redução como o ato filosófico que é condição do nascimento de um ser para a significação[773]. Merleau--Ponty sabe também sublinhar que, pela sua descoberta da significação como mediação universal entre o sujeito e o mundo, a Fenomenologia pode ser considerada como uma teoria da linguagem. Tal é a tese de fundo de *Signes*. Nesta obra, a linguagem identifica-se com o meio significante total, isto é, com a rede de signos que constitui a teia que envolve o nosso campo de perceção, de ação e da vida. Ricoeur concorda plenamente com Merleau-Ponty quando este afirma que Husserl elevou a linguagem a problema central da filosofia. De facto, ao descobrir pela primeira vez a atitude intencional e significante do sujeito encarnado,

---

[771] Ricoeur (1960b).
[772] Ricoeur (1969), 242.
[773] Ricoeur (1969), 242.

que percebe, que age e que fala, a Fenomenologia descobriu em toda a envergadura o espaço da significação e da linguagem. No entanto, ela limitou-lhe o alcance ao fechar-se ao diálogo com as ciências humanas, nomeadamente com as da linguagem.

Ora, pensar a praxis exige um diálogo sério com estas ciências e é justamente neste aspeto que Ricoeur sente necessidade de ir mais longe, contestando a oposição que Merleau-Ponty estabelece, na linha do último Husserl, entre a atitude fenomenológica e a objetiva. Com esta posição, Merleau-Ponty concebe o retorno ao sujeito falante de forma demasiado apressada, isto é, dirige-se de uma forma ingénua e não crítica para a dimensão semântica da linguagem, em ordem a trabalhar a sua fenomenologia da palavra.

Ora, lembra Ricoeur, quando se pretende retomar num sentido não psicologista, nem solipsista as noções de intencionalidade, de visada e de expressão não se pode esquecer a língua e os seus códigos pois só ela permite a uma fenomenologia da palavra escapar ao psicologismo ou mesmo a uma compreensão formada no prolongamento direto da ideia de gesto. Mas, é esta a atitude de *Signes:* porque Merleau-Ponty considera que a linguística cai no âmbito do objetivismo e porque vê a linguagem no passado, *Signes* coloca a sincronia do lado do sujeito que fala – é na atualidade da palavra que um sistema se institui – e a diacronia do lado objetivo da ciência. Envolve assim o ponto de vista objetivo no subjetivo e todo o seu escopo é revelar como é que a linguagem passada habita a presente, des-subjetivando deste modo a consciência.

A palavra reanima, segundo Merleau-Ponty, um certo saber linguístico que vem da tradição e que por isso constitui uma sedimentação que permite, por sua vez, a quem vai falar dar uma carne a este vazio que preenche em mim a intenção significativa. A palavra é, como diz Ricoeur, aqui assimilada assim a um mero gesto que põe em ato um saber fazer, um poder adquirido. Total e radicalmente de fora fica toda a inscrição do sujeito que fala num sistema de regras comuns, o mundo objetivo dos signos, um transcendental sem sujeito, isto é, a língua como estrutura inconsciente que ultrapassa todo o factualismo e psicologismo e é, segundo Ricoeur, um verdadeiro resultado da capacidade humana de redução. Merleau-Ponty não pôde pois perceber o grande desafio que a linguística estrutural impunha às filosofias do sujeito e que consistia justamente no facto de a noção de significação se constituir agora num âmbito muito diferente do das visadas intencionais do sujeito. Se a fenomenologia pressupõe a significação, como a sua categoria mais englobante, ela radicalizou, nomeadamente, com Merleau-Ponty "a questão da linguagem de uma maneira tal que não permitia um diálogo com a linguística moderna e com as ciências que se constituíram de acordo com o modelo linguístico. O exemplo de M.Ponty é, a este respeito, instrutivo pelo fracasso da sua filosofia da linguagem".[774]

O desvio necessário pela ciência dos signos, o diálogo com o estruturalismo, tal será de facto o grande desafio de P. Ricoeur. O filósofo pretende antes de mais trabalhar a distinção entre semiologia e semântica, para poder chegar finalmente a uma fenomenologia da palavra que lhe permita aceder à complexidade da praxis vivida dos homens. E só depois do desvio pela semântica narrativa da ação temporal é que voltará à questão do sujeito ou do *quem* da redução. Ricoeur recusa todo o acesso imediato ao sujeito. Este compreende-se a partir dos seus atos, textos e interpretações. Daí o valor da linguística e suas regras. O rodeio pela ciência dos signos obriga, de facto, a pôr entre parêntesis a questão tradicional do sujeito e leva ao adiamento de toda a referência direta ao sujeito falante. Será este o contexto em que Ricoeur se vai mover e assim já não nos falará em consciência, mas por fim em identidade narrativa e em si mesmo como um outro.

A grande questão de Ricoeur, na altura do diálogo com *Signes*, é então a seguinte: qual o tipo de filosofia do sujeito que poderemos pensar, depois do desafio do estruturalismo? Em que medida é que este pode, com as suas teses sobre a língua sem exterior e a sua distinção entre

---

[774] Ricoeur (1969), 244.

língua e palavra, contribuir para alargar o sentido originário da redução fenomenológica, enquanto suspensão do imediato? Para o filósofo só a passagem pela língua restitui à análise linguística da palavra o seu carácter objetivo, que é totalmente esquecido quando o procuramos num prolongamento direto da ideia de gesto. A ordem semiológica instituída por F. de Saussure no seu *Curso de Linguística Geral* representa o conjunto das condições de articulação dos signos entre si, signos sem os quais não existiria sequer um ato significativo da palavra. A hipótese do estruturalismo é esta: "é cientificamente legítimo descrever a linguagem como sendo essencialmente uma entidade autónoma com dependências internas, numa palavra, uma estrutura (Hjelmslev, *Ensaios Linguísticos*)."[775]

Na origem do estruturalismo sabemos que está o trabalho dos linguistas F. de Saussure, R. Jakobson, A. Martinet, que defenderam e realizaram uma importante inversão entre a perspetiva do sistema e a da história. O estruturalismo defendeu um modelo de compreensão a partir das organizações sistémicas, isto é, o primado do sistema e não o do sujeito no âmbito da linguagem. Sistema que se constitui pelas relações internas entre os seus elementos. É assim que procurando dar à linguística o estatuto de uma verdadeira ciência, Saussure operou no conjunto confuso da linguagem uma cisão entre Língua e Fala, fazendo da Língua o objeto da linguística científica. Para Saussure a língua não se confunde com a Linguagem, é a linguagem abstraída da palavra que, em sua opinião, pertence a vários registos: à física pela sua sonoridade, à fisiologia pelo prisma da sua articulação, à psicologia pela sua intenção, à sociologia pelo prisma da comunicação. Além disso, a palavra diz respeito simultaneamente ao âmbito social e ao individual. É pois algo que não se deixa reduzir a uma única espécie de factos humanos, enquanto pelo contrário, a Língua é algo de homogéneo, é o objeto de uma ciência única; é apenas uma convenção de natureza social ou é uma instituição que existe independentemente do seu uso.

---

[775] Ricoeur (1969), 247.

A língua é, em suma, o código de uma determinada comunidade linguística. Só é, de facto, possível falar de sistema se todos os elementos da língua são contemporâneos uns dos outros. O sistema requer o primado da sincronia. A Língua é então constituída por unidades (fonemas e morfemas) cujo número é finito mas que se prestam a inúmeras combinatórias. Ela é segundo Saussure uma espécie de tesouro colocado pela prática da palavra no inconsciente dos sujeitos que pertencem a uma mesma comunidade. É um transcendental sem sujeito; não está completa em nenhum indivíduo, apenas existe no seu conjunto, é exterior ao sujeito que sozinho não a pode nem criar nem modificar. Pelo contrário, a palavra é um ato individual de vontade e inteligência, no qual se distinguem as combinações por meio das quais o sujeito usa o código da língua para expressar o seu pensamento pessoal e o mecanismo psicofísico que lhe permite exteriorizar essas combinações.

Saussure exclui pois a palavra da ciência da linguagem, devido ao seu carácter heterogéneo ela é: individual e imprevisível. O objetivo de Saussure é poder chegar à Língua, enquanto linguagem na totalidade das suas formas observáveis e constantes. *O Curso de Linguística Geral* propõe assim que se parta da expressão linguística nativa para decompor cada enunciado nos seus elementos e estes ainda até se chegar aos seus elementos mínimos. Assim se encontram as unidades distintivas da *Língua* tal como se conseguem estabelecer as leis que regulam e ordenam as várias combinatórias possíveis entre tais elementos. Os signos são as unidades mínimas da Língua e caracterizam-se por serem uma entidade que já não une um nome e uma coisa, porque a língua não é uma transposição de um real organizado e porque a relação entre a expressão e o mundo não interessa de todo ao linguista. Os signos apenas ligam um significante e um significado; o significante refere a cadeia sonora a ele associada e o significado a cadeia conceptual.

A mudança é grande e Merleau-Ponty não a aproveitou: de facto, se até Saussure o sinal linguístico era definido pela sua oposição e relação à coisa, se mantinha o vínculo com o mundo, agora o signo é definido pela relação de oposição de um conceito e de uma imagem acústica. Nesta definição do signo, como relação entre um significante e um significado, os dois termos estão do mesmo lado da rutura entre Língua e mundo. A significação do signo passa então a ser definida não pelo seu conteúdo intrínseco, mas pela sua relação de oposição relativamente a outros signos. Cada signo recebe a sua função do conjunto em que está inserido. É aliás este o princípio básico da noção de sistema e de estrutura: ele implica uma ordenação de um todo nas suas partes, tal como a solidariedade demonstrada entre as partes constitutivas do todo que, mutuamente, se condicionam. O que interessa a Saussure não são os elementos considerados individualmente, mas as diferenças de som e sentido e as múltiplas relações dos signos entre si. Ao linguista não importa a relação ao real, que é abandonada a outras esferas.

É certo que Ricoeur reconhece que a fenomenologia da palavra de Merleau-Ponty dava corpo às grandes questões que o Estruturalismo esquecia e às quais não dava resposta, nomeadamente a pergunta sobre como é que o sistema pode existir e evoluir para novos equilíbrios dispensando o ato da palavra. No entanto, e será este o desafio de Ricoeur: responder a estas questões implica passar pelo Estruturalismo, como condição de alargamento da redução fenomenológica à função simbólica da linguagem. É preciso dialogar com ele, em ordem a acrescentar-lhe o que ele pressupõe e, no entanto, esquece: tal será precisamente a tarefa da compreensão hermenêutica. O estruturalismo pode ajudar a ultrapassar a atitude naturalista relativamente à linguagem e a reinterpretar o alcance da redução fenomenológica; mas é claro que a ordem semiológica não chega sozinha, com os seus pressupostos imanentistas, para pensar a linguagem. Esta não existe, segundo Ricoeur, apenas para sua própria glória; "[…] a ordem semiológica não constitui o todo da linguagem, é ainda preciso passar da língua ao discurso; é apenas a este nível que se pode falar de significação."[776]

---

[776] Ricoeur (1969), 256.

Como aliás observa a psicanálise, que Ricoeur analisa também na sua exploração do significado do símbolo, uma sintaxe de arranjos não se sobrepõe nunca a uma semântica de conteúdos. Então uma fenomenologia hermenêutica da linguagem deve dialogar criticamente com os pressupostos da semiologia, tendo claramente em vista a reconquista da relação de transcendência própria da redução fenomenológica; "[...] o discurso é uma coisa diferente da língua e a significação outra coisa distinta do signo. Por conseguinte, a reflexão que se limitasse a explicitar as condições da ordem semiológica falharia muito simplesmente o problema das condições de possibilidade da ordem semântica, como tal, o qual refere o vivo enquanto tal, o atual da linguagem"[777]. A nova unidade linguística com a qual se deve preocupar a fenomenologia já não diz respeito apenas à ordem dos signos mas à fala ou discurso, cuja unidade mínima é a frase. É ela que verdadeiramente significa[778].

Quer dizer então: o valor da linguística estrutural para Ricoeur é semelhante àquele que o filósofo atribui à psicanálise[779]; tal como a hermenêutica da suspeita, o estruturalismo efetua uma crítica ao primado do sujeito e suas condições. A linguística redimensiona o conceito fenomenológico de significação, de tal modo que "uma fenomenologia renovada da significação não pode contentar-se em repetir as descrições da fala que não reconhecem o estatuto teórico da linguística e o primado da estrutura sobre o processo"[780].

À fenomenologia hermenêutica da linguagem interessa pois desimplicar a partir da etapa semiótica a semântica na qual a linguagem sempre diz algo de alguma coisa e que é representada pelas suas frases. É preciso então, pensa Ricoeur, saber que "opor o signo

---

[777] Ricoeur (1969), 255.
[778] Ricoeur (1969), 247-248.
[779] Cf. Ricoeur (1965).
[780] Ricoeur (1969), 247-248.

ao signo constitui a função *semiológica*; representar o real através do signo representa a função *semântica*; e a primeira está subordinada à segunda; ou se pretendemos, é em vista da função significante ou representativa que a linguagem é articulada".[781] É necessário desimplicar pacientemente o nível de transcendência da linguagem, a sua referência, numa "luta taco a taco com os pressupostos da semiologia", e alguns linguistas convidam-nos justamente a isso, em ordem a poder compor o nível do sentido e depois o outro sentido da referência e o seu tipo de relação com o real.

A fenomenologia hermenêutica trabalha com o discurso e com o texto (da ação). É a ação sensata o seu grande escopo. Ora, esta não se deixa observar nem reduzir ao modelo explicativo causal das ciências da natureza; é um acontecer, uma possibilidade em aberto da natureza, um ser em ato que imediatamente deixa de ser, para pertencer ao passado, mas que fica pelo seu significado e pelas suas manifestações sociais. Uma fenomenologia da ação descobre nelas alguns traços semelhantes ao texto enquanto texto[782]: nomeadamente o caráter significativo ou legível das suas conexões internas.

II

Com efeito, a estrutura noemática ou intencional da ação humana é justamente aquilo que perdura e se repercute depois do acontecimento-ação e do seu autor terem desaparecido, e é justamente esta intencionalidade que pode ser lida, atualizada ou preenchida em situações diferentes daquela em que se produziu a ação originária[783]. Aqui reside a origem do problema da transmissão e da interpretação. A ação, lembra-nos Ricoeur,

---

[781] Ricoeur (1969), 248.
[782] Ricoeur (1986), 183.
[783] Ricoeur (1986), 197.

> "é um fenómeno social, não apenas porque é a obra de vários agentes, de tal modo que o papel de cada um deles não se pode distinguir do papel dos outros, mas também porque os nossos atos nos escapam e têm efeitos que não tínhamos visado. Aparece aqui uma das significações da noção de 'inscrição' [...]. Uma ação deixa um 'rasto', põe a sua marca, quando contribui para a emergência de tais configurações que se tornam os documentos da ação humana."[784]

Toda a ação com sentido ultrapassa a sua situação inicial e abre-se pelo seu nexo ou encadeamento a novas leituras e apropriações. Nesta linha Ricoeur pergunta: "não será uma caraterística fundamental das grandes obras de cultura o facto de ultrapassarem as condições da sua produção social, do mesmo modo que um texto desenvolve novas referências e constitui novos mundos?"[785]

Será com o conceito de metáfora viva que Ricoeur, na sequência da via longa da sua fenomenologia hermenêutica, vai repensar a questão da suspensão fenomenológica do real, própria do texto da ação, alargando-a à função simbólica das grandes obras literárias. A referência da obra literária excede a simples designação ostensiva da realidade, mas não deixa de se dirigir

> "para algures, mesmo para nenhuma parte; [...], porque designa o não-lugar em relação a toda a realidade, ela pode visar indiretamente esta realidade, segundo aquilo a que eu gostaria de chamar um novo 'efeito de referência' [...]. Este novo efeito de referência ou a nova referência do literário não é mais do que o poder da ficção de *voltar a descrever a* realidade."[786]

---

[784] Ricoeur (1986), 194.
[785] Ricoeur (1986), 196.
[786] Ricoeur (1986), 221.

E o filósofo lembra-nos, a este propósito: a primeira forma com a qual tentamos compreender e esquematizar as peripécias do campo prático é justamente a ficção.

A estrutura de enredo da ficção permite uma ordenação da diversidade das práticas de vida pelas quais nos dispersamos. Mas atenção, uma poética da ação pede muito mais do que uma reconstrução descritiva.[787] É assim que Ricoeur valoriza a *épochè* da referência ostensiva, feita pelo modelo de explicação do estruturalismo e adota o modelo explicativo destas ciências, em ordem a mediar a conceção tradicional de interpretação, meramente psicológica de textos e ações e a poder tratá-los de acordo com as regras elementares da linguística. Lembra-nos que:

> "a função semiótica ou simbólica, que consiste em substituir os signos às coisas e em representar as coisas por meio de signos, parece ser mais do que uma superestrutura da vida social. Constitui o seu fundamento. Deveríamos dizer, de acordo com esta função generalizada do semiótico, não só que a função simbólica é social, mas que a realidade social é fundamentalmente simbólica"[788].

Então o próprio processo da ficção característico da literatura, enquanto metáfora viva, exige o conhecimento dos sistemas semióticos e o seu modelo de explicação, tão diferente do modelo causal clássico, dado que tais sistemas se orientam pela procura da correlação interior entre os elementos constitutivos. A semântica profunda do texto descoberta pela semiótica é semelhante à da ação; a sua explicação, marcada pelas correlações internas, constitui então a mediação necessária para que qualquer apropriação do texto perca a sua tendência para uma

---

[787] Ricoeur (1986), 223.
[788] Ricoeur (1986), 209.

identificação com uma interpretação psicológica. Neste sentido Ricoeur apropria-se do legado do estruturalismo e da sua noção de explicação para poder ultrapassar todo o psicologismo tradicional da interpretação dos textos e significações. No entanto o seu objetivo é exceder também os limites estreitos do sistema estrutural, pensando por meio dele e para além dele o sentido da nova referência e o alcance de uma nova compreensão. Renunciando a identificar a redução fenomenológica com a visão direta que, de um só golpe, faria brotar a atitude fenomenológica a partir da natural, o filósofo explora a via longa do desvio pelos signos, símbolos, textos e metáforas (vivas) e procura a redução entre as condições de possibilidade da relação significante que o homem estabelece com o mundo, por meio de uma imaginação regrada.

Conduzida deste modo por uma filosofia da linguagem, que enfrenta o desafio do estruturalismo e a dialética da compreensão e da explicação, a redução fenomenológica acabará por deixar de parecer uma operação fantástica no termo da qual a consciência seria um resto, um resíduo resultante da subtração do ser. Encaramos assim, lembra-nos Ricoeur, o nascimento da consciência no seio do mundo dos signos e a redução como o verdadeiro lugar da inovação semântica (metáfora viva) e ocasião de retorno a si de um sujeito a partir do seu outro. Isto é, assistimos ao advento de um si instruído pelo modo como os sistemas semânticos, simbólicos e narrativos reorganizam o mundo. Assistimos ainda pelo efeito catártico da interpretação dos signos privados e públicos, psíquicos e culturais em que se expõe e explicita o desejo de ser e o esforço para existir que sempre constitui o *Dasein*, à sua refiguração de si.

Com efeito, este tipo de interpretação que deixa de lado o psicologismo e o naturalismo, porque atravessou a prova da semiótica, é uma apropriação que expropria o eu do seu subjetivismo. Fá-lo na medida em que solicita o intérprete a participar no processo linguístico de suspensão da referência direta, dado que esta é a condição de possibilidade de uma referência desdobrada que só o leitor pode desimplicar:

> "Esta suspensão da referência é apenas a condição negativa de uma referência mais radical, mais indireta, construída sobre as ruínas da referência direta. Podemos chamar a esta referência indireta referência de segunda ordem, tendo em conta o primado da referência descritiva na linguagem ordinária e na ciência. Mas sob um outro ponto de vista, mais ontológico e menos epistemológico, a referência desdobrada constitui a referência primordial, na medida em que ela sugere, revela e retira do ocultamento as estruturas profundas da realidade às quais estamos ligados, enquanto mortais, nascidos neste mundo e chamados a *habitá-lo* por um tempo."[789]

A referência desdobrada, a metáfora – situada nomeadamente ao nível da *lexis* poética, cujo núcleo central é o *muthos* e não a palavra – é inseparável, segundo Ricoeur, da dimensão criadora de toda a representação feita por meio da linguagem. É esta a tese central de *A Metáfora Viva*: a metáfora não é apenas um desvio relativamente à linguagem corrente, é por esse mesmo desvio, o instrumento privilegiado da promoção de sentido que é, nomeadamente, feita pela *mimêsis*, de que já Aristóteles falava na *Poética*.

Quer dizer, o *muthos* poético, compreendido como mimese da ação, significa simultaneamente uma rotura e uma continuidade com o mundo em que vivemos. Então, a metáfora, outrora mera aventura da palavra (tropo) pode ser ligada, através da *lexis*, à tragédia ou poética. Esta, não o esqueçamos, era já definida por Aristóteles como "a imitação dos homens que agem". É para Ricoeur muito importante entender bem a proximidade entre o *muthos* do poema trágico e a *lexis* em que se inscreve a metáfora. O traço fundamental do *muthos* reside, lembra-nos, no seu caráter de ordem, de organização e de estruturação. Se aproximarmos estes três momentos de ordenação dos versos, de interpretação pela pa-

---

[789] Ricoeur (1982).

lavra e de manifestação pela linguagem[790] veremos desenhar-se a função da *lexis* como exteriorização e explicitação interna do *muthos*. Assim,

> "entre o *muthos* da tragédia e a sua *lexis* existe uma relação que podemos arriscar-nos a expressar como a de uma forma interior relativamente exterior. É então que a *lexis*, da qual a metáfora é uma parte, se articula no interior do poema trágico, no *muthos* e torna-se, por sua vez, parte da tragédia."[791]

E Ricoeur pergunta ainda: o que acontece à relação entre o *muthos* do poema trágico e a função representativa da mimese? O filósofo lembra-nos que de Platão a Aristóteles a mimese sofreu uma modificação notável, pois, enquanto em Platão se aplicava a todas as artes, aos discursos e às coisas naturais que são imitação dos modelos ideais, em Aristóteles nada disto acontece[792]. Em primeiro lugar a definição mais restrita surge no início do discurso científico e não no termo do uso dialético.

> "Pois, se as palavras têm mais de um sentido, o seu uso na ciência só admite um. E é a divisão das ciências que define este uso normativo. Daqui resulta que apenas uma significação literal da mimese é admitida, aquela que restringe o seu uso ao quadro das ciências poéticas, distintas das ciências teóricas ou práticas. Só há *mimêsis* quando há um fazer."[793]

A *Poética* define aliás, de forma precisa, a imitação, como um processo criador, como o processo de construção de cada uma das seis partes

---

[790] Ricoeur (1975), 53.
[791] Ricoeur (1975), 53.
[792] Ricoeur (1975), 54.
[793] Ricoeur (1975), 54.

constitutivas da tragédia, desde a intriga até ao espetáculo. Ricoeur retém desta nova estrutura lógica da imitação dois traços capazes de o ajudarem na sua construção de uma filosofia da metáfora. Um diz respeito ao papel do *muthos* na criação poética. É por meio dele que é feita a mimese, o que permite distinguir a mimese poética de toda a *duplicata*. O outro refere-se ao modo como surge, no próprio núcleo da mimese, uma tensão entre a submissão ao real e o trabalho criador da poesia. Então, o poeta é muito mais um artista, criador de fábulas, do que um criador de versos; é poeta enquanto imita as ações humanas. Quer isto dizer que na mimese aristotélica o movimento de referência é inseparável da dimensão criadora da fábula. Esta eleva-se ao universal da condição humana e capta os seus nexos lógicos de ordem verosímil. A *mimêsis* é *poiesis* e reciprocamente[794], por meio do desvio do *muthos* e da sua concordância discordante.

Na tragédia, nomeadamente, retém Ricoeur de Aristóteles, a imitação das ações humanas é já uma imitação icónica, traço que é justamente a chave para entender a função da metáfora.[795] A comédia, dizia Aristóteles, representa os homens inferiores, enquanto a tragédia quer apresentá-los magnificados. Então o *muthos* não é apenas uma ordenação das ações humanas de forma mais coerente, mas uma composição sobre-elevada.[796] A rotura imposta pelo *muthos* é assim a condição da estruturação da ficção que permite à mimese restituir o humano não só segundo o que lhe é essencial, mas de modo mais nobre e elevado. É este traço, diz-nos Ricoeur que, ligado ao anterior nos conduz à metáfora. Assim,

"colocada sob o pano de fundo da *mimêsis*, a metáfora perde todo o caráter gratuito [...]. A subordinação da *lexis* ao *muthos*

---

[794] Ricoeur (1975), 56.
[795] Ricoeur (1975), 57.
[796] Ricoeur (1975), 57.

coloca já a metáfora ao serviço do 'dizer', do 'poematizar', que se exerce já não ao nível da palavra, mas do poema inteiro"[797].

por sua vez, a subordinação do *muthos* à *mimêsis* dá ao procedimento de estilo uma visão global comparável à da persuasão em retórica. Encarada formalmente, enquanto desvio, a metáfora é apenas uma diferença no sentido; no entanto, referida à imitação das ações melhores, ela participa da dupla tensão característica da *mimêsis:* submissão à realidade *e* invenção fabulosa; restituição e elevação.

Esta tensão dupla constitui justamente a função referencial da metáfora em poesia.[798] A metáfora é considerada por Ricoeur como o instrumento privilegiado da promoção do sentido feita pela mimese. Para ela, a realidade continua a ser uma referência, sem no entanto nunca se transformar num constrangimento. É na composição da intriga que deve ser lida a referência à ação humana que é aqui a natureza imitada. E, segundo o filósofo, esta conceção de mimese, por meio de uma metáfora, revela as coisas em ato e pressupõe uma nova noção de natureza, muito diferente da substancialista tradicional. A frase constante de Aristóteles "a arte imita a natureza"[799] tem justamente como função distinguir o poético do natural e é por isso que a referência à natureza não é nunca um constrangimento que se faça sentir na composição do poema. É a fábula, inventada e estruturada segundo as regras da gramatologia, que é imitação da ação. Ela consegue apresentar os homens como se estivessem *agindo* e todas as coisas como se estivessem *em ato*. Ela é metáfora viva, enquanto diz a existência viva[800]; é atividade ou processo criador que imita por meio da articulação discursiva de tipo narrativo.

---

[797] Ricoeur (1975), 57
[798] Ricoeur (1975), 57.
[799] Apud, Ricoeur (1975), 59
[800] Ricoeur (1975), 60.

É à polissemia do agir – do mundo da praxis – que Ricoeur quer alargar a suspensão fenomenológica do objetivismo e substancialismo da natureza, considerada como facto; daí a importância do seu diálogo crítico com o estruturalismo e a forma como interpreta o modelo aristotélico da *Poética*. Nesta, Ricoeur valoriza sobretudo o nexo *mimêsis-muthos- katharsis* e a relação entre *mimêsis* e praxis, o que lhe vai permitir elevar o *muthos* aristotélico à categoria de meta-género que inclua também e para além do drama, a narrativa de ficção e a histórica. Enquanto o modelo trágico de Aristóteles distinguia, de forma clara, o género dramático do épico e do histórico, Ricoeur quer justamente explorar o parentesco que o *muthos* próprio da *Poética* instaura entre drama e narração. O seu intuito é poder afirmar que hoje não tem qualquer sentido limitar a narrativa a ações impossíveis de dramatizar teatralmente.

Com efeito, pensa o filósofo, os dois géneros literários partilham um mesmo espaço de referência, as ações humanas que re(a)presentam e almejam os dois o mesmo objetivo: uma depuração hermenêutica das emoções do espetador e do leitor. Assim, – na linha das suas meditações sobre o primado da significação sobre o dos factos, percurso que o levou a distanciar-se de Merleau-Ponty, e a dialogar com a Psicanálise, com o Estruturalismo e Aristóteles – procura o filósofo francês extrair da *Poética* o modelo de realização da intriga que possa aplicar-se a qualquer composição narrativa:

> "a apropriação que eu proponho e que pratico consiste em elevar atividade configuradora, *pivo*t do ternário da *Poética*, e indo para além dos constrangimentos referidos, ao nível de uma compreensão narrativa."[801]

É claro que o filósofo se confronta com os embaraços deste seu projeto de alargamento que transforma o modelo saído da *Poética* de

---

[801] Ricoeur (1992), 470.

Aristóteles numa espécie de invariante ou de ideal-tipo da narrativa. Pergunta então:

> "quais as condições a que se deve submeter esta inscrição do ternário aristotélico no campo da narratividade para que esta alcance o grau de generalidade que exige o meta-género narrativo?"[802]

Três são as condições que Ricoeur vai estabelecer: a) em primeiro lugar o conceito de atividade configuradora deve ser elevado ao mais elevado nível de formalidade que seja compatível com a compreensão narrativa[803] e deve constituir-se como paradigma da pretensão referencial das ficções. Chamo narrativa, diz-nos, neste contexto, exatamente ao que Aristóteles apelida de *muthos*, isto é à ordenação de factos[804]; b) em segundo lugar, o conceito de ficção deve ter o sentido ativo da invenção que suspende o curso da praxis efetiva, e permite o nascimento da *poiesis*, da literatura ou da literalidade. Deve, pois, corresponder à suspensão do real, condição de possibilidade para que surja o espaço da ficção; c) em terceiro lugar, há que agrupar os problemas da poética narrativa com os problemas do tempo. Aristóteles ignorava este problema, no entanto a ordem de começo, meio e fim própria da intriga era sempre marcada na *Poética* pela discordância concordante que, para poder ser seguida, leva tempo, logo só pode ser temporal. Mas, lembra ainda o filósofo, era preciso ter aberto o espaço duplo da ficção e da narrativa para que surgisse o projeto

> "de um acasalamento de narratividade e temporalidade que transforme o narrativo em guardião do tempo e da ficção

---

[802] Ricoeur (1992), 470.
[803] Cf. Ricoeur (1992), 471.
[804] Ricoeur (1983), 62.

o instrumento de exploração segundo o modo do *como se*, os modos de temporalização que escapam à linearidade do tempo cronológico e dos quais a ficção se liberta mais facilmente do que a historiografia."[805]

Este modelo narrativo de compreensão encontra a sua objetividade própria na narratologia, implicada neste alargamento ricoeuriano da configuração particular do *muthos* narrativo. Mas, enquanto o estruturalismo anula, como vimos, o sujeito e a referência ao real, Ricoeur quer ir mais além. Concebe o sujeito como atividade e passividade, isto é, como uma capacidade de passar a ato (que exige a mediação do outro para se realizar), que dá testemunho de si, e vê o real como *dunamis e energeia* na linha da sua reconstrução do referido par aristotélico[806]. Então, se só a suspensão do naturalismo e do objetivismo permite ver outras dimensões da realidade e o estruturalismo ajuda a realizá-las apesar do seu reducionismo, é preciso valorizá-lo e ao mesmo tempo ultrapassá-lo, atendendo à dimensão de *katharsis* do *muthos*.

A verdade do imaginário, diz-nos o filósofo, o poder de deteção ontológico da poesia,

"eis o que pela minha parte vejo na *mimêsis* de Aristóteles. É por meio dela que a *lexis* está enraizada e que os próprios desvios da metáfora pertencem ao grande empreendimento de dizer o que é. Mas a *mimêsis* não significa apenas que todo o discurso *é* do mundo. Ela não preserva apenas a função *referencial* do discurso poético. Enquanto *mimêsis phuseôs*, ela liga esta função referencial à revelação do real como ato."[807]

---

[805] Cf. Ricoeur (1992), 473.

[806] Cf. Fiasse (2006), 97-102,

[807] Ricoeur (1975), 61.

Ricœur descobre ainda que a atividade de composição narrativa, tal como ele a trabalha, a partir da sua interpretação de Aristóteles, pressupõe três etapas fundamentais da *mimêsis* que é necessário clarificar, pois elas são absolutamente nucleares para a conceção da ideia de imitação criadora e da de crise instaurada pelo espaço da ficção. As três etapas em referência são a prefiguração ou *mimêsis* I, a configuração ou *mimêsis* II e a refiguração ou *mimêsis* III; elas têm como elo a *praxis* temporal e como elemento crítico o *muthos*. Neste sentido, o filósofo explicita, em *Temps et récit I*, a sua teoria das três mimêsis implicadas na tríade *muthos- mimesis- catharsis* de Aristóteles.

A *mimesis* I designa o conjunto potencialidades simbólicas do campo prático,[808] a pré-compreensão dos nexos lógicos da ação humana, sem a qual poeta nenhum poderia representar agentes que se tornam nobres ou vis. Por outras palavras: compor uma intriga exige que se identifique a estrutura profunda do agir (motivos, fins, agentes), o que seria impossível se não houvesse uma partilha dos pressupostos éticos e do próprio fundo simbólico e cultural da praxis da época. É porque o poeta é um ser da praxis, que ele encontra uma ordenação implícita do campo prático, uma primeira forma de intencionalidade narrativa deste, ou melhor, todo um conjunto de estruturas temporais[809] e pressupostos estruturadores da interação que lhe permitem transgredir e inovar por meio da fábula ou intriga.[810] Sem o enraizamento no seio de tais pressupostos narrativos, a intriga não faria sentido pois não evocaria qualquer familiaridade com a nossa experiência quotidiana.

A *mimesis* II, por sua vez, é o próprio ato de configuração narrativa, feito com base nos códigos narrativos internos ao discurso, ato que abre

---

[808] Cf. Ricoeur (1975), 91.

[809] Cf. Ricoeur (1975), 95.

[810] Ricoeur (1975), 100: "On voit quel est dans sa richesse le sens de mimesis I : imiter ou représenter l´action, c´est d´abord pré- comprendre ce qu´il en est de l´agir humain: de sa sémantique, de sa symbolique, de sa temporalité."

pela sua função de mediação e transgressão o mundo engrandecido da composição poética, a possibilidade de uma história e a capacidade que ela tem de ser seguida[811]. Ela institui, nas palavras de Ricoeur, a literalidade da obra literária e as suas regras. É justamente aqui que intervém todo o seu diálogo com o estruturalismo.

Por sua vez, se é verdade que a *Poética* de Aristóteles não manifesta explicitamente qualquer interesse pela receção da obra, Ricoeur descobre nela traços claros da *mimesis* III, argumentando da seguinte maneira: a poética fala de estruturação, isto é, de uma atividade orientada, que apenas termina e se realiza no prazer do espetador e do leitor.[812] Além disso, o possível em poesia é persuasivo justamente devido ao efeito que produz sobre o espectador: uma purificação das paixões de piedade e terror. Então, o principal eixo de uma teoria da referência, a jusante da obra, passa pela relação entre poesia, praxis, cultura e apropriação.[813] O alcance referencial da *narrativa* reside justamente na conversão do imaginário humano que o caráter metafórico do texto realiza pelo modo como questiona o universo sedimentado das ideias admitidas.

Contrariando neste sentido os estruturalistas franceses, depois de apropriar e repensar a sua crítica da referência imediata, Ricœur defende uma hermenêutica que contemple a narrativa não apenas como uma estrutura reduzida às suas leis internas, mas como uma mediação, entre o campo real ou ético da *praxis* a montante (mimese I) e o campo da receção a jusante (mimese III). Com efeito, só construindo uma relação entre os três modos miméticos se pode constituir a ponte entre a vida, a ação, e a narrativa, e

"é (...) tarefa da hermenêutica reconstruir o conjunto das operações pelas quais uma obra se eleva acima do fundo

---

[811] Cf. Ricoeur (1975), 104.
[812] Cf. Ricoeur (1975), 80.
[813] Cf. Ricoeur (1975), 83.

opaco do viver, do agir e do sofrer para ser dada por um autor a um leitor que a recebe e assim muda o seu agir."[814]

Concluindo, a fenomenologia da perceção de Merleau-Ponty teve, segundo Ricoeur, ainda uma conceção de linguagem e de significação limitada. A fenomenologia hermenêutica da praxis, a que se dedica o nosso filósofo, descentra o sujeito dialogando com as ciências da linguagem e com a Psicanálise e leva muito a sério a produção do texto simbólico, metafórico e narrativo enquanto o verdadeiro núcleo de um alargamento do alcance da redução fenomenológica.

Bibliografia

FIASSE, Gaëlle (2006): *L'autre et l'amitié chez Aristote et Paul Ricoeur*, Paris – Louvain, Institut Supérieur de Philosophie de Louvain-la-Neuve.

MERLEAU-PONTY, Maurice (1945) : *Phénoménologie de la perception*. Paris, Gallimard.

MERLEAU-PONTY, Maurice (1960): *Signes*. Paris, Gallimard.

RICOEUR, Paul – Oliveira, Carlos (1990): « De la volonté à l'acte. Entretien ». In: BOUCHINDHOMME, C – ROCHLITZ, R. (Eds.): *Temps et récit en débat*. Paris, Cerf.

RICOEUR, Paul (1960): *Philosophie de la volonté. Finitude et culpabilité. I. L'homme faillible*. Paris, Aubier.

RICOEUR, Paul (1960b): *Philosophie de la volonté. Finitude et culpabilité. II. La symbolique du mal*. Paris, Aubier.

RICOEUR, Paul (1965): *De l 'interprétation. Essai sur Freud*, Paris, Seuil.

RICOEUR, Paul (1969): *Le conflit des interprétations. Essais d'herméneutique*. Paris, Seuil.

RICOEUR, Paul (1975): *La métaphore vive*. Paris, Seuil.

RICOEUR, Paul (1982): "Imaginação e Metáfora". In:
http://www.uc.pt/fluc/lif/publicacoes/textos_disponiveis_online

RICOEUR, Paul (1983): *Temps et récit, I*. Paris, Seuil.

RICOEUR, Paul (1986): *Du texte à l'action, Essais d'herméneutique II*. Paris , Seuil.

RICOEUR, Paul (1992): *Lectures 2. La contrée des philosophes*. Paris, Seuil.

---

[814] Ricoeur (1983), 107.

www.ingramcontent.com/pod-product-compliance
Lightning Source LLC
Chambersburg PA
CBHW050611300426
44112CB00012B/1458